COLLECTION
FOLIO HISTOIRE

Gérard Noiriel

État, nation et immigration

Vers une histoire du pouvoir

Gallimard

Gérard Noiriel est directeur d'études à l'École des hautes études en sciences sociales. Membre du centre de recherches « Genèse et transformation des mondes sociaux » (EHESS-CNRS), il est cofondateur de la revue *Genèses* et auteur de nombreux ouvrages sur l'immigration et l'histoire du pouvoir, mais également sur l'épistémologie de l'histoire (*Sur la « crise » de l'histoire*, Folio histoire n° 136).

AVERTISSEMENT

Au XIXᵉ siècle, la naissance de l'historiographie moderne a entraîné une diversification des modes d'écriture de l'histoire. Depuis les *Lettres sur l'histoire de France* d'Augustin Thierry[1] jusqu'aux *Écrits sur l'histoire* de Fernand Braudel[2], en passant par les *Études de politique et d'histoire* de Charles Seignobos[3] et les *Combats pour l'histoire* de Lucien Febvre[4], les historiens français — dont on ne peut ici dresser la liste — ont souvent eu le souci de rassembler dans un livre les principales études qu'ils avaient exposées auparavant sous la forme d'articles ou de conférences. Le présent ouvrage s'inscrit dans cette tradition historiographique. Il présente à la fois les grandes étapes d'un parcours de recherche et développe des arguments qui montreront, je l'espère, l'intérêt d'une histoire des relations de pouvoir.

Ce livre obéit à une forme d'écriture historique qui a ses propres contraintes. Elle ne peut pas posséder l'homogénéité et la linéarité que l'on rencontre dans les livres d'histoire de facture plus « classique ». Par respect pour les lecteurs, ces études devaient paraître dans leur état initial et ne pas être intégrées dans un « récit » qui aurait été forcément artificiel. J'ai donc choisi de rédiger une introduction qui éclaire mon itinéraire de recherche et de ne pas « conclure ». Publiés initialement dans des lieux variés, les textes repris s'inscrivent dans des contextes qui ne sont jamais identiques ; ce qui suffit à leur conférer un sens chaque fois spécifique. Les seules retouches concernent la correction d'erreurs formelles et l'élimination des formules trop circonstancielles. Dans les ouvrages de ce type, il est fréquent que les écrits les plus anciens soient en décalage par rapport au contexte historiographique qui prévaut au moment où le livre est publié. Par exemple, les chapitres qui plaident pour le développement d'une véritable histoire de l'immigration sont moins d'actualité aujourd'hui qu'il y a quinze ans, car ce combat a été en partie victorieux. Grâce aux travaux récents d'un grand nombre de jeunes chercheurs, l'immigration est devenue un domaine à part entière de l'historiographie française. Pour donner une idée plus précise du chemin parcouru, j'ai complété ces chapitres par des références bibliographiques qui, sans être exhaustives, illustrent bien ces progrès. Mais une autre raison m'a incité à insérer ces études anciennes dans le présent ouvrage. Parmi les problèmes qu'elles abordent, plusieurs restent aujourd'hui des enjeux pour la recherche historique. Par exemple, on ne peut pas vraiment comprendre les stratégies républicaines d'intégration des classes populaires dans l'État-nation si l'on néglige d'étudier le rôle que l'immigration a joué dans l'histoire de la mobilité sociale de la France contemporaine. Je souhaite que les réflexions développées ici incitent de jeunes historiens à se pencher sur ce type de questions.

Deux textes inclus dans ce livre possèdent un statut différent des autres. Le chapitre VIII, centré sur les rapports entre communisme et immigration, fusionne deux courtes études parues en 1987 ; ce qui m'a amené à récrire plusieurs passages pour donner davantage d'homogénéité à l'ensemble. Le chapitre III, consacré à la question nationale, est une recherche entièrement neuve qui intègre et développe mes réflexions antérieures sur le sujet. Depuis une dizaine d'années, j'ai souvent abordé le problème de la nation. Mais aucune de ces interventions n'avait une cohérence suffisante pour que je puisse les reproduire en l'état. J'ai pris conscience de ces lacunes lorsque j'ai préparé la leçon sur la « construction historique de la nation » que j'ai donnée le 2 juin 2000 dans le cadre de l'Université de tous les savoirs. Le travail que j'ai effectué à cette occasion a produit des résultats que je n'ai pas pu publier entièrement, faute de place, dans l'ouvrage collectif qui rassemble une partie de ces conférences[5]. Je les soumets aujourd'hui aux lecteurs dans leur intégralité.

INTRODUCTION

De l'histoire sociale du politique à la socio-histoire des relations de pouvoir

UN ITINÉRAIRE DE RECHERCHE

Dans l'avant-propos de l'ouvrage regroupant une partie des études qu'il a consacrées aux « Républicains des lettres » du XVIIIe siècle, Daniel Roche constatait que, depuis les années 1960, « les recueils d'articles, dans le champ de la diffusion des connaissances en sciences sociales, sont devenus des instruments de divulgation élargie d'un savoir auparavant réservé aux publics choisis et étroits des séminaires et des revues savantes, sinon aux lecteurs peu nombreux des *Mélanges* et des *Actes de colloque* ». Et il ajoutait que ces recueils non seulement permettent d'esquisser des « bilans à l'intérieur d'une discipline ou d'une œuvre », mais procurent aussi à l'historien une occasion de s'interroger sur son parcours et sur les rapports qu'il entretient avec les autres spécialistes de son domaine. Ce faisant, un « dialogue implicite [s'installe] avec ceux qui nous précèdent et ceux qui nous suivent. Susciter ce dialogue me paraît être la fonction principale des professeurs, des aînés, des maîtres. Le refuser pour des raisons diverses me paraît ruiner le fondement même de notre métier »[1].

Le présent ouvrage s'inscrit dans cette perspective tracée par Daniel Roche qui illustre une conception du métier d'historien que je partage totalement, bien qu'elle soit peu répandue dans notre discipline. Lorsqu'on examine le passé et le présent de l'histoire, on constate que les historiens qui attachent une réelle importance à la communication, au dialogue, ont toujours été peu nombreux. Certes, beaucoup proclament haut et fort la nécessité du débat, mais combien se sont posé la question de savoir quelles conditions devaient être remplies pour qu'une véritable discussion scientifique soit possible dans notre discipline ? À mes yeux, tout dialogue nécessite un effort de *clarification*, destiné à dissiper les malentendus, rectifier les erreurs, préciser les points litigieux. Pour mener à bien ce travail d'explicitation, l'historien doit commencer par pousser jusqu'au bout l'usage des outils critiques qui confèrent à la discipline sa dimension scientifique, en les tournant vers sa propre pratique et vers son propre milieu. S'interroger sur son parcours, c'est repérer dans son propre itinéraire les traces d'un apprentissage, l'ampleur de ses dettes intellectuelles, les lacunes qui soulignent le caractère inachevé du travail accompli. Bref, s'interroger soi-même, c'est apprendre à devenir modeste en acceptant les *limites* des connaissances qu'un chercheur, aussi fécond soit-il, peut apporter au progrès de la science. Cette modestie constitue, elle-même, une condition indispensable pour entamer un dialogue car, lorsqu'on a commencé par indiquer ses propres limites, on est en droit, me semble-t-il, d'indiquer celle des autres. La communication scientifique, quand elle s'inscrit dans cette perspective, ne s'apparente plus à la discussion de salon. Elle devient un échange d'arguments entre spécialistes d'un même domaine qui se respectent et qui, justement, parce qu'ils se respectent, s'expriment sans détour.

Ce n'est pas simplement le plaisir de la discussion qui pousse ces historiens à débattre. L'importance qu'ils accordent à l'échange tient aussi à la conception qu'ils se font de la vérité en histoire. Pour qu'une connaissance soit pleinement valide, encore faut-il qu'elle ait passé avec succès l'épreuve de la critique des pairs.

L'idéal professionnel que Daniel Roche défendait dans son avant-propos s'inscrit dans le prolongement d'une tradition fragile et marginale dans notre discipline. C'est ce qui explique qu'au sein de chaque génération d'historiens des voix se soient élevées pour rappeler la nécessité du débat. Quand Lucien Febvre écrivait : « Les progrès de la science sont fruits de la discorde »[2] ; quand Marc Bloch, citant Pascal, s'écriait : « Jamais les saints ne se sont tus »[3], les fondateurs des *Annales* militaient déjà pour cette éthique de la discussion. Et lorsque, dans les dernières années du XIXe siècle, l'historien Paul Lacombe écrivait : « Je tiens qu'on est le disciple des hommes que l'on contredit autant que celui des hommes que l'on répète »[4], il voulait faire partager sa conviction que, dans le monde savant, la critique n'a pas pour but de discréditer un « adversaire », de contester la légitimité de son travail, comme c'est le cas dans le monde politique, mais au contraire d'honorer un collègue, en lui montrant que ses propos sont pris au sérieux puisqu'ils sont discutés.

Le dernier point que je voudrais mentionner dans ce préalable, c'est que le souci de dresser un « bilan » des connaissances accumulées dans un domaine de la recherche naît lorsque s'impose le sentiment que la conjoncture a changé et qu'il devient difficile pour les plus jeunes de se faire une idée du contexte dans lequel leurs prédécesseurs ont été formés et les enjeux auxquels ils ont été confrontés. Daniel Roche évoque les transformations rapides qu'a connues l'histoire culturelle de la période moderne, depuis les années 1960. Je pense que ces mutations ont été encore plus vertigineuses en histoire contemporaine. Au-delà des mutations globales qui ont affecté toute la recherche historique (tel le déclin de l'histoire économique et sociale quantitative ou l'émiettement des domaines d'études), la période contemporaine a été le lieu de bouleversements institutionnels très importants, marqués notamment par l'émergence de l'histoire du « temps présent ». Celle-ci est devenue aujourd'hui une nouvelle « période » de la recherche historique, qui s'étend « de 1939 à nos jours ». Alors que dans les années 1970, lorsque j'ai débuté dans le métier, l'histoire contemporaine apparaissait comme un tout, structuré par des oppositions politiques ou méthodologiques, aujourd'hui elle est divisée en plusieurs blocs chronologiques qui dessinent des univers sans véritables liens entre eux. L'historiographie du XIXe siècle s'est autonomisée[5] et la recherche historique sur la IIIe République (1870-1939) tend elle aussi à constituer un univers propre. Enfin, l'histoire du « temps présent » est devenue un monde en soi, avec son institut, son réseau de chercheurs, ses publications, ses centres d'intérêt et ses problèmes. L'une des conséquences de ces transformations institutionnelles est que, depuis une dizaine d'années, la Révolution française a cessé de constituer la principale ligne de « partage des eaux ». Aujourd'hui, c'est la période 1939-1945 qui remplit cette fonction. Aussi, les « enjeux de mémoire », qui se cristallisaient auparavant autour de la Révolution, tendent-ils à se focaliser sur « Vichy »[6].

ENJEUX HISTORIOGRAPHIQUES ET PROBLÈMES EMPIRIQUES

Parmi la centaine d'articles que j'ai publiés depuis le début des années 1980, j'en ai retenu ici une quinzaine qui sont les plus représentatifs de mon itinéraire de recherche. J'ai toujours été convaincu que la communication scientifique passait avant tout par le canal des revues, le lieu par excellence de l'autonomie du monde savant, « l'espace public » où les spécialistes d'un domaine peuvent présenter les résultats de leurs travaux et échanger leurs arguments. Néanmoins, surtout quand il travaille sur des sujets aussi sensibles que l'immigration ou le nationalisme, l'historien ne peut pas rester à l'écart des enjeux de mémoire. Il doit affronter la dimension civique de son métier. C'est la raison pour laquelle, depuis le début de ma carrière, j'ai aussi publié des livres. Mais ces deux types d'écrits (articles et ouvrages) ont toujours été étroitement imbriqués. J'ai fréquemment inscrit mes livres dans une perspective assez large (longue durée, cadre national), en mettant en relief l'importance des problèmes historiques étudiés pour une meilleure connaissance du présent. Mais pour comprendre l'architecture de ces ouvrages, leurs enjeux sous-jacents, les problèmes épistémologiques et méthodologiques qu'ils posent, ce sont les articles qu'il convient de lire. Ceux que j'ai rassemblés ici constituent, à mes yeux, les principaux jalons qui balisent mon itinéraire.

Pour en montrer la cohérence *a posteriori*, j'ai regroupé ces études en trois grands ensembles qui correspondent aux trois grands chantiers scientifiques auxquels j'ai participé depuis les années 1980 et qui illustrent deux types d'enjeux : le premier est d'ordre historiographique et s'inscrit dans le débat sur la « crise » de l'histoire sociale. Le second est d'ordre empirique. Il concerne l'analyse des grandes mutations qui ont affecté les sociétés contemporaines ; ce qui m'a conduit à explorer tour à tour les deux grandes facettes de la modernité : la révolution industrielle (et ses implications sur la mobilité des hommes), ainsi que la révolution politique (inaugurée par la rupture de 1789 et dont l'une des conséquences décisives a été la *nationalisation* du monde social). Mais le regroupement thématique peut contribuer à brouiller l'ordre chronologique. J'invite donc le lecteur à tenir compte de la date initiale de publication de ces travaux. C'est indispensable pour comprendre le contexte dans lequel ils ont été écrits et, par conséquent, les enjeux dans lesquels ils s'inscrivent. C'est surtout cet aspect que je voudrais développer dans cette introduction.

Les articles, publiés dans la deuxième partie des années 1980, marquent la fin de la première étape de mon travail. Centrées sur l'histoire sociale du monde ouvrier, ces études sont traversées par deux types de préoccupations, liées entre elles : d'une part, elles visent à promouvoir l'histoire de l'immigration comme objet légitime de la recherche historique française ; d'autre part, elles s'interrogent sur le statut de l'histoire sociale en proposant une redéfinition, destinée à mettre fin au vieux clivage opposant le « social » et le « politique ». Au cours de cette période, l'un des points en débat visait à circonscrire l'objet de ce nouveau domaine de la recherche historique qu'était alors l'immigration. Les historiens venus de l'histoire sociale abordaient la question en l'inscrivant dans une perspective datant des années 1960 et mise en œuvre, surtout, par la démographie historique. L'accent était mis, essentiellement, sur le déplacement dans l'espace. L'historien de l'immigration s'intéresse alors à une communauté particulière (dont il est souvent issu). Il s'efforce de retracer l'histoire d'un réseau migratoire, analyse les stratégies déployées par les acteurs que sont les migrants, éclaire le contexte qui les a incités à émigrer ; les problèmes d'adaptation qu'ils ont rencontrés dans leur nouvel environnement ; les liens qu'ils ont gardés, le cas échéant, avec leur communauté d'origine. Il s'agit là d'un champ de recherches passionnant, susceptible d'être envisagé sur une très longue durée[7]. Mais, si l'on veut mettre en relief ce qui fait la spécificité des problèmes posés par l'immigration, la perspective ne peut pas être la même. Aujourd'hui, on utilise le terme d'« immigré » pour désigner non seulement un individu qui vit dans un lieu différent de celui dans lequel il vivait antérieurement, mais aussi quelqu'un qui est un « étranger » au sens juridique du terme. Autrement dit, un individu qui ne possède pas la nationalité française. Par conséquent, étudier l'immigration, c'est souligner le rôle de plus en plus central qu'a joué l'État, depuis deux siècles, dans le processus migratoire. Cela implique qu'on prenne au sérieux la question de l'assimilation et/ou de l'intégration au sein de la nation et donc la question de l'exclusion (car les deux phénomènes, intégration et exclusion, sont toujours liés entre eux). Éclairer le rôle puissant qu'a joué l'État français dans le processus d'assimilation des immigrants, insister sur la « tyrannie du national » qui contraint les individus à posséder une nationalité relève du constat scientifique. Les critiques qui ont vu dans les analyses que j'ai consacrées à ces questions soit une apologie de la République[8], soit une dénonciation de la nation[9], ont projeté sur mes travaux leurs propres préoccupations normatives. Je ne peux pas y répondre puisque ce n'est pas ce genre de problèmes qui m'intéresse en tant qu'historien.

Les études que j'ai publiées au début des années 1990 témoignent d'un souci de plus en plus lancinant : comment aborder, avec les instruments qu'ont élaborés les sciences sociales, la question nationale ? Le problème était difficile, parce qu'il se heurtait à deux types d'obstacles. D'une part, il fallait rejeter les présupposés de l'histoire politique qui, comme on le verra, a construit son « paradigme » au début du XIXe siècle en privilégiant des acteurs collectifs : l'État, la nation, la classe, etc. Envisager les phénomènes nationaux sous leur angle « social » nécessitait de déconstruire ces entités pour retrouver les individus « en chair et en os ». La question qui m'intéressait (et qui m'intéresse toujours) était la suivante : en quoi le fait que la France soit progressivement devenue un État-nation, à partir de 1789, a-t-il affecté la vie quotidienne de ses habitants, notamment au sein du « peuple » ? Qu'est-ce que cela a changé pour leur identité personnelle et collective ? Quels nouveaux enjeux le triomphe de la nation a-t-il fait surgir au cœur de leurs existences ? D'autre part, l'histoire sociale de la nation se heurtait au fait que les sciences sociales ont pendant très longtemps négligé ce domaine d'étude, offrant du même coup peu d'instruments d'analyse à l'historien.

À PROPOS DE LA SOCIO-HISTOIRE

Pour résoudre les problèmes que je rencontrais dans mon travail empirique, j'ai cherché à les contourner en adaptant des concepts que la sociologie a élaborés pour étudier l'État et les groupes sociaux. Par souci de clarification, j'ai alors préféré renoncer à l'étiquette « histoire sociale », pour me placer sous la bannière de la « socio-histoire », expression que j'ai empruntée à mes collègues modernistes[10] et qui a le mérite de souligner clairement les liens de l'histoire avec la sociologie. Cette question des étiquettes semblera peut-être secondaire au lecteur. Mais, dans notre discipline comme ailleurs, les enjeux de nomination sont des enjeux de pouvoir. Comme je l'indique dans le chapitre I de ce livre, l'une des raisons de la crise qu'a connue l'histoire sociale tient au fait que son domaine d'études s'est dilué au cours des dernières décennies. Si tout, dans l'histoire, est « social » comme l'affirmait déjà Lucien Febvre dans les années 1930, alors tous les historiens sont en droit d'affirmer qu'ils font de l'histoire « sociale ». Au lieu de découper le réel en tranches (le « social », le « politique », etc.), le socio-historien préfère définir son domaine en fonction de critères *pratiques*, comme une articulation de compétences. Il se présente lui-même comme un historien qui a acquis une formation en sociologie, ce qui suppose un apprentissage spécifique, des liens réguliers avec les sociologues, la publication d'articles qui puissent être acceptés dans des revues de sociologie, etc. Cela n'interdit pas, bien au contraire, des alliances avec les autres disciplines (notamment l'anthropologie et la science politique). Mais l'intérêt particulier que présente la sociologie pour le socio-historien tient à son *objet* même. Au-delà des différences d'école, cette discipline se caractérise en effet par l'importance centrale qu'elle accorde à la question du « lien social », c'est-à-dire aux rapports qu'entretiennent entre eux les individus dans le cadre de leurs activités quotidiennes. C'est pourquoi tant de sociologues ont combattu les entités « réifiées » qui peuplent le discours des historiens. À ce niveau, la socio-histoire est proche de la micro-histoire. Mais elle s'en sépare sur un point décisif : les socio-historiens n'accordent pas, en effet, de privilège à l'étude des petites communautés et n'ont pas d'attirance particulière pour le « micro ». On pourrait même soutenir que, dans la mesure où la socio-histoire cherche à comprendre en quoi consiste la « modernité » des sociétés contemporaines, elle se préoccupe surtout des liaisons *indirectes* qui lient les individus entre eux, que celles-ci soient médiatisées par la monnaie (capitalisme) ou le droit (État-nation).

Sur le plan méthodologique, les études rassemblées ici montrent que la socio-histoire peut, en fonction des problèmes étudiés, mettre l'accent sur les « événements » (cf. le chapitre XII consacré à la loi de 1910 sur les Retraites ouvrières et paysannes) ou sur la « longue durée ». Le fait de prendre toujours comme point de départ de la recherche les « atomes élémentaires » (Max Weber) que sont les individus, en s'interrogeant sur les liens qui les unissent (ou qui les divisent), a permis d'interroger les découpages spatiaux utilisés par les démographes (notamment les cartes par départements) ; les catégories administratives du statisticien (comme les nationalités) et reprendre à nouveaux frais le débat ancien chez les historiens sur la définition des

« classes », des « groupes » et des « communautés ». Enfin, je me suis efforcé de montrer l'importance de la démarche comparative. Ce n'est qu'en confrontant deux moments très contrastés dans l'histoire des réfugiés qu'il est possible de mettre en lumière les principales caractéristiques du droit d'asile dans le monde d'aujourd'hui (cf. le chapitre XI). L'une des principales limites de mes recherches tient au fait que cette dimension comparative n'a pas été assez étendue dans l'espace. À cet égard, mon travail est représentatif d'un travers typiquement français : l'enfermement dans l'Hexagone. C'est un défaut que j'espère pouvoir corriger dans les années qui viennent.

La socio-histoire ne se présente pas comme un nouveau paradigme qui « révolutionnerait » l'histoire. Elle se réclame d'une tradition scientifique qui prolonge une configuration tracée, dès le début du siècle, par les fondateurs de la sociologie (Max Weber et Émile Durkheim) qui étaient aussi des historiens. Cette configuration a été importée dans la discipline historique dès l'entre-deux-guerres, notamment par Marc Bloch, en France, et Otto Hintze, en Allemagne. Aujourd'hui, la socio-histoire est un courant constitué de la recherche en sciences sociales dans de nombreux pays, que ce soit aux États-Unis, en Allemagne ou en Amérique du Sud... Force est de constater, néanmoins, que la socio-histoire n'intéresse guère les historiens français de la période contemporaine[11]. C'est ce qui m'a conduit, depuis le début des années 1990, à tisser des liens de travail surtout avec des sociologues, des politistes, des économistes ou des anthropologues. Un milieu de recherches a ainsi pu se constituer autour de la revue *Genèses* et de la collection « Socio-histoires », grâce au soutien des Éditions Belin[12]. Cet effort collectif a permis à la socio-histoire de devenir une composante importante et dynamique de la science politique. Les travaux prometteurs, actuellement en cours, de jeunes historiens/nes, sociologues ou anthropologues contribueront, j'en suis sûr, à donner à ce nouveau domaine de recherches une visibilité et un rayonnement supérieur à celui dont il dispose aujourd'hui.

LES RELATIONS DE POUVOIR

On trouvera aussi dans le présent ouvrage des études, plus récentes, qui illustrent une nouvelle inflexion de ma recherche, autour de la question du pouvoir. La « socio-histoire des relations de pouvoir » que je défends se distingue de toutes les formes d'histoire politique qui cohabitent aujourd'hui, principalement parce qu'elle essaie de comprendre le rôle historique qu'a joué le pouvoir dans la restructuration des liens sociaux. Le mot « pouvoir » est employé ici dans le même sens que lui attribuait Michel Foucault. Il englobe toutes les possibilités que se sont données les hommes, dans l'histoire, pour orienter la conduite d'autrui. Cette perspective est tout à fait compatible avec le principe de base sur lequel repose la socio-histoire : mettre les individus au cœur de l'analyse et examiner les rapports qu'ils entretiennent entre eux. C'est cette orientation que désigne l'expression « relations de pouvoir », par opposition à l'histoire politique qui voit dans le « pouvoir » un instrument à conquérir ou un agent d'oppression. Les relations de pouvoir, ainsi entendues, englobent deux types d'activités sociales. En premier lieu, il faut mentionner tous les phénomènes qui relèvent de la domination qu'exercent certains individus sur d'autres individus. De Max Weber à Pierre Bourdieu, la sociologie a fourni une contribution décisive dans l'élucidation de ce type de problèmes. Ma dette à leur égard est très importante. Mais, en second lieu, il faut insister sur le fait que les relations de pouvoir peuvent aussi se concrétiser par des liens de solidarité entre les individus. Sur ce point, c'est assurément l'enseignement d'Émile Durkheim que le socio-historien doit méditer. Toute sa réflexion sur le passage de la « solidarité mécanique » à la « solidarité organique » est d'une très grande importance pour l'historien. On verra dans le chapitre IV de ce livre comment j'ai tenté d'articuler cette double dimension domination/solidarité pour expliquer la construction socio-historique des États nationaux.

Pour bien marquer ce qui distingue ce domaine de recherches de l'histoire politique, il n'est pas inutile de rappeler la définition que René Rémond a donnée de cette dernière. « La politique est l'activité qui se rapporte à la conquête, à l'exercice, à la pratique du pouvoir : ainsi les partis sont politiques parce qu'ils ont pour finalité et leurs adhérents pour motivation, d'accéder au pouvoir. Mais pas n'importe quel pouvoir ! L'abus, fait depuis 1968, de la notion de pouvoir et l'extension de son application ont entraîné sa dissolution. Tout serait rapport de pouvoir : dans l'enseignement, la famille, les relations interpersonnelles »[13]. Pour l'histoire politique, telle que René Rémond l'envisage dans ce passage, seules les luttes ayant pour objet la conquête du pouvoir d'État sont dignes d'étude. Cette définition laisse donc délibérément de côté toutes les pratiques de pouvoir qui se situent en dehors du champ politique proprement dit. C'est la raison pour laquelle, jusqu'ici, l'histoire politique française a négligé des questions qui ont pourtant joué un grand rôle dans le renouvellement de la recherche historique internationale (comme l'histoire de la domination des hommes sur les femmes[14], l'histoire des pratiques d'assujettissement des populations coloniales par les Européens[15], etc.). Pour appréhender correctement ces problèmes, il faut mettre l'accent sur la dimension interpersonnelle du pouvoir. Les rapports de pouvoir constituent l'une des formes essentielles du lien social dans l'histoire de l'humanité. Les relations familiales, religieuses, villageoises, etc. — dans la mesure où elles ont structuré les divers groupes dans lesquels les individus ont vécu — peuvent être envisagées comme des relations de pouvoir.

Étant donné que j'ai découvert ces problèmes en travaillant sur l'histoire de l'immigration, je me suis intéressé, jusqu'ici, aux relations de pouvoir qui étaient en rapport avec l'État-nation. Je me suis donc surtout préoccupé d'étudier le processus que Michel Foucault a appelé : « l'étatisation des relations de pouvoir », phénomène absolument central de notre histoire contemporaine. Le pouvoir d'État, du fait même qu'il a pris la forme de la « souveraineté du peuple », a joué depuis la Révolution française, un rôle décisif dans la restructuration des rapports sociaux et la recomposition des identités individuelles et collectives. Pour explorer ce nouveau chantier, il a fallu intégrer des outils empruntés aux juristes et dégager une perspective interdisciplinaire associant l'histoire, la sociologie et le droit. Je me suis efforcé de mettre en œuvre ces hypothèses dans des études empiriques, appuyées sur un travail d'archives. C'est ainsi que j'ai analysé les débuts du processus d'étatisation en étudiant les mutations de l'état civil sous la Révolution ; l'institutionnalisation du langage (genèse du concept de « nationalité »), des déplacements individuels (par l'usage des passeports). La réflexion sur l'histoire des identités collectives, développée dans la même perspective, m'a permis d'examiner l'impact de la loi de 1910 sur la redéfinition de la « classe ouvrière » et le rôle du droit international dans la construction sociale de la catégorie des « réfugiés ». J'ai aussi montré que l'émergence de l'État-nation avait influé sur les restructurations des formes de domination sociale, y compris là où l'État paraît absent, comme dans le cas du paternalisme (cf. le chapitre VI de ce livre).

Je précise qu'il ne s'agit nullement d'affirmer ici que « tout » dans l'histoire serait « pouvoir ». L'objectif est de comprendre ce qu'apporte à la compréhension du passé une perspective qui examine l'histoire des sociétés *sous l'angle* des relations de pouvoir. Depuis un demi-siècle, les historiens ont cherché à justifier leur domaine de compétence en affirmant que « tout est social », « tout est langage », « tout est politique », etc. Max Weber était plus raisonnable quand il défendait une conception « perspectiviste » du savoir, prenant acte de la diversité des points de vue que l'on peut adopter pour comprendre le monde. Ces différents points de vue ne peuvent pas être démontrés scientifiquement. Ce sont des préférences qui s'expliquent par l'origine sociale, la position institutionnelle et l'histoire personnelle de l'historien. Ce n'est pas par hasard si les uns s'intéressent aux relations de pouvoir, alors que les autres nient la pertinence de cet objet ou lui sont indifférents. Ces divers regards sur le passé doivent pouvoir coexister dans la discipline et chaque perspective occuper la place qui lui revient.

HISTOIRE-MÉMOIRE ET HISTOIRE-PROBLÈME

Une autre différence entre l'histoire politique et la socio-histoire des relations de pouvoir peut être soulignée. Dans le sillage des analyses que Michel Foucault et Pierre Bourdieu ont consacrées aux rapports entre savoir et pouvoir, le socio-historien cherche à comprendre en quoi la logique institutionnelle qui gouverne sa discipline influe sur le type de connaissances qu'il produit. Ce type de réflexion n'est pas très prisé par les historiens, parce que ces derniers y voient une entreprise de dénonciation. Il faut bien reconnaître que cet écueil n'a pas toujours été évité dans les écrits marqués par l'héritage de 1968. Mais la perspective proposée ici n'a pas pour but de « dénoncer » le pouvoir. Sa seule ambition est d'essayer de *comprendre* comment fonctionnent nos disciplines et dans quelle mesure les principes sur lesquels elles reposent sont conformes aux pratiques qu'elles abritent. Aujourd'hui, la configuration de pouvoir dont dépendent les formes du savoir historique repose sur les normes de la démocratie. Par exemple, un large consensus existe parmi les historiens français pour affirmer que les universitaires dont les travaux ne respectent pas les valeurs essentielles de la République (c'est le cas des « négationnistes ») doivent être poursuivis par les tribunaux et exclus de la profession. Le débat qui a eu lieu, au cours de la période récente sur cette question, constitue à mes yeux une importante contribution à la réflexion collective sur les rapports entre savoir et pouvoir. Mais il serait souhaitable d'élargir la discussion pour y intégrer d'autres problèmes. C'est ce que j'ai tenté de faire au cours de ces dernières années en entamant une réflexion sur la façon dont les historiens conçoivent le « pluralisme » et le « débat ». Je voudrais m'arrêter un moment sur ces deux notions, pour tenter de dissiper les malentendus auxquels mes analyses ont pu donner lieu, notamment dans mon livre sur Vichy[16].

Tous les historiens qui sont favorables au pluralisme dans notre discipline acceptent la diversité des domaines de recherche, des méthodes et des questionnements. Sur un plan plus général, respecter le pluralisme, c'est admettre que l'histoire ne constitue elle-même que l'une des deux grandes formes de connaissance sur le passé ; l'autre étant la mémoire. L'historien « pluraliste » ne cherche pas à hiérarchiser ces deux types de savoir. Il veut seulement comprendre ce qui les différencie. À la fin du XIXe siècle, les historiens méthodistes ont mis en avant le critère de « l'objectivité » pour distinguer histoire savante et mémoire collective. Ils ont justifié la « professionnalisation » de l'histoire en affirmant que seules la mise en œuvre de la « méthode historique » et l'étude attentive de toutes les archives disponibles permettaient d'élaborer des faits scientifiques irréfutables. Produite par des individus ou par des groupes qui utilisent le passé pour justifier leur combat politique ou leurs intérêts particuliers, la mémoire collective était aux yeux des historiens méthodistes, nécessairement subjective et partisane. Dès le début du XXe siècle, leur point de vue a été critiqué par des philosophes et des sociologues qui leur ont reproché de confondre « objectivité » et « impartialité ». Selon eux, pour que l'histoire devienne une véritable science, il ne suffit pas qu'elle dispose d'une « méthode », ni que le chercheur ne prenne pas parti, encore faut-il qu'elle soit capable de construire son objet d'étude, au lieu de l'emprunter tel quel au « sens commun ». Ces critiques ont été reprises, dans l'entre-deux-guerres, par les fondateurs des *Annales*. En plaidant pour « l'histoire-problème », ils ont souligné que l'élaboration des faits historiques était étroitement conditionnée par le type de questions que l'historien adressait aux archives. En conséquence, c'est *l'art du questionnement*, bien plus que la méthode, qui fait la valeur scientifique d'une recherche historique. Comme l'écrivait, au même moment, Gaston Bachelard : « Avant tout, il faut savoir poser des problèmes. Et quoi qu'on dise, dans la vie scientifique, les problèmes ne se posent pas d'eux-mêmes »[17].

Ce débat historiographique opposant les historiens « méthodistes » et les fondateurs des *Annales* est bien connu. J'ai tenu à l'évoquer ici pour faire comprendre comment a été posée la question de l'autonomie (et donc du pluralisme) en histoire. Le combat, toujours actuel, pour l'impartialité et pour l'application rigoureuse de la méthode historique, marque un premier palier dans le processus d'autonomisation de l'histoire par rapport à la mémoire collective, palier atteint dès la fin du XIXe siècle. Avec le plaidoyer des *Annales* pour que les faits historiques soient construits à partir d'une problématique intégrant les apports des sciences sociales, une seconde étape a été franchie dans les années 1930. Pour différencier ces deux degrés d'autonomie, qui sont aussi deux façons différentes de concevoir la recherche historique, j'ai distingué l'histoire-mémoire et l'histoire-science (qu'il vaut mieux appeler l'histoire-problème). Mais, comme je l'ai écrit à plusieurs reprises, la recherche historique a besoin de ces deux types d'approches pour progresser. Lorsque, pour prendre un exemple récent, des hommes politiques proposent que soit créée une commission d'enquête visant à faire la lumière sur les massacres commis pendant la guerre d'Algérie, il me semble que c'est un devoir pour l'historien du temps présent de s'atteler à la tâche, comme certains d'entre eux l'ont fait auparavant pour étudier la spoliation des biens juifs pendant la Seconde Guerre mondiale. En remplissant cette fonction, l'historien contribue au rayonnement de notre discipline dans le monde politique, dans les médias et dans l'opinion.

Mais reconnaître l'importance de l'histoire-mémoire n'interdit pas de s'interroger sur ses limites et ses contradictions. Dans mes travaux récents, j'ai surtout voulu attirer l'attention sur les dangers que court le pluralisme quand toute la recherche historique est rabattue sur cette seule dimension mémorielle[18]. Lorsque les problèmes étudiés concernent le passé proche, l'histoire-mémoire occupe forcément une position centrale car, par définition, les questions qu'elle aborde intéressent l'opinion publique, les hommes politiques, les journalistes. Du coup, l'histoire-problème — qui maintient une distance critique par rapport aux façons dont les acteurs de la scène sociale et politique interrogent le passé — court le risque d'être marginalisée et même de disparaître, faute de vocations... L'histoire-mémoire et l'histoire-problème assument en effet des fonctions sociales qui sont différentes, souvent complémentaires, mais aussi en partie contradictoires. Dans le chapitre II, j'ai tenté de montrer comment chacune de ces deux tendances de la discipline envisageait la question du passé dans le présent. Pour l'histoire-mémoire, l'analyse critique (ou l'expertise) porte surtout sur des enjeux mémoriels consciemment constitués comme tels par les acteurs du monde politique. Il s'agit de répondre à une exigence de citoyens désireux de faire toute la lumière sur tel ou tel aspect de notre passé collectif. L'histoire-problème, pour sa part, cherche à montrer comment le passé pèse inconsciemment sur nos croyances, nos représentations, nos fantasmes, contribuant à rendre « naturels » des aspects de la réalité sociale qui sont, en fait, arbitraires ; issus de formes anciennes de domination dont nous avons perdu jusqu'au souvenir. Dans cette perspective, la fonction sociale de l'histoire-problème consiste à entreprendre la « genèse » ou la « généalogie » du présent, pour aider les citoyens à mieux cerner les enjeux du monde dans lequel ils vivent[19].

Pour donner un aperçu plus concret de l'importance de ces questions, je prendrai deux exemples, largement développés dans les études regroupées dans ce livre. Le premier concerne les mesures récentes prises par le gouvernement français pour simplifier les démarches administratives, notamment grâce à la suppression de la fiche d'état civil, créée en 1953. Cette réforme a été présentée par ses partisans comme une preuve de confiance de l'État républicain à l'égard des citoyens, un pas en avant dans le combat pour l'épanouissement des libertés individuelles[20]. Dans la perspective de l'histoire-problème, il ne s'agit ni de contester ni d'approuver ces mesures administratives et leurs justifications. On verra, à la lecture des chapitres que j'ai consacrés à ces questions (notamment les chapitres X, XI, XIII), que cet événement singulier ne prend tout son sens que réinscrit dans une histoire longue des « papiers d'identité ». Depuis la

Révolution française, cette histoire illustre une tension entre les deux grands principes de la citoyenneté. D'un côté, l'idéal de liberté individuelle fonde le droit qui est reconnu aux citoyens de se déplacer librement. Plus les progrès techniques s'accélèrent, plus la mobilité dans l'espace s'accroît. Mais, d'un autre côté, les principes démocratiques d'égalité et de justice exigent que l'administration ait toujours à sa disposition les moyens lui permettant d'identifier les individus, à la fois en tant que personnes et en tant qu'ayants droit. Dans ces conditions, une mesure de simplification administrative ne peut intervenir que si les agents de la bureaucratie ont auparavant acquis d'autres instruments d'identification. Au XIXe siècle, on le verra, la IIIe République avait déjà tiré une partie de sa légitimité en matière de libertés publiques en abandonnant les passeports intérieurs et le livret ouvrier. Mais ces mesures s'expliquaient surtout par le fait qu'à l'âge des chemins de fer il n'était plus possible de « tenir sous le regard » les voyageurs. Il fallait remplacer une relation de pouvoir fondée sur la surveillance directe par un mode indirect de contrôle, reposant sur la technologie des fichiers centraux et des cartes d'identité. Le gouvernement supprime aujourd'hui les fiches d'état civil parce que de nouveaux moyens techniques (tels l'informatique, l'Internet, la génétique) permettent d'identifier les individus à distance, de façon encore plus efficace qu'au temps des « papiers ». En éclairant la genèse des formes actuelles d'identification individuelle, l'histoire-problème peut ainsi contribuer à la réflexion des citoyens sur les nouvelles formes de contrôle social auxquelles les innovations technologiques les confrontent.

L'autre exemple que je voudrais mentionner pour montrer ce qui distingue la fonction sociale de l'histoire-mémoire comparée à l'histoire-problème concerne l'immigration. Ces deux approches du passé peuvent, en effet, parfois entrer en conflit dans l'interprétation du présent. Étant donné l'intérêt que les acteurs du monde politique et les journalistes accordent à l'histoire-mémoire, ses principaux représentants sont fréquemment sollicités pour éclairer l'actualité (même lorsque ces historiens n'ont jamais directement étudié eux-mêmes la question en débat). Au cours des années 1980, un grand nombre d'historiens sont ainsi intervenus dans le débat politique sur l'immigration. L'opinion publique, travaillée alors par l'extrême droite, estimait que les immigrants en provenance du Maghreb ne parvenaient pas à s'intégrer dans la société française en raison des spécificités de la religion islamique. Invités à donner leur avis sur ce « problème », des historiens de renom ont contribué à conforter cette vision des choses en affirmant que, dans le passé, les immigrants s'étaient parfaitement intégrés, alors qu'aujourd'hui la situation était différente, parce que les nouveaux venus s'écartaient trop manifestement de la « francité coutumière » (voir le chapitre II). Tout mon travail sur l'immigration a été motivé par le souci de démontrer qu'il s'agissait là, en réalité, d'une question mal posée. En prenant appui sur la sociologie d'Émile Durkheim, mais aussi sur les travaux de sociologues contemporains, comme Abdelmalek Sayad, je me suis efforcé de problématiser la notion « d'intégration »[21]. Ce qui m'a conduit à affirmer que les « problèmes » de l'immigration ne pouvaient pas s'expliquer par l'origine des immigrants, mais par les transformations récentes de la société française. Si j'ai consacré beaucoup d'énergie pour critiquer cette vision ethnicisée de l'immigration (cf. chapitre XI), c'est parce qu'il me semblait dangereux, sur le plan civique, que des historiens cautionnent une vision des choses bien peu conforme aux « traditions républicaines ».

UNE ÉTHIQUE DE LA DISCUSSION

Dès mes premiers travaux, je me suis efforcé de respecter une « éthique de la discussion », indispensable au bon fonctionnement de notre démocratie interne. C'est la raison pour laquelle, comme en témoignent de nombreux chapitres du présent ouvrage, j'ai eu à cœur de nourrir le débat dans notre discipline. Le fait que ces efforts n'aient pratiquement jamais été suivis d'effets explique le côté répétitif et certainement aussi, parfois, trop véhément de certaines de mes critiques (ce que je regrette aujourd'hui). Mais je voudrais profiter de l'occasion que m'offre ce « bilan » pour rappeler l'esprit dans lequel j'ai conçu ces tentatives de dialogue. En premier lieu, j'ai beaucoup insisté sur la question de l'autonomie de la recherche historique car l'expérience prouve que les discussions entre historiens de la période contemporaine sont fréquemment « contaminées » par des normes venues du monde politique : la dénonciation ou la réhabilitation prennent le pas sur l'échange d'arguments. Du coup, même lorsqu'on tient à distance la « manie du jugement », on ne peut pas empêcher les effets de réception. Les historiens dont les travaux sont critiqués voient dans ces divergences des mises en cause personnelles. Ce phénomène est aggravé, paradoxalement, quand on s'efforce de respecter un autre principe sans lequel, à mes yeux, il ne peut y avoir de vrais échanges intellectuels. Il faut désigner les individus dont on examine les propos par leur nom propre. Le plus souvent, la critique historique se focalise sur des puissances anonymes : « école des *Annales* », « histoire événementielle », etc. Le socio-historien, soucieux de « déconstruire » les entités collectives, ne peut pas s'arrêter au seuil de sa propre maison. D'autant plus que, dans un univers aussi individualiste que le nôtre, s'attaquer à des collectifs qui existent surtout sur le papier (chapitre II) n'a pas de sens. Chacun d'entre nous est comptable de son *propre* travail. La première règle que je me suis donc fixée, c'est d'engager un dialogue critique en prenant appui sur des écrits individuels, en nommant leurs auteurs, ce qui est une forme élémentaire de respect. Le même souci m'a conduit à développer mes critiques d'abord dans les revues animées par les historiens avec lesquels j'étais en désaccord. On verra dans la suite de cet ouvrage (chapitre VIII) que j'ai fait état de mes divergences avec la conception de l'histoire défendue par Stéphane Courtois dès les années 1980, à un moment où j'étais moi-même membre du comité de rédaction de la revue *Communismes*. J'ai exprimé publiquement mon point de vue sur la conception de l'histoire politique défendue par René Rémond et ses collaborateurs, pour la première fois, dans leur propre revue : *Vingtième siècle*. Au cours de la même période, j'ai aussi écrit dans les *Annales*, pour indiquer pourquoi j'étais en désaccord avec les perspectives avancées par le comité de rédaction peu de temps auparavant[22]. Malheureusement, ce genre de scrupules n'a guère été compris. L'habitude de voir dans la critique une forme de dénonciation conforte l'idée que, en désignant par son nom un historien dont on ne partage pas les vues, on cherche à le discréditer. Comment s'étonner, dans ces conditions, que les discussions publiques soient si rares en histoire ?

PREMIÈRE PARTIE

Enjeux historiographiques

CHAPITRE I

Une histoire sociale du « politique » est-elle possible ?

> *« Les progrès de la science sont fruits de la discorde. »*
>
> LUCIEN FEBVRE
> *Combats pour l'histoire*, 1953.

La tradition historiographique française s'est structurée à partir des années 1930, autour de deux pôles antagonistes. L'un, regroupé autour des *Annales* et de l'École pratique des hautes études (VIe section), s'est positionné comme défenseur de l'« histoire économique et sociale » par opposition aux adeptes de « l'histoire politique » regroupés à la Sorbonne. Cette concurrence — encore sensible aujourd'hui, comme l'atteste la publication de l'ouvrage dirigé par René Rémond, explicitement présenté par celui-ci comme une « réhabilitation » de l'histoire politique[1] — a empêché l'émergence d'une véritable histoire sociale du politique. On se propose de montrer ici que la construction de ce nouveau champ de la recherche deviendra possible si l'on parvient, comme le demandait récemment Jacques Le Goff, à « redéfinir le champ du social et à renégocier les rapports entre l'histoire et les sciences sociales »[2].

« HISTOIRE-SCIENCE SOCIALE » ET « HISTOIRE SOCIALE »

Dans sa présentation de l'ouvrage cité ci-dessus, René Rémond rend finalement aux *Annales* le plus bel hommage qui soit, en reprenant d'emblée à son compte le schéma conceptuel que les fondateurs de la revue ont été les premiers à proposer : la division du monde historique entre « histoire économique et sociale », d'une part, et « histoire politique » de l'autre. Mieux : toutes les méthodes et les problématiques que les *Annales* ont imposées contre l'histoire politique traditionnelle sont reconnues comme incontestables : la longue durée, l'histoire quantitative et surtout la « pluridisciplinarité ». Toute la présentation de la « nouvelle histoire politique » est au fond sous-tendue par l'idée que ses praticiens peuvent eux aussi mettre en œuvre les outils de la « nouvelle histoire » : aux séries démographiques fondées sur l'état civil, on oppose les séries fondées sur les listes électorales, à partir desquelles peut s'ébaucher une histoire quantitative du politique « en longue durée ». Puisque les *Annales* revendiquent les sciences sociales, la « nouvelle histoire politique » prend le lecteur à témoin de ses vertus « pluridisciplinaires » : la linguistique, la cartographie, la psychologie, voire la psychanalyse, se conjuguent harmonieusement et nous conduisent finalement au nirvana de « l'histoire totale »[3]. Telle est bien, en effet, l'ambition ultime. « Tout est social ! » proclamait Lucien Febvre pour justifier le sous-titre « attrape-tout » des premières *Annales*. Non ! répond René Rémond : « Tout est politique ! » Le fait même que, dans la France d'aujourd'hui, il y ait plus d'électeurs que d'actifs démontre que le « politique » l'emporte sur « l'économique et social ». Donc, « pas d'histoire plus totale que celle de la participation à la vie politique »[4].

Au-delà des contenus, le « modèle *Annales* » est repris jusqu'au niveau institutionnel. La Fondation nationale des sciences politiques « a joué un rôle déterminant dans l'éclosion, puis l'épanouissement, de la nouvelle histoire du politique : tout comme la sixième section de l'École pratique des hautes études, avant sa constitution en École des hautes études en sciences sociales, a eu pour les mêmes raisons une part décisive au développement en France de l'histoire économique et sociale. Les deux exemples illustrent le rôle d'institutions pionnières au sein desquelles se rencontrent et fraternisent des spécialistes d'origines diverses qui échangent idées et expériences » ; d'où le rejet, sans appel, de tous les « cloisonnements corporatistes »[5]. Si les diverses contributions qui composent cet ouvrage ne venaient illustrer l'originalité et le dynamisme de l'histoire politique actuelle, on serait en droit de douter qu'un projet proposant comme modèle des innovations datant de trente ou quarante ans puisse « susciter de nouvelles vocations, qui stimulent, qui bousculent et qui innovent » comme l'indique la quatrième de couverture. Cela d'autant plus que ces innovations connaissent, de l'avis même des responsables actuels des *Annales*, un certain essoufflement, qui n'est pas sans rapport avec la « crise de l'histoire » dont on parle beaucoup depuis quelques années[6].

Sans reprendre ici l'analyse des limites de l'histoire quantitative et de la « longue durée »[7], je mentionnerai simplement les problèmes posés par l'usage actuel de la « pluridisciplinarité ». Un grand nombre d'historiens reconnaissent que l'une des causes essentielles de la « crise de l'histoire » réside dans l'émiettement infini de ses objets. André Corvisart, qui n'a jamais été, il est vrai, un chaud partisan de l'ouverture disciplinaire, remarque qu'« une pluridisciplinarité mal maîtrisée risque de conduire à une sorte de magma où l'histoire se dilue »[8]. Mais François Furet n'est pas loin de faire le même constat : « Au lieu d'en faciliter l'unité intellectuelle, les emprunts de l'histoire aux sciences sociales ne font qu'ajouter à la diversité de la discipline, lui donnant une élasticité presque infinie de ses curiosités et la possibilité d'un éclectisme méthodologique qui ne constitue pas un titre automatique à un surcroît de connaissance »[9]. Ce n'est pas tant les emprunts d'une discipline à l'autre qui font problème que la confusion et les illusions qui accompagnent souvent les utilisations superficielles de méthodes ou de concepts forgés par d'autres disciplines.

L'une des raisons à mon sens essentielles de la « crise » des sciences sociales aujourd'hui en France tient à la contradiction que l'EHESS n'a pas pu surmonter entre un système scolaire et universitaire qui est resté fondé sur la logique disciplinaire traditionnelle et une ambition unitaire institutionnellement cantonnée au 54 du boulevard Raspail. Comme le dit Maurice Aymard, le projet braudélien peut être vu comme un plaidoyer inlassable contre les menaces de fragmentation du savoir et pour l'unité des sciences humaines, à partir de l'élément fédérateur fondamental que procure l'histoire : le « temps »[10]. Or, sauf à changer l'ensemble du dispositif institutionnel scolaire et universitaire français, ce projet ne pouvait être qu'utopique. En dépit de toutes les critiques faites depuis des décennies contre le « corporatisme », on sait bien qu'aujourd'hui encore on ne peut être recruté comme « historien » au CNRS ou à l'université qu'après avoir sacrifié au rituel de l'agrégation d'histoire ; même si celle-ci a peu à voir, c'est le moins qu'on puisse dire, avec la recherche scientifique. Il y a un demi-siècle, Lucien Febvre s'en était déjà pris avec véhémence à « ces agrégations maîtresses de cloisonnement et qui engendrent tout naturellement entre mandarins de couleurs diverses ces “querelles de boutons” que connaissent nos marins »[11]. L'agrégation exerce en effet sur les jeunes cerveaux une influence déterminante (par la rhétorique des épreuves, l'apprentissage « par cœur », la familiarisation avec les grands historiens des générations antérieures) qui contribue puissamment à la « tournure d'esprit empiriste » caractéristique du milieu (par opposition à l'agrégation de philosophie valorisant la théorie et l'abstraction)[12]. La formation de base aux autres disciplines des sciences sociales, la culture théorique qu'elles nécessitent le plus souvent ne sont pas acquises à ce moment-là. Et plus le temps passe, moins l'historien est en mesure de le faire ; d'une part, parce que sa vie professionnelle ne lui en laisse plus le loisir, d'autre part et surtout, parce qu'en vieillissant il est de moins en moins ouvert aux nécessaires remises en cause qu'implique toute formation nouvelle. « Il vient un temps — dit Bachelard, qui ne visait pas l'histoire — où l'esprit aime mieux ce qui confirme son savoir que ce qui le contredit, où il aime mieux les réponses que les questions. Alors l'instinct conservatif domine, la croissance spirituelle s'arrête »[13]. Par ailleurs, avec les progrès de la connaissance, avec la multiplication du nombre des chercheurs et des organismes de recherches, la division du travail scientifique s'étend sans cesse, rendant illusoire toute approche totalisante. Au lendemain de la Grande Guerre, Max Weber insistait déjà sur ce point : « De nos jours, l'œuvre vraiment définitive et importante est toujours une œuvre de spécialiste » ; d'où la nécessité, disait-il — en une formule qui risque d'horrifier tous les adeptes modernes de la « pluridisciplinarité » —, « de se mettre pour ainsi dire des œillères »[14].

Il me semble que si « crise de l'histoire » il y a aujourd'hui, c'est parce que l'engouement pour la « pluridisciplinarité » nous a fait oublier les deux contraintes fondamentales (l'apprentissage et la spécialisation), sans lesquelles aucun « métier » digne de ce nom ne peut exister. Est-ce à dire pour autant que l'ouverture de l'histoire aux autres « sciences sociales » a été une illusion ou une imposture ? Il n'est pas possible de répondre en bloc à une telle question. Je pense, en effet, qu'en y regardant de près on pourrait distinguer trois usages historiens de « la pluridisciplinarité ». Le premier se limite au jeu des citations (selon les saisons, Marx, Foucault, etc.). Il s'explique plus par les stratégies personnelles d'auteur (montrer aux autres qu'on est savant) que par les nécessités internes de la recherche. Le deuxième usage, le plus répandu, tient à l'emprunt de méthodes (cf. les techniques du questionnaire inspirées des sociologues) ou de thèmes de recherches (la « sociabilité », les « élites »...). Le troisième usage historien de la « pluridisciplinarité », que j'appelle la « traduction »[15], est de loin le plus important et le plus productif (c'est lui qui a assuré le succès des *Annales* après la Seconde Guerre mondiale). Il a fait ses preuves dans deux domaines surtout : l'histoire démographique et l'histoire économique. Comme le note François Furet, les historiens démographes « ont purement et simplement importé des concepts démographiques et composé la démographie d'Ancien Régime exactement comme un démographe actuel reconstitue l'histoire des populations. Il n'y a pas de différences entre le travail de Louis Henry et de Peter Laslett et celui d'un spécialiste de la démographie actuelle. Je dirai la même chose pour l'économie. L'importation des concepts est constante »[16]. Remarquons bien qu'il ne s'agit pas d'emprunts « tous azimuts », mais simplement d'un transfert d'une discipline à une autre. Notons aussi que ces deux branches de l'histoire n'ont jamais prétendu aboutir à une « histoire totale ». Quand on examine de près comment elles se sont constituées, on a une éclatante confirmation de ce qui est dit plus haut sur la force des logiques disciplinaires. En effet, que ce soit pour l'histoire démographique ou pour l'histoire économique, on retrouve à l'origine des chercheurs qui ne sont pas issus du « moule » habituel dans lequel on fabrique les historiens ordinaires. Leur plus grand mérite a été d'être des traducteurs, qui ont su adapter, rendre compréhensibles et « opérationnels » les concepts et les problématiques venus de l'extérieur de la recherche historique. Récemment encore, Maurice Lachiver rendait hommage au « flair génial de ce mathématicien » qu'était à l'origine Louis Henry, le père de la démographie historique[17]. De même, Ernest Labrousse, fondateur de l'histoire économique en France, titulaire pendant plus de vingt ans de la chaire d'« histoire économique et sociale » à la Sorbonne, a une formation initiale d'économiste, sanctionnée par un doctorat de sciences économiques à la faculté de droit de Paris[18]. Ces spécialistes ont pu rendre accessible aux historiens des problématiques, des concepts et des méthodes de travail venus de l'économie et de la démographie. Mais s'ils ont contribué ainsi à la mise en place de nouveaux « paradigmes » de la science historique, c'est parce que toute une collectivité de travail s'est emparée de leurs innovations. En 1963, Marcel Reinhard fonde la Société de démographie historique qui compte plusieurs centaines de jeunes chercheurs. En vingt ans, plus de 500 monographies (le plus souvent des mémoires de maîtrise) voient le jour, qui permettent de tirer des conclusions fondées sur une base statistique irréfutable[19]. Des ouvrages de vulgarisation (cf. le fameux « vocabulaire » économique de Jean Bouvier et les nombreux manuels de démographie historique) et des revues spécialisées accompagnent ce mouvement. Certes, avec le temps, ce domaine de la recherche a fini lui aussi par sombrer dans la routine ; c'est un autre aspect de la « crise de l'histoire ». Soulignons cependant que ce n'est pas la « routine » en soi qui fait problème. En effet, comme le montrent les études de sociologie de la science, toute activité scientifique repose sur un travail collectif et comporte nécessairement une grande part de travail routinier et d'« empirisme » ingrat. On ne connaît pas de science qui passe son temps à produire sans cesse de nouveaux concepts.

Le problème actuel de l'histoire n'est donc ni son « empirisme » ni sa « routine », et le remède de sa crise ne tient nullement dans une fuite en avant vers toujours plus de « pluridisciplinarité ». L'enjeu principal de la conjoncture historiographique actuelle est l'élaboration de nouveaux « paradigmes » ; c'est-à-dire la mise en place de nouveaux programmes de recherches susceptibles d'être traités collectivement. En laissant de côté les questions institutionnelles — fondamentales, mais sur lesquelles le simple chercheur n'a pas de prise —, il me semble qu'on peut envisager aujourd'hui une redéfinition du champ de l'histoire sociale qui corresponde à ces exigences. Pour ce faire, la première urgence est de clarifier des notions que des décennies de polémiques ont singulièrement obscurcies. Comme l'ont noté de nombreux auteurs, tant en France qu'à l'étranger, si d'emblée l'unanimité des historiens peut se faire sur la définition des domaines que sont « l'histoire économique » ou « l'histoire démographique », nul ne sait exactement ce que signifie « l'histoire sociale ». Pendant longtemps, comme l'a bien vu Éric Hobsbawm[20], cette notion a désigné trois secteurs différents de la recherche historique : le premier faisait référence aux luttes sociales (grèves, mouvement ouvrier...). Le deuxième, plus large, désignait toutes les pratiques populaires (vie quotidienne, sociabilité...) et se définissait finalement surtout négativement, par l'exclusion de l'histoire politique[21]. Le troisième courant, représenté principalement en France et en Allemagne, est celui de « l'histoire économique et sociale ». S'il a été de loin le plus dynamique et s'il a suscité de nombreux travaux, des revues et des institutions propres[22], son domaine d'investigation a été structuré plus en fonction des circonstances (luttes de « territoires » entre institutions adverses, visant à contester la suprématie de la Sorbonne et de l'histoire politique qui s'y faisait avant la guerre) qu'à une réflexion sur l'objet. De plus, le « social » a toujours été, dans l'affaire, écrasé sous le poids de l'économique. Dans un article consacré à l'« objet » de l'histoire « économique et sociale », Georges Lefebvre illustrait cette logique. « Comment étudier la production sans se préoccuper de ceux qui en sont les directeurs et les artisans : l'histoire économique se prolonge donc en histoire sociale »[23]. La « longue durée » et le quantitatif aidant, le « social » s'est limité aux « catégories socioprofessionnelles » (cf. notamment en histoire moderne le fameux débat Mousnier/Labrousse : « ordres ou classes ? » ; cf. aussi les nombreuses discussions concernant les projets de codifications de la société d'Ancien Régime à partir des nomenclatures de l'INSEE).

Ces vingt dernières années, « l'histoire sociale » a considérablement élargi son champ d'investigations : l'histoire des mentalités, l'histoire urbaine, etc., s'en réclament. Cependant, comme le notait récemment Olivier Zunz, le champ n'étant toujours pas mieux balisé, les historiens sont incapables de proposer un programme global de recherches, clairement identifié. Si bien que, selon lui, l'histoire sociale est devenue maintenant « ce que les historiens sociaux choisissent d'y mettre »[24]. La « nouvelle » histoire sociale, comme le constate ironiquement Charles Tilly, n'a fait qu'ajouter à la confusion. Et l'on ne sait plus très bien aujourd'hui s'il faut suivre les adeptes de la « vieille nouvelle histoire sociale » ou ceux de la « nouvelle vieille histoire sociale »[25]. La solution que François Furet a proposée, il y a déjà un certain nombre d'années, à cette « crise » a été de proclamer la mort de « l'histoire sociale » pour construire, sur ses décombres, une nouvelle histoire des idées, « une histoire intellectualiste qui construise explicitement ses données à partir de questions conceptuellement élaborées »[26]. Ce retour à une approche historiographique théoriquement plus rigoureuse, dont il serait, au demeurant, injuste de nier les apports, s'est fait au prix d'une limitation considérable du champ de la recherche historique, par refoulement de tout l'acquis méthodologique antérieur de l'histoire « science sociale » et même du travail d'archives.

L'« histoire sociale », telle qu'on se propose de la

définir maintenant, peut apporter une autre réponse à la crise actuelle, permettant d'échapper à l'alternative : empirisme et émiettement de « l'histoire science sociale » ou réductionnisme de l'histoire « intellectualiste » des idées et des discours politiques. Cette histoire sociale à part entière ne prétend nullement invalider ou discréditer l'approche « intellectualiste ». Son but est surtout de rééquilibrer une réflexion historiographique disproportionnée en faveur d'un courant au sein duquel se bousculent aujourd'hui historiens, politistes, philosophes et juristes. Il me semble que le constat qui a amené François Furet et les siens à rejeter sans appel « l'histoire sociale » repose sur deux présupposés qui viennent directement de l'« école des *Annales* », présupposés avec lesquels il faut rompre. Le premier tient dans la définition même des « sciences sociales » et de la « pluridisciplinarité ». Si l'on veut, comme on l'a dit plus haut, expliquer en termes de « traduction » la logique des échanges entre disciplines, il faut partir des disciplines telles qu'elles sont et abandonner ce pluriel indéterminé. On arrive ainsi au deuxième problème qui tient à la définition péjorative, partielle et partiale, de la sociologie que partagent la majeure partie des historiens français. Ces derniers ont conservé une méfiance profonde pour « l'impérialisme sociologique » qui est un héritage (souvent inconscient) des polémiques anciennes entre les deux disciplines. D'où une définition assez sommaire de la discipline. Même pour des gens aussi avertis que Georges Lefebvre ou Robert Mandrou, la sociologie se limitait à la production de « modèles ». Cette méfiance s'illustre chez François Furet par la définition implicite qu'il donne des « sciences sociales ». En fait, celles-ci se limitent pour lui à l'économie et à la démographie. La sociologie est soit absente, soit dévalorisée à cause de son « dogmatisme » ou de son « subjectivisme ». Nous avons là le principal trait d'union entre les premiers travaux de François Furet (dans la mouvance quantitative) et ceux des années 80. C'est ce qui l'a conduit à une opposition constamment réitérée vis-à-vis de la tradition allemande de la « sociologie compréhensive » incarnée notamment par Max Weber, puis par Norbert Elias. Dans un colloque fameux, publié en 1971, il s'était opposé à Raymond Aron sur ce point[27]. À ses yeux, toute la problématique de « l'expérience vécue » se limite à un vague psychologisme. Pour Furet, il « n'existe pas, il n'existera jamais de données pertinentes pour répondre à des hypothèses qui portent sur la psychologie des agents historiques », car, affirme-t-il, « le sur-moi est un concept psychologique à propos duquel aucune démonstration n'est possible »[28].

Nous allons tenter de montrer à présent qu'une conception moins partiale de la sociologie permet de mettre en œuvre une « histoire sociale » à la fois rigoureuse sur le plan conceptuel et utilisant tout l'arsenal de méthodes et pratiques scientifiques qui constituent le « patrimoine » de la recherche historique depuis un siècle. L'avantage immédiat d'une conception de l'histoire sociale en termes de traduction des concepts et des méthodes de la sociologie pour les besoins propres de l'histoire est de rompre avec le schéma ternaire braudélien (l'économique, le social, le mental) comme principe de découpage du champ historique rejetant le politique aux oubliettes de l'histoire. Les adeptes d'une histoire « conceptuelle » ne pourront que souscrire aux exigences des sociologues concernant la construction de l'objet. Le concept de chien n'aboie pas, disait Spinoza. De même, selon Durkheim, répliquant à l'avance à Lucien Febvre[29], « il n'y a, pour ainsi dire, pas d'événements humains qui ne puissent être appelés sociaux. Chaque individu boit, dort, mange, raisonne [...]. Si donc ces faits étaient sociaux, la sociologie n'aurait pas d'objet qui lui fût propre ». Et Marcel Mauss de renchérir : « Tout ce qui se passe dans un groupe social [...] n'est pas social ; pas plus que tout ce qui se passe dans un organisme n'est proprement biologique »[30].

À partir du moment où le « social » n'est plus assimilé à une « portion » de la « réalité historique », il ne s'oppose ni à l'« économique », ni au « mental », ni au « politique ». L'histoire sociale traverse tous ces domaines par la logique des questions qu'elle leur pose et reprend à son compte le souci de « construire l'objet » qui conduit le sociologue à « démystifier » les « prénotions » du sens commun et à privilégier les « problèmes » (la « distinction », « la voix et le regard », « la place du désordre »...) et non des « thèmes » (la « Méditerranée », la « mort », « l'opinion publique[31] »...).

L'une des difficultés que l'histoire sociale rencontre pour construire son objet, selon le même procédé que l'histoire démographique, tient au fait que la sociologie a toujours été extrêmement divisée en courants de pensée hostiles. D'où l'argument cent fois entendu : il y a autant de sociologies que de sociologues et il n'est donc pas possible d'y trouver un corps unifié de problématiques et de concepts. On peut, me semble-t-il, contourner cet obstacle en partant de ce qui constitue le cœur de la « tradition sociologique » — telle que la décrit Robert Nisbet par exemple[32] — élaborée par les pères fondateurs de la discipline (de Comte à Durkheim et Weber en passant par Marx et Tocqueville), tradition sur laquelle s'accorde, il me semble, la très grande majorité des sociologues. Pour qui voudrait entreprendre une histoire sociale du politique (surtout pour le monde contemporain), la « tradition sociologique » offre des potentialités considérables. Celle-ci repose, selon Nisbet, sur cinq concepts de base (communauté, autorité, statut, sacré, aliénation) qui ont structuré, un peu à la manière d'un « champ magnétique », les oppositions entre chercheurs. Ces concepts sont reliés entre eux par une question commune qui constitue le socle de la réflexion sociologique à son commencement : comment expliquer la double révolution (industrielle et politique) qui a fait basculer l'Europe dans la « modernité » ? Jusqu'ici, les historiens n'ont été sensibles qu'à un seul des problèmes posés par la modernité, hérité de la tradition marxiste : le passage d'une société d'« ordres » à une société de « classes » comme conséquence de la Révolution industrielle. Or, cette question se rattache à un problème beaucoup plus vaste qui a bien davantage préoccupé la recherche sociologique : le passage de la « communauté » traditionnelle à la « société » moderne[33]. Il s'agit là, fondamentalement, d'une question politique qui tourne autour des enjeux de la Révolution française. La sociologie est née, en effet, pour une part essentielle, d'un rejet de l'idéalisme universaliste de la philosophie des Lumières. Pour se limiter à la tradition française, ce qui relie Bonald à Durkheim en passant par Comte, Proudhon, Le Play et Taine, est l'idée que l'échec (ou tout au moins les égarements) de la Révolution s'expliquent par l'incapacité de ses théoriciens à penser le « lien social ». Au nom d'une définition abstraite de « l'homme », les philosophes de la Révolution ont prétendu imposer à tout un peuple un « contrat social » faisant fi des traditions et des réalités historiques. Dans sa monumentale étude du pouvoir, Bonald tente de prouver la supériorité du système monarchique d'Ancien Régime par une théorie des cercles concentriques (la famille, l'Église, la corporation, l'État) censés protéger l'individu contre le despotisme grâce à l'autonomie que chaque sphère possède par rapport aux autres. Le suffrage universel, en court-circuitant les « groupes intermédiaires » établit une jonction directe individu/État qui rend l'individu incapable de se protéger des tyrans. Finalement, le cœur du débat sociologique, au XIXe siècle, est bien l'État-Nation qui émerge en Europe à ce moment-là. Les partisans de la monarchie soulignent les avantages de la société traditionnelle, vue comme une juxtaposition de petites communautés reposant sur les liens directs et concrets d'homme à homme, où chacun se connaît, où le pouvoir repose sur les autorités traditionnelles et l'obéissance aux principes ancestraux de la religion chrétienne. La constitution d'un espace national rompt avec cette logique, car la communauté dans laquelle évolue l'individu est de plus en plus fondée sur des liens indirects, des médiations abstraites (la délégation de pouvoir inhérente au suffrage universel ; les règles anonymes du droit établissant une égalité formelle ignorant les spécificités de personnes, de lieu et de conjoncture) et des principes rationnels niant les droits du « sacré » et de la sensibilité religieuse. Les sociologues qui, comme Durkheim, sont les défenseurs zélés de la République ne contestent pas la pertinence de ces critiques. Au contraire, l'objectif central de toute la réflexion durkheimienne sur le passage de la « solidarité mécanique » (la communauté traditionnelle) à la « solidarité organique » (la société moderne) est d'imaginer de nouveaux « groupes intermédiaires », à la place des anciens, pour restaurer un véritable « lien social »[34].

Une histoire sociale du politique devrait donc mettre au centre de sa réflexion le problème de l'État-Nation, qui a été, paradoxalement, ignoré par l'histoire politique et marginalisé par la recherche sociologique de ce dernier demi-siècle, comme l'a souligné Alain Touraine[35]. En partant finalement des mêmes travaux fondateurs que la philosophie politique, l'histoire sociale en tire des enseignements à bien des égards opposés, parce qu'elle refuse de voir dans les textes des objets en soi, et qu'elle les utilise comme des hypothèses de départ et des outils destinés à être éprouvés dans des recherches empiriques. C'est ce qui conduit l'histoire sociale à refuser les entités toutes faites (l'État, la Nation, le Pouvoir...) et à accorder la priorité aux individus qui les ont produites. Soulignons que l'histoire sociale peut appuyer sa réflexion méthodologique sur les travaux de quelques « pères fondateurs » de l'histoire politique. Quitte à paraître quelque peu provocateur, je dirai que l'une des meilleures sources « théoriques » que l'historien peut trouver à ce sujet n'est autre que Charles Seignobos, dont les réflexions méthodologiques me paraissent de loin plus intéressantes que ses travaux historiques proprement dits. Le vrai problème abordé par l'histoire que Braudel a baptisée « événementielle », pour mieux mettre en valeur sa « longue durée », est la question du « singulier » comme objet spécifique de la recherche historique. Il n'est pas question ici de reprendre un débat qui a fait couler beaucoup d'encre, mais de signaler simplement que le problème est toujours d'actualité, comme le montrent les travaux de Carlo Ginzburg[36].

Pour ce qui nous occupe ici, l'intérêt de l'épistémologie historique privilégiant l'étude du singulier tient à sa lucidité sur deux questions que l'histoire politique traditionnelle, mais aussi la « longue durée » ignorent le plus souvent :

— Les risques de « réification » que présente le langage courant si l'on n'y prend garde.

— L'impossibilité d'évacuer la dimension subjective pour qui veut comprendre le sens des actions humaines.

Max Weber a souvent souligné que « la nature particulière de notre langage et de notre pensée » nous pousse à employer constamment des concepts « personnifiés », « chosifiés », comme l'État, la Nation, etc. Et il estimait que l'une des tâches incontournables du sociologue était de réduire ces entités à l'activité des individus réels[37]. Ce que Charles Seignobos affirme à sa manière (simplificatrice) en disant : « Pour étudier l'action des institutions politiques sur la vie économique, il faut donc éviter de prendre en bloc l'État et de chercher, comme on l'a fait trop souvent, l'action de l'État en général ; il faut analyser et examiner séparément les divers personnels de gouvernement et leurs procédés d'action »[38]. À cette logique « horizontale » de décomposition des entités collectives correspond une logique « verticale » qui pose le problème de la succession des individus dans le temps. « L'humanité se renouvelle par un changement continuel de génération ; c'est le phénomène fondamental de l'histoire et c'est probablement la cause capitale de l'évolution sociale. Ainsi se produit l'évolution des corps constitués (clergé, corporations, corps de fonctionnaires) ; le corps conserve un même nom, mais ses membres sont renouvelés. Cette continuité de nom donne l'illusion, si l'on n'y prend garde, d'une évolution organique du corps. De même pour le corps social dans son ensemble, l'évolution doit être expliquée en tenant compte du renouvellement des générations »[39]. Le parti pris méthodologique consistant à partir des individus conduit également à accorder une place importante aux questions subjectives : « Puisque le caractère subjectif est lié aux faits sociaux eux-mêmes, on n'a pas le droit, affirme encore Seignobos, de le faire disparaître de la construction des sciences sociales »[40]. Il est vrai que Seignobos, et toute l'histoire « historisante » derrière lui ont utilisé ce principe, dans leurs recherches empiriques, comme une psychologie sommaire sur les « intentions de l'auteur » et la « sincérité » de l'historien. Mais on a oublié aujourd'hui (même ceux qui se réclament de l'histoire politique de Seignobos) le versant positif de cette approche. En effet, le point de vue « subjectiviste » a produit un concept sociologique essentiel dont nous montrerons plus loin la fécondité heuristique : le concept d'« intériorisation ». Dans le but, là encore, d'échapper à la réification de l'histoire humaine, ce concept envisage les formes matérielles qui nous entourent, la langue qu'on utilise tous les jours, les institutions qui nous gouvernent, non pas comme des choses mortes, mais comme du vivant passé, fixé, matérialisé, cristallisé, objectivé (les mots varient selon les auteurs) dans des formes matérielles. Dans ces conditions, l'objectivité d'aujourd'hui n'est rien d'autre que la subjectivité d'hier. D'où la définition du travail de l'historien comme recherche de traces, d'indices, devant permettre de remonter la chaîne du temps pour accéder à une certaine familiarité avec le passé[41]. Toute la réflexion de Seignobos est organisée autour de deux questions centrales : « Comment peut-on connaître un fait réel qui n'existe plus ? » et « comment connaître des actes dont on ne peut plus voir les acteurs ni le théâtre ? »[42]. Sa réponse détermine la méthodologie propre à l'histoire. Puisqu'elle travaille sur des traces, l'histoire est une « méthode indirecte » opérant par raisonnement. Carlo Ginzburg, qui ne cite pas l'ouvrage de Seignobos, ne dit pas autre chose : « Comme celle du médecin, la connaissance historique est indirecte, indiciaire et conjecturale »[43]. À l'opposé de ce qui a été écrit si souvent à propos du « positivisme » ou de « l'empirisme » de Seignobos (qu'on présente traditionnellement comme un adepte naïf du « culte du fait »), celui-ci affirme explicitement : « En histoire, on ne travaille jamais que sur des images »[44]. Ce faisant, Charles Seignobos ne fait que refléter son époque marquée par la hantise herméneutique du temps et le nouveau paradigme de « l'indice », fondé sur la sémiotique qui, à en croire Ginzburg, parcourt l'ensemble du champ du savoir et du pouvoir, de la médecine expérimentale au roman policier (Conan Doyle) à la psychanalyse (Freud) et à la police judiciaire (Bertillon).

Toute cette problématique est à l'opposé de la « longue durée » et des principes de base de l'histoire quantitative qui exclut de ses questionnements le passage de l'individu au collectif. Répétons néanmoins, une fois encore, que le problème n'est pas d'invalider l'histoire « objectiviste » au nom d'un « retour » aux pères fondateurs de l'histoire traditionnelle. L'enjeu est de faire comprendre que l'on ne découvre pas les mêmes choses selon les points de vue qu'on adopte au départ. L'histoire du politique a été négligée par l'« école des *Annales* », parce que celle-ci ne peut être étudiée complètement avec les outils de l'histoire quantitative (même si ceux-ci sont indispensables pour traiter toute une série de problèmes, comme le vote, la sociologie des partis...).

UN CONCEPT D'HISTOIRE SOCIALE ET SA MISE EN ŒUVRE : « L'ASSIMILATION »

Pour emporter l'adhésion d'un lecteur historien, les considérations qui précèdent ne suffisent pas. On les trouvera trop « abstraites », voire « philosophiques ». Il faut donc les concrétiser et pour cela partir d'un exemple précis. C'est ce que je me propose de faire à présent en prenant l'exemple de « l'assimilation des immigrés » qui préoccupe beaucoup actuellement la science politique. Même si les politologues l'ont un peu oublié, la question de l'« assimilation » a été au cœur de la réflexion du « père fondateur » de leur discipline, André Siegfried. Juste après la Seconde Guerre mondiale, il n'hésitait pas à affirmer, en prenant l'exemple de la France et des États-Unis, que « le rythme et les étapes de l'assimilation des immigrés obéissent à des lois bien observées ». Il en concluait que trois générations sont nécessaires à une assimilation complète. Cependant, Siegfried accordait une extrême importance à l'origine ethnique des individus. Aux États-Unis, les « races nordiques » s'assimilent le plus rapidement, mais « l'adaptation des Slavo-Latins catholiques est plus difficile. S'il s'agit d'exotiques comme le Chinois ou le Mexicain, le fameux "creuset des races" ne fonctionne plus ». D'où ses propositions pour une politique de « l'assimilation » : d'abord déraciner complètement l'immigrant en le coupant de son milieu d'origine pour l'empêcher de rester fidèle à sa communauté ethnique. Ensuite, ne pas le tenir à l'écart et lui donner le sentiment qu'il peut s'intégrer. Enfin, il est nécessaire que le pays d'accueil ne soit pas trop vieux, trop rigide. D'où son pessimisme à propos de l'immigration en France car, étant donné l'ancienneté de la constitution nationale, il nous est difficile de « modifier notre structure, notre équilibre ou notre rythme pour nous accommoder de la présence d'éléments nouveaux, à l'âge de la série et de la masse ». En conséquence, toute politique d'assimilation doit être envisagée surtout du point de vue de « la préservation du caractère national traditionnel ». D'où la « compréhension » que Siegfried manifeste pour la politique de quotas ethniques pratiquée aux États-Unis bien que « du point de vue des principes elle (puisse) être contestable car elle est teintée de racisme »[45]. Ce texte, choquant de la part d'un républicain convaincu, n'est pas un accident. Dès sa première œuvre, consacrée aux comportements politiques dans l'Ouest, Siegfried introduisait comme facteur ultime d'explication la question ethnique en invoquant le « mystère des personnalités ethniques », le « caractère de la race ». À propos de la Normandie, il affirmait même : « J'arrive par tous les chemins à cette conclusion qu'en politique les Normands ne sont pas des Français »[46]. Autrement dit, pour certaines « races », il n'y a pas d'assimilation totale possible puisque, dix siècles après les invasions normandes, il reste des « traces » de leur différence politique, c'est-à-dire de leur différence « tout court », puisque pour Siegfried les comportements politiques, que l'auteur appelle aussi les « tempéraments » régionaux ou nationaux, reflètent « des manières d'être et de sentir » spécifiques[47].

Cette façon de concevoir l'assimilation des immigrés en termes ethniques a dominé la réflexion de la science politique jusqu'aujourd'hui. Je ne parlerai pas ici des courants xénophobes ou racistes parce que le plus souvent ils servent de « cache-sexe » aux parties honteuses de l'idéologie républicaine, qu'il faudra bien un jour avoir le courage de regarder en face. En 1926 déjà, le socialiste Albert Thomas, dans la préface au livre de Marcel Paon sur l'immigration, écrit : « Si nous voulons assimiler, intégrer dans la population française les étrangers qui viendront s'établir chez nous, il convient alors d'opérer à la frontière les sélections nécessaires : sélectionner des races, sélectionner des individus, sélectionner des travailleurs enfin. » Et de proposer qu'on ne reçoive que ceux qui ont le « plus d'affinités avec nous » (Italiens, Belges...) et qu'on éloigne les « indésirables »[48]. Une dizaine d'années plus tard, Georges Mauco (qui fut le plus éminent expert du Front Populaire en ce qui concerne l'immigration) récidive. Toute politique d'assimilation doit écarter les « inassimilables », c'est-à-dire ceux « qui portent en eux, dans leurs coutumes, dans leur tournure d'esprit, des goûts, des passions et le poids d'habitudes séculaires qui contredisent l'orientation profonde de notre civilisation » et de citer les Asiatiques, les Africains et les « Levantins » comme exemples d'« indésirables »[49]. Les premiers travaux de l'INED sur l'immigration, au lendemain de la Seconde Guerre mondiale reflètent la même logique. Louis Chevalier estime que, pour réussir l'assimilation des nouveaux venus, il faut s'adresser à « des types ethniques » déjà représentés dans la « mosaïque française » ; seule manière de conserver le « caractère français »[50]. Et dans une lettre confidentielle, le général de Gaulle demandait qu'on limite les naturalisations des immigrés orientaux et méditerranéens pour ne pas altérer la composition ethnique de la population française[51]. Même si aujourd'hui on ne parle plus, au moins chez les démocrates, d'une sélection ethnique des immigrants, si le terme lui-même est devenu tabou, je pense que la majeure partie des arguments concernant les « problèmes d'intégration des musulmans » relèvent de la même logique, qu'on la baptise « distance culturelle » et qu'on l'enveloppe dans de bons sentiments ne change rien à l'affaire.

Pour ce qui nous occupe dans ce chapitre, l'important est de montrer que le type d'explication que la science politique a fourni jusqu'ici de l'« assimilation » est incapable de rendre compte réellement du problème, non seulement parce que toutes les prévisions alarmistes ont été démenties par l'histoire, mais aussi parce que la logique de l'argumentation ethnique a contribué à empêcher la mise en œuvre d'une véritable politique d'immigration. Le discours de Siegfried présente en effet une contradiction flagrante. Si réellement le critère de l'origine ethnique est fondamental pour l'assimilation, la seule politique d'assimilation possible réside dans une sélection des groupes recrutés qui écarte les « inassimilables ». Mais cela heurte un principe intangible du droit républicain hérité de la Déclaration des droits de l'homme : le refus de toute discrimination fondée sur l'origine. C'est pourquoi, la politique des quotas n'a jamais pu, en France, être officiellement mise en œuvre. Mais elle a été longtemps pratiquée de façon sournoise, à coup de circulaires et de lettres confidentielles.

Pour éviter tout contresens sur cette question, il faut comprendre que, dans la « pensée française », l'argumentation ethnique ne repose pas sur des préjugés biologiques. C'est l'enracinement, donc l'histoire, qui définit le « groupe ethnique » que forment les Français. L'homogénéité culturelle de la nation s'explique par la transmission, de génération en génération, du même fond commun, des mêmes valeurs, des mêmes « manières d'être ». D'où l'extrême difficulté pour celui qui n'est pas issu du terroir de s'intégrer totalement. C'est au XVIIIe siècle, avec les travaux de Boulainvilliers et de Mably, que pour la première fois la question nationale est rattachée au problème de la lutte « ethnique » opposant les Francs (le peuple vainqueur d'où serait issue l'aristocratie) et les Gaulois (les vaincus du Tiers)[52]. Sous la Restauration, Augustin Thierry systématise cette mythologie des origines qui amorce le thème « nos ancêtres les Gaulois » : « Nous sommes les fils des hommes du Tiers État ; le Tiers État sortit des communes, les communes furent l'asile des serfs ; les serfs étaient les vaincus de la conquête »[53]. Mais l'argument « ethnique », « biologique », est contradictoire avec la mystique universaliste issue de la Révolution française. C'est pourquoi il est discrédité par Michelet, l'accoucheur des mythes républicains. Celui-ci impose un nouveau modèle : le peuple français est issu de la « fusion » des races initiales. Désormais, c'est l'enracinement dans la terre de France qui devient le principal fondement de l'appartenance nationale ; d'où le rôle dévolu à la géographie et la fréquence des « tableaux » comme passage obligé de toute « histoire de France ». À la fin du XIXe siècle, au moment où se structure véritablement le nationalisme français, ce schéma de pensée fait littéralement l'unanimité. Lorsque dans son manuel, Ernest Lavisse s'écrie : « Les Gaulois, vos ancêtres, ont été des vaillants. Les Francs, vos ancêtres, ont été des vaillants. Les Français, vos ancêtres, ont été des vaillants »[54], l'énumération ne doit rien au hasard. En signifiant la réconciliation de l'aristocratie et de la classe moyenne — ces « races » si longtemps ennemies —, elle proclame à la France entière, et à sa manière, que la Révolution est terminée. En même temps, Lavisse souligne la force du principe généalogique (« vos ancêtres ») comme critère légitime d'appartenance à la nation. Dans sa fameuse conférence à la Sorbonne, « Qu'est-ce qu'une nation ? », Ernest Renan ne dit pas autre chose quand il s'écrie : « Nous sommes ce que vous fûtes. » C'est le même argument que reprend Paul Vidal de la Blache lorsqu'il définit son fameux concept de « genre de vie » comme un ensemble d'« habitudes organisées et systématiques, creusant de plus en plus profondément leur ornière, s'imposant par la force acquise aux générations successives, imprimant leur marque sur les esprits, tournant dans un sens déterminé toutes les forces du progrès »[55]. Nous sommes bien ici au cœur de l'univers barrésien de la « terre et des morts » et de l'hérédité (« le mort tient le vif »). La fréquence des références de Siegfried à l'œuvre de Barrès n'est donc pas le fruit du hasard. Il est frappant de constater que si la métaphysique ethnique a été abandonnée, comme le note Pierre Nora, les plus grands historiens français sont restés jusqu'aujourd'hui marqués par « la géographie vidalienne et sa perception très française, terrienne, charnelle, paysanne et presque patriotique du rapport de l'homme à l'espace et au temps »[56]. Nul mieux que René Rémond n'a décrit le rapport qui existe souvent entre l'enracinement familial et la vocation d'historien. « Pour un enfant, l'idée de continuité de la durée n'est pas un principe abstrait : elle emprunte des apparences concrètes, en rapport avec l'univers qui lui est familier : sa famille, la région où il a ses attaches, les traditions où il a été élevé ; en un mot tout ce qui le particularise. La famille ? À dix ou onze ans, je me suis pris d'un vif intérêt pour mes antécédents familiaux et j'ai recueilli avidement tout ce que je pouvais apprendre de mes ancêtres. » C'est pourquoi, « toute étude du passé devient alors recherche des origines : il est demandé à l'histoire non plus de nous dépayser, mais de nous éclairer sur nous-mêmes en nous révélant nos racines [...]. D'aussi loin qu'accourent à mon appel les souvenirs personnels, ce qui surgit d'abord, c'est bien le sentiment de venir à la suite, de succéder à d'autres, d'arriver sur une terre peuplée depuis des siècles, aménagée par des générations, de m'inscrire dans une durée immémoriale »[57]. On comprend dans ces conditions que les historiens français aient été mal préparés à réfléchir au problème de l'assimilation. Seuls des individus ayant été confrontés par leur expérience personnelle ou familiale au déracinement, au dépaysement et au sentiment d'« étrangeté » qu'il provoque, pouvaient prendre au sérieux la question de l'assimilation[58]. Ce n'est donc pas un hasard si ce sont surtout des sociologues immigrés aux États-Unis ou en Grande-Bretagne (comme Norbert Elias) qui ont fait progresser nos connaissances à ce sujet. Ce n'est pas un hasard non plus si, du côté français, c'est la sociologie d'Émile Durkheim qui fournit le cadre théorique le plus riche pour l'aborder. En effet, c'est au moment même où il publie ses premiers travaux que le monde intellectuel français construit l'image officielle de l'entité nationale, fondée sur la continuité des générations, mentionnée plus haut. Comme le note Marcel Maget, l'image nationale s'inscrit dans « une éthique qui définit hiérarchiquement ce que doit être un membre du groupe ; tout ce qui le fait et tout ce en vertu de quoi on le fait ; ce sur quoi on modèlera l'enfant, ce sur quoi doit se modeler l'étranger pour être adopté, naturalisé »[59]. En tant que Juif alsacien-lorrain, immigré à Paris, Durkheim ne pouvait se reconnaître dans la définition légitime de l'appartenance nationale fondée sur les racines gauloises ou franques. Lui même fut d'ailleurs mis en cause à plusieurs reprises dans la période d'hystérie antisémite et xénophobe qui précède la Première Guerre mondiale. Dans *La Libre Parole*, en 1916, il est présenté comme un « Boche avec un faux nez représentant le *Kriegministerium* dont les agents essaiment à travers la France ». La même année, le sénateur Gaudin de Vilaine demande à la Commission chargée de revoir les permis de résidence accordés aux étrangers d'« examiner la situation des "Français d'ascendance étrangère" comme M. Durkheim, un professeur de notre Sorbonne, représentant sans doute, comme cela a été affirmé, le *Kriegministerium* »[60]. Dans un tel contexte, l'immense effort intellectuel de Durkheim peut être vu comme un refus radical (sur le terrain de la science et non de la polémique politique) d'une définition de la légitimité nationale fondée sur la filiation et sur la transmission généalogique de la culture. D'où son acharnement à combattre toutes les formes d'hérédité, y compris les lois républicaines sur l'héritage. Un simple retour à Rousseau (définissant la nation par un contrat social abstrait ignorant l'histoire concrète des hommes) n'était cependant plus possible à la fin du XIXe siècle. C'est le concept d'« intériorisation » qui permet à Durkheim de sortir de cette contradiction et de fournir du même coup la clé du problème de l'« assimilation »[61]. Dans les sociétés modernes (où domine la « solidarité organique ») ce n'est pas par filiation directe, par transmission père-fils, que nous héritons de nos ancêtres, car ce processus caractérise les sociétés archaïques où l'écrit, le droit, l'État sont peu développés. Dans les sociétés où l'État-Nation a imposé sa loi, les générations antérieures nous lèguent leur héritage, via des formes objectives ou instituées, c'est-à-dire collectives et matérielles. Si les individus et les générations passent comme le soulignait Seignobos, ces formes matérielles demeurent : que ce soit la langue, les institutions, les bâtiments. Qui plus est, les normes, les valeurs, bref l'ensemble de la culture qui préexiste à l'individu, deviennent partie intégrante de sa personnalité, parce qu'il les intériorise, souvent inconsciemment, dès l'enfance. D'où le thème essentiel de la sociologie durkheimienne de l'éducation : la société crée dans l'homme un être nouveau par l'école car l'enseignement que celle-ci diffuse (y compris et avant tout la langue) résume des siècles d'expérience[62]. Les successeurs de Durkheim, et en tout premier lieu Norbert Elias, enrichiront considérablement cette problématique, mais en conservant l'hypothèse de base : « Chaque individu doit parcourir pour son propre compte, en abrégé, le processus de civilisation que la société a parcouru dans son ensemble, car l'enfant ne naît pas civilisé »[63]. Par rapport à l'approche historique en terme de « permanence » et de « tradition », un autre point de vue est exprimé ici qui permet de concevoir l'histoire comme un processus. En ce qui concerne l'immigration, cette problématique invalide l'explication en termes de « distance culturelle ». Si celle-ci doit être prise en compte pour étudier l'assimilation de la première génération, son rôle est tout à fait secondaire pour l'assimilation de la deuxième génération. L'enfant, d'où qu'il vienne, s'il est socialisé dans le pays d'accueil, « intériorise » (intellectuellement et affectivement) l'héritage accumulé que constitue la culture nationale. Cette culture que l'État-Nation diffuse, en dehors même de toute politique consciente, par mille et un canaux (et d'abord la langue), contre lesquels la culture familiale d'origine ne peut rien[64]. L'intériorisation étant un processus largement symbolique, elle ne s'évalue pas en termes, de « distance » ou de « proximité » culturelles.

L'exemple, rapidement évoqué ici, de l'assimilation des immigrants, prouve, me semble-t-il, que non seulement une histoire sociale du politique est possible, mais qu'elle est nécessaire. Certes, dans l'état actuel de la recherche historique, il faut prendre les concepts traduits de la sociologie, comme des hypothèses de départ et non comme des vérités absolues. Mais lorsque Riva Kastoryano, dans un compte rendu de mon livre, *Le Creuset français*, assimile cet effort de problématisation à « une compilation de textes », compilation inutile parce que « les données historiques (sont) assez explicites en elles-mêmes »[65], elle illustre tout ce qui sépare encore l'histoire sociale du politique d'une certaine « science » politique. C'est justement parce qu'il me paraît inadmissible — et pas seulement pour des raisons scientifiques[66] — qu'on puisse continuer à écrire, comme le fait cet auteur, que « les différentes appartenances régionales, nationales, ethniques des populations immigrées *menacent* l'homogénéité de l'État-Nation » ou que « les revendications, identitaires ou non, de la religion *menacent* l'unité culturelle de l'espace national »[67] (souligné par moi), qu'il est urgent de proposer des explications qui rompent avec le « sens commun »[68].

CHAPITRE II

Le « passé/présent » : une approche différente de l'histoire du temps présent

L'émergence de l'histoire du « temps présent » a eu des conséquences très importantes pour la recherche historique française depuis les années 1980. L'une des raisons de son succès tient au fait que ce nouveau champ d'études, plutôt que de s'ajouter aux autres, les a affectés « de l'intérieur ». Il existe aujourd'hui une histoire économique, une histoire politique, une histoire culturelle, une histoire religieuse, une histoire militaire, du « temps présent ». Pour ce qui concerne l'histoire sociale, les choses sont un peu plus compliquées. Ce domaine a connu son heure de gloire dans les années 1950-1960 avec l'histoire économique et sociale développée sous l'égide de Fernand Braudel et Ernest Labrousse. Mais, depuis une quinzaine d'années, cette perspective a décliné et l'histoire sociale s'est recomposée en suivant des voies très diverses. Je n'ai pas la compétence pour présenter toutes les tendances qui peuvent se réclamer peu ou prou de l'histoire sociale. C'est pourquoi, plus modestement, je me contenterai ici d'évoquer le courant de recherche collective auquel se rattachent mes propres travaux, pour essayer de le situer par rapport à l'histoire du temps présent.

DE L'HISTOIRE SOCIALE À LA SOCIO-HISTOIRE

Généralement l'histoire sociale est vue comme le domaine qui étudie la « société » ou les « faits sociaux ». Cette définition a l'inconvénient d'être extrêmement large. Comme le disait déjà Lucien Febvre dans les années 1930, puisque ce sont les hommes qui font l'histoire, tout est « social » en histoire. Donc l'histoire sociale est une histoire totale. Mais, si l'on suit cette logique, tous les historiens peuvent affirmer, quelle que soit leur compétence, qu'ils font eux aussi de l'histoire sociale. Celle-ci perd alors toute consistance. Dans la pratique, les meilleurs historiens sociaux ont contourné cette difficulté en tissant des alliances avec les disciplines voisines. L'histoire économique et sociale de Braudel et Labrousse a été en fait une histoire *économique* de la société, enrichie par la suite d'une histoire démographique, puis d'une histoire anthropologique. Bref, l'histoire sociale ne peut véritablement exister comme secteur autonome de la recherche que si elle est définie non pas par rapport au domaine de la réalité qu'elle étudie (le « social »), mais par rapport au type de compétence scientifique qu'elle met en œuvre. C'est ce constat qui m'a conduit, avec d'autres collègues, à délaisser l'étiquette « histoire sociale » pour lui substituer le terme de « socio-histoire » ; terme qui désigne le courant de la recherche historique qui entretient des rapports privilégiés avec la sociologie. Bien que l'expression n'ait pas été employée à l'époque, la

« socio-histoire » a été l'une des dimensions importantes du projet défendu par les *Annales* dans les années 1930, surtout grâce à Marc Bloch, le plus sociologue de tous les historiens français. Mais, après la Seconde Guerre mondiale, le développement des liens avec l'économie, la démographie, l'anthropologie, n'a pas permis l'épanouissement de cette histoire sociologique que Marc Bloch appelait de ses vœux. C'est pourquoi, aujourd'hui, il nous faut repartir de son héritage[1].

La socio-histoire ne peut pas être considérée comme l'une des tendances de l'histoire du « temps présent », parce qu'elle n'est pas fondée sur la même définition du « présent ». C'est pour marquer cette différence que les socio-historiens ont emprunté à Marc Bloch l'expression « passé/présent ». Pour éviter tout malentendu, je précise que cette « autre » histoire du temps présent ne conteste nullement les mérites de celle qui se pratique aujourd'hui. La discipline en son entier ne peut que gagner à la diversification des approches. Comme le disait Marc Bloch, chaque domaine de la connaissance est « une perspective que d'autres perspectives devront compléter » et « le danger commence quand chaque projecteur prétend à lui seul tout voir ; quand chaque canton du savoir se prend pour une patrie »[2]. J'insiste sur le fait que la présente réflexion concerne uniquement les tentatives de *définition* de l'histoire du temps présent. Comme j'ai essayé de le montrer dans un ouvrage récent[3], les discussions entre historiens sont souvent obscurcies par le fait que les protagonistes confondent deux niveaux qu'il convient de distinguer : le niveau des *recherches* empiriques et le niveau des *discours* sur l'histoire. L'histoire du « temps présent » s'est développée, au départ, pour des raisons contingentes. Comme dans beaucoup d'autres pays, le souci de comprendre les horreurs du nazisme et de la Seconde Guerre mondiale a créé une demande d'histoire concernant le passé proche que l'historiographie classique n'était pas en mesure de satisfaire. C'est la raison pour laquelle un petit nombre d'historiens, encouragés par les pouvoirs publics, se sont regroupés pour combler cette lacune. Chemin faisant, ces recherches ont été progressivement étendues en aval pour couvrir toute la période d'après guerre. Cette expansion a été facilitée par l'ouverture de nouveaux fonds d'archives, la volonté de recueillir et de conserver les témoignages des acteurs, l'intérêt manifesté par certains ministères et d'autres organismes publics ou privés pour leur propre histoire. C'est pour faire face à ces exigences croissantes que l'histoire du « temps présent » s'est institutionnalisée à la fin des années 1970, grâce à la création de l'Institut du même nom. Le dynamisme de ce nouveau courant de l'histoire est parfaitement illustré par l'extrême diversité des recherches empiriques qui s'en réclament. Non seulement, comme je l'ai dit plus haut, pratiquement tous les domaines d'étude sont concernés, mais les historiens du temps présent adoptent aujourd'hui des problématiques, des méthodes, des concepts de plus en plus diversifiés, grâce aux alliances qu'ils ont nouées depuis une dizaine d'années avec les autres disciplines, principalement au sein de l'IHTP. Si l'on examine tous ces travaux empiriques pour essayer de dégager une définition de l'histoire du « temps présent », on constate que leur véritable point commun tient au fait qu'ils portent sur le passé proche. L'histoire du temps présent est vue, le plus souvent, comme une « période » qui vient à la suite de la période qu'on appelle « histoire contemporaine ». Cette période délimite un domaine global de compétences (des connaissances pointues sur l'histoire de l'après-guerre et une familiarité avec les archives) qui cimente une identité collective, au même titre qu'il existe une identité propre aux « médiévistes », aux « modernistes », aux « dix-neuviémistes », etc. Certes, on pourrait critiquer les critères retenus pour opérer ces découpages. Certains épistémologues ont contesté le rôle que les historiens font jouer aux « événements fondateurs » (la découverte de l'Amérique, la Révolution française, la Seconde Guerre mondiale, etc.) pour distinguer les grandes « périodes » de l'histoire[4]. Mais ce n'est pas sur ce terrain que je voudrais situer la discussion. Je pense en effet que tout chercheur doit nécessairement délimiter son domaine pour pouvoir l'étudier empiriquement et, à mes yeux, les critères chronologiques ne sont pas plus arbitraires que d'autres pour justifier ces découpages. Ce sont des conventions comme il en existe dans toutes les sciences. À partir du moment où ces conventions sont acceptées par une communauté de chercheurs, elles ont une légitimité scientifique qu'il me paraît absurde de contester de « l'extérieur ». Envisagée sur le plan de la recherche empirique, une critique globale de l'histoire du temps présent n'a donc pas plus de sens qu'une critique globale des autres périodes. C'est la raison pour laquelle la présente discussion ne porte que sur les *définitions explicites* qui ont été données de l'histoire du « temps présent » et non pas sur les *recherches empiriques* qui se rattachent à ce domaine.

Dans le cadre limité de cette contribution, je centrerai ma réflexion sur l'étude publiée par Denis Peschanski, Michel Pollak et Henry Rousso, « Le temps présent, une démarche historienne à l'épreuve des sciences sociales », qui constitue le premier chapitre d'un ouvrage collectif édité par l'IHTP[5]. Ce texte est important parce que les auteurs répondent aux critiques dont l'histoire du temps présent a fait l'objet, tout en montrant pourquoi il s'agit là d'un domaine à part entière dans la recherche historique. Mais cet ouvrage marque aussi le début d'une nouvelle étape dans l'histoire de ce courant, du fait que les auteurs s'engagent clairement dans la voie du dialogue interdisciplinaire. Selon eux, le critère essentiel qui permet d'affirmer que l'histoire du temps présent est « un champ scientifique singulier », c'est la présence de « témoins » vivants. Ces derniers « conditionne(nt) le travail de l'historien qu'il le veuille ou non », parce que ces témoins permettent de délimiter les bornes chronologiques du « temps présent ». Ce domaine de la recherche historique est donc bien, aux yeux des auteurs, une période. Mais alors que les autres périodes (« ancienne », « médiévale », « moderne » ou « contemporaine ») sont encadrées par des limites chronologiques fixes, dans le cas du « temps présent », les bornes sont mobiles et se déplacent au fur et à mesure que disparaissent les plus vieux témoins et que de nouveaux acteurs les remplacent. Cette flexibilité des cadres chronologiques est propre à l'histoire du temps présent. Mais, pour les auteurs, la variabilité de la limite située en aval pose problème. Étant donné que la « frontière [...] entre le moment présent — "l'actualité" — et "l'instant passé" est souvent délicate à situer », l'historien du temps présent doit constamment redéfinir ses objets d'études pour « intégrer continuellement de nouvelles séquences chronologiques, ce qui ne va pas sans tensions ni difficultés »[6]. Ces tensions s'expliquent, entre autres, par le fait que l'historien du temps présent doit compter avec d'autres façons d'appréhender le passé proche ; notamment celles que développent les journalistes, spécialistes du traitement de l'actualité, et surtout les sciences sociales. Ce voisinage entraîne souvent une « concurrence pleine d'animosité et d'exclusive » que les auteurs rejettent en plaidant pour un dialogue interdisciplinaire préservant la spécificité des différentes approches. Ils ajoutent que les particularités de l'histoire du temps présent expliquent ses « singularités de méthode ». Parmi elles, les auteurs mentionnent « une certaine obsession de la chronologie », « une prédilection pour l'étude des périodes de ruptures, notamment (mais pas seulement) politiques », l'importance accordée à « l'histoire orale » et une « méfiance instinctive, plus nette ici que dans d'autres secteurs de l'historiographie française, à l'égard de toute forme de conceptualisation ou de modélisation, méfiance souvent infondée, parfois même hypocrite, surtout lorsqu'elle n'est qu'un alibi masquant une absence de perspective ou d'ambition intellectuelles »[7]. Ces remarques montrent bien que les auteurs ont le souci de faire évoluer l'histoire du temps présent pour l'ouvrir davantage sur les sciences sociales. Mais, dans le même temps, ils s'emploient à justifier ses orientations de base, contre ceux qui les critiquent et notamment contre les *Annales*. Peu de temps avant la publication de ce texte, en effet, le comité de rédaction de la revue avait déploré « le retour du narratif, de l'événement, du politique, de la biographie »[8]. Loin de partager l'opinion des *Annales*, Denis Peschanski, Michael Pollak et Henry Rousso estiment au contraire que la recherche historique française a connu, dans les dernières décennies, trois mutations essentielles : le retour de l'événement, le retour du politique, le renouveau des recherches sur le XXe siècle. À leurs yeux, l'un des grands mérites des historiens du temps présent est d'avoir su, à la différence des *Annales*, prendre en compte ces mutations dans les recherches qu'ils ont impulsées[9].

J'ai cité longuement cette étude car elle permet de comprendre ce qui différencie l'histoire du « temps présent » et l'histoire du « passé/présent ». L'originalité de cette dernière tient au fait qu'elle ne s'intéresse pas à une période, mais à un problème que l'on peut énoncer ainsi : quelles relations le passé et le présent entretiennent-ils entre eux ? Mais il faut aussitôt ajouter qu'à l'heure actuelle cette question ne fédère aucun courant structuré de la recherche historique. Elle est posée (et traitée) de façon disparate, par des historiens, mais aussi (et surtout) par des sociologues, des politistes, des anthropologues, voire par des philosophes, qui la désignent par des termes divers (« genèse »[10], « généalogie », etc.) et s'efforcent d'y répondre en fonction des préoccupations propres à leur discipline. Toutes les sciences de l'homme et de la société sont concernées par cette question, parce que le présent qu'elles étudient est lui-même un produit de l'histoire. Inversement, les historiens ne peuvent ignorer que le regard qu'ils portent sur le passé est conditionné par le présent. La réflexion sur le « passé/présent » se situe donc d'emblée sur le terrain interdisciplinaire, mais dans une perspective qui s'écarte de celle que défendent les historiens du temps présent. Comme on l'a vu dans l'étude citée en référence, ces derniers commencent par donner une définition du « temps présent » propre aux historiens, puis se tournent vers les autres disciplines pour leur proposer des collaborations. Dans cette perspective, les discussions interdisciplinaires peuvent se nouer dans des séminaires ou dans des travaux collectifs réunissant les praticiens de plusieurs disciplines, mais la définition du domaine de recherche n'est pas en elle-même le produit d'une réflexion interdisciplinaire. Pour les historiens du passé/présent, la question de l'interdisciplinarité se pose d'entrée de jeu, puisque l'élucidation des rapports entre le passé et le présent concerne toutes les disciplines. Si chacune d'elle appréhende le problème d'une façon spécifique, l'objectif est de parvenir à homogénéiser ces différents regards pour constituer un domaine disciplinaire nouveau. En prônant une histoire du « passé/présent », Marc Bloch a montré comment les historiens pourraient participer à cette entreprise commune. Malheureusement le terrain qu'il a commencé à défricher n'a pas été beaucoup labouré par ses successeurs. En m'appuyant sur son œuvre, je dégagerai les grandes caractéristiques de l'histoire du « passé/présent ».

TOUTE HISTOIRE S'ÉCRIT AU PRÉSENT

Pour un historien, s'interroger sur les relations entre le passé et le présent, c'est d'abord tirer toutes les conséquences de l'affirmation bien connue de Benedetto Croce[11] : « Toute histoire digne de ce nom est histoire contemporaine. » En écrivant ces mots, le philosophe italien s'attaquait aux historiens « méthodistes » de la fin du XIXe siècle, persuadés que le « recul du temps » suffisait pour qu'une recherche historique soit « objective ». Contre l'idée naïve que l'historien pourrait « s'effacer » pour restituer le passé tel qu'il a vraiment été, les philosophes et les sociologues ont souligné très tôt que le regard d'un chercheur n'est jamais neutre. Même s'il n'en a pas conscience, il sélectionne et organise ses matériaux d'archives en fonction d'un questionnement qui obéit aux préoccupations de son temps. Dire que toute histoire est contemporaine, c'est donc affirmer que la recherche historique s'écrit toujours au présent. Max Weber estime que l'histoire est une science vouée à rester éternellement jeune, car l'étude du passé même le plus reculé s'enrichit constamment d'interprétations nouvelles en fonction des intérêts changeants du présent[12]. Depuis le début du XIXe siècle, l'histoire de la Révolution française a fait l'objet de lectures sans cesse renouvelées parce que cet événement fondateur a constamment été requestionné en fonction des transformations sociales, culturelles, politiques de la France. Mais le point de vue de l'historien n'est pas seulement conditionné par l'époque dans laquelle il vit. Affirmer que l'histoire s'écrit toujours au présent, c'est aussi mettre en relief les présupposés sociaux et politiques qui surdéterminent la recherche scientifique. L'appartenance nationale, le genre, le milieu d'origine jouent un rôle incontestable dans le choix des sujets, la façon de les appréhender. Même quand nous nous efforçons d'être le plus objectif possible, les mots que nous employons sont chargés de l'histoire du pays dans lequel nous avons été formés. Mais si la recherche historique est tributaire des « points de vue » particuliers (propres à une époque, à une nation, à un groupe social, au genre), faut-il renoncer complètement à l'idée d'objectivité ? On sait que les historiens les plus radicalement engagés dans une histoire mise au service de leur communauté d'appartenance, aux États-Unis notamment, répondent par l'affirmative à cette question. L'idée même que l'historien pourrait adopter un « recul » par rapport aux intérêts et aux enjeux du présent est vue comme une survivance du « positivisme ». De leur côté, dès le début du siècle, les sciences sociales ont affirmé que, si le recul scientifique n'était pas donné par la distance du temps, il pouvait être obtenu grâce à l'élaboration consciente d'un *questionnement théorique*, adapté aux exigences du présent. C'est la raison pour laquelle Émile Durkheim et ses élèves pensaient que l'histoire deviendrait une véritable science quand elle parviendrait à dépasser le stade des études monographiques pour découvrir ce qui fait la généralité des phénomènes étudiés. Dans cette perspective, l'historien atteint vraiment l'objectivité quand il dégage des « lois de l'histoire », ou tout au moins des constantes.

Si l'on se réfère à la définition de l'histoire du temps présent que j'ai évoquée plus haut, on constate que ses auteurs se démarquent des historiens « méthodistes », sans pour autant reprendre à leur compte le point de vue des sociologues. Pour répondre à ceux qui ont reproché à l'histoire du temps présent de « manquer de recul » et d'être « trop proche du journalisme », les auteurs de cette étude se contentent d'affirmer que ce débat « est aujourd'hui dépassé » car « la pratique a montré d'abord qu'une telle histoire pouvait parfaitement reposer sur des bases scientifiques (et que), de toute manière, le besoin social d'une telle histoire existe et devait être assumé par les historiens »[13]. Dans ce raisonnement ne peut être décelé aucun critère permettant de définir la notion de « recul scientifique ». La référence au « besoin social » ne nous dit rien sur la manière de répondre à ce « besoin ». L'argument de la « pratique » fonctionne ici comme un argument d'autorité (« ce que nous faisons est scientifique parce que nous sommes des savants »). On a le sentiment que, pour les auteurs, en matière d'histoire du temps présent, toute tentative visant à dégager des critères généraux permettant de définir le recul du savant par rapport à son objet d'étude est vouée à l'échec. L'historien du passé/présent est partiellement d'accord sur ce dernier point. À ses yeux, il n'est pas possible de dégager des fondements de la connaissance qui nous donneraient la garantie que nous serions « objectifs ». C'est pourquoi lui aussi récuse à la fois la distance du temps des « méthodistes » et la distance théorique du sociologue. Mais l'historien du passé/présent ne renonce pas pour autant à expliquer en quoi consiste le « recul » qui caractérise toute démarche scientifique. Pour élucider ce problème, il se tourne vers les sciences sociales afin de mieux comprendre ce qui différencie, sur le plan pratique, les communautés savantes des autres milieux sociaux. Si l'on envisage la question du « recul » dans cette perspective, on voit bien que le terme désigne en fait un problème social. À la fin du XIXe siècle, l'argument de la « distance temporelle » a été invoqué par les historiens universitaires pour conquérir leur autonomie contre le monde des historiens « amateurs » (aristocrates, ecclésiastiques, notables) qui utilisaient l'histoire comme une arme dans les combats politiques du présent (généralement contre la République). Aux yeux de ces universitaires, pour mériter le nom de science, l'histoire devait être « objective », au sens où elle ne devait plus servir à nourrir les querelles partisanes. Certes, les historiens méthodistes ont fait fausse route en croyant que « la distance du temps » était le critère d'objectivité par excellence. Néanmoins, ils ont eu le mérite d'affirmer que toute démarche scientifique nécessite de prendre une distance par rapport aux passions et aux intérêts du présent. C'est cet idéal d'objectivité qui a conduit tous les États démocratiques à adopter des mesures grâce auxquelles la communauté universitaire a pu préserver partiellement son autonomie. L'État rémunère des historiens afin qu'ils puissent effectuer des recherches sans dépendre des groupes qui utilisent l'histoire pour défendre leurs intérêts partisans. La seule cause que les savants ont pour mission de servir, c'est celle de la vérité. Bien sûr, entre l'objectif proclamé et les résultats obtenus, l'écart est considérable. Mais le fait que cet idéal n'ait jamais été atteint n'empêche pas qu'il ait pu fonctionner comme un argument, une norme interne à la discipline. Depuis un siècle, c'est toujours au nom de cette norme que des historiens ont été amenés à critiquer les insuffisances et les contradictions de la discipline. C'est sous l'aiguillon de ces « rappels à l'ordre » que la recherche historique est devenue, peu à peu, plus objective qu'elle ne l'était au début du siècle. Aujourd'hui, il n'est plus possible de défendre naïvement l'intérêt national en prétendant énoncer des vérités universelles. Mais surtout, la recherche historique est devenue plus objective parce que les points de vue sur le passé se sont diversifiés. Dans cette perspective, la question de l'objectivité ne se pose pas dans la logique du tout ou rien, mais en termes de degré : plus ou moins objectif, plus ou moins vrai.

Au bout du compte, pour l'historien du passé/présent, affirmer que l'histoire s'écrit au présent, c'est non seulement rappeler que toute recherche sur le passé est surdéterminée par l'époque, l'appartenance nationale, le genre, mais qu'elle est aussi surdéterminée par l'appartenance à une profession : le « métier » d'historien. Dans cette perspective, défendre le « recul » scientifique revient à défendre l'autonomie de la discipline pour qu'elle puisse continuer à élaborer un savoir propre, même si celui-ci entre nécessairement en conflit (surtout en histoire contemporaine) avec les attentes et les intérêts des autres groupes sociaux. Mais en quoi consiste cette autonomie ? Pour clarifier ce problème, deux niveaux doivent être distingués :

— En premier lieu, une discipline est autonome quand elle est capable d'élaborer ses propres questionnements. C'est pourquoi, l'historien ne peut se contenter de répondre aux interrogations développées par les acteurs du monde social. Certes, il est illusoire de croire que l'historien pourrait vivre dans une tour d'ivoire à l'écart du monde qui l'entoure. Il est même parfaitement légitime que les recherches qu'il entreprend soient en rapport avec les préoccupations du « grand public » ou de « l'opinion ». Mais il doit être capable de traduire les préoccupations des « profanes » pour en faire des questionnements conformes au degré de développement atteint par les sciences de l'homme et de la société. C'est ce que Marc Bloch appelait « l'histoire-problème ». Alors que spontanément les hommes ont le plus souvent tendance à juger (dénoncer/réhabiliter) les acteurs du passé, l'historien cherche à comprendre et à expliquer leurs comportements. C'est grâce à cette démarche qu'il peut espérer « tirer les leçons de l'histoire » et aider les hommes de son temps à ne pas reproduire les erreurs du passé.

— En second lieu, une discipline est autonome dans la mesure où la vie collective de ses membres obéit à des règles qui lui sont propres. Les universités ont obtenu leur autonomie par rapport au pouvoir politique en défendant l'idée que seuls les spécialistes d'un domaine pouvaient juger de la valeur des connaissances produites dans ce domaine. C'est pourquoi les États démocratiques ont donné aux savants des moyens concrets pour que la critique interne puisse s'épanouir (multiplication des revues spécialisées, rôle de plus en plus grand accordé aux commissions de spécialistes, aux jurys de thèse, etc.). Dans cette perspective, une connaissance peut être considérée comme « vraie », quand elle a été validée par les pairs. La vérité n'est pas un « état », mais un processus social, une démarche qui suppose une discussion collective. Finalement, pour l'historien du passé/présent, affirmer que toute histoire s'écrit au présent, c'est défendre les principes démocratiques sur lesquels repose la discipline. Plus la communauté est autonome, plus les règles qui définissent son fonctionnement sont respectées et plus les connaissances qu'elle produit ont des chances d'être « vraies ». Naturellement, cela ne signifie nullement que les historiens seraient dispensés de toute réflexion sur les critères qui permettent de différencier le vrai et le faux dans leur domaine de recherche empirique. La perspective « pragmatiste » que je défends ici affirme simplement que ces critères ne peuvent pas être détachés des questions étudiées concrètement. Car les discussions abstraites et générales concernant l'histoire mènent généralement à une impasse. Cette affirmation constitue un autre point de divergence avec l'histoire du temps présent sur lequel je voudrais m'arrêter un moment, en prenant l'exemple des polémiques qu'a provoquées le débat sur « l'histoire événementielle ».

LA QUESTION DE « L'ÉVÉNEMENT »

Dans leur étude, Denis Peschanski, Michel Pollak et Henry Rousso estiment que l'étude des « événements » est une dimension essentielle de l'histoire du temps présent. En effet, « le vingtième siècle — notre temps présent — a été particulièrement riche en bouleversements de tous ordres, politiques, économiques, technologiques, culturels, dans lesquels l'événement dévastateur ou fondateur, telles les guerres, les crises ou les révolutions, a joué un rôle essentiel ». De plus, grâce au développement des moyens de communication, l'événement est « plus que naguère un point de repère central des individus, des groupes sociaux et des nations ». Les auteurs justifient aussi l'intérêt qu'ils portent aux « événements » en invoquant des raisons d'ordre épistémologique. Le philosophe Paul Ricœur a montré, en effet, que les historiens des *Annales*, et notamment Fernand Braudel, avaient *cru* pouvoir s'affranchir de « l'historie événementielle » alors qu'en réalité ils avaient continué à mettre en œuvre les principes qui gouvernent l'histoire-récit[14]. Forts de ces arguments, Denis Peschanski, Michel Pollak et Henry Rousso affirment que les *Annales* ont fait fausse route en opposant la « longue durée » et l'« événement » pour mieux discréditer l'histoire politique. En s'appuyant sur les réflexions de René Rémond, ils contestent l'idée que l'histoire politique serait vouée à l'éphémère et soulignent que les nouvelles recherches développées dans ce domaine n'opposent plus le « temps court » (l'événement) et le « temps long » (les structures), mais mettent en lumière la pluralité des rythmes politiques[15].

Pour l'historien du passé/présent, ce genre de polémiques (pour ou contre « l'événement ») n'apporte pas grand-chose à la connaissance historique car les points de vue en présence reposent sur des présupposés inconciliables. Affirmer que les historiens du XXe siècle devraient nécessairement s'intéresser aux événements politiques parce qu'au cours de cette période ceux-ci ont été nombreux et tragiques, c'est adopter un point de vue « réaliste » sur l'histoire. Dans cette perspective, en effet, c'est la « réalité » qui impose à l'historien ses objets d'étude. Il s'agit là d'un présupposé qui en vaut bien un autre. Mais on ne voit pas pourquoi il aurait force de loi. Autrement dit, le fait que le monde ait connu deux guerres mondiales au XXe siècle ne permet nullement de conclure que les historiens devraient *nécessairement* privilégier l'étude des grands événements politiques. Il s'agit là d'un choix, d'une préférence, que l'on peut justifier par diverses raisons (le manque d'études sur le sujet, l'intérêt du public, la volonté de mieux comprendre la logique de la guerre pour en éviter de nouvelles, etc.) ; mais ce n'est pas « l'histoire » qui dicte à l'historien les questions qu'il devrait privilégier. Un autre point qui fait problème dans le passage cité plus haut concerne le rapport entre « événement » et « longue durée ». Contrairement à ce que sous-entendent les auteurs, la critique que les *Annales* ont adressée à l'histoire « événementielle » ne porte pas, principalement, sur les *objets d'étude* (crises, guerres, révolutions), mais sur la *manière* de les étudier. Par exemple, l'histoire économique et sociale en « longue durée » qu'Ernest Labrousse a développée dans sa thèse avait elle aussi pour but d'expliquer un grand « événement » : la Révolution française. Mais il a cherché à l'expliquer en empruntant un chemin nouveau, qui privilégiait les structures et les contraintes d'ordre économique, alors que jusque-là les historiens s'intéressaient surtout à la conjoncture et aux péripéties de l'action politique.

Je précise une fois encore que mon but n'est nullement de contester la place que les historiens du temps présent accordent aux grands événements politiques. Ce qui pose problème, à mes yeux, ce sont les arguments qu'ils avancent pour défendre leur point de vue. En effet, ces arguments ne sont pas des preuves, mais des préférences. Ils peuvent donc facilement être réfutés par ceux qui ont d'autres préférences. Dans ces conditions, on comprend mieux pourquoi ce type de polémiques (« pour ou contre l'événement en histoire ») ne trouve jamais d'issue. Pour l'historien du passé/présent, plutôt que de prolonger ces querelles indéfiniment, il est préférable d'en reconstituer l'histoire, de façon à clarifier les enjeux sous-jacents. Sans revenir ici sur le détail d'une analyse que j'ai développée antérieurement[16], je rappellerai néanmoins que les discussions sur la place de « l'événement » en histoire ont d'abord opposé les sociologues aux historiens. Au tournant du siècle, tous les protagonistes de ce débat s'accordent pour définir un « événement » comme un « acte qui ne se produit qu'une fois ». Les historiens pensent que leur discipline doit privilégier l'étude des phénomènes singuliers, uniques. À l'inverse, les sociologues étudient le passé pour dégager des régularités, des constantes (que les durkheimiens appellent souvent des « institutions »). Ils envisagent les « événements » non pas pour eux-mêmes, mais en isolant, dans chacun d'eux, les éléments que l'on retrouve dans les autres. Comme le souligne l'historien Paul Lacombe, pour les historiens narratifs, il n'y a que des événements, alors que pour les sociologues, il n'y a que des institutions[17]. Charles Seignobos — l'historien que l'on présente parfois comme l'un des « pères fondateurs » de l'histoire événementielle — combat fermement tous ceux qui veulent établir une science sociale sur le modèle des sciences de la nature. Selon lui, « seuls les historiens d'événements échappent à cette illusion parce que leurs études leur font voir des individus »[18]. Comme on le voit à travers ce rappel, à cette époque, les discussions autour de « l'événement » n'opposent pas les partisans de l'histoire sociale et les partisans de l'histoire politique. Elles mettent aux prises ceux qui privilégient l'étude des individus et ceux qui s'intéressent aux « institutions ». Au cours des années 1930, les fondateurs des *Annales* reprennent et adaptent les arguments des sociologues durkheimiens pour tenter de discréditer l'histoire politique. C'est à Lucien Febvre que nous devons l'apparition de l'expression « histoire événementielle » dans le langage des historiens. Dans un compte rendu consacré à la série d'ouvrages dirigée par Henri Hauser, sur l'histoire diplomatique de l'Europe (1871-1914), il critique une démarche qui rappelle et prolonge les manuels de politique étrangère publiés par Émile Bourgeois, à partir de 1892. Obnubilée par les « faits événementiels, comme on dit parfois », souligne Febvre, cette démarche privilégie les négociations diplomatiques en oubliant la « constante pression de l'économique sur le politique » qui est un élément déterminant de la conduite des États[19]. Après la Seconde Guerre mondiale, les partisans des *Annales* parviennent à imposer l'expression « histoire événementielle » dans le vocabulaire courant des historiens. C'est dans le fameux article de Fernand Braudel sur la « longue durée », publié en

1958, que l'on trouve la première véritable définition de ce terme[20]. Braudel met en cause « l'histoire traditionnelle, dite événementielle, l'étiquette se confondant avec celle d'histoire politique ». Et il ajoute : « L'histoire des cent dernières années, presque toujours politique, centrée sur le drame des "grands événements" a travaillé dans et sur le temps court. Ce fut peut-être la rançon des progrès accomplis pendant cette même période, dans la conquête scientifique d'instruments de travail et de méthodes rigoureuses ». Comme on le voit, pour Braudel, histoire événementielle, histoire politique et histoire traditionnelle sont quasiment synonymes. Cette « vieille » histoire s'oppose à l'histoire « nouvelle » qu'il appelle de ses vœux, privilégiant les facteurs économiques et sociaux, la longue durée et les méthodes quantitatives.

Il était utile de rappeler la genèse de cette polémique centenaire, parce qu'elle illustre parfaitement les raisons pour lesquelles, aujourd'hui encore, l'histoire sociale entretient des rapports plus difficiles avec l'histoire du temps présent que les autres domaines de la recherche historique. La réflexion sur le statut de l'événement en histoire n'a jamais été conçue comme un moyen de faire avancer la discipline, mais essentiellement comme une arme dans la lutte de concurrence qui oppose l'histoire sociale et l'histoire politique. Il faut bien reconnaître que les historiens des *Annales* (Lucien Febvre et Fernand Braudel notamment) ont joué un rôle moteur dans ces polémiques. Ce sont eux, en effet, qui ont imposé dans le vocabulaire historique les connotations négatives du terme « événementiel ». Dans le rapport qu'il a rédigé en 1965 pour le Congrès international des sciences historiques, Jean Glénisson (pourtant proche des *Annales*) avait déjà marqué ses distances à cet égard, regrettant que l'adjectif « événementiel » ait acquis « une place privilégiée dans le catalogue des dénominations péjoratives de l'histoire de forme traditionnelle ». Quelques années plus tard, Raymond Aron[21] soulignait à son tour que « l'histoire événementielle est une notion obscure parce que utilisée de façon polémique par l'école des *Annales* pour disqualifier ceux qui la pratiquent ». Cette notion est obscure, en effet, car elle ne désigne aucun domaine précis de la recherche empirique. Lorsqu'on examine les travaux scientifiques publiés par les historiens français entre les années 1880 et les années 1930, force est de constater que l'histoire « événementielle » (cette histoire-bataille, purement chronologique que Lucien Febvre stigmatise) n'a jamais existé. Ce n'est pas un hasard si le procès a été lancé dans un compte rendu qui visait le *Manuel d'histoire diplomatique* d'Émile Bourgeois. Cet « historien » comblé d'honneurs n'a jamais été lui-même formé à la critique historique et n'a publié que des ouvrages de vulgarisation. Ce type d'écrits n'a rien à voir avec les travaux savants que les historiens ont produits dès le début du siècle, sur les grands événements de la Révolution française ou sur les crises diplomatiques. En condamnant l'histoire « événementielle », les fondateurs des *Annales* rejetaient, en fait, une conception de l'histoire rabattue sur sa dimension *pédagogique*. Ils s'en prennent particulièrement à Charles Seignobos parce que, plus qu'aucun autre historien, il a entretenu la confusion entre les deux fonctions que doit remplir un universitaire : la recherche et l'enseignement. Ce que Lucien Febvre reproche aux chefs de file de la génération antérieure, c'est d'avoir déserté le front de la réflexion savante pour se contenter de publier des manuels, des synthèses répétitives, grâce auxquels ces derniers ont gonflé leurs revenus, mais qui ont contribué à la sclérose de l'histoire. Par conséquent, la critique que l'on peut faire aux *Annales*, c'est d'avoir placé ce débat sur « l'événement » à un niveau épistémologique abstrait au lieu de discuter les travaux empiriques publiés par les historiens de leur temps. De la même façon, lorsque les historiens du temps présent diagnostiquent aujourd'hui un « retour » de l'événement (ou de l'histoire politique), ils s'inscrivent dans une logique à caractère polémique qui ne repose sur aucune analyse précise de la littérature savante dans notre discipline. Il suffit d'examiner, comme je l'ai fait, les sujets des thèses qui ont été soutenues depuis vingt-cinq ans en France, pour s'apercevoir immédiatement qu'au niveau des rapports de force l'histoire politique a *toujours* été largement dominante. Dans ces conditions, parler du « retour du politique » n'a pas de sens. De plus, tous les débats qui visent à hiérarchiser les domaines du savoir en leur imposant les étiquettes traditionnelles : le « politique », le « social », le « culturel », etc., masquent le fait que la recherche historique progresse le plus souvent en adoptant de nouvelles désignations. Par exemple, l'histoire de l'immigration, qui s'est beaucoup développée en France ces dernières années, relève *à la fois* de l'histoire économique, sociale, politique, culturelle, etc. Le dernier point négatif qui découle de ces polémiques concerne l'usage que les historiens font de la philosophie. Là aussi on constate que les historiens du temps présent reprennent à leur compte une logique d'argumentation qui a été popularisée par les *Annales*. À l'époque de Fernand Braudel et d'Ernest Labrousse, c'est Marx qui servait de caution épistémologique. Aujourd'hui, les historiens du temps présent s'abritent derrière l'autorité de Paul Ricœur. Mais de même que les historiens des *Annales* n'ont jamais eu les compétences nécessaires pour apprécier la valeur proprement philosophique de la pensée de Marx, de même aujourd'hui, leurs adversaires du « temps présent » utilisent Ricœur comme une référence/révérence. La conception herméneutique de la connaissance que défend cet éminent philosophe n'est pas partagée par les éminents philosophes qui appartiennent à d'autres courants philosophiques. En tant qu'historiens, nous ne sommes pas capables de trancher ces controverses. Dans ces conditions, lorsque nous citons un philosophe pour justifier notre point de vue, nous employons un argument d'autorité que les autres historiens n'ont pas les moyens intellectuels de discuter. C'est pourquoi, généralement, ces derniers répondent en se réclamant d'un autre philosophe.

LE PASSÉ DANS LE PRÉSENT

L'historien du passé/présent s'efforce de tirer toutes les conséquences de la formule de Benedetto Croce : « Toute histoire digne de ce nom est contemporaine. » Mais, inversement, il s'attache aussi à analyser les mille et une façons dont le passé pèse sur le monde des vivants. Marc Bloch a montré dans son œuvre que cette historicisation du présent répondait à deux grandes exigences du « métier d'historien ». D'abord, il s'agit là d'une dimension essentielle de la fonction critique de l'histoire évoquée plus haut. De même que l'historien se différencie des autres producteurs de connaissances sur le passé par un effort de problématisation, de même il cherche à mettre au jour tous les présupposés que véhicule le passé fixé dans le présent. Les souvenirs que les hommes ont conservés des événements vécus alimentent très souvent ces présupposés car « le souvenir brouille parfois l'image du présent »[22]. Marc Bloch a montré que la faillite militaire de la France en 1939-1940 pouvait s'expliquer en bonne partie par l'aveuglement de l'État-Major des armées. Tous ses membres avaient participé à la Première Guerre mondiale et restaient « dominés par leurs souvenirs de la campagne de la veille »[23]. L'historien est donc ici en conflit avec les témoins car ceux-ci opposent leur expérience vécue aux constats de la recherche historique. C'est un point que l'histoire du temps présent a analysé de façon très détaillée en multipliant les travaux sur la mémoire collective[24]. Mais, pour l'historien du passé/présent, la mémoire des acteurs n'est pas le seul véhicule grâce auquel le passé se manifeste dans le présent. Les hommes du passé nous ont laissé en héritage des documents et d'autres traces matérielles qui rendent possible le métier d'historien. Ces traces contribuent aussi à façonner les représentations, voire à orienter les actions, de tous les acteurs du présent. Depuis notre naissance, nous sommes habitués à vivre dans un espace qui a été aménagé par les générations précédentes. Nous parlons une langue, nous obéissons à des lois, qui ont été élaborées progressivement par les hommes des époques antérieures. Cette familiarité explique que très souvent les héritages du passé nous paraissent naturels, évidents. Seul l'éclairage historique permet de montrer que ces traces ont été des enjeux de luttes, que le sens que nous donnons aux mots, loin d'être « neutre », véhicule bien souvent la vision des vainqueurs, le regard de ceux qui ont réussi à imposer leur conception des choses. L'historien qui étudie la genèse de ces traces parvient à redonner son historicité au présent, en montrant que les choses auraient pu être autrement qu'elles ne sont aujourd'hui. En luttant contre la réification du présent, il participe au combat contre les stéréotypes qui, le plus souvent, se nourrissent d'une négation de l'histoire[25].

Éclairer le rôle que joue le passé dans le présent, c'est donc contribuer à élargir la fonction critique de l'histoire. Mais c'est aussi travailler au développement d'un chantier à part entière de la recherche historique. Dans son œuvre, Marc Bloch a exploré trois dimensions de ce chantier : deux concernent la méthodologie de l'histoire, la troisième se rapporte à l'objet d'étude. Au niveau méthodologique, Marc Bloch aborde la question de la présence du passé dans le présent dans le cadre d'une réflexion plus vaste sur la « méthode critique ». Dans *Apologie pour l'histoire* il souligne que tout historien est confronté à des difficultés qui tiennent à la nature du langage. Les mots sur lesquels il travaille ont été fixés par l'écriture. Ils ont pu ainsi traverser les siècles, alors même que leur signification évoluait avec le temps. Pour ne pas se laisser prendre à ce piège qui conduit à l'anachronisme, l'historien doit ajouter à la palette des outils qui composent la « méthode historique » des instruments empruntés à la linguistique et à la sémantique[26]. Mais Marc Bloch a montré aussi que la question du passé dans le présent pouvait déboucher sur une manière originale de concevoir la synthèse en histoire. Le travail sur archives constitue, incontestablement, l'aspect central du « métier » d'historien. Néanmoins, ce dernier est parfois amené à publier des ouvrages de vulgarisation. Marc Bloch ne rejette pas ce type d'exercice, mais il regrette qu'il soit aussi stéréotypé. Le plus souvent, les ouvrages de synthèse s'appuient sur un cadre chronologique passe-partout qui conforte les présupposés de l'histoire traditionnelle. Marc Bloch oppose à cette conception routinière de l'histoire une approche plus intelligente de la synthèse qui tient compte des préoccupations du présent et s'efforce d'élaborer de véritables problèmes historiques. Son livre sur les *Caractères originaux de l'histoire rurale française* constitue une merveilleuse illustration de cette façon d'envisager l'histoire-synthèse[27]. Marc Bloch commence par repérer les traces que le monde rural a laissées dans les paysages de son époque (les années 1920-1930). Puis il développe une analyse régressive et comparatiste de très longue durée qui lui permet de dégager les spécificités du cas français en Europe. Comme il le souligne lui-même dans l'introduction, il s'agit ici d'une analyse de « seconde main » qui s'appuie sur les travaux que les spécialistes du domaine ont accumulés depuis des décennies. Marc Bloch a réuni ces travaux au sein de ce qu'il appelle « une synthèse provisoire » pour dégager des hypothèses de travail que la recherche ultérieure aura pour mission de confirmer ou d'infirmer[28]. Ce modèle m'a servi de référence pour élaborer la problématique que j'ai développée dans mon dernier livre sur les « origines républicaines de Vichy »[29]. J'ai montré que certaines formes d'exclusion nées sous la IIIe République, notamment à l'égard des indigènes des colonies et des Français d'origine étrangère, avaient servi la politique du maréchal Pétain, qui les a poussées à l'extrême dans le cadre de sa politique antisémite. Même si le Gouvernement de Vichy marque une rupture par rapport aux traditions démocratiques de la IIIe République, il est indéniable que ces aspects négatifs du passé républicain ont joué un rôle dans le présent de Vichy.

Enfin la question du passé dans le présent peut aussi être traitée comme un problème de la recherche empirique. Marc Bloch a exploré cette dimension dans son livre sur les *Rois Thaumaturges*. Ici le « présent » n'est pas celui de l'historien, mais le présent des acteurs de la période considérée. Marc Bloch part du constat que, sous la Restauration, les tentatives de Charles X visant à réactiver les rituels ancestraux des « Rois guérisseurs » échouent parce que le peuple n'y croit plus. Le problème que Marc Bloch cherche à élucider est celui des « survivances ». Comment une croyance populaire peut-elle subsister pendant plusieurs siècles et disparaître ensuite ? Là aussi l'analyse est résolument comparatiste (puisque le problème est étudié à la fois en France et en Angleterre) et se développe sur une très longue durée. Mais l'objet d'étude est relativement restreint de façon à permettre une analyse de « première main », fondée sur l'exploitation des archives. Pour revenir sur la question de l'histoire événementielle évoquée plus haut, remarquons que, dans cet ouvrage, Marc Bloch n'oppose nullement l'histoire sociale et l'histoire politique. Dans l'introduction, il précise : « En somme, ce que j'ai voulu donner ici, c'est essentiellement une contribution à l'histoire politique de l'Europe, au sens large, au sens vrai, du mot »[30]. Mais alors que les historiens avaient, jusque-là, abordé l'étude du pouvoir royal sous l'angle événementiel, s'interrogeant surtout sur les conséquences institutionnelles de la « coupure » révolutionnaire, Marc Bloch déplace le projecteur. La question du pouvoir est étudiée à partir des croyances du peuple et non plus à partir des agissements de l'élite. L'analyse repose sur une hypothèse sociologique (que Max Weber et Émile Durkheim avaient déjà développée avant 1914) : à savoir que toute forme de pouvoir, y compris le plus « absolu », doit posséder une légitimité propre pour pouvoir s'exercer. Dans cette perspective, le problème n'est pas de théoriser sur la place de l'événement, mais de montrer *concrètement* que, *pour ce type de recherche*, l'approche en « longue durée » est indispensable. L'histoire « événementielle » a partie liée, en effet, avec une histoire « vue d'en haut », qui envisage les questions politiques à partir des préoccupations et des intérêts propres à l'élite. C'est parce qu'il défendait la possibilité d'une histoire politique « vue d'en bas » et non événementielle que Marc Bloch a écrit dans *L'Étrange Défaite :* l'historien qui « ne veut plus regarder que le présent ou le très proche passé [...] se rend incapable de les expliquer. Tel un océanographe refusant de lever les yeux vers les astres, sous prétexte qu'ils sont trop loin de la mer, serait incapable de trouver la cause des marées »[31]. Mes premiers travaux, consacrés aux ouvriers sidérurgistes de la région de Longwy (en Lorraine), s'inscrivaient dans cette perspective.

Le dernier point que je voudrais mentionner pour indiquer ce qui différencie l'histoire du temps présent de l'histoire du passé/présent concerne la fonction sociale de l'histoire. Ces deux perspectives ont en commun d'accorder une grande importance à cette question. Mais, comme on l'a vu plus haut, les porte-parole de l'histoire du temps présent l'envisage sous l'angle d'une « demande », d'un « besoin social », que l'historien devrait satisfaire. C'est ce qui explique l'importance qu'ils accordent à l'expertise. Schématiquement, on peut considérer qu'un chercheur se comporte comme un expert quand il utilise ses compétences professionnelles pour répondre à des questions qu'il n'a pas lui-même posées, mais qui émanent des autres acteurs du monde social (hommes politiques, Églises, syndicats, justice, etc.). Cet aspect de la fonction sociale de l'historien est tout à fait légitime. Elle correspond d'ailleurs à l'une des missions que les savants doivent souvent remplir dans une société démocratique. Mais, pour l'historien du passé/présent, un chercheur doit aussi assumer une fonction *critique* à l'égard des discours et des représentations dominantes. Il doit prendre ses distances vis-à-vis des acteurs et de leur façon d'interroger l'histoire en montrant que les questions auxquelles les historiens sont invités à répondre ne sont pas neutres, qu'elles engagent des intérêts et des visions du monde que la recherche historique n'a pas à cautionner. En matière d'histoire, comme dans d'autres domaines, les « besoins sociaux » ne sont pas homogènes. Les hommes politiques, les journalistes, les « décideurs » de tous ordres jouent un rôle déterminant dans la définition de ces « besoins ». Il n'est pas scandaleux que l'historien tienne compte des préoccupations de cette élite. Mais, à mes yeux, il n'est pas possible de concevoir le « métier d'historien » uniquement comme une activité visant à fournir des réponses aux interrogations de « l'opinion publique », car ce serait porter atteinte à l'autonomie de notre profession. L'expertise et la critique sont donc deux facettes à la fois contradictoires et complémentaires de la fonction sociale de l'histoire. Malheureusement, on constate que la balance n'est pas égale entre les deux, car si les élites aiment l'expertise, la fonction critique de l'histoire les séduit beaucoup moins. Un autre problème délicat tient au fait que, généralement, ce ne sont pas les mêmes historiens qui remplissent les deux fonctions sociales inhérentes à leur métier. L'expérience montre que, selon son origine sociale, son tempérament, la conception qu'il se fait de son travail, l'historien privilégie plutôt l'une ou l'autre de ces deux dimensions. C'est pourquoi la « fonction sociale » de l'histoire est parfois un objet de discorde au sein de la discipline. Ces tensions peuvent être accentuées par le fait que les historiens les plus éminents — même quand ils ne sont pas des spécialistes du domaine considéré — sont souvent sollicités par les éditeurs, les journalistes, les hommes politiques, etc., pour donner leur opinion sur des questions du présent, en les éclairant à la lumière de l'histoire. Cette démarche est parfois riche d'enseignements. Mais il arrive aussi que l'historien ainsi sollicité fasse référence à l'histoire pour cautionner des points de vue sur le présent qui sont loin d'être neutres. Je prendrai un seul exemple tiré de mon propre domaine de recherche. Au milieu des années 1980, dans la préface qu'il a rédigée pour présenter au public un ouvrage savant sur l'histoire de l'immigration, Jean-Baptiste Duroselle — membre de l'Institut, et qui fut l'un des plus éminents historiens des relations internationales dans les décennies d'après guerre — établit une relation entre le passé et le présent. À un moment où les « problèmes de l'immigration » sont au cœur de l'actualité politique française, il s'appuie sur l'histoire pour affirmer que « la lente accumulation des étrangers finit par créer des tensions. Ces tensions sont d'autant plus fortes que le groupe étranger paraît difficilement assimilable, les immigrés de langue latine et même les Polonais catholiques de l'entre-deux-guerres paraissent avoir eu moins de difficultés à s'intégrer dans la population française que les étrangers non européens d'aujourd'hui ». Jean-Baptiste Duroselle ajoute que la France compte « 51 400 000 Français de souche et 4 800 000 étrangers dont 2 600 000 Non Européens. Or ceux-ci sont naturalisés en grand nombre et même automatiquement, lorsque, nés en France de parents immigrés, ils peuvent opter à vingt ans pour la nationalité française. Tout le problème est de savoir si, bénéficiant d'une natalité beaucoup plus forte que celle des Français, ils ne risquent pas de constituer un groupe nombreux qui reste relié à une patrie lointaine, elle aussi bénéficiaire de l'accroissement différentiel. C'est la théorie du "corps étranger" »[32]. L'historien du passé/présent ne peut pas accepter cette façon d'utiliser le passé pour éclairer des questions d'actualité. Nous sommes ici dans la logique de l'expertise, puisque l'histoire est mobilisée pour répondre aux préoccupations des journalistes et des hommes politiques et non à un problème scientifique. En effet, la « théorie du corps étranger », invoquée par Duroselle, est une construction idéologique qui n'a jamais été prise au sérieux par les chercheurs spécialistes des questions d'immigration. Ce type de propos met l'historien du passé/présent face à un dilemme. Il peut rester silencieux pour ne pas trahir la solidarité interne à la profession ou pour ne pas donner le sentiment qu'il manque de respect à l'égard de ses aînés. Mais alors, par son silence, il cautionne un usage de l'histoire qui n'est pas sans conséquence politique, puisque le passé est ici utilisé pour accréditer d'idée que l'intégration des immigrants « non européens » dans la France d'aujourd'hui poserait un « problème » spécifique. C'est la raison pour laquelle l'historien du passé/présent qui veut rester fidèle à Marc Bloch refuse de croire « qu'une opinion qui heurte la vérité mérite jamais qu'on évite de la contredire »[33]. Il assume jusqu'au bout la fonction critique de son métier en rejetant, au risque de déplaire, la « théorie du corps étranger ».

CHAPITRE III

L'immigration en France, une histoire en friche

« Les statistiques données par le ministère de l'Intérieur indiquent que dix-huit millions de Français entre 1880 et 1980 sont des descendants d'immigrants à la première, deuxième ou troisième génération. Plus du tiers de la population française actuelle est donc d'origine non française »[1]. Avec les États-Unis et le Canada, la France est le pays industrialisé dont la population doit le plus à l'immigration. Mais aussi surprenant que cela puisse paraître dans un pays où la recherche historique tient la place que l'on sait, le sujet n'a guère intéressé les historiens jusqu'à ces dernières années. Il suffit pour s'en convaincre de consulter le fichier central des thèses, les bibliographies annuelles de l'*Histoire de France* ou les tables décennales des grandes revues d'histoire contemporaine. Les nombreuses « Histoire de France » parues récemment et les manuels scolaires des écoles primaires et secondaires n'accordent pratiquement aucune place à ce thème. La comparaison avec l'historiographie américaine est édifiante !

Nous voudrions montrer ici en quoi le fait de prendre au sérieux l'histoire de l'immigration correspond à une nécessité de la recherche scientifique d'aujourd'hui[2].

UN OBJET ILLÉGITIME

La capacité d'une discipline scientifique à s'interroger sur elle-même est un facteur essentiel de son enrichissement. Il faut donc se demander pourquoi, depuis près d'un siècle, l'immigration n'a jamais été considérée comme un problème digne d'attention par les historiens. Cette question à elle seule mériterait toute une étude, actuellement en chantier[3]. Aussi, nous ne proposons ici que quelques hypothèses, conçues comme un point de départ. On peut, tout d'abord, rapprocher cette lacune des difficultés qu'a rencontrées la recherche depuis le début du XIXe siècle pour se dégager de « l'historiographie commémorative ». Peut-être parce que, comme le nota François Furet, « les sociétés qui se réclament d'une fondation révolutionnaire, surtout si celle-ci est relativement récente, ont une difficulté particulière à écrire leur histoire contemporaine »[4]. La tendance persistante à « penser le social à travers le national » constitue l'obstacle épistémologique majeur pour la compréhension d'un phénomène mettant radicalement en cause le thème de l'unité nationale. À la fin du XIXe siècle, c'est encore l'histoire qui est sollicitée, avec la biologie, pour légitimer les théories nationalistes que des gens comme Maurice Barrès opposent aux valeurs républicaines. L'enracinement, la tradition, et non plus le « contrat social », sont mis en avant comme fondement de la nation. Avec l'affaire Dreyfus se structure un clivage « droite/gauche » qui se maintient tout au long du XXe siècle, opposant deux conceptions de la meilleure manière de gérer « l'intérêt national » : rejeter hors de France les étrangers considérés comme inassimilables, ou au contraire faire confiance aux « vertus civilisatrices de la France » pour leur inculquer les valeurs nationales et effacer en eux toute trace de différence.

De leur côté, les sociologues durkheimiens font preuve d'une grande indifférence. Comme l'a montré Victor Karady, pour être acceptée comme « science universitaire », la sociologie de la fin du XIXe siècle est contrainte de se donner des objets de recherche « élevés », « dignes », correspondant à la tradition « lettrée » du monde universitaire français. On comprend que l'immigration n'ait pu faire figure d'objet légitime. D'autant plus que pour l'aborder il aurait fallu adopter des modes d'investigation très peu prisés par la sociologie officielle : le travail de terrain et l'enquête de type ethnographique, qui mettront encore près d'un demi-siècle pour s'imposer en France[5]. Par ailleurs, même chez les fondateurs de la sociologie scientifique, la réflexion sur le social est loin d'être complètement dégagée de toute « contamination » par le national. Ainsi Durkheim justifie-t-il son opposition à la philosophie pragmatiste de William James, au nom de « l'intérêt national » qui exige, selon lui, un combat contre « l'érosion de la culture française ». De même, Marcel Mauss définit avec insistance la nation comme « volonté générale consciente », comme « creuset » où se « fondent les anciennes souches de population » au point de former des « types physiologiquement, musculairement apparents, sinon ostéologiquement »[6].

Jusqu'à la Première Guerre mondiale, seuls les juristes s'intéressent à l'immigration en publiant de nombreuses thèses sur les naturalisations et les expulsions, en particulier. Dans l'entre-deux-guerres, bien que la France ait le plus fort taux d'accroissement de la population étrangère dans le monde entier, les choses n'évoluent guère[7]. L'indifférence de Maurice Halbwachs, par exemple, est révélatrice non seulement parce qu'il fut membre du comité de rédaction des *Annales*, mais surtout parce qu'il fut, des durkheimiens, le plus proche du « travail de terrain » et qu'on lui doit certains concepts qui sont essentiels pour l'histoire sociale contemporaine. Dans son travail concernant la nuptialité en France entre 1914 et 1930, alors même que le raffinement de l'analyse ne semble rien laisser au hasard, la variable « immigration » (qui aurait pu intervenir au moins sous la forme des mariages « mixtes ») est totalement absente. L'immigration l'intéresse quand elle se déroule sur le sol américain. D'où l'article qu'il donne aux *Annales*, sur « Chicago, expérience ethnique »[8] où les statistiques sont longuement examinées, les nationalités étudiées par quartier à la première, deuxième et troisième génération. Il revient à plusieurs reprises sur ces chiffres qui semblent le fasciner (en 1920, à Chicago, près du tiers de la population est immigrée). Toute sa conclusion est centrée sur l'opposition entre cette ville « ethnique » et les villes européennes comme Paris. « Là, une population une et homogène, un cadre irrégulier et fantaisiste [...], ici un cadre un et régulier et une population hétérogène qu'on s'efforce de plier aux règles d'un conformisme urbain impitoyable. » Pourtant, si l'on ramène les phénomènes aux proportions du territoire français, il n'est pas besoin d'aller jusqu'à Chicago pour mesurer les problèmes ethniques dans toute leur ampleur. En 1914, à Marseille, les Italiens à eux seuls forment 20 % de la population. Au moment où Halbwachs écrit son article, des dizaines de nationalités coexistent dans la ville. Charles d'Héristal, dans un livre très polémique il est vrai, estime que sur 1,1 million d'habitants, les Bouches-du-Rhône ne comptent que 300 000 personnes d'origine française[9]. Au même moment, Grenoble compte 18 % d'étrangers et près de cinquante nationalités différentes, sans parler des cités industrielles du Nord et de la Lorraine, qui sont alors de véritables tours de Babel.

Si l'on se tourne maintenant vers l'un des autres courants majeurs de la recherche historique française, « l'École » des *Annales*, symbolisée alors par les noms de Lucien Febvre et de Marc Bloch, on ne peut pas dire non plus que la question les ait beaucoup passionnés. Le patriotisme, l'attachement à l'empire colonial, le traumatisme de la guerre qu'ils ont faite tous les deux ont sans doute là aussi contribué à cette indifférence[10]. Par ailleurs, comme nous le verrons plus loin, des concepts comme ceux de « longue durée » ou de « mentalité collective », quelle que soit leur importance pour d'autres secteurs de la recherche, n'étaient pas de nature à susciter des interrogations sur l'immigration. De même, la conception du « social » développée par Ernest Labrousse, sous l'influence d'une certaine tradition marxiste raisonnant en termes d'infra et superstructures, a contribué, surtout pour l'étude du XXe siècle, à renvoyer à toujours plus tard l'analyse proprement sociologique des phénomènes historiques. Le social apparaissait comme un but, voire une récompense, pour l'historien qui aurait au préalable dégagé les structures économiques[11]. Après la Seconde Guerre mondiale, le succès de l'histoire sérielle conforte les tendances antérieures. La démographie historique prend un tournant quantitativiste au détriment de l'approche sociologique que Halbwachs avait tenté de systématiser avec la notion de « morphologie sociale »[12]. Ainsi, au moment même où la sociologie découvre avec une certaine avidité ce nouvel objet, l'histoire s'en écarte encore un peu plus. On ne peut conclure sur ce point sans dire un mot d'une autre forme d'influence qu'a exercée l'État jacobin centralisateur sur la recherche scientifique. En empêchant l'expression de toute différence ethnique ou culturelle constituée, l'État a, dans une certaine mesure, privé les communautés immigrées d'existence sociale, renvoyant constamment à l'individuel des aspirations cherchant à s'exprimer collectivement[13]. Cette « confusion de l'identité nationale et de la tradition culturelle », dans laquelle Dominique Schnapper voit un « trait spécifique de la société française »[14], a constitué un puissant moyen pour réduire, dès la deuxième génération, les spécificités culturelles des communautés immigrées, sans pour autant les supprimer. Cependant, ce n'est là qu'un des aspects de ce que l'on pourrait appeler l'absence de « visibilité sociale » de l'immigration en France. Le fait que jusque dans les années 1950 elle n'ait pas été, comme nous le verrons, un phénomène propre aux grandes villes a joué un rôle dans ces stratégies de « masquage ». Plus profondément, il faut mentionner le rôle des appareils d'enregistrement des données sociales concernant l'immigration. Aux États-Unis, les chercheurs raisonnent depuis longtemps en termes de « génération » à propos des communautés immigrées — alors qu'en France, jusqu'à la mode des « Beurs », ce type de regard était l'exception. Cela est dû au fait que les recensements américains comptabilisent une catégorie intermédiaire entre l'étranger et le citoyen, celle des « descendants d'immigrés à la première génération », appelés « nationaux de parenté étrangère ». Cette sorte de « comptabilité de l'assimilation inachevée »[15] n'a jamais existé en France. La naturalisation est accordée au terme d'une démarche, souvent longue et humiliante, qui exige que le postulant ait fait la preuve de son « assimilation » à la culture française[16]. Mais, après avoir payé le prix fort pour entrer dans le « club France », son passé est définitivement oublié, rien ne doit le rappeler, à tel point que sous le Front Populaire le très sérieux sous-secrétaire d'État à l'immigration, Philippe Serre, s'inquiète de ce que les naturalisés conservent leur nom d'origine car, dit-il, cela nuit « à notre prestige à l'étranger »[17]. À un niveau plus symbolique, mais tout aussi significatif, on comparera le sort réservé aux lieux historiques de recrutement des étrangers. Aux États-Unis, *Ellis Island* est devenue une sorte de musée, que l'on visite et où sont rappelés par le menu détail tous les aspects de l'immigration. En France, les bâtiments de Toul, où sont passés pendant l'entre-deux-guerres des centaines de milliers de travailleurs d'Europe centrale, ont été rasés, et même dans la localité bien peu de monde s'en souvient[18].

QUELQUES HYPOTHÈSES DE TRAVAIL

Le marché de l'emploi

L'histoire du marché du travail apparaît comme le meilleur point de départ pour comprendre le rôle de l'immigration dans la société française. En effet, un problème majeur du capitalisme français depuis la fin du XIXe siècle est celui du déficit chronique de main-d'œuvre ouvrière dans toutes les périodes de forte expansion. La raison fondamentale tient aux capacités de résistance manifestées par la paysannerie et la classe ouvrière urbaine, au moins jusque dans les années 1950, face au mouvement de prolétarisation. L'exode rural, condition de l'industrialisation moderne, a été considérablement freiné en France, par l'importance acquise dès avant la Révolution par la petite propriété rurale, importance encore renforcée ensuite par des facteurs comme la vente des Biens nationaux, ou par les dispositions du Code civil sur le partage égalitaire de l'héritage[19]. En déployant des trésors d'imagination, en se contentant du minimum nécessaire à la survie, en limitant le nombre de leurs enfants, des millions de paysans ont réussi à éviter le déracinement caractérisant toutes les « révolutions industrielles ». Au niveau politique, leur combat a bénéficié de la conjonction de plusieurs facteurs favorables. D'abord l'existence d'un fort courant de pensée, qui prend parfois des allures de consensus, refusant une industrialisation « à l'anglaise », prônant les vertus des attaches terriennes, ou de la petite propriété. Ensuite, la politisation précoce de la classe ouvrière artisanale et urbaine, outre qu'elle a longtemps dissuadé les hommes politiques d'appliquer des mesures risquant de favoriser une alliance de fait entre la petite paysannerie parcellaire et l'artisanat urbain, a conduit la bourgeoisie, ainsi que le montre Albert Hirschman, à accorder précocement le suffrage universel afin de désamorcer la violence populaire en la privant de légitimité[20]. Ainsi, à l'opposé de la Grande-Bretagne, les classes populaires disposent-elles en France du suffrage universel avant même que la révolution industrielle ait vraiment démarré. Ce phénomène n'est sans doute pas sans rapport avec les caractéristiques du développement économique français au XIXe siècle, reposant massivement sur la production artisanale et sur la production industrielle des ouvriers — paysans. D'ailleurs, dès la monarchie de Juillet, les secteurs les plus prolétarisés, qui échappent le plus au « modèle » décrit plus haut et qui suscitent l'angoisse d'un Villermé, sont ceux qui s'appuient déjà massivement, pour les tâches non qualifiées, sur la main-d'œuvre étrangère, que ce soit dans l'industrie textile de Roubaix et de Mulhouse, ou dans les mines du Nord[21].

À la fin du XIXe siècle, tout montre que l'équilibre instable de la période antérieure craque de partout. Le patronage, qui avait relativement réussi à fixer une partie de la main-d'œuvre des mines et du textile, est de plus en plus discrédité à mesure que s'affirme le mouvement ouvrier. Les débuts de la « deuxième révolution industrielle » posent comme une nécessité impérieuse le développement des grandes usines et la rupture avec les rythmes et les valeurs de la société rurale, cela à un moment où la hantise du déclin (manifesté par le recul de la France du point de vue économique, démographique, culturel) préoccupe un grand nombre de dirigeants du pays. L'exemple des mines illustre toute la difficulté rencontrée par le patronat au cours de cette période. Rolande Trempé a montré que la mine reste relativement bien acceptée tant qu'elle ne remet pas radicalement en cause les activités et les valeurs de la communauté paysanne. En revanche, les tentatives de « prolétarisation » des mineurs se heurtent à une résistance très vive qui se traduit d'abord par un très fort développement du *turn over* et par la mise en place d'un syndicalisme durable et combatif[22]. La Grande Guerre aggrave considérablement le déséquilibre entre l'offre et la demande sur le marché du travail ouvrier. Alors même que la reconstruction du pays et le développement des industries nouvelles (les constructions mécaniques notamment) exigent une grande masse de travailleurs nouveaux, on estime que la guerre et ses suites ont privé le pays d'environ 10 % de sa main-d'œuvre industrielle antérieure. Ainsi le recrutement de travailleurs étrangers est-il accéléré, « rationalisé », dans une étroite collaboration État-patronat. En dix ans, deux millions d'étrangers sont appelés sur le sol français, portant à environ trois millions, soit plus de 7 % de la population totale et près de 15 % de la classe ouvrière, le nombre des travailleurs immigrés. Davantage que les chiffres bruts, ce qui compte, c'est que ces travailleurs étrangers sont situés dans les secteurs d'emploi stratégiques de l'industrie française. Comme le montre Georges Mauco, plus l'industrie est récente, plus elle est concentrée, plus les conditions de travail y sont difficiles, et plus on y trouve d'immigrés. Pour reprendre l'exemple des mines, dans la plupart des régions de France, tout au moins pour les ouvriers du fond, on assiste à une véritable substitution d'une classe ouvrière à une autre : en 1925, dans les mines du Nord, il y a déjà 43 % d'étrangers (surtout Polonais). Dans les mines de fer de Lorraine, secteur où la France occupe, en 1930, le premier rang mondial, les ouvriers d'origine étrangère composent à peu près la totalité des mineurs de fond. À La Grand-Combe, le cosmopolitisme minier de l'après-guerre est considéré comme l'élément majeur de l'histoire locale. Même dans la région aussi éloignée des grands centres industriels qu'est la Vendée, en 1925, la petite mine de Faymoreau compte 67 %

d'étrangers parmi son personnel[23]. Des historiens ont évoqué, à propos de la France des débuts de la IIIe République, une « société bloquée »[24]. On peut faire l'hypothèse que l'immigration ouvrière massive a permis le « déblocage » grâce auquel l'industrie française s'est hissée aux premiers rangs mondiaux. L'immigration a donné à l'économie du pays la souplesse qui lui faisait grandement défaut jusque-là. Elle a favorisé les transferts de main-d'œuvre française vers les secteurs industriels les plus valorisés. William Oualid le souligne dès 1928, estimant que l'hécatombe de la guerre a créé une situation très favorable pour les ouvriers français[25]. Dans toutes les régions du pays, sauf peut-être dans l'Ouest où ce sont les Bretons qui occupent la place des étrangers, le clivage Français/immigrés recoupe en grande partie la division ouvriers qualifiés/manœuvres. L'immigration accentue aussi les contrastes entre les différents secteurs de l'industrie, à tel point que dans l'entre-deux-guerres il existe plusieurs marchés du travail ouvrier, très cloisonnés.

Dans les branches protégées par un « statut » (comme les chemins de fer, l'électricité et le gaz, les PTT), la main-d'œuvre est presque exclusivement française et présente une grande hérédité professionnelle : la « société cheminote » compose ainsi un monde à part. L'immigration est faible également dans les secteurs industriels « stabilisés » comme le textile. Dans le Nord, où les Belges formaient une part considérable du prolétariat de fabrique au XIXe siècle, le recrutement de travailleurs étrangers devient beaucoup plus faible après 1900. La classe ouvrière, où figurent de nombreux représentants de la « deuxième génération » belge, s'enracine tout comme les dynasties patronales, ce qui favorise la consolidation d'un paternalisme spécifique au monde du textile.

L'industrie de transformation (automobile, constructions mécaniques et électriques) connaît une expansion considérable qui se traduit par des besoins énormes en main-d'œuvre qualifiée. C'est pourquoi ces entreprises s'installent de préférence dans les banlieues des grandes villes et avant tout dans la Région parisienne. L'Organisation scientifique du travail (OST) n'ayant pas encore complètement déqualifié les tâches, ce secteur est très valorisé dans le monde ouvrier, d'où un afflux de travailleurs venus des mines et de la métallurgie lourde, qui s'intègrent progressivement à « l'empire des métallos ». Dans ces zones industrielles, les immigrés sont nombreux. En général, ils sont venus en « célibataires », par leurs propres moyens, et sont cantonnés dans les emplois de manœuvres. L'immigration organisée concerne surtout l'industrie lourde (mine, sidérurgie) qui est l'objet d'une véritable répulsion pour les Français, ce qui oblige le patronat à développer une importante politique de peuplement ouvrier (construction de logements, stratégie d'enracinement de la main-d'œuvre étrangère illustrée notamment par un recrutement familial) qui constitue une autre version du paternalisme industriel[26].

La crise des années trente marque le premier retournement durable de la conjoncture depuis la fin du XIXe siècle. La demande de travail devient supérieure à l'offre. Le renvoi massif des travailleurs immigrés, notamment les célibataires nouvellement arrivés, s'il contraint nombre d'ouvriers français à accepter des emplois auparavant refusés, ne remet pas en cause fondamentalement la composition ethnique de la main-d'œuvre des branches industrielles, car le renvoi de tous les immigrés aurait signifié la liquidation de certaines branches de l'industrie française. Le fait le plus important au cours des années 1930 tient à la stabilisation d'une classe ouvrière qui, depuis la Première Guerre mondiale au moins, se caractérisait par une très grande mobilité. Dans l'industrie lourde, là où les ouvriers étrangers sont les plus nombreux, la politique de fixation de la main-d'œuvre développée depuis la guerre, et parfois avant, par le patronat, commence à porter ses fruits. La reproduction de la classe ouvrière de la grande industrie, jusque-là si difficile, devient une réalité. Dans les mines, dans l'industrie chimique, dans la sidérurgie, une deuxième génération ouvrière grandit peu à peu, qui sera l'épine dorsale du développement industriel français jusque dans les années 1960. Dans l'industrie lourde, cette deuxième génération ouvrière, née de la stabilisation des années trente, est aussi, tout au moins pour une bonne part, la deuxième génération issue de l'immigration massive des années 1920. La reprise du recrutement en provenance de l'étranger, et notamment du Maghreb, après la Seconde Guerre mondiale, permettra à cette génération d'accéder à son tour aux postes d'ouvriers qualifiés et d'abandonner les postes d'OS aux nouveaux immigrés ou à la main-d'œuvre française, surtout féminine, issue de l'exode rural des années 1950-1960[27].

Si les ouvriers français ont bénéficié de l'ampleur de l'immigration, celle-ci a surtout servi les chefs d'entreprise. En attendant des travaux comparables à ceux qui existent à propos de l'immigration actuelle, on ne peut qu'énumérer les avantages procurés par ce type de main-d'œuvre, qui ne sont certainement pas sans rapport avec le fantastique « boom industriel » de la France des années 1920. On en trouve des indices dans les articles spécialisés des économistes de l'entre-deux-guerres. Ainsi, pour William Oualid, « il est indéniable que l'introduction d'un adulte tout formé professionnellement a pour résultat de doter le pays d'un élément immédiatement productif et dont l'éducation n'a rien coûté à la collectivité (mise au monde, entretien, instruction, apprentissage, etc.) »[28]. De même dès les années trente, Georges Mauco souligne l'avantage, par rapport à des pays comme la Grande-Bretagne, de pouvoir, grâce à l'immigration, adapter étroitement les effectifs aux besoins de l'économie, notamment en période de crise où les renvois massifs soulagent d'autant les caisses de chômage[29]. Plus généralement, comme des études récentes l'ont montré à propos de la Sécurité sociale, l'emploi de travailleurs immigrés permet d'importantes économies sur d'autres aspects du sursalaire, assurances sociales et retraites, en particulier[30]. C'est aussi grâce à l'immigration massive que les patrons français ont pu maintenir des taux de salaires souvent très bas, les plaçant en position avantageuse par rapport à leurs concurrents étrangers. Si tous les avantages procurés par la main-d'œuvre immigrée à l'économie nationale se retrouvent dans d'autres pays qui ont fondé en partie leur expansion industrielle sur les travailleurs étrangers, comme les États-Unis, il faut insister sur un aspect qui semble plus particulier à la France. Dans la lutte patronale contre les rigidités historiques du marché du travail, le recours aux ouvriers étrangers a présenté un avantage extraordinaire : pouvoir déplacer, orienter, modeler cette partie de la main-d'œuvre en fonction des besoins. En effet, ce qu'il n'aurait jamais été possible de faire avec des travailleurs français, étant donné les garanties en termes de liberté individuelle offertes par la Constitution aux citoyens, a pu être expérimenté, puis systématisé, avec les étrangers. Contrairement au dogme, par ailleurs cher à la bourgeoisie française, de la « liberté du travail », l'emploi de la main-d'œuvre immigrée est caractérisé par le non-respect du libre jeu de l'offre et de la demande. En limitant ici l'analyse à la période antérieure à la Seconde Guerre mondiale, on note que, contrairement aux États-Unis où l'ouvrier déjà muni d'un contrat de travail à son arrivée est le plus souvent refoulé, en France, la plus grande partie des travailleurs étrangers introduits dans le pays n'a pas la possibilité de se déplacer à sa guise ; elle est au contraire étroitement canalisée en fonction des besoins de l'industrie lourde par tout un arsenal de mesures qui vont du contrat de travail négocié dans le pays d'origine ou à la frontière, jusqu'aux règlements de police contrôlant les moindres faits et gestes[31].

Une étude complète sur le sujet devrait aussi s'interroger sur les aspects négatifs qu'a présentés pour l'économie française l'utilisation massive de travailleurs étrangers surexploités. La « crise de régulation » dont parlent aujourd'hui les économistes pour caractériser les années trente, et qu'ils expliquent par la contradiction entre les progrès importants de productivité réalisés par l'industrie française et la stagnation de la consommation illustrée par la faiblesse des salaires, ne peut être comprise sans faire référence aux transformations de la composition interne de la classe ouvrière. De même, pour une société aussi puissante que Pont-à-Mousson, le fait de disposer grâce à l'immigration d'un avantage certain sur ses concurrents pour les coûts salariaux, a joué un rôle évident dans le peu d'enthousiasme manifesté pour des innovations technologiques diminuant les frais de main-d'œuvre dans les coûts d'exploitation[32].

Il faudrait pouvoir aussi apprécier les conséquences économiques de la stabilisation de cette main-d'œuvre nouvelle, en tenant compte évidemment du fait que, pour une part, il s'agit d'une population de remplacement des travailleurs morts à la guerre. En effet, comme l'a montré Claude Meillassoux, si depuis deux siècles au moins les déplacements massifs de population ont été un élément décisif de l'expansion des pays occidentaux, « la contrepartie de ces gains, [...], c'est l'augmentation brusque du coût de remplacement de cette main-d'œuvre à la deuxième génération, lorsqu'il doit être entièrement assumé par le secteur capitaliste »[33].

Le domaine politique

L'importance de l'immigration dans l'histoire de la France contemporaine se lit aussi dans le domaine politique. Il faudrait comprendre en quoi les nécessités de la mutation capitaliste de la France à la fin du XIXe siècle ont eu des répercussions à ce niveau. Immense problème qui dépasse celui de l'immigration, mais qui trouve là un point d'ancrage intéressant en offrant la possibilité de sortir la recherche des limites de l'histoire des idées politiques pour essayer de l'articuler aux autres domaines de l'histoire contemporaine. L'hypothèse majeure pour expliquer l'immigration en France autrement que par les facteurs « démographiques », si souvent invoqués mais qui ne peuvent en aucun cas être vus comme la raison ultime du phénomène, est qu'après la mise en place de la IIIe République les institutions politiques françaises sont devenues suffisamment démocratiques pour éviter à la population les contraintes inhérentes à toute « révolution industrielle ». Les classes populaires disposent d'un certain nombre de moyens, notamment le suffrage universel masculin et son idéologie, qui permettent d'empêcher une évolution comparable à celle que la Grande-Bretagne avait connue 75 ans plus tôt ou qui s'imposait en Allemagne dans le cadre d'un État autoritaire. D'où ces difficultés extrêmement fortes auxquelles se heurtent les équipes gouvernementales républicaines successives, soucieuses de lutter contre le « déclin » de la France, mais dont l'action conduit au désenchantement populaire vis-à-vis de la politique et à cette conscience collective, si caractéristique des années 1890, d'une désagrégation du corps social tout entier. Ces blocages expliqueraient pourquoi la France de ce temps a pu être ce « laboratoire d'idées », qu'a étudié Zeev Sternhell, où s'inventent les ingrédients essentiels de la politique du XXe siècle[34]. L'évolution de la pensée de Maurice Barrès est à cet égard intéressante. Progressivement, l'essentiel de l'héritage de 1789 est abandonné, les scrupules qui animaient encore le général Boulanger rejetés. Une nouvelle élaboration du concept de Nation, fondée sur le déterminisme physiologique et l'enracinement dans l'histoire (métaphores du « sang » et des « racines » appelées à un bel avenir), permet de poser de façon nouvelle la question du consensus politique. Hanté, lui aussi, par l'angoisse de la désagrégation de la société française, par le déclin d'une civilisation, Barrès trouve dans l'idéologie nationaliste une façon efficace (il s'en rend compte dès sa première campagne électorale à Nancy) de concilier ce qui apparaissait alors pour beaucoup comme inconciliable : rassembler la bourgeoisie et la classe ouvrière françaises pour la défense d'un intérêt commun : la protection du commerce et du marché du travail national, et contre un ennemi commun : l'étranger, qui peut prendre la figure du Juif, de l'Allemand, du nomade, etc. Si ce courant politique est battu dans ses thèses les plus extrêmes à l'issue de l'affaire Dreyfus, il n'en demeure pas moins vrai que des aspects essentiels de la doctrine barrésienne deviendront le « bien commun » de la République, comme le montre l'évolution du droit appliqué aux étrangers. Dans l'affrontement pour imposer la représentation légitime du monde social, face à des constructions intellectuelles concurrentes comme le marxisme, la doctrine nationaliste doit son efficacité au fait qu'elle est « en phase » avec un certain nombre de réalités sociales de l'époque. L'idéologie nationaliste contribue puissamment à structurer les capacités de perception des individus, car elle rencontre un écho favorable dans les classes populaires, du fait de la présence en France, pendant la grande crise des années 1880, de plus d'un million de travailleurs étrangers, réalité déjà ancienne mais passée jusque-là relativement inaperçue. Les travaux de Jacques Néré et de Michelle Perrot témoignent de l'ampleur de la xénophobie manifestée à ce moment-là par les travailleurs français. Ils insistent sur le « surprenant pouvoir de mobilisation » que recèle ce phénomène, capable d'entraîner, en quelques heures, le rassemblement de milliers de personnes pour chasser ou maltraiter des étrangers. Comme le précise Michelle Perrot, « les heurts avec les ouvriers étrangers ont créé un terrain favorable et particulièrement concret pour la cristallisation du nationalisme. La rivalité quotidienne avec les immigrés a conduit les ouvriers à prendre conscience de l'existence même de l'étranger »[35]. Plus loin, elle ajoute : « Au renforcement du sens de la nation, correspond un affaiblissement de celui de la lutte des classes. » L'intégration de la classe ouvrière française que Barrès appelait de ses vœux s'effectuera avec la Première Guerre mondiale. L'Union sacrée, le traumatisme des combats, mais aussi des intérêts bien compris (l'origine nationale légitimant la priorité d'embauche ou l'ascension sociale), auront raison des velléités internationalistes des débuts du mouvement ouvrier.

L'immigration a donc tenu également une place importante dans l'histoire du mouvement ouvrier français. Les mutations analysées à propos des États-Unis par David Montgomery[36] pour le début du XXe siècle peuvent servir d'hypothèse de départ pour comprendre le profond mouvement qui affecte le monde du travail en France pendant les années 1920. L'opposition entre patrons et ouvriers autour des normes de production et du *job control* est une donnée primordiale des luttes sociales qui précèdent la Première Guerre mondiale. L'affaiblissement considérable du syndicalisme français a permis au patronat d'imposer facilement la rationalisation du travail dans l'entre-deux-guerres. Mais il ne faut pas oublier que la crise du mouvement ouvrier est l'une des conséquences de l'immigration de masse. Au cours des années 1920, l'hétérogénéité et l'instabilité de la main-d'œuvre sont telles que, dans certaines régions de la grande industrie, la classe ouvrière française, dotée de traditions, de valeurs collectives et de savoirs à défendre, a disparu, remplacée par un nouveau groupe de prolétaires le plus souvent issu des campagnes, « tout neuf » du point de vue industriel[37]. Pourtant, il ne faut pas s'arrêter à cette seule vision « négative » du rôle de l'immigration dans le mouvement ouvrier français.

Les ouvriers étrangers ont été souvent aux avant-postes du militantisme. De 1880 à 1888, par exemple, la plupart des grèves de terrassiers sont déclenchées par des Italiens. À la même époque, les Belges apportent une contribution efficace dans l'organisation du mouvement socialiste. En Lorraine sidérurgique comme dans le Sud-Est, la place des Italiens dans l'implantation du PCF est essentielle. D'un point de vue sociologique, il est intéressant de noter que la première génération en général surexploitée, rejetée de toute forme d'intégration à l'État, a tendance à privilégier les organisations qui apparaissent comme les plus « radicales », comme le Parti ouvrier français (POF), puis le Parti communiste. L'« internationalisme » proclamé par ces partis leur permet d'utiliser l'organisation comme moyen de défense des valeurs et de la culture du pays de départ. Avant 1914, l'organisation des casquetiers juifs de Paris est structurée autour des « groupes de langue ». Après la Première Guerre mondiale, le succès du PCF parmi les travailleurs étrangers s'explique aussi en partie par ce respect des différences culturelles, résultat d'un internationalisme conséquent, qui conduit à l'organisation des ouvriers immigrés en « sous-sections » correspondant à leur nationalité d'origine[38].

Pourtant si l'on veut bien admettre que la biographie d'un individu ne se réduit pas à la définition qui figure sur sa carte d'identité, il faut se demander dans quelle mesure le facteur ethnique ou national continue à peser sur le comportement politique de ceux qui sont issus de l'immigration, mais de nationalité française par naturalisation, par francisation ou par naissance. Les travaux de Serge Bonnet sur la Lorraine du fer ont démontré l'étroite corrélation entre l'origine italienne et le vote communiste après la Seconde Guerre mondiale. Dans le Var, où une grande partie de la population est d'origine italienne également, Jacques Girault précise que l'opposition au PCF d'une partie des Français s'explique « justement parce que ses représentants étaient souvent des étrangers ». Là où la concentration ouvrière et « italienne » est la plus importante, comme à La-Seyne-sur-Mer, « le fort noyau d'électeurs nés à l'étranger semble contribuer au succès » du PC[39].

DES PROBLÈMES MÉTHODOLOGIQUES

L'immigration massive a entraîné un véritable bouleversement de la composition de la population dans de nombreuses régions du pays, notamment dans le Nord, en Lorraine et dans le Sud-Est. Pour mesurer tous les effets sociaux de cette rupture, il faut remettre en question les notions commodes mais mal définies de « tradition », « racines », « mémoire collective ». La plupart des travaux qui utilisent abondamment ces termes ignorent purement et simplement la réalité historique de l'immigration. Lorsque Emmanuel Todd et Hervé Le Bras affirment que « les grandes migrations vers les mines du Nord et de la Lorraine, l'attraction industrielle, font partie de la mythologie économique »[40], ils fournissent une excellente illustration des contresens auxquels peut conduire une recherche qui ne s'intéresse qu'aux déplacements de population à l'intérieur de l'Hexagone. En fait, c'est l'ampleur de la mobilité des hommes qui constitue l'élément marquant de l'histoire industrielle de ces régions. Dans ces conditions, ce ne sont pas les « permanences » qu'il convient de rechercher en priorité, mais les « ruptures ». Pour l'historien qui travaille surtout à partir des archives écrites, celles-ci sont difficiles à mettre en valeur, parce que les continuités institutionnelles et matérielles font souvent écran. L'intérêt méthodologique de l'ouvrage de Maurice Halbwachs sur la « mémoire collective » tient à la distinction décisive qu'il opère entre ce qu'il appelle « l'histoire vécue » et « l'histoire apprise »[41]. Il insiste sur la différence de statut entre l'histoire écrite — celle de l'historien, conservée par des textes, possédant sa logique propre d'enregistrement et de sélection des phénomènes passés, ses propres normes de codification et de transmission liées notamment à l'autonomie que représente le texte écrit par rapport au vécu et au corps — et l'histoire vécue. Cette dernière n'est, en effet, en aucune manière « représentée » (dans la logique du signifié par rapport au signifiant) par l'histoire écrite. L'histoire vécue, que Halbwachs appelle la « mémoire collective », sélectionne les phénomènes non pas principalement en fonction d'arguments logiques, « scientifiques », mais en fonction d'événements qui marquent la conscience individuelle, « l'appareil enregistreur », selon l'expression qu'il emploie lui-même. Par ailleurs, cette « mémoire collective » ne doit pas son existence principalement à l'écrit, mais au fait qu'elle est partagée par un *groupe social*, qu'elle s'enracine dans un espace et dans une durée propres à ce groupe, lequel se donne le plus souvent les moyens institutionnels et symboliques d'entretenir cette mémoire. On comprend que par rapport à l'histoire écrite, distanciée, l'histoire vécue, *incorporée*, présente des conditions de reproduction beaucoup plus fragiles, avec une « perte d'information » beaucoup plus grande. Comment faire pour transmettre sur le mode du « vécu » à la génération suivante ce qui a marqué jusque dans leur chair un ensemble d'individus ? Cette question a une importance particulière pour l'histoire des immigrés, parce qu'ils appartiennent en majorité au monde ouvrier. Or celui-ci occupe une position dominée dans la société ; ce que la conception de l'espace social partagée par Halbwachs ne permet pas de voir. Sa situation d'exclusion par rapport à l'écriture rend d'autant plus important tout ce qui relève de l'histoire vécue dans le processus de transmission des normes de classe. Mais les transformations incessantes des modes de production qui caractérisent la société capitaliste entraînent un perpétuel mouvement de déracinement, de destruction des cadres de vie, etc. Dans le cas de la France, la conjoncture des années 1920, marquée par la brutalité de l'industrialisation et les ravages de la guerre, conduit à une véritable liquidation de la culture et des traditions ouvrières de la Belle Époque. Au début du siècle, l'atelier et le quartier sont les cadres matériels de la mémoire du groupe. Les valeurs collectives centrées sur le culte du savoir-faire pratique, sur l'autonomie face au pouvoir patronal et à l'État, se transmettent assez bien d'une génération à l'autre du fait d'une hérédité de classe importante, tout au moins pour les ouvriers de métier. Par ailleurs, l'identité collective est renforcée par la répression qui suit nombre de grèves de cette époque. Le sang et les morts marquent profondément la mémoire ouvrière et la mobilisation collective est puissamment activée par les moyens symboliques, comme le drapeau rouge, mis en œuvre par les organisations ouvrières pour rappeler, sans même avoir besoin de mots, qui est l'ennemi, qui est l'ami. C'est ce que Maurice Halbwachs appelle le « système d'ondes qui font vibrer l'appareil enregistreur »[42]. La Première Guerre mondiale marque une rupture fondamentale. Une grande partie des supports de la mémoire collective sont emportés dans la tourmente. Dans le Nord et dans l'Est, les destructions matérielles sont considérables. Partout les ouvriers ont été déplacés, mobilisés au front ou dans les usines de guerre. La mort de centaines de milliers d'entre eux constitue un facteur supplémentaire de l'instabilité générale qui caractérise le monde du travail dans les années 1920. Avec le remplacement des disparus par des travailleurs étrangers, c'est une classe ouvrière riche d'expériences qui est remplacée par une autre sans passé industriel. Par ailleurs, comme le montre bien Halbwachs dans un autre texte, le fait que toute une génération ait été décimée par la guerre brise l'ordre des successions qui prévalait jusque-là. La norme collective n'est plus maintenant que le destin des fils soit de succéder aux pères, d'où une profonde transformation des représentations de l'avenir, autre facteur de l'instabilité de cette période[43].

Dans ces conditions, même si le mouvement ouvrier est un élément de conservation de l'histoire de la classe, la continuité reflétée par les appareils et par l'histoire écrite du mouvement masque la profondeur de la remise en cause de sa reproduction sociale. Son autonomie est atteinte dans ses fondements, notamment à cause de la nouvelle « programmation » transmise aux « appareils enregistreurs ». Pour une longue période, les événements traumatisants, et à ce titre constitutifs de la mémoire individuelle et collective, sont ceux de la guerre, donc de la défense nationale, du drapeau tricolore. Mais alors que le souvenir de la répression ou des accidents du travail structurait une histoire vécue qui n'appartenait qu'à eux, les horreurs de la guerre fondent la mémoire du groupe national ou en renouvellent les fondements. Le « système d'ondes » peut d'autant plus servir aux stratégies dominantes d'intégration et de division de la classe ouvrière que des centaines de milliers d'immigrants sont exclus du consensus[44]. Lorsqu'en juin 1936 le mouvement ouvrier sort de la torpeur dans laquelle il était plongé depuis une quinzaine d'années, ouvrages, discours, manifestations commémoratives se multiplient pour inscrire l'événement dans une continuité des « traditions » ouvrières. Pourtant, que ce soit du point de vue sociologique, culturel ou politique, c'est bien une nouvelle classe ouvrière qui fait alors irruption sur la scène publique.

Lorsqu'on a mis en évidence ces ruptures qui ont scandé l'histoire de la France industrielle, on ne peut plus expliquer les « permanences anthropologiques » par « le maintien d'une population stable qui transmet son organisation sociale et sa conception des rapports humains »[45]. Il n'en demeure pas moins que, même dans des régions dont le cadre matériel et le peuplement ont été complètement bouleversés, on constate, parfois à un siècle d'intervalle, des similitudes frappantes des comportements culturels ou politiques. En Lorraine, l'arrondissement de Briey, très largement rural jusqu'à la fin du XIXe siècle, est devenu dans les décennies suivantes l'une des principales régions sidérurgiques, et le plus important centre d'immigration du pays. Pourtant, en 1979, lors des grandes luttes contre les fermetures d'usines, on a vu resurgir toute la symbolique de la Lorraine patriotique « traditionnelle » (exhibition du costume folklorique régional dans les manifestations, défilés derrière la croix de Lorraine), et ce phénomène a été « expliqué » le plus souvent par l'attachement des « Lorrains » à leur « terroir », par la « permanence » d'un « tempérament régional ». Les cinq années de recherche passées à essayer de comprendre ce qui pour beaucoup n'était même pas un problème nous ont amené progressivement à abandonner les notions de « tradition », de « mentalité collective », au profit de concepts beaucoup moins familiers des historiens français, comme celui de « reproduction sociale », dont la principale vertu heuristique est de montrer que la « permanence », la « durée » d'une société ne s'obtiennent que par tout un travail social de renouvellement sous-jacent. Pour expliquer ce processus, il a fallu aussi remettre en question des entités collectives telles que l'État, la Nation, la Classe ou la France, pour redonner toute leur importance aux actions individuelles (ou interindividuelles) et remettre en chantier la réflexion sur les processus historiques de passage de l'individuel au collectif[46]. La notion simmélienne de « conflit », telle qu'elle a été mise en pratique par les sociologues interactionnistes de l'École de Chicago pour analyser les phénomènes migratoires aux États-Unis, nous semble féconde, à condition de ne pas en faire une nouvelle panacée, mais de la concevoir comme un outil dans un dispositif de recherche. Penser le processus historique de l'immigration en termes de conflits est un moyen de dépasser les jugements de valeur, dont les historiens ne sont pas exempts, sur « l'assimilation réussie » des précédentes vagues migratoires[47]. Ce n'est pas parce que la résistance au processus de « francisation » a rarement pris une forme collective, du fait de la force de l'État jacobin, et qu'il n'en reste en conséquence pas de traces dans les archives, que le problème n'a pas existé. Les enquêtes orales que nous avons réalisées dans la deuxième génération italienne, comme les témoignages littéraires, prouvent tout l'aspect conflictuel que présente l'histoire de l'intégration des différentes communautés étrangères dans la société française[48]. Les travaux de psychologie sociale effectués par Erving Goffman sur les « stigmates » sociaux peuvent nous aider à comprendre le rôle du conflit comme élément de socialisation. Davantage que la première génération, dont les représentants ont été en majorité brisés par l'épreuve du déracinement, ou au contraire protégés par les liens maintenus avec la culture d'origine, c'est la deuxième génération qui est concernée par ce problème. Partagés entre les normes du pays d'origine que représentent les parents et celles de la société d'accueil dans laquelle ils vivent depuis l'enfance et où ils savent qu'ils passeront leur vie, les membres de la deuxième génération adoptent des comportements où l'on peut repérer, depuis un siècle, certaines constantes et qui peuvent être vus comme un système de défense face à la mise en cause de leur identité par les gens « normaux »[49]. Le plus souvent, ces stratégies individuelles visent à effacer toute trace de différence « honteuse » comme on peut le constater facilement au niveau de la langue ou des habitudes alimentaires par exemple. Dans le cas de la France contemporaine, le critère essentiel de « normalité » étant l'appartenance à la Nation, c'est en fonction de cette norme que les stratégies individuelles de défense contre le stigmate se sont développées avant tout. Que ce soit parmi les descendants des immigrants belges, les fils de la communauté juive à la fin du XIXe siècle, la deuxième génération italienne et polonaise des années 1930-1950, la revendication d'appartenance à la communauté nationale revient comme un véritable leitmotiv. Plus celle-ci est contestée par ceux qui n'ont pas besoin de « faire leurs preuves », plus les proclamations publiques d'appartenance se font bruyantes, et plus les efforts pour la prouver se multiplient : rejet des nouveaux immigrants rappelant les origines refoulées, francisation des patronymes et surtout engagement patriotique lors des deux guerres mondiales, comme si seul « le sang versé pour la France » pouvait effacer totalement la macule. Dans les régions où l'immigration a été massive et relativement homogène, ces dispositions individuelles de conformité aux normes dominantes ont constitué parfois un facteur sous-jacent de structuration d'un nouveau groupe social, aussi important que l'appartenance de classe, même s'il est en général nié par les personnes concernées elles-mêmes. Dans la région de Longwy par exemple, la désintégration des anciennes communautés populaires lorraines après vingt années d'immigration massive, de guerre et d'implantations industrielles, a été suivie, à partir de la stabilisation des années trente, d'un nouveau processus d'enracinement. Un nouveau groupe social a pu ainsi se constituer autour de la deuxième génération italienne localement dominante. Ses représentants, marqués dans l'enfance, au moment des apprentissages décisifs de l'existence, par le rejet xénophobe, font de la reconnaissance nationale l'un des objectifs essentiels de leur vie. On peut voir là le principal élément collectif de socialisation, sans lequel il n'est possible de comprendre ni leur investissement dans le travail — fierté du producteur œuvrant pour « l'indépendance de la France » —, ni leur rôle héroïque dans la Résistance, ni leur fidélité à toute épreuve pour le Parti communiste qui a trouvé, dans cette génération, la plupart de ses cadres parce qu'il était le plus apte à concilier la fidélité à la classe ouvrière et l'attachement à la communauté nationale symbolisé localement par la ferveur des commémorations de la Résistance. Dans ce processus d'intégration, le travail a toujours été une valeur collective suprême. C'est pourquoi la fermeture des usines sidérurgiques et des mines a été ressentie comme une nouvelle illustration d'un rejet hors de la communauté nationale. Lorsqu'en 1979 « les sidérurgistes lorrains » défilaient derrière des enfants revêtus du costume folklorique régional, ce n'était pas pour cultiver une « tradition » ancestrale, mais pour réaffirmer publiquement une appartenance contestée.

Le rapprochement superficiel de similitudes, à un siècle d'intervalle, non seulement ne constitue pas une preuve des « permanences anthropologiques » mais, de plus, laisse échapper des facteurs essentiels de l'histoire sociale. Une histoire d'autant plus difficile à saisir dans le cas de l'immigration que plus l'agression xénophobe a été violente, plus les conflits ont été intenses, et plus les efforts « compensateurs » visant à effacer les différences ont été importants. De ces événements passés, il ne subsiste bien souvent que des traces, des « points de suture » qui forment comme des cicatrices sur le corps social[50].

CHAPITRE IV

Nations, nationalités, nationalismes

Pour une socio-histoire comparée[1]

Depuis une quinzaine d'années, la recherche sur la question nationale a été fortement renouvelée grâce à des travaux réalisés dans une perspective interdisciplinaire, ouverts sur les diverses sciences sociales, mais aussi sur le droit et la philosophie politique. Néanmoins, force est de constater que, dans ce domaine comme dans beaucoup d'autres, les études ont été menées en ordre dispersé. Elles traduisent des préoccupations, des méthodes, des points de vue extrêmement divers et hétérogènes. Le but de ce chapitre n'est pas de tenter d'homogénéiser après coup ce champ de recherches en lui donnant artificiellement une cohérence qu'il n'a pas. D'un point de vue heuristique, il est préférable de clarifier les différences d'approches, en montrant ce qui les distingue et la contribution spécifique que chacune d'entre elles peut fournir à la connaissance globale du problème. Pour avancer dans cette voie, je privilégierai ici l'exemple de la socio-histoire, domaine qui pendant longtemps a négligé les phénomènes nationaux. En partant de l'hypothèse que la nation peut être étudiée en mobilisant les outils que les sociologues et les historiens ont élaborés pour étudier les groupes sociaux, je tenterai de dégager les grands axes d'une problématique susceptible de nourrir un programme de recherches collectives et comparées sur la question nationale.

DÉSACRALISER LA RÉFLEXION SUR LA NATION

Alors que la philosophie ou l'histoire politiques, l'histoire diplomatique et le droit ont accordé depuis le XIXe siècle une place considérable (voire démesurée) à la nation, l'histoire sociale et la sociologie ont longtemps négligé cette question. Comme le soulignait récemment Éric J. Hobsbawm : « Le développement des nations et du nationalisme à l'intérieur des États anciens comme la Grande-Bretagne et la France n'a pas été étudié de façon très approfondie, bien qu'il concentre l'attention à présent »[2]. Ce type de constat n'est d'ailleurs pas nouveau en histoire sociale. Il y a trente ans, dans l'introduction de sa thèse sur la Catalogne, Pierre Vilar avait fait les mêmes remarques en stigmatisant la faiblesse conceptuelle des recherches sur la nation[3]. Et, trente ans avant lui, Lucien Febvre déplorait déjà que les mots « France » ou « français » soient considérés comme des évidences par la plupart des historiens[4]. Le même constat s'impose lorsqu'on se tourne vers la sociologie. Dominique Schnapper a noté le décalage « entre la pensée juridique, ferme et structurée et les limites de la recherche sociologique sur l'immigration et la nation »[5]. Au lendemain de la Première Guerre mondiale, Marcel Mauss se plaignait déjà de l'indifférence des sociologues pour une question qui, selon lui, constituait pourtant un objet majeur de la discipline[6].

Qu'est-ce qu'une « nation » ?

Pour comprendre pourquoi la dimension sociale des phénomènes nationaux a été négligée pendant si longtemps, il faut examiner la manière dont ce champ de réflexion et d'action a été progressivement conceptualisé et structuré. Par sa racine latine, le mot « nation » désigne une communauté dont les membres ont une même origine. Mais c'est seulement au cours du XVIIIe siècle que ce terme commence à acquérir son sens moderne, c'est-à-dire politique. Les luttes d'indépendance en Amérique, la Révolution française, la résistance des populations victimes de l'occupation des troupes napoléoniennes, tels sont les événements fondateurs à l'ombre desquels, entre les années 1770 et les années 1810, se fixe la définition toujours en vigueur de la nation. Les révolutions américaine et française jouent un rôle décisif dans les liens étroits qui sont établis, dès le départ, entre nation et citoyenneté. En France, ce sont les nécessités de la lutte contre la monarchie et l'aristocratie qui sont à l'origine de la conception républicaine de la nation, développée par la philosophie des Lumières (Rousseau) puis par les militants révolutionnaires. Dans cette perspective, c'est le « peuple souverain », et non le roi, qui incarne la nation. Sieyès l'envisage comme un « corps d'associés vivant sous une loi commune et représentés par le même législateur »[7]. Pour lui, la nation est donc le « Tiers État », c'est-à-dire tous ceux qui n'ont pas de privilèges et qui forment, de ce fait, une communauté d'égaux. Mais il ajoute que la nation constitue aussi un ensemble d'hommes libres qui décident eux-mêmes, en toute indépendance, de leur vie commune. Enfin, la nation « une et indivisible », c'est la volonté collective d'exister comme peuple souverain. Cette définition républicaine est toutefois incomplète car elle ne dit rien des critères permettant de distinguer les « nations » les unes des autres. Secondaire en 1789, la question prend toute son importance au moment où les troupes révolutionnaires partent à la conquête de l'Europe. Très rapidement, le « droit des peuples à disposer d'eux-mêmes » sert à légitimer l'occupation militaire, les violences, les pillages. Du coup, aux yeux des populations victimes de ces exactions, les représentants du peuple français ne sont que des oppresseurs, de nouveaux barbares. Des voix s'élèvent alors appelant à la résistance contre cette domination impérialiste, exaltant les traditions, la culture et l'histoire des peuples vaincus. Le rôle important joué par les facteurs culturels dans cette mobilisation s'explique en bonne partie par le fait que dès le milieu du XVIIIe siècle, d'abord en Écosse, puis en Suisse, en Allemagne et par contagion dans la plupart des pays d'Europe, s'est développé un mouvement de contestation de l'hégémonie culturelle française (le Classicisme) et ses références grecques et romaines ; mouvement qui a conduit bien avant la Révolution de 1789 à réhabiliter les sources « barbares » de la culture des différentes « nations » de l'Europe[8].

C'est dans ce contexte qu'est élaborée, principalement en Allemagne, ce que l'on peut appeler la dimension identitaire de la nation. Pour démontrer la vitalité et la pérennité du peuple allemand à travers les âges, des philosophes comme Herder et Fichte mobilisent des arguments d'ordre historique, linguistique, ethnographique. Mais ils insistent également sur la dimension subjective de l'identité nationale. L'esprit du peuple *(« Volksgeist »)* est un « principe spirituel » qui rend légitimes les aspirations de la nation allemande à exister politiquement, au même titre que la nation française. Pour nommer tous les éléments identitaires qui constituent la « germanité », sans recourir au lexique français de la « nation », Friedrich Jahn met à profit les ressources de la langue allemande et forge le néologisme de « *Volksthum* » (selon l'orthographe de l'époque).

Entre les années 1770 et les années 1830, le mot « nation » s'est imposé comme l'un des concepts essentiels du discours politique révolutionnaire. Dès le départ, ce concept repose sur trois éléments majeurs. En premier lieu, le terme « nation » est étroitement associé à la notion de *liberté*. Il est au cœur des trois grandes formes d'émancipation politique que le monde a connues depuis la fin du XVIIIe siècle : émancipation du pouvoir colonial (révolution américaine), émancipation du pouvoir aristocratique (révolution française), émancipation du pouvoir impérial (révolte allemande contre l'occupation napoléonienne). Mais il faut aussitôt ajouter que, d'emblée, la « liberté » pour une nation signifie qu'elle dispose du pouvoir d'État. C'est en ce sens qu'elle constitue un « peuple souverain » ; expression qui illustre parfaitement les liens entre nation et citoyenneté. Le deuxième élément essentiel dans la conceptualisation du mot « nation » est qu'il s'inscrit d'emblée dans le registre du vocabulaire *revendicatif*. Que ce soit dans sa version française, américaine ou allemande, le combat pour la « souveraineté du peuple » marque le début de l'ère des mobilisations politiques modernes. Les militants doivent *avancer des arguments* légitimant la souveraineté du peuple au nom duquel ils parlent. Ce qui suppose des critères pour distinguer ceux qui font partie du « peuple » national et ceux qui en sont exclus. *La dimension identitaire est donc inhérente au concept de nation.* Troisième point : tout au long du XIXe siècle, la réflexion sur l'identité nationale repose sur des analogies avec l'être humain. Comme on l'a vu tant du côté français avec Sieyès que du côté allemand avec Jahn, pour justifier l'existence d'une nation, il faut « démontrer » qu'il s'agit d'une « personne »[9]. Lorsqu'on examine cette argumentation identitaire, on constate qu'elle s'appuie toujours sur les deux dimensions de l'identité qui caractérise l'être humain et que le philosophe Paul Ricœur appelle, en mobilisant les ressources de la langue allemande : « mêmeté » *(Gleichheit)* et « ipséité » *(Selbsheit)*[10]. La première dimension concerne « l'identité du même », l'identité au sens objectif du terme pourrait-on dire. Elle s'obtient par un travail de comparaison visant à dégager les traits pertinents qui définissent un individu à la fois comme un et comme unique, par opposition aux autres. C'est cette dimension de l'identité nationale qu'ont explorée au XIXe siècle les linguistes, les grammairiens, les juristes, les folkloristes engagés dans le combat pour « l'éveil des nationalités ». La deuxième dimension concerne « l'identité de soi », la forme pronominale de l'identification, au sens où l'individu s'identifie à une image de lui-même (« je ») qui suppose une continuité dans le temps, une mémoire, bref la présence de son passé dans son présent. Il s'agit ici de la dimension subjective de l'identité, qui met en jeu à la fois des éléments conscients et inconscients. Cet aspect de l'identité nationale se prouve en étudiant la genèse de la nation considérée, dans le but de « démontrer » la permanence de son être, « des origines à nos jours ». Dans le combat pour les nationalités, c'est la tâche dévolue aux historiens.

Le troisième point sur lequel je voudrais insister découle du précédent. Le combat révolutionnaire en faveur des nations exige des *justifications*. Il faut que des individus, jouant le rôle de porte-parole, avancent des arguments crédibles (présentés comme des « preuves » ou des « vérités ») en faveur de la cause qu'ils défendent. C'est l'une des tâches que les États européens assignent aux nouvelles universités qui naissent alors dans toute l'Europe. C'est pourquoi la plupart des recherches menées sur la question nationale sont au service des combats politiques visant à légitimer ou à invalider les causes en présence. Les universitaires se montrent des serviteurs d'autant plus zélés des idéaux nationaux que ceux-ci véhiculent les valeurs démocratiques qui justifient leur ascension sociale.

Définition « française » et définition « allemande » : transfert et comparaison

Pour illustrer les affirmations qui précèdent, je voudrais m'arrêter un moment sur la fameuse opposition qui est faite, de façon récurrente, entre la définition « allemande » et la définition « française » de la nation. Cette opposition entre « pensée allemande » (privilégiant les critères identitaires) et « pensée française » (valorisant la citoyenneté) résulte, à mon sens, d'un comparatisme superficiel qui prolonge les présupposés franco-français sur la nation. En réalité, dès le départ, la réflexion sur la nation s'est développée grâce à des échanges et une circulation des références qui ont concerné toute l'Europe, enjambant allégrement les frontières nationales. Comme on l'a vu plus haut, la réflexion des philosophes allemands a été profondément marquée par le principe de souveraineté nationale développé au moment de la Révolution française. Au départ, le combat pour la nation allemande est un combat qui se réclame des idéaux de 1789. Un grand nombre d'écrivains, de philosophes et d'érudits engagés dans le combat pour le *Volksthum* (c'est le cas de Friedrich Jahn et des frères Grimm) prendront toute leur part dans les luttes anti-aristocratiques et participeront à la révolution de 1848 en Allemagne. Ajoutons qu'au début ce mouvement de réhabilitation des cultures nationales qu'on appelle « le principe des nationalités » est vu comme un mouvement de solidarité universelle, d'où son caractère très cosmopolite. Les frères Grimm, par exemple, ne se contentent pas de recueillir les contes et les traditions populaires de langue allemande. Ils tissent des liens avec tous ceux qui, en Europe, développent des projets du même type. C'est dans ce contexte d'échange et de collaboration qu'en France les écrivains et les historiens vont commencer à se préoccuper des caractéristiques identitaires de la nation française. Dans un mouvement inverse à celui qui s'était déroulé en Allemagne une vingtaine d'années plus tôt, ils procèdent alors à une francisation du vocabulaire allemand. Pour traduire le terme *Volksthum*, ils enrichissent le lexique de la nation en inventant un nouveau mot : « nationalité » ; néologisme appelé à un bel avenir.

C'est à Michelet que l'on doit la contribution décisive qui a permis de compléter la définition républicaine de la nation en ajoutant au critère de la citoyenneté la dimension identitaire. La réflexion du grand historien sur ce sujet illustre parfaitement la logique de pensée évoquée plus haut. Lui aussi analyse l'identité collective par analogie avec l'être humain. Comme il l'a souligné lui-même, l'hypothèse fondatrice de Michelet est en effet que « la France est une personne ». Ce point de départ lui permet de décliner les deux composantes de toute identité individuelle : l'identité du même et l'identité de soi. Pour illustrer ce point, je me limiterai ici à l'analyse du *Tableau de la France*[11] qui constitue le Livre III de sa volumineuse *Histoire de France*, car il contient déjà l'essentiel de la problématique qu'il développera par la suite. Dans cet ouvrage, Michelet commence par explorer « l'identité du même » en partant à la découverte des différentes régions de France. Ce qui lui permet, chemin faisant, de dégager les caractères originaux de son « personnage » par opposition à ses voisins. Il combine cette description géographique avec une réflexion historique afin de démontrer l'« identité de soi » de la nation française. Celle-ci possède une identité propre parce qu'elle a conscience de son passé. Grâce aux luttes historiques qu'elles ont menées côte à côte contre l'adversaire commun, les différentes « races » qui peuplaient l'ancienne France se sont progressivement fondues au sein d'une même « nationalité » (terme qui correspond chez Michelet à ce que nous appelons aujourd'hui l'identité nationale). « À force de se serrer contre l'ennemi, les provinces se sont trouvées un peuple. C'est en voyant de près l'Anglais qu'elles ont senti qu'elles étaient la France. Il en est des nations comme de l'individu, il connaît et distingue sa personnalité par la résistance de ce qui n'est pas elle, il remarque le moi par le non-moi »[12]. Pour Michelet, la France est un organisme évolué qui s'est développé progressivement sous l'impulsion d'un « centre nerveux » (la capitale) ayant intégré peu à peu les éléments périphériques. La Révolution française (symbolisée par cet événement majeur que constitue, à ses yeux, la fête de la Fédération, le 14 juillet 1790) marque l'achèvement de ce processus d'intégration nationale. Fort de ces analyses, il affirme que la France est le « pays du monde où la nationalité, où la personnalité nationale se rapprochent le plus de la personnalité individuelle ». Il en conclut que « si l'Angleterre est un empire ; l'Allemagne un pays, une race ; la France est une personne »[13].

Ces remarques suffisent pour comprendre que, dès le départ, la réflexion sur la nation française, loin de se développer en vase clos, a mûri par référence et par opposition aux autres grandes nations européennes. Cela n'empêche pas qu'au début du XIXe siècle le souci de dégager « le principe spirituel » qui fonde l'identité propre d'une nation s'inscrit dans une logique pluraliste, respectueuse des différences. La réflexion de Michelet sur l'identité française véhicule les idéaux progressistes et universalistes de la Révolution. D'une part, plaider pour l'identité de la France, c'est s'inscrire dans le combat universel pour l'émancipation de toutes les nations qui existent dans le monde. D'autre part, Michelet insiste longuement sur le fait que la nationalité française ne constitue pas une réalité figée, fixée une fois pour toutes, qu'il s'agirait de conserver. À ses yeux, il s'agit d'une qualité qu'il faut conquérir et sans cesse reconquérir, en luttant contre les forces rétrogrades. Il souligne que les provinces restent fortement marquées par leur passé car les caractères des races initiales n'ont pas totalement disparu. Le rôle historique de Paris, quartier général des forces révolutionnaires, la capitale qui incarne la raison, l'esprit des Lumières, a été d'impulser constamment le combat contre ces traditions conservatrices, pour que la nation française prenne conscience d'elle-même. Michelet décrit cette lutte comme l'affrontement dialectique entre la périphérie et le centre, l'ombre et la lumière, le passé et le présent, les forces du mal et les forces du bien. C'est parce qu'à ses yeux la France incarne au plus haut point ce processus et que celui-ci est sans fin (par définition) que Michelet peut affirmer qu'elle est devenue « la patrie de l'universel ».

Avec l'échec du « printemps des peuples » qui met un terme provisoire aux espoirs démocratiques, une nouvelle époque commence dans la réflexion sur la nation. Là encore, on ne peut pas comprendre l'évolution des discours sur le sujet si on ne les resitue pas dans le contexte des polémiques qui opposent entre eux les grands pays européens. Une fois de plus, le débat franco-allemand est d'une importance capitale. En 1870, au moment où éclate la guerre entre la Prusse et la France, des historiens allemands (principalement Mommsen et Strauss) s'emploient à justifier les visées annexionnistes de Bismarck sur l'Alsace-Lorraine. Ce qui provoque la riposte immédiate des historiens français (principalement Fustel de Coulanges et Renan). La différence essentielle par rapport à la période antérieure tient au fait que désormais les plaidoyers pour la nation sont mis au service des intérêts de l'État, qui rémunère ces mêmes historiens, dans une perspective polémique visant à contester les prétentions nationales du voisin. Dans sa querelle avec Renan, Strauss mobilise des arguments qui servent les intérêts d'un régime aristocratique fondé sur le principe dynastique. L'Alsace-Lorraine faisait partie autrefois du « patrimoine » de l'Empereur, il est donc normal, selon lui, que ce dernier reprenne possession de son bien. Strauss ne retient du principe des nationalités que les éléments qui confortent cette logique patrimoniale du pouvoir d'État : l'Alsace est allemande en raison de son histoire (elle a fait partie dans le passé de l'Empire germanique) et parce qu'on y parle l'allemand (ou plutôt un dialecte germanique). Ernest Renan conteste cette vision des choses en développant deux types d'arguments. Il commence par rejeter la logique patrimoniale derrière laquelle s'abritent les partisans de la monarchie prussienne, en affirmant que dans le monde moderne le principe des nationalités constitue le critère fondamental qui doit orienter les relations diplomatiques entre les États. Dans sa réponse à Strauss, il écrit : « Il est clair que dès que l'on a rejeté le principe de la légitimité dynastique, il n'y a plus, pour donner une base aux délimitations territoriales des États, que le droit des nationalités, c'est-à-dire des groupes naturels déterminés par la race, l'histoire et la volonté des populations »[14]. Ce qui le conduit à développer son second argument en affirmant que le critère essentiel sur lequel doit reposer le principe des nationalités, c'est le « sentiment d'appartenance », la « volonté de vivre ensemble ». Dans le monde moderne, ajoute Renan, aucun État n'a le droit de dire à un individu : « Tu m'appartiens, je te prends. » En dernier recours, ce sont donc les Alsaciens-Lorrains qui doivent décider de leur sort. En dénonçant clairement l'argumentation « ethnique » des historiens allemands, que le nazisme développera jusqu'à la caricature pour justifier ses entreprises impérialistes, l'honneur de Renan est d'avoir su défendre une conception de l'identité nationale restée fidèle jusqu'au bout aux principes de la démocratie. Cela ne doit pas, néanmoins, nous rendre aveugle au fait que son raisonnement est lui aussi imposé par le contexte de la polémique franco-allemande[15]. Renan est devenu le porte-parole des intérêts de l'État national français. Si l'on oublie ce point, on ne peut pas comprendre les contradictions de son discours sur la nation, contradictions que je mettrai en valeur en me référant à sa fameuse conférence de 1882 : « Qu'est-ce qu'une nation ? », qui condense toute sa réflexion antérieure sur le sujet.

Si l'on compare la vision renanienne de la nation avec celle de Michelet, l'inflexion conservatrice est indéniable. Selon Renan, le critère qui fonde l'appartenance nationale est un « principe spirituel » qui nécessite « deux choses qui à vrai dire n'en font qu'une [...]. L'une est la possession en commun d'un riche legs de souvenirs ; l'autre est le consentement actuel, le désir de vivre ensemble, la volonté de continuer à faire valoir l'héritage qu'on a reçu indivis »[16]. Et, pour que les choses soient claires, Renan reprend à son compte le vieux chant spartiate : « Nous sommes ce que vous fûtes ; nous serons ce que vous êtes. » On ne saurait mieux souligner le fait que, désormais, l'identité nationale est fondée sur une identification entre le monde des morts (les Français du passé) et le monde des vivants (les Français du présent). Dans ces conditions, le « plébiscite de tous les jours » que défend Renan ne concerne que ceux qui ont un passé commun, c'est-à-dire ceux qui ont les mêmes « racines ». « L'identité de soi » se définit donc maintenant par référence aux ancêtres et à la continuité généalogique, alors que Michelet tenait le raisonnement inverse en affirmant que c'est en luttant contre ses origines que la nation française a acquis son identité[17]. Dans le texte cité plus haut, Michelet note que la « Bretagne bretonnante » est devenue au XIXe siècle un pays « tout étranger au nôtre, justement parce qu'il est resté trop fidèle à notre état primitif ; *peu français tant il est gaulois* »[18]. Si l'on compare à présent la définition de « l'identité du même » chez les deux auteurs, le contraste est aussi manifeste. Pour Renan, même si cela reste implicite, le « sentiment d'appartenance » qui fonde l'identité nationale est un flux homogène, sans mélange, qui ne varie pas d'intensité. Il est identique pour tous les Français, dans toutes les classes, du Nord au Sud et d'Est en Ouest. Amputer la nation de l'un de ses membres, c'est donc, à ses yeux, la détruire entièrement. Déjà en septembre 1870, dans un article de la *Revue des Deux Mondes*, il s'exclamait : « Que la France perde l'Alsace et la Lorraine et la France n'est plus »[19]. En définissant l'identité nationale comme la lutte des contraires, Michelet, à l'inverse de Renan, insistait sur *l'hétérogénéité* des sentiments politiques qui traversent la nation. Il affirmait explicitement que « la France allemande sympathise [...] avec l'Allemagne sa mère ». Il évoquait ensuite ces « deux peuples qui ne sont réellement ni espagnols ni français : les Basques à l'ouest, à l'est les Catalans et Roussillonnais ». Mais pour lui cette diversité nationale était une preuve du caractère universaliste de la nation française. « C'est néanmoins une des grandeurs de la France que, sur toutes ses frontières, elle ait des provinces qui mêlent au génie national quelque chose du génie étranger. À l'Allemagne elle oppose une France allemande ; à l'Espagne une France espagnole, à l'Italie une France italienne »[20].

Ces quelques réflexions suffisent à montrer que les rivalités croissantes qui ont opposé les États européens à partir de 1870 ont eu pour effet d'enrichir le champ sémantique du concept de « nation » en y ajoutant des connotations particularistes et conservatrices, en tout point contraires aux idéaux progressistes défendus au départ par les militants de la cause nationale. Néanmoins, il est certain que cette évolution est aussi une conséquence logique de la façon dont la question nationale a été posée dès le départ, au moins pour deux raisons. D'une part, dès la fin du XVIIIe siècle, l'émancipation de la nation a été étroitement assimilée au combat pour la conquête du pouvoir d'État. Comment, dans ces conditions, éviter de confondre défense de la nation et défense de l'État ? D'autre part, la réflexion savante sur ces questions a été d'emblée subordonnée au combat politique. Comment, dans ces conditions, les universitaires auraient-ils pu éviter de devenir les porte-parole des intérêts de l'État qui leur assurait leurs revenus ?

La question nationale comme objet d'étude

Le tournant positiviste

Le troisième moment qui me semble important dans l'histoire de la conceptualisation de la nation se situe à la fin du XIXe et au début du XXe siècle. Dans un contexte marqué par un extrême engouement pour la science, on assiste alors dans de nombreux pays à une autonomisation du monde universitaire par rapport au pouvoir politique. Illustrée par la multiplication des associations professionnelles, par la naissance de disciplines nouvelles comme la sociologie, par la codification des normes du travail scientifique, cette « professionnalisation » du monde universitaire provoque la disparition des figures universelles, tels Michelet ou Renan — qui étaient à la fois historiens, philosophes, écrivains et militants politiques à leurs heures —, et leur remplacement par une nouvelle génération d'universitaires plus spécialisés. Cette évolution ne met pas un terme à la réflexion sur l'identité nationale. Mais, sous l'effet de ces mutations institutionnelles, la nation commence alors à être appréhendée non plus seulement comme une cause à défendre, mais aussi comme un thème de recherche, respectant le principe d'« objectivité » qui caractérise le travail scientifique. Selon les cas, ce principe va être interprété dans deux sens différents. Pour les disciplines nées dans le contexte des luttes nationales antérieures (comme l'histoire ou le droit), l'objectivité est vue surtout comme neutralité dans le débat politique. Mais le refus d'épouser telle ou telle cause en présence n'empêche pas que le contexte politique puisse continuer, *indirectement*, à orienter fortement la réflexion savante. L'exemple des relations franco-allemandes est, à cet égard, tout à fait probant. La nouvelle génération des juristes « positivistes » proclame haut et fort son souci d'élaborer une théorie objective de l'État. Néanmoins, il est évident que la réflexion des grands juristes républicains, comme Esmein ou Carré de Malberg, est sous-tendue par le souci de justifier les principes de la Révolution française (concernant la souveraineté du peuple notamment), en s'opposant à la conception de l'État élaborée par les juristes allemands. L'influence indirecte du contexte politique est encore plus nette chez les historiens. Au cours des dernières décennies du siècle, la discipline acquiert un statut privilégié au sein de l'université principalement grâce au développement de l'histoire diplomatique, fer de lance de l'histoire politique. Ce domaine de la recherche historique a émergé au cours de la période précédente, sous l'impulsion de Léopold von Ranke (souvent présenté comme le père fondateur de l'histoire scientifique moderne). Dans un contexte dominé par le « principe des nationalités », Ranke appréhende toute l'histoire européenne sous l'angle des histoires nationales. Les nations sont vues comme des acteurs qui s'affrontent, se réconcilient, etc. À partir de 1870, ce paradigme intègre un nouveau chantier de recherches. Dans le contexte de la querelle franco-allemande, l'État demande à ses historiens de dire qui a été responsable de la guerre. Après chacune des trois guerres auxquelles a participé la France depuis 1870, des « commissions d'enquête » associant des militaires, des dirigeants politiques et des historiens seront créées pour faire « toute la lumière » sur ces événements dramatiques. C'est ainsi qu'apparaît une « histoire du temps présent » qui exercera une influence déterminante sur l'opinion publique, bien avant que l'expression ait été officialisée.

Regard sur la géographie

Le troisième exemple que je voudrais développer pour éclairer la question des influences indirectes qu'a exercées le champ politique sur la réflexion universitaire concernant la nation est celui de la géographie. Discipline nouvelle qui a, elle aussi, bénéficié du développement des universités dans les dernières décennies du XIXe siècle, la géographie n'échappe pas au contexte politique marqué par les rivalités entre les grandes puissances européennes. Certes, les nouvelles normes de la recherche universitaire interdisent aux géographes d'imiter Renan en prenant directement partie dans la querelle franco-allemande. Néanmoins, ils s'inscrivent d'emblée dans cette logique de rivalité en défendant leur « école géographique » contre l'« école » concurrente. Le père fondateur de la géographie universitaire allemande, Friedrich Ratzel, s'appuie sur les principes défendus antérieurement par les porte-parole de la cause nationale allemande, pour promouvoir une science géographique privilégiant les déterminismes physiques et ethniques. Par contrecoup, Paul Vidal de la Blache, le père fondateur de la géographie française, va élaborer une autre conception de la géographie, centrée sur la dialectique homme/milieu qui se réclame explicitement de Michelet. Dans son ouvrage le plus connu, intitulé — ce n'est pas par hasard — *Tableau géographique de la France*[21], Vidal de La Blache cherche à montrer ce que la géographie peut apporter à la réflexion sur l'identité française. Comme Michelet, il affirme que la « France est une personne », tout en précisant aussitôt que « ce mot de personnalité appartient au domaine et au vocabulaire de la géographie humaine ». Cette discipline est donc en mesure de confirmer les deux dimensions (la « mêmeté » et l'« ipséité ») qui définissent l'identité d'une personne. Vidal de la Blache commence par cerner la dimension *objective* de l'identité de la France (dimension qu'il désigne par le mot « physionomie », terme qui revient sans cesse sous sa plume)[22]. Si la nation française est unique, c'est en premier lieu à cause de ses « caractères physiques ». Située au sud-ouest de l'Europe, là où le continent commence à se resserrer, elle est au carrefour des influences méditerranéennes, océaniques, continentales. Grâce à cette position originale, elle bénéficie d'une grande diversité géologique, climatique et culturelle (puisque le pays a été dès l'origine le lieu où se sont croisés les grands courants de civilisation). C'est pourquoi, « le mot qui caractérise le mieux la France est variété ». Cette variété s'exprime dans l'infinie diversité des régions françaises, ces « pays » dont la vitalité a fait la force et la grandeur de la nation en son entier. L'importance extrême que Vidal de la Blache accorde à la vie locale se reflète jusque dans le plan du livre qui obéit à un découpage strictement régional, ceci afin d'aider le lecteur, précise-t-il, à « pénétrer dans l'intimité de cet être géographique » qu'est la nation française. Mais, pour cerner avec précision la « personnalité géographique de la France » (titre donné à la première partie du livre), l'examen de sa « physionomie » ne suffit pas. Comme Michelet ou Renan, Vidal de la Blache estime que l'identité de la France n'est pas « une chose donnée d'avance par la nature » car elle a été profondément marquée par l'histoire. Mais, à la différence de ses illustres prédécesseurs, Vidal de la Blache ne met pas l'accent sur les grands événements politiques qui ont scandé le passé de la nation. Il insiste au contraire sur la dimension sociale du phénomène, en privilégiant les activités quotidiennes des hommes du peuple, engagés dans un effort multiséculaire de transformation de la nature. Selon lui, « il faut partir de cette idée qu'une contrée est un réservoir où dorment des énergies dont la nature a déposé le germe, mais dont l'emploi dépend de l'homme. C'est lui qui en la pliant à son usage met en lumière son individualité [...]. C'est alors qu'une contrée se précise et se différencie et qu'elle devient à la longue une médaille frappée à l'effigie d'un peuple »[23]. Par conséquent, ajoute-t-il, les traces laissées sur le sol par les générations qui nous ont précédés constituent les repères les plus sûrs de la mémoire nationale, les fondements les plus légitimes de « l'identité de soi ». Cette logique explique l'importance extrême que Vidal de la Blache accorde au monde rural et au découpage régional. Comme Renan, il pense que l'enracinement constitue le facteur décisif grâce auquel la nation française a acquis son identité. Mais, pour Vidal de la Blache, il s'agit là d'un fait qu'il convient d'étudier empiriquement, en géographe. « Les rapports entre le sol et l'homme sont empreints, en France, d'un caractère original d'ancienneté, de continuité. De bonne heure, les établissements humains paraissent y avoir acquis de la fixité. » L'homme ayant été « le disciple longtemps fidèle du sol », il a acquis peu à peu « des habitudes transmises et entretenues sur les lieux où elles avaient pris naissance »[24]. La variété du monde rural français ne met pas en cause l'unité nationale parce que, écrit Vidal de la Blache : « La France oppose aux diversités qui l'assiègent et la pénètrent sa force d'assimilation. Elle transforme ce qu'elle reçoit »[25]. Pour expliquer ce processus, c'est à nouveau vers le monde rural qu'il se tourne[26]. L'assimilation, dit-il, est facilitée en France par le fait qu'on n'y trouve pas de contrastes trop violents. Au niveau des paysages, une grande « richesse de gammes » permet de relier sans heurts les pôles opposés. Au niveau social, les paysans jouent ce rôle d'intermédiaires, à la fois parce qu'ils sont le point de rencontre des diverses classes sociales (toutes issues du monde rural) et parce que leurs attaches terriennes en font les meilleurs garants de la continuité entre les générations. Le facteur fondamental de l'unité nationale tient donc au fait qu'au-delà de la diversité de la vie locale toute la population rurale du pays entretient le même rapport ancestral à la terre. C'est elle qui a transmis « cette force insensible qui nous prend sans que nous nous en doutions, qui s'exhale du fond de nos habitudes et nous rend de moins en moins étrangers les uns aux autres [...]. Un peu plus tôt ou un peu plus tard, tous ont successivement adhéré au contrat. Il y a donc une force bienfaisante, un *genius loci* qui a préparé notre existence nationale et qui lui communique quelque chose de sain ». Grâce à cette longue fréquentation de la terre nourricière, « une atmosphère ambiante, inspirant des manières de sentir, des expressions, des tours de langage, un genre particulier de sociabilité a enveloppé les populations diverses que le sort a réunies sur la terre de France. Rien n'a plus fait pour en rapprocher les éléments »[27]. Cette « force assimilatrice », sortie des entrailles de la terre, est définie finalement comme « un *je ne sais quoi* qui flotte audessus des différences régionales. Il les compense et les combine en un tout et cependant ces variétés subsistent, elles sont vivantes »[28]. Ainsi, au moment même où la société française est profondément affectée par l'industrialisation, l'urbanisation et l'immigration de masse, le monde rural apparaît-il comme une sorte d'ultime rempart : « Nous pensons aussi que les grands changements dont nous sommes témoins n'atteindront pas foncièrement ce qu'il y a d'essentiel dans notre tempérament national », étant donné que la « robuste constitution rurale que donnent à notre pays le climat et le sol est un fait cimenté par la nature et le temps ». Si la géographie a pour but d'étudier empiriquement tous les éléments qui composent l'identité de la nation française, elle doit aussi remplir une fonction sociale en mettant en lumière ces éléments de permanence, contribuant ainsi au combat collectif contre les menaces qui pèsent sur cette identité. C'est la raison pour laquelle Vidal de la Blache affirme que « l'étude attentive de ce qui est fixe et permanent dans les conditions géographiques de la France, doit être et devenir plus que jamais notre guide »[29].

Cette argumentation montre parfaitement la façon dont les universitaires républicains appréhendent désormais la question nationale. Il ne s'agit plus de défendre un point de vue directement politique, mais de proposer une analyse « objective », appuyée sur des recherches empiriques. Le champ politique influe désormais sur la réflexion savante surtout dans la façon de problématiser l'objet « nation » et dans la nouvelle définition de la « fonction sociale » que doit remplir le chercheur. La défense du « nous » national est étroitement associée au combat pour la préservation du monde rural contre les bouleversements introduits par la révolution industrielle. L'exaltation du monde paysan est aussi une façon de prendre parti contre les nouvelles luttes sociales impulsées par un mouvement ouvrier en plein essor. Comme on le voit, la vision dialectique et progressiste de la nation défendue par Michelet a fait place à une conception statique, conservatrice, au sens propre du mot, proche de la problématique littéraire que Maurice Barrès développe au même moment sur le thème : « La terre et les morts »[30]. L'impact de cette conjoncture politique sur la réflexion savante est confirmé lorsqu'on examine le vocabulaire employé par les chercheurs. La fascination pour les origines, l'enracinement et les permanences reflétée par l'ouvrage de Vidal de la Blache se traduit par un usage massif de termes totalement absents du texte de Michelet. C'est à ce moment-là en effet que surgit le lexique de l'ethnicité diffusé principalement par les sciences humaines naissantes, sans doute pour se rassurer sur leur scientificité, mais qui vise aussi, j'y reviendrai, à désigner des entités collectives que ne peuvent plus être nommées par le mot « race » (que l'anthropologie physique est en train de s'approprier) ni par le mot « nationalité » (surtout utilisé désormais par les juristes et les bureaucrates pour désigner l'appartenance à l'État)[31].

J'ai insisté sur cet ouvrage de Vidal de la Blache, en raison de son exceptionnelle postérité. Pour la première fois, un auteur cherche à penser l'identité de la France en attribuant le rôle déterminant non pas aux grands événements politiques, mais aux *pratiques sociales*[32]. Au cours du XXe siècle, deux disciplines capteront l'héritage vidalien. En premier lieu, la problématique développée dans le *Tableau géographique* va marquer les débuts de la science politique. Dans sa thèse (qu'il dédie à son « maître » Paul Vidal de la Blache et qui se présente, elle aussi, comme un *Tableau* ayant pour objectif de contribuer à « éclairer la complexe personnalité de la nation »), André Siegfried (souvent considéré comme le « père fondateur » de la science politique française) présente une étude très fouillée des comportements électoraux dans l'ouest de la France[33]. Il montre qu'au-delà des péripéties conjoncturelles les choix politiques locaux restent stables. Ce qui prouve selon lui que, « derrière les manifestations extérieures qui ne se produisent guère deux fois semblables, il y a des manières d'être et de sentir qui persistent ». Ces « manières » reflètent des « tempéraments politiques répondant à ces profondes individualités naturelles que sont les pays de

France ». Pour Siegfried, ces permanences s'expliquent finalement par le « mystère des personnalités ethniques »[34]. Ces présupposés auront des conséquences plus graves dans la suite de son œuvre et notamment dans ses travaux consacrés à l'immigration. Sans insister ici sur une question que je traite dans plusieurs chapitres de cet ouvrage, soulignons néanmoins qu'André Siegfried restera toute sa vie convaincu qu'une culture ne peut s'acquérir que dans la « longue durée », par la transmission des caractères ethniques, de génération en génération. Ces présupposés, fondés sur l'incapacité à comprendre le rôle de l'État-nation dans le monde moderne, empêcheront Siegfried de rendre compte du processus d'assimilation des populations étrangères au sein de la société française[35].

La réflexion fondatrice de Paul Vidal de la Blache exercera aussi une grande influence sur les historiens. Les partisans de l'histoire sociale puiseront dans son œuvre des outils destinés à rendre compte du passé de la nation française sans adopter les présupposés de l'histoire politique classique. Lucien Febvre jouera à cet égard un rôle pionnier, grâce notamment à ses travaux d'histoire régionale. C'est lui surtout qui incitera les *Annales* à se tourner vers la géographie historique. Sans pouvoir insister sur cette question, soulignons néanmoins que le dernier ouvrage de Fernand Braudel sur « l'identité de la France » peut être considéré comme l'aboutissement de cette réflexion[36]. Braudel affirme clairement qu'il n'a pas voulu écrire une « histoire de France », parce que son but était d'étudier la « prise en main de la France par elle-même », d'analyser « un processus, un combat contre soi-même, destiné à se perpétuer »[37]. On reconnaît ici les accents de Michelet plaidant pour une conception ouverte de l'identité nationale. Mais on remarque surtout l'influence de la géographie vidalienne. Certes, Braudel prend ses distances avec la perspective « ruraliste » de Vidal de la Blache, en accordant une grande place à l'histoire des villes, et en critiquant l'obsession vidalienne de l'enracinement[38]. Néanmoins, le privilège accordé à la description des paysages, l'idée que l'extrême diversité de la vie locale est une caractéristique de l'identité française, le peu de place accordée à l'État, tout cela prouve combien le père de la géographie historique française hante les différents chapitres de ce livre.

Les dilemmes de la sociologie

Parmi les disciplines nouvelles qui prennent leur envol au tournant du siècle, la sociologie est assurément celle qui d'emblée se montre la plus réticente à l'égard de la question nationale. Cette originalité s'explique, à mes yeux, par trois grandes raisons. En premier lieu, il faut rappeler que, si l'histoire en tant que discipline universitaire est née au début du XIXe siècle dans le cadre des luttes d'émancipation nationale, la sociologie émerge soixante-quinze ans plus tard, dans un contexte marqué par les luttes d'émancipation sociale ; au moment même où le mouvement ouvrier connaît une fulgurante progression dans toute l'Europe. Sans être à proprement parler des militants, les pères fondateurs de la sociologie universitaire sont proches de la mouvance socialiste. C'est la raison qui explique l'intérêt prioritaire qu'ils accordent à la question des « classes sociales » et leur méfiance à l'égard des discours sur la nation, dont la finalité politique est, à leurs yeux, de restaurer un consensus miné par la lutte des classes.

La deuxième raison qui explique le peu d'intérêt de la sociologie pour la nation tient à la façon même dont celle-ci a d'emblée élaboré son objet. Comme l'a expliqué Max Weber, l'originalité de la démarche sociologique par rapport à d'autres disciplines tient à son souci méthodologique de réduire les structures « personnifiées » ou « chosifiées », comme l'État ou le Peuple, pour découvrir, derrière elles, les activités développées par les acteurs du monde social. La sociologie part de l'hypothèse que les entités collectives n'agissent pas par elles-mêmes, car seuls les individus en chair et en os ont une vie réelle. Ce principe épistémologique fondamental justifie l'importance que la sociologie accorde aux recherches empiriques et fonde son autonomie conceptuelle par rapport aux disciplines qui privilégient l'étude des êtres collectifs. Mais cette approche « constructiviste » heurte de front les manières dont les autres disciplines et les acteurs du monde politique ont pensé jusque-là la nation. Comme nous l'avons vu, le point commun de tous les discours développés sur le sujet (y compris dans la géographie de Vidal de la Blache et la science politique de Siegfried) tient dans l'analogie qu'ils postulent entre la nation et l'être humain. Ce présupposé est, aujourd'hui encore, profondément ancré dans le sens commun. Il imprègne tout le discours véhiculé chaque jour par les hommes politiques et les journalistes[39]. La sociologie étant une discipline qui étudie les individus « réels », il a semblé longtemps évident que les phénomènes nationaux ne relevaient pas de son champ d'investigation. Il est frappant de constater que, dès le début du siècle, les sociologues ont eux-mêmes intériorisé ce présupposé, considérant qu'un « groupe social » ne pouvait être défini qu'à partir de critères comme les activités professionnelles, les ressources économiques, l'appartenance religieuse, etc.

Le deuxième facteur que l'on peut invoquer pour expliquer les réticences de la sociologie à l'égard des phénomènes nationaux tient aux aspirations universalistes des pères fondateurs de la discipline. Dans l'incapacité de dégager des critères généraux permettant d'élaborer une définition universelle de la nation, ils en ont conclu que celle-ci ne pouvait pas être un concept sociologique. Ce réflexe s'observe nettement dans les écrits de Max Weber à ce sujet. Il part du constat qu'il n'existe pas de caractéristiques « objectives » qui seraient communes à tous les membres d'une même nation. Ni l'origine ethnique, ni la race, ni la religion, ni la langue ne sont des éléments pertinents, car aucun d'eux n'est absolument nécessaire à la formation d'une nation. Weber en conclut que le concept de nation appartient à la « sphère des valeurs ». Il y voit un type de relations sociales fondé sur le sentiment subjectif d'appartenance à une même communauté[40]. Mais il ajoute aussitôt que dans un nombre important de « nations », ce fameux « sentiment d'appartenance » n'est pas partagé par la totalité des individus (il prend l'exemple des paysans polonais qui ne se considéraient pas, dans la majorité des cas, comme faisant partie de la même « nation » que les aristocrates sur la terre desquels ils travaillaient). Max Weber souligne aussi qu'il est pratiquement impossible, pour la recherche empirique, de mesurer avec précision l'adhésion subjective des individus à une collectivité donnée, ce qui interdit toute délimitation précise des frontières séparant les différents groupes nationaux. Il finit par conclure que le concept de « nation », comme celui de « communauté ethnique », « se volatilise dès qu'on tente de le conceptualiser avec précision ». Lorsqu'on examine la réflexion d'Émile Durkheim sur le sujet, on note les mêmes embarras. En 1905, au cours d'un débat qui réunit plusieurs universitaires de renom, Durkheim est invité à présenter sa définition de la nation. Il évoque « les groupes humains qui sont unis par une communauté de civilisation sans être unis par un lien politique. On pourra par exemple appeler nationalités ces groupes qui sont ou d'anciens États qui n'ont pas renoncé à se reformer ou des États en voie de formation. Il y a des cas où les deux groupes se confondent, comme en France, où le même groupe est à la fois État et nationalité. Dans ce cas je propose le mot nation ». Cette définition ayant été contestée par Vidal de la Blache qui lui oppose les exemples de la Suisse et de la Belgique, Durkheim fait machine arrière en avouant : « Je me ferai moi-même une objection : d'après les définitions que j'ai proposées de l'État et de la nationalité, il faudrait dire que la nationalité allemande déborde le cadre de l'État allemand et pourtant l'État allemand est une nation. » Et finalement, à court d'arguments, il en appelle aux « sensations » de ses interlocuteurs : « Ne sentez-vous pas trois réalités différentes : 1. l'État russe ; 2. la nationalité polonaise ; 3. la nation française ? »

Les atermoiements de Durkheim illustrent un autre aspect des difficultés rencontrées par les premiers sociologues pour penser la nation. Ils conçoivent le travail de définition conceptuelle comme un effort visant à *classer* les formes de la vie sociale, dans une perspective très souvent évolutionniste. Ce travers est surtout sensible chez les sociologues qui, à l'instar des durkheimiens, ont subi l'influence d'Auguste Comte. C'est le cas de Marcel Mauss qui écrit, dans la longue étude qu'il a consacrée à la nation : « Classons rapidement les formes politiques de la vie sociale pour pouvoir définir celles des sociétés connues de l'histoire qui méritent le nom de Nations, celles qui actuellement sont en voie de le devenir, celles qui peut-être n'en sont pas et n'en seront jamais et peut-être même ne sont pas des sociétés. » Il poursuit son raisonnement en reprenant à son compte la vieille distinction d'Aristote entre « *ethne* » et « *polis* » (« ethnies » et « nations ») ; les sociétés polysegmentaires étant comparées aux « espèces inférieures des familles et genres animaux »[41].

Cette dernière citation illustre parfaitement un autre problème auquel se sont heurtés les premiers sociologues dans leur réflexion sur la nation, concernant l'objectivité du travail scientifique. Certes, ils se montrent très critiques à l'égard des disciplines comme l'histoire ou la géographie qui ne parviennent pas à acquérir suffisamment d'autonomie pour élaborer leur propre questionnement scientifique sur les phénomènes nationaux, cautionnant indirectement l'approche politique de ces phénomènes. C'est d'ailleurs le souci de maintenir une véritable distance entre la politique et la science qui a conduit Émile Durkheim à affirmer que la sociologie devait rompre avec « le sens commun ». Étant donné que la « nation » a toujours été un objet de prédilection pour le bavardage des hommes politiques et des journalistes, on comprend les réticences de Durkheim à se lancer dans ce type de discussions. Dans le compte rendu d'un livre de List consacré à l'économie nationale allemande, il écrit : « Assurément le concept de nation est une idée mystique, obscure »[42]. Quelques années plus tard, au cours du débat public évoqué plus haut, lorsqu'on lui demande de dire ce qu'il entend par « nation », « patrie », « peuple », il commence par affirmer que « le procédé le plus sûr serait de laisser de côté les mots usés dans la circulation et d'y substituer des mots neufs auxquels on conviendrait de prêter un sens bien défini ». Mais force est de constater que les pères fondateurs de la sociologie ne sont pas parvenus à respecter jusqu'au bout ce louable effort d'objectivité. En 1905, au terme de son intervention, Émile Durkheim, à court d'arguments, finit par conclure : « Seuls nous avons fait la Révolution française ; seuls nous avons reçu une certaine éducation rationaliste et puis il y a le fait que la France s'est centralisée plus tôt que les autres nations »[43]. Ce type de raisonnement loin de contribuer à la connaissance scientifique des phénomènes nationaux ne pouvait qu'alimenter les préjugés franco-français sur la « grande nation »[44]. La réflexion de Max Weber sur le sujet illustre les mêmes contradictions. Il finit lui aussi par confondre « l'éthique de conviction » et « l'éthique de responsabilité » (cf. sa violente diatribe contre les Polonais de Poméranie lors de son cours inaugural à l'université de Fribourg en mai 1895)[45].

Tous ces éléments se sont conjugués pour expliquer le rapport difficile de la sociologie à la question nationale ; malaise qui a empêché ses représentants de mener jusqu'à son terme la réflexion sur le sujet. La partie que Max Weber avait prévu de consacrer à la question nationale dans *Économie et société* restera inachevée[46]. De même Marcel Mauss n'ira pas jusqu'au bout de l'analyse qu'il avait esquissée au lendemain de la Première Guerre mondiale dans une étude qu'il refusera obstinément de publier de son vivant[47].

Dans les décennies qui suivent la Seconde Guerre

mondiale, les sciences sociales ne parviennent pas à surmonter les contradictions auxquelles se sont heurtés les « pères fondateurs ». Dans le contexte de la Guerre froide, beaucoup de sociologues deviennent alors marxistes, contribuant par leurs travaux à conforter le présupposé que seules les « classes » sont des réalités sociales. Dans un contexte également marqué par la décolonisation, il n'y a guère que les luttes de « libération nationale » qui soient considérées comme dignes d'intérêt. Mais la plupart des universitaires « engagés » y voient une cause à défendre, plus qu'un objet d'études[48]. Paradoxalement, ces travaux révolutionnaires prolongent les travers nationalistes du XIXe siècle en privilégiant une grille de lecture plus soucieuse de justifier des luttes que de les comprendre[49].

La nouvelle donne des années 1980

Le triomphe du « constructivisme »

Il était nécessaire de s'arrêter un long moment sur l'histoire du concept de nation et les conflits d'interprétation qu'il a constamment engendrés, parce que ce passé explique à la fois le retard des sciences sociales dans l'étude des phénomènes nationaux et les orientations prises par les nouvelles recherches sur ces questions, à partir des années 1980. Avec le déclin du marxisme, et la prise de conscience que les luttes de libération nationale pouvaient déboucher dans les États issus de la décolonisation aux pires formes de nationalisme, les chercheurs en sciences sociales ont enfin commencé à s'engager dans un travail de désacralisation de la question nationale ; rompant avec l'alternative que nous avons décrite à propos des pères fondateurs de la sociologie (soit ne pas parler de la nation, soit l'envisager comme une cause à défendre). À partir du milieu des années 1980, au moment où le nationalisme fait un retour en force sur le devant de l'actualité politique (renouveau de l'extrême droite dans les pays démocratiques, violences ethniques en Europe de l'Est), une multitude d'études nouvelles sont mises en chantier. Pour sortir de l'impasse dans laquelle s'étaient placés les premiers sociologues, leurs successeurs vont alors privilégier des approches résolument « constructivistes », en partant du principe que la nation est une construction sociale ou symbolique appartenant à la sphère des représentations collectives. En France, cette problématique a surtout été développée dans la mouvance de Pierre Bourdieu et s'est consacrée plus particulièrement à la critique du « régionalisme »[50]. Au lieu de continuer à polémiquer pour savoir si telle ou telle région existe ou n'existe pas, en s'enfermant dans un débat sans fin sur les bons critères de définition, la sociologie doit analyser ce type d'entités collectives comme des enjeux de luttes, opposant des forces sociales aux intérêts contradictoires. Cette perspective est approfondie dans les années suivantes par les anthropologues (surtout africanistes) qui critiquent la notion d'« ethnie ». Loin de relever des évidences auxquelles les ethnologues nous ont fait croire, les « groupes ethniques » sont un produit de la colonisation. Avant l'arrivée des Européens, ajoutent ces anthropologues, les sociétés africaines se caractérisaient par des identités flexibles, « métisses », qui permettaient aux individus une grande souplesse dans la gestion de leurs appartenances identitaires. L'État colonial a contraint ces individus à décliner une identité fixe (état civil), puis les a répartis dans des catégories « ethniques » qui ont été ensuite enregistrées et institutionnalisées[51]. En ce qui concerne la nation proprement dite, les ouvrages qui ont joué un rôle décisif dans la popularisation des approches constructivistes ont été publiés par des anthropologues britanniques et américains. Dans un livre qui a connu d'emblée un retentissement planétaire, Benedict Anderson affirme que la nation est une « communauté politique imaginée » (« *imagined political community* »)[52]. En utilisant ce terme dans le titre même de son ouvrage, l'auteur veut convaincre ses lecteurs que la nation n'est pas une communauté d'individus « réelle », mais une représentation collective. Celle-ci tient sa force du fait que les personnes qui la partagent se reconnaissent dans les mêmes images de leur communauté. Ils la voient comme une collectivité souveraine, délimitée par des frontières qui déterminent l'identité du groupe et qui structurent l'opposition entre « nous » (les membres de la communauté) et « eux » (tous ceux qui n'en font pas partie).

Ces nouveaux éclairages sur la question nationale ont rencontré un grand écho chez les historiens ouverts à l'interdisciplinarité. Ils ont alimenté deux grandes directions de recherche, toutes deux fortement influencées par l'anthropologie historique. En premier lieu, il faut citer tout le courant d'études qui envisage la nation sous l'angle des « *représentations collectives* ». Depuis vingt ans, l'histoire des mythes fondateurs, des symboles, des images, des rituels nationaux a été considérablement enrichie[53]. Dans le cas français, c'est grâce à l'entreprise éditoriale consacrée aux « lieux de mémoire », dirigée par Pierre Nora, que ce courant a acquis sa notoriété dans le grand public. En second lieu, le renouveau de la réflexion anthropologique sur la nation a influencé la *micro-histoire*. Ses partisans appréhendent la nation comme un enjeu de luttes opposant des acteurs au niveau de leur espace local d'interconnaissance. Dans cette perspective, la nation n'a une consistance que dans la mesure où les acteurs croient à son existence et actualisent cette croyance dans leurs interactions.

Les limites de l'histoire des représentations et de la micro-histoire

Grâce aux directions de recherches que je viens d'évoquer, la question nationale est enfin devenue un domaine d'études à part entière pour les sciences sociales. Néanmoins, force est de constater que ces nouvelles problématiques ne permettent pas de traiter *toutes* les facettes du problème. En attirant l'attention sur les limites de ces travaux, mon but n'est nullement de les discréditer ni d'affirmer qu'ils seraient « dépassés ». Plus modestement, je voudrais montrer qu'on peut les *compléter* en mettant à profit les ressources que nous offre la socio-histoire.

Deux types de critiques peuvent être adressés aux recherches développées dans la période récente sur les phénomènes nationaux. Tout d'abord, on peut déplorer le fait que ces travaux s'inscrivent dans le cadre d'une division du travail universitaire aujourd'hui centenaire, qu'ils contribuent à pérenniser. D'un côté, les spécialistes des disciplines comme l'histoire politique, la science politique et le droit voient dans la nation une entité objective tellement évidente qu'ils ne l'interrogent presque jamais. D'un autre côté, les sciences sociales appréhendent la nation comme une donnée subjective, appartenant à la sphère des « représentations collectives ». Cette opposition entre dimension objective et dimension subjective de la nation constitue un obstacle majeur pour étudier, par exemple, les aspects sociaux de l'immigration. Affirmer que la nation n'est qu'une « communauté imaginée » revient à nier la pertinence de la réflexion socio-historique sur les processus d'intégration et d'assimilation des individus au sein de l'État-nation à l'époque contemporaine[54]. En effet, si la nation n'existe pas réellement, comment le problème de l'intégration des étrangers au sein de cette « communauté imaginée » pourrait-il se poser ? Mais, d'un autre côté, l'historien de l'immigration ne peut pas non plus reprendre à son compte les définitions « réifiées » de la nation. Comme j'ai essayé de le montrer en plusieurs occasions, le fait de considérer la nation française comme une « personne » a empêché les historiens d'accorder toute son importance au processus d'immigration. Pour éviter ces deux écueils, le socio-historien doit donc promouvoir de nouvelles formes d'interdisciplinarité, permettant de combiner la dimension objective et la dimension subjective de la nation plutôt que de les opposer.

La seconde critique que le socio-historien est en droit d'adresser aux différents courants de recherches qui s'intéressent aux phénomènes nationaux tient à la faible place qu'ils accordent au problème du rapport entre les individus et la communauté nationale. L'ouvrage de Benedict Anderson, mentionné plus haut, est à cet égard très révélateur. Partant du principe que la nation n'est pas une communauté sociale réelle parce qu'il n'est pas possible de dégager un élément objectif (de type linguistique, religieux, etc.) qui constituerait un point commun à l'ensemble de ses membres, Anderson en conclut que le seul critère pertinent de définition se situe au niveau de la « conscience collective » : une nation existe si et seulement si « dans l'esprit de chacun (de ses membres) vit l'image de leur communion »[55]. La « preuve » que l'auteur apporte pour justifier cette affirmation tient dans une citation de Renan, citation que l'auteur récuse d'ailleurs dans la préface de la deuxième édition de son livre[56] ! Émile Durkheim, qui est aussi l'un des « pères fondateurs » de l'anthropologie, avait pour sa part fermement rejeté les affirmations de Renan parce qu'elles ne reposaient sur aucune preuve empirique. Il est donc surprenant qu'un éminent anthropologue ait pu leur accorder autant de crédit. Je pense que cela peut s'expliquer par le fait que la recherche empirique n'a jamais pu démontrer de façon satisfaisante la réalité du « sentiment d'appartenance ». Si l'on rejette le critère linguistique parce que *tous* les Suisses, par exemple, ne parlent pas la même langue, avant d'affirmer que la nation est une « communauté imaginée », il aurait fallu démontrer que *tous* ses membres partagent les mêmes représentations, les mêmes images de leur groupe. Ce que ne fait pas Benedict Anderson dans son livre. À vrai dire, ce genre de problèmes ne le préoccupe pas, car la question des rapports entre individus/groupe n'est pas importante pour lui (alors que Weber l'avait abordée de front ; ce qui l'avait conduit, comme on l'a vu, à mettre en doute l'hypothèse que la nation constituerait une communauté de sentiments). Cette indifférence se constate dans la plupart des travaux qui définissent la nation à partir du « sentiment d'appartenance ». Le plus souvent, celui-ci est observé sur un petit nombre d'individus (une communauté villageoise, un groupe d'intellectuels ou de militants politiques). Ce qui permet ensuite aux auteurs de postuler que tous les membres d'une communauté nationale partagent le même sentiment d'appartenance à la nation. On constate que les travaux historiques qui privilégient l'étude des représentations obéissent à la même logique. Pierre Nora a expliqué, dans l'introduction des *Lieux de mémoire*, que toute son entreprise était fondée sur l'identification du « je » (les individus dans leur diversité de genre, de classe, de religion, etc.) et du « nous » national. Partant du postulat que l'individuel (je) et le collectif (nous) peuvent être confondus, il estime que la nation est la forme de « notre être ensemble »[57]. Pour le socio-historien, cette définition se heurte au même problème sociologique que celle d'Anderson. Quelles preuves avons-nous, par exemple, qu'au XIXe ou au XXe siècle, tous les membres des classes populaires s'identifiaient à cet « être ensemble » national ? Et si ce n'était pas le cas, faudrait-il en conclure que ces individus n'appartenaient pas à la nation ? Dans le même ordre d'idées, présenter, comme le font Pierre Nora et ses collaborateurs, la khâgne du lycée Henri-IV comme un « lieu de mémoire » de la nation française, c'est affirmer sans le moindre élément de preuve que ce symbole a le même sens pour tous les Français, pour l'intellectuel parisien comme pour le paysan des Hautes-Pyrénées.

À première vue, on pourrait penser que la micro-histoire fournit les outils heuristiques permettant de combler les lacunes qu'illustre l'approche en termes de représentations collectives. Ses partisans insistent beaucoup, en effet, sur le fait que les individus « en chair et en os » et leurs pratiques quotidiennes sont au centre de leurs préoccupations.

Mais, en réalité, la micro-histoire ne s'intéresse pas, elle non plus, au problème des relations individus/groupe. En affirmant que la seule réalité sociale que l'historien doit étudier se situe au niveau des interactions, des relations de face-à-face, les micro-historiens refusent de prendre en considération les entités collectives qui dépassent le cadre local. Leur réflexion repose sur un présupposé inverse à celui de l'anthropologie historique. Affirmer, par exemple, que « les individus créent dans leurs actions le sens social de la nation »[58], c'est oublier, entre autres, que les acteurs du monde social n'ont nullement le pouvoir de fabriquer ou de recréer le langage dont ils se servent pour penser et pour nommer la nation. Même si chacun de nous s'approprie la langue de façon particulière, et possède la faculté de donner une signification personnelle aux mots qu'il utilise, cet exercice a forcément des limites, car si nous inventions le sens des mots au moment même où nous parlons aux autres, comment la communication serait-elle possible et que resterait-il du « métier » d'historien ?

Mon but n'est pas ici d'alimenter une querelle qui a déjà fait couler beaucoup d'encre. Aux sociologues qui n'admettaient pas qu'on confonde les États et les individus, Raymond Aron avait déjà répondu, dans les années 1950, qu'à ses yeux il n'était « pas illégitime de définir les nations comme des "personnalités collectives" ». Du fait « qu'en chaque homme, la personnalité est la synthèse d'une donnée biologique et d'une volonté consciente », ajoutait-il, « on peut, par analogie, considérer les nations comme des "personnalités collectives" car il n'est ni vrai ni souhaitable que les êtres collectifs n'aient pas de fin propre »[59]. Au lieu d'éterniser ce genre de polémiques entre « nominalistes » et « réalistes », le mieux est d'admettre la diversité des approches. Le socio-historien peut ainsi retourner l'argument de Raymond Aron en affirmant que, s'il est tout à fait possible d'envisager la nation comme une entité collective, aucun principe épistémologique n'interdit qu'on l'appréhende sous un angle sociologique, en s'interrogeant sur les rapports qui lient les individus au sein d'un groupe national. Le fait que, jusqu'à présent, très peu de travaux aient été développés dans cette perspective est un argument suffisant pour justifier la légitimité de la démarche socio-historique proposée ici.

Les apports de la socio-histoire

Je voudrais maintenant essayer de préciser ce que la socio-histoire peut apporter de propre à l'étude des phénomènes nationaux. Étant donné les rapports privilégiés que ce courant de la recherche historique entretient avec la sociologie, c'est surtout à cette discipline que nous emprunterons nos instruments d'analyse. Comme je l'ai déjà indiqué plus haut, la sociologie a pour mission d'étudier les activités qui lient les hommes entre eux et les intègrent dans des groupes (économiques, politiques, religieux, etc.). Dans cette perspective, le socio-historien doit donc s'interroger sur la nature du lien social qui lie l'ensemble des individus faisant partie d'une même communauté nationale. En adaptant la définition élaborée par les hommes politiques et les philosophes, on peut partir de l'hypothèse qu'une nation est un groupement d'individus qui revendique (ou qui possède) le pouvoir souverain (un État indépendant). Ce point de départ est suffisant pour indiquer les deux grands chantiers de recherches que la socio-histoire des phénomènes nationaux peut explorer :

— Le premier concerne toutes les activités liant des individus engagés dans des conflits ayant pour objectif l'accession à la souveraineté. Ce domaine d'étude recouvre ce que les historiens appellent habituellement « l'éveil des nationalités », les « luttes de libération nationale », etc.

— Le second chantier que la socio-histoire des phénomènes nationaux est en mesure d'explorer regroupe toutes les pratiques sociales que les individus développent en tant que membres d'une même communauté nationale souveraine. C'est ici toute la dimension sociologique de l'État-nation qu'il faut essayer d'appréhender.

Avant de reprendre de façon détaillée chacun de ces deux axes de recherche, je voudrais m'arrêter un moment sur les problèmes méthodologiques que pose la définition socio-historique que je viens de présenter. Comme nous le verrons mieux plus loin, la perspective défendue ici s'inscrit dans la logique constructiviste qui domine aujourd'hui la réflexion des sciences sociales sur la nation. Mais elle n'en refuse pas moins d'admettre que la nation ne serait qu'un ensemble de « représentations ». Deux grands arguments ont été avancés par ceux qui considèrent que la nation est une « communauté imaginée ». Premièrement, si l'on veut mettre un terme aux polémiques sans fin sur les « bons » critères de définition, il faut admettre qu'une nation n'existe que dans l'esprit de ceux qui s'identifient à elle. Deuxièmement, le chercheur en sciences sociales doit renoncer à la tentation de dire ce qu'est « réellement » la nation, parce que les groupes engagés dans les luttes nationalistes utilisent ces définitions « objectivistes » pour justifier leur combat politique. Du coup, les sciences sociales, même à leur corps défendant, finissent par cautionner des points de vue partisans. Ces deux arguments ne manquent pas de pertinence. Néanmoins, je ne pense pas qu'ils puissent complètement justifier le privilège accordé aujourd'hui aux représentations collectives. Les sciences sociales seront vraiment parvenues à désacraliser la nation, lorsqu'elles accepteront l'idée que ce type de problème méthodologique n'est pas spécifique à la question nationale, mais qu'il se pose pour tous les groupes sociaux. Prenons la question des critères objectifs de définition. Depuis la fin du XIXe siècle, la « classe ouvrière » a fait l'objet de polémiques aussi virulentes que la « nation », opposant là aussi les partisans d'une définition objective (fondée sur le critère de la « position dans les rapports de production ») et les partisans d'une définition subjective (fondée sur le critère de la « conscience ouvrière »)[60]. De même, le fait que les acteurs du monde politique soient tentés d'utiliser les travaux scientifiques pour justifier leur action n'est pas un problème spécifique au nationalisme. Tous les groupes sociaux sont engagés (par l'intermédiaire de leurs représentants) dans des luttes visant à imposer des critères qui servent leurs intérêts. Dès que le chercheur entame un travail de définition, il peut apparaître comme une sorte d'arbitre (ou de juge) chargé de dire quels sont les « vrais » groupes sociaux et quels sont les « faux ». Certes, la question est particulièrement cruciale lorsqu'on étudie les conflits nationaux, puisqu'en accordant le titre de « nation » à un groupe on l'aide à conquérir le pouvoir d'État, c'est-à-dire, fréquemment, un pouvoir de vie et de mort sur des millions d'individus. Mais cela n'empêche pas que la question des usages politiques des définitions scientifiques se pose quel que soit le problème étudié par le chercheur. En allant plus loin, je dirai que le fait de définir la nation comme une « communauté imaginée » ne constitue pas en soi une réfutation du nationalisme. Certes, depuis le XIXe siècle, les théoriciens nationalistes se sont fréquemment appuyés sur les définitions « réifiées », « objectivistes », de la nation pour justifier leur propagande xénophobe. Néanmoins, ils ont aussi largement puisé dans le registre de la subjectivité, en invoquant le caractère « spirituel » de la nation, vue comme une « communion des âmes » autour d'une même image collective, des mêmes mythes fondateurs, etc.[61]. Par ailleurs, ceux qui envisagent la nation sous l'angle des représentations ont très souvent tendance à considérer que cette approche constructiviste suffit à établir une distance critique entre le chercheur et son objet d'étude. Mais on n'échappe pas aux surdéterminations nationales en contournant les problèmes de définition. L'une des grandes difficultés que présente la recherche sur la nation tient au fait que la distance critique par rapport à l'objet d'étude est ici particulièrement difficile à respecter. En dehors des « apatrides », en effet, tous les universitaires appartiennent à une communauté nationale. Nous sommes tous tributaires d'une langue et d'une culture nationales que nous avons intériorisées au cours de notre éducation et qui continuent d'orienter nos perceptions et notre vision du monde. Chez les historiens, ces biais ont souvent pour effet d'alimenter des jugements sur le passé à partir des présupposés du présent. Déjà dans les années 1930, Lucien Febvre avait regretté que la plupart des « histoires de France » soient fondées sur « la notion finaliste du point d'arrivée », masquant ainsi le caractère arbitraire et contingent du processus de formation des États nationaux[62]. Il faut reconnaître que, très souvent, l'historien est confronté à un dilemme difficile. David Potter a montré combien était importante la question du vocabulaire employé par l'historien pour désigner les luttes d'indépendance nationales, et les divergences de vue qui surgissaient « spontanément » entre chercheurs héritiers de traditions historiographiques différentes. Par exemple, les historiens qui considèrent que les Magyars formaient en 1848 un « peuple » voient dans la révolte organisée par Louis Kossuth contre l'empereur d'Autriche une « guerre d'indépendance et un acte patriotique ». Mais ceux qui ne considèrent pas ces mêmes Magyars comme un « peuple » réduisent leur soulèvement à une simple « insurrection », orchestrée par des « rebelles ». De même si les Croates qui s'opposent à Kossuth sont définis comme un « peuple », Kossuth, du même coup, devient un « tyran » et les mesures prises contre eux sont un « acte d'oppression ». Dans le cas contraire, ce sont les Croates qui apparaissent comme des « traîtres » à leur patrie[63]. Quand l'historien étudie la question nationale, il doit donc se montrer extrêmement vigilant pour ne pas épouser une vision rétrospective de l'histoire, donnant raison au vainqueur par le simple fait d'accepter, sans même y penser, le vocabulaire qu'ils ont imposé. Plus généralement, comme l'a souligné Ernest Gellner, nous devons toujours nous souvenir que les États-nations que le monde reconnaît aujourd'hui officiellement constituent la toute petite minorité des vainqueurs de l'histoire. Si l'on prend le critère linguistique, plus de 8 000 groupes à travers le monde auraient pu légitimement devenir des États-nations, alors qu'ils sont moins de deux cents disposant d'un siège à l'ONU. La réussite de ces derniers s'est faite au détriment d'autres communautés qui subsistent parfois aujourd'hui encore, à l'état de « minorités » souvent opprimées (je pense aux Kurdes) ou qui — et c'est le cas le plus fréquent — ont tout simplement disparu de la scène historique. Étudier le processus qui a permis l'émergence des nations dans le monde, c'est non seulement étudier les facteurs de réussite, mais aussi les raisons des échecs.

LES LUTTES D'INDÉPENDANCE NATIONALE

La « nation » comme groupe politique revendiquant la souveraineté

La socio-histoire peut contribuer à renouveler l'étude des luttes de libération nationale en mettant en œuvre les instruments d'analyse que la sociologie a élaborés pour étudier l'histoire des catégories socio-professionnelles. Dans une étude pionnière, Luc Boltanski a montré que les « cadres » étaient parvenus à se constituer comme groupe sur la scène politique française à partir des années 1930, grâce à un immense travail de mobilisation collective. Jusque dans les années 1920, le terme même de « cadre » n'existait pas dans le vocabulaire professionnel français. Les individus qui se reconnaîtront plus tard dans cette appellation étaient extrêmement divers, tant par leur activité, leurs revenus, leur culture ou leur ancrage régional. Mais, au cours des années 1930 (et surtout au moment du

Front Populaire), la radicalisation du mouvement ouvrier et la crise de la société française obligent l'État républicain à reconnaître l'existence des « partenaires sociaux ». Du coup, des porte-parole émergent des « classes moyennes » pour défendre les intérêts collectifs des salariés occupant une position intermédiaire dans les entreprises (ni patrons ni ouvriers). En admettant la légitimité de leurs revendications, l'État contribue à l'institutionnalisation d'un nouveau groupe social, qui acquiert un nom propre (« cadres »), se dote de signes identitaires distinctifs, notamment dans la manière de s'habiller (la cravate), de se comporter, etc. Ce processus, auquel participent puissamment les représentants du groupe, contribue à homogénéiser et à unifier un ensemble composé d'individus très divers mais qui finissent, pour la plupart, par se « reconnaître » eux-mêmes comme des « cadres ». Le triomphe de cette nouvelle identité collective affecte au bout du compte l'identité personnelle de tous les individus concernés.

Je crois qu'il est tout à fait possible d'adapter ce type d'analyse pour éclairer le processus historique de formation des nations modernes.

Examinons sous cet angle la question des luttes d'indépendance nationale qui ont agité l'Europe au début du XIXe siècle. Pour les historiens des « relations internationales », ces conflits illustrent « l'éveil des nationalités ». Le socio-historien refuse cette expression car elle épouse le point de vue que les militants de la cause nationale ont eux-mêmes défendu, dès le début du XIXe siècle, pour justifier leur combat. Le terme d'« éveil » sous-entend que les « nationalités » existaient dans le passé, mais qu'elles étaient « endormies ». Au début du XIXe siècle, elles auraient « pris conscience » de leur identité en revendiquant leur liberté et leur indépendance. Ce type d'analyse occulte complètement le fait que ces nationalités sont des constructions sociales issues d'un immense travail de mobilisation politique[64]. De nombreuses recherches récentes ont montré qu'au départ les individus qui seront ultérieurement considérés comme faisant partie d'une même « nation » étaient extrêmement différents les uns des autres. Entre nobles, bourgeois, paysans et ouvriers, les contrastes sont flagrants tant sur le plan économique que sur le plan culturel (les uns sont lettrés, les autres analphabètes). À cela s'ajoutent des différences de religions, de coutumes. Les traditions locales varient souvent d'un village à l'autre car nous sommes dans des sociétés agraires marquées par l'isolement. Même sur le plan linguistique, nous savons qu'avant le XIXe siècle la notion de « langue nationale » n'avait guère de sens. Dans l'Europe chrétienne, le latin était la langue officielle commune à tous les lettrés. Au XVIIIe siècle, c'est le français (de Versailles) qui fait office de langue internationale. Mais, si le français est parlé à la Cour du tsar ou du roi de Prusse, la majorité des sujets du royaume de France l'ignorent encore. De même, en Bohême, ce sont les paysans qui parlent le tchèque ; la noblesse s'exprimant en allemand. Tout le processus historique que les historiens appellent « l'éveil des nationalités » commence donc par un immense travail collectif d'homogénéisation culturelle. Un grand nombre d'érudits, de grammairiens et de philologues se mobilisent pour fixer par écrit et codifier des langages populaires dont le rayonnement, bien souvent, ne dépassait guère le cadre régional. C'est ainsi qu'entre 1800 et 1850 trois langues écrites se forment dans le nord des Balkans : le slovène, le serbo-croate et le bulgare. Au cours de la même période, d'autres idiomes, par exemple l'ukrainien et le tchèque, accèdent au statut de langue écrite « nationale ». Dans le même temps, les historiens s'emploient à unifier les traditions locales véhiculées oralement pour les noyer au sein d'une histoire écrite de la nation, histoire chargée de « démontrer » l'ancienneté de ses origines, la continuité de sa culture. Entre autres exemples, on peut citer le cas de la Grèce. La lutte de la « nation » grecque contre le joug ottoman suscite un immense élan de solidarité dans toute l'Europe. Les historiens se mobilisent pour prouver que les invasions slaves des VIIe et VIIIe siècles ne constituent pas une rupture historique. Ils affirment que ces invasions loin d'avoir entraîné la slavisation des Hellènes ont provoqué, à l'inverse, l'hellénisation des Slaves. Les Grecs du XIXe siècle sont rassurés. Ils sont bien les descendants d'Homère.

Le mythe de « l'éveil » des nationalités

Insister sur le fait que les nationalités résultent d'un processus de construction sociale permet de mettre en lumière un autre problème ignoré par les historiens qui raisonnent en terme d'« éveil ». Pour que tous ces individus, différents, dispersés, isolés, puissent progressivement être rattachés à une même « nationalité », il fallait qu'ils soient mis en liaison les uns avec les autres. Autrement dit, pour que le concept de nation devienne une réalité sociale, un objectif de luttes défendu par un ensemble de militants, il fallait qu'au préalable des instruments permettant aux individus concernés de *communiquer à distance* aient été mis en place. Le premier et le plus important de ces instruments est évidemment l'écriture. Les luttes politiques visant à promouvoir le « principe des nationalités » en Europe sont étroitement liées à la diffusion de la culture écrite. Mais c'est aussi un phénomène politique contemporain de la révolution industrielle car pour que tous les membres d'une « nation » puissent vraiment communiquer à distance, il faut un réseau de routes, des chemins de fer, des moyens de transport rapides utilisant la vapeur, le moteur à explosion ou l'électricité[65]. Encore faut-il aussi que des individus aient appris à utiliser ces instruments de liaison. La diffusion de l'écriture et le développement des nouveaux moyens de transport accélèrent la différenciation des fonctions sociales, donnant naissance à une nouvelle « classe », composée de tous ceux qui exercent des professions « intermédiaires », nécessitant de maîtriser la culture écrite. Les luttes politiques sur les questions de nationalité sont donc étroitement liées au développement de la bourgeoisie intellectuelle (fonctionnaires, universitaires, etc.). Ces nouveaux clercs prospèrent au détriment de l'aristocratie. Dans l'empire austro-hongrois, au début du siècle, pratiquement tous les fonctionnaires de haut rang appartenaient à la noblesse. En 1829, 27 % d'entre eux sont issus des classes moyennes, la proportion atteint 55 % en 1878. Plusieurs études ont démontré le rôle essentiel qu'a joué la bourgeoisie intellectuelle dans le développement des luttes nationales[66]. C'est pourquoi ce milieu social fournit les gros bataillons des adhérents affiliés aux organisations combattant pour l'indépendance nationale, alors que les paysans et les ouvriers, au nom desquels ces clercs parlent et agissent, sont très peu nombreux.

Les raisons de cet engagement des clercs en faveur de la cause nationale sont faciles à comprendre. Le principe de la « souveraineté du peuple » est un argument majeur qui leur permet de justifier le combat contre l'aristocratie et les privilèges fondés sur la naissance. Dans les empires d'Europe centrale et orientale, les membres des classes moyennes se sont parfois engagés dans les luttes d'indépendance parce que leur langue maternelle n'était pas reconnue officiellement par l'État monarchique, ce qui constituait un handicap majeur dans leur projet de carrière[67]. *A contrario*, on constate que les intellectuels ont joué un rôle éminent dans les luttes d'indépendance nationale, car beaucoup d'entre eux étaient « bilingues ». Maîtrisant la culture dominante, ils sont restés en contact avec leur milieu d'origine. Cette position particulière leur a permis de reprendre à leur compte des raisonnements et des arguments qui ont été fabriqués par le pouvoir qu'ils combattaient pour les retourner contre lui. Ce processus a été constaté dans l'Europe du XIXe siècle. Mais il est surtout caractéristique des luttes d'indépendance nationale dans les empires coloniaux. Par exemple, les militants combattant le colonialisme français se sont approprié les idéaux de 1789 pour justifier leur propre cause politique.

Les pages qui précèdent confirment, me semble-t-il, l'intérêt d'une réflexion sur l'histoire des nationalités privilégiant l'analyse sociologique des formes de mobilisation. Le point commun avec l'exemple des « cadres », évoqué plus haut, tient au rôle considérable qu'ont joué les porte-parole des diverses nationalités. En parlant et en agissant au nom de leur « nation », ils ont puissamment contribué à les faire exister. Mais il faut aussitôt ajouter — et c'est un autre point commun avec le cas des groupes professionnels — qu'en dépit de ses aspects contingents la construction des nations modernes n'a jamais été un processus totalement arbitraire[68]. L'histoire montre qu'il n'est pas possible de transformer en nation souveraine n'importe quel groupe d'individus. Dans la plupart des cas, pour que les luttes d'indépendance soient couronnées de succès, il faut que les militants puissent prouver que la nation au nom de laquelle ils parlent possède une identité propre (identité du même et identité de soi). Mais cela n'est possible que s'il existe des traces matérielles (archéologiques ou archivistiques) qui témoignent de l'existence passée et présente du « peuple » considéré. Or, dans la plupart des cas, les traces qui nous viennent du passé ont été laissées par les vainqueurs de l'histoire, ceux qui détenaient les rênes du pouvoir, maîtrisant l'écriture, construisant des palais ou des temples. On comprend mieux, dans ces conditions, pourquoi la plupart des nations modernes ont succédé à des États prénationaux. Ces États ont laissé des traces de leur histoire et des peuples qu'ils gouvernaient. Dans le même temps, ils ont contribué aussi à effacer le passage des vaincus. Prenons le cas de la France. Nous avons là un exemple extrême, au sens où l'État-nation qui s'est constitué à partir de 1789 s'est parfaitement coulé dans le moule de l'État monarchique d'Ancien Régime. Comme on le sait, une très grande diversité de communautés ethniques ont contribué au peuplement initial (jusqu'au Moyen Âge). Mais, dès le XVIe siècle, l'État monarchique a œuvré pour étendre la base territoriale du royaume, pour imposer une précoce codification écrite de la langue parlée en Île-de-France (le français devenant la seule langue officielle du pays dès le XVIe siècle), et pour faire triompher le principe de l'unité religieuse du royaume. Dans ces conditions, les diverses cultures ethniques qui existaient encore au Moyen Âge n'ont pas laissé de traces suffisantes pour permettre, par la suite, aux mouvements séparatistes d'acquérir une certaine importance. En revanche, dans les pays où l'État prénational n'a pas joué ce rôle assimilateur, l'enchevêtrement des cultures, des langues, des religions a permis aux militants d'orchestrer des formes de mobilisation fondées sur des principes concurrents. Il faut ajouter à cela que tout travail social de regroupement national n'est possible que si un certain nombre d'individus ont intérêt à engager la lutte sécessionniste contre le pouvoir en place. Dans le cas français, on ne peut pas nier que les pratiques linguistiques sont restées très diverses jusqu'au XIXe siècle, puisqu'on estime qu'en 1880 la moitié des enfants apprenaient encore le français à l'école, comme une langue étrangère[69] ! Mais la différence fondamentale avec l'Europe orientale, c'est qu'en France ces parlers locaux étaient depuis longtemps réduits au rang de « patois », transmis oralement de génération en génération, mais sans avoir été fixés par l'écriture ni codifiés dans une grammaire. L'élite qui aurait pu entreprendre ce travail d'institutionnalisation des langues régionales ne s'y est pas intéressée car dès le XVIIe siècle elle a été intégrée au sein de l'État monarchique (c'est l'une des fonctions essentielles que Louis XIV avait assignée à la Société de cour). Dans ces conditions, la maîtrise du français était une nécessité pour toute personne engagée dans une stratégie d'ascension sociale. Dans les empires d'Europe centrale et orientale, cette unification linguistique n'ayant pas été réalisée par les États monarchiques, au XIXe siècle, le développement de la culture écrite a fait surgir des conflits d'intérêts de plus en plus aigus. Les membres de la bourgeoisie, dont la langue n'a pas été reconnue officiellement par l'État monarchique, ont été de plus en plus pénalisés dans leurs études, dans la recherche d'un poste. Ils s'engagent dans la lutte pour l'indépendance nationale, dans l'espoir que leur langue maternelle devienne elle aussi une langue d'État, acquiert une légitimité officielle ; de façon qu'ils puissent accéder aux positions sociales qui nécessitent la maîtrise de cette langue[70].

Les conditions initiales dans lesquelles le monde social a été saisi par l'écriture ont donc été d'une importance capitale dans la façon dont les luttes d'indépendance nationale se sont déroulées à partir du XIXe siècle. Les groupes qui n'ont pas réussi à fixer par écrit leur propre culture ont, pour la plupart, disparu de la mémoire collective. Inversement, lorsque des mouvements sécessionnistes ont voulu s'opposer à la domination des États en place, ils n'ont pas eu d'autres ressources que de mobiliser en leur faveur les traces matérielles laissées par ces États. Un grand nombre de recherches récentes sur les conflits nationaux en Europe centrale et orientale ont montré combien les militants avaient été tributaires des découpages administratifs, des nomenclatures statistiques, élaborés par la bureaucratie des États impériaux. La même analyse vaut pour les luttes de libération nationale qui se sont développées après la Seconde Guerre mondiale, au moment de la décolonisation. On constate là aussi que, le plus souvent, les identités ethniques défendues par les leaders indépendantistes ont été « inventées » par les administrations coloniales, au détriment des réalités locales qu'elles ont contribué à détruire. Mais, plusieurs décennies plus tard, ce moment fondateur aura été oublié, y compris par les militants en lutte contre le pouvoir colonial, qui finiront par se définir eux-mêmes dans les termes

« ethniques » inventés par le pouvoir dont ils cherchaient à se défaire. La force de cette intériorisation explique peut-être pourquoi, dans le cas des États-nations issus du pouvoir colonial, le conflit identitaire sera souvent moins marqué qu'ailleurs. En Amérique, par exemple, la rupture avec les métropoles européennes n'a pas été légitimée par le principe des nationalités. Bien souvent la langue du pouvoir colonial (l'anglais, l'espagnol, le portugais, le français) a été conservée comme langue nationale par les dirigeants des nouveaux États.

L'arbitrage des « grandes puissances » : effets et méfaits d'une domination politique

Un dernier point essentiel dans l'étude des luttes pour l'indépendance nationale concerne la question des arbitres. Les conflits qui ont pour enjeu l'institutionnalisation des groupes socioprofessionnels sont tranchés, en dernière instance, par l'État auquel appartiennent les individus concernés. Pour ce qui est des nations, c'est au niveau international que se règle la question de la légitimité des critères avancés par les militants. Là encore, une différence fondamentale sépare l'Europe de l'Ouest, les États-Unis et les autres pays du monde. Les pays les plus puissants, qui sont aussi ceux où l'État-nation a triomphé le plus précocement, n'ont pas eu besoin de faire reconnaître leur légitimité par des instances internationales. Ils ont pratiqué, le plus souvent, la politique du fait accompli (le cas échéant par la force) et ce sont les arrangements diplomatiques entre États qui ont tenu lieu de reconnaissance internationale. La première moitié du XIXe siècle est la période où les Européens inventent la règle du jeu que tous les pays du monde devront ensuite adopter. Avec le développement du droit international, les grandes puissances se sont érigées en arbitres des conflits nationaux, au nom du « droit des peuples à disposer d'eux mêmes ». Dès lors le problème essentiel, pour les militants, sera de convaincre les grandes puissances de la justesse de leur cause[71]. S'ils ont mobilisé avec autant d'énergie les arguments historiques ou ethno-linguistiques, nous ne devons pas oublier que c'est aussi parce qu'ils devaient en passer par là pour que leur lutte soit considérée comme légitime par les grandes puissances. Une nation ne devient pleinement souveraine, en effet, que si son existence est reconnue officiellement par le droit international. Au lendemain de la Première Guerre mondiale, sous l'impulsion du président Wilson, le principe des nationalités prend une importance encore plus grande qu'au XIXe siècle dans le jeu diplomatique. C'est ce type de critère qui est mis en avant par les Alliés dans les négociations des Traités de Paix en 1919-1920 qui vont redécouper les frontières de l'Europe de l'Est et des Balkans. C'est en vertu de ce principe que la SDN tente de protéger les droits des « minorités » tout en organisant des déplacements massifs de populations, afin d'« homogénéiser » sur le plan ethnico-linguistique les nouveaux États. Le traité gréco-turc de Lausanne du 30 janvier 1923 oblige ainsi la population « grecque » résidant sur le territoire de la Turquie à quitter le pays pour émigrer en Grèce, et réciproquement. Inutile de préciser que ces mesures sont décidées sans tenir aucun compte de la volonté des personnes. Dans une formule quelque peu provocatrice, Éric Hobsbawm a commenté ces pratiques en affirmant qu'Hitler avait été le partisan le plus radical des principes wilsoniens, rapatriant de force sur le territoire allemand des millions de *Volksdeutsche* qui ne vivaient pas sur la terre de leurs « ancêtres », avant d'éliminer les Juifs. Après la Seconde Guerre mondiale, cette logique ne sera d'ailleurs pas immédiatement abandonnée, puisque des millions de personnes d'origine allemande seront expulsées de Tchécoslovaquie, de Russie et de Pologne.

En deux siècles, le « principe des nationalités » s'est donc imposé comme une norme universelle, acceptée même par les États communistes. L'exemple de la Chine est à cet égard très révélateur. C'est par l'intermédiaire du Parti communiste que la vision européenne de la nation a été introduite entre les années 1930 et les années 1950[72]. Plus précisément, les Chinois héritent de la définition élaborée par Staline, que les Soviétiques avaient eux-mêmes empruntée à Engels. Cette approche du fait national se veut objective : la nation est vue comme une communauté stable, historiquement constituée et possédant une unité économique, linguistique et territoriale. Elle s'inscrit dans une vision évolutionniste de l'histoire. Pour Staline, la nation est une forme d'organisation sociale plus évoluée que le clan, la tribu, la nationalité. Dans la Chine communiste, cette définition devient pratiquement officielle. Le terme de « nation » (*minzu* en chinois) acquiert ainsi un grand prestige. Mais, en même temps, lorsque l'Institut d'étude des nationalités entreprend, à la fin des années 1950, de publier une histoire des 54 « ethnies » officiellement reconnues sur le territoire chinois, une vive polémique prend forme. Des historiens appartenant au groupe ethnique le plus répandu en Chine (les *Han*) affirment que ce peuple possédait dès l'Antiquité les quatre caractéristiques permettant de le définir comme une nation. Ce qui provoque les protestations des autres groupes ethniques, ravalés au rang de « nationalité » (*buzu* en chinois). Les tensions sont telles que le pouvoir craint qu'elles ne mettent en péril la fragile unité du pays. Du coup, le bureau des traductions du Comité central du Parti communiste s'en mêle. Les intellectuels du Parti et les historiens se livrent à une exégèse serrée des textes russes et allemands relatifs à la nation. Et finalement, on décide que toutes les communautés ethniques de Chine pourront se considérer comme des « nations ». Au cours des années 1980, une nouvelle génération d'historiens chinois, moins inféodée au parti communiste que la précédente, découvre qu'en fait le terme « *minzu* », que l'on croyait très ancien, n'est apparu dans la langue chinoise qu'à la fin du XIXe siècle, importé du Japon, par où ont transité un grand nombre d'innovations en provenance d'Europe, au moment où le pays s'est lancé dans la modernisation. Cet exemple me paraît particulièrement intéressant parce qu'il illustre la diversité des voies par lesquelles les Européens ont imposé leur mode de pensée. Mais cet exemple montre bien aussi le caractère universel des enjeux politiques liés à la nation.

Il faut avoir à l'esprit tous ces éléments pour comprendre pourquoi la défense du principe des nationalités a débouché, très rapidement, sur des situations politiques explosives. Dans la partie orientale de l'Europe et dans les Balkans, notamment, l'enchevêtrement des langues, des coutumes, des religions, interdisait la constitution d'États nationaux fondés sur les critères nationalitaires. Très vite, ce type d'arguments devient un enjeu essentiel dans les luttes qui opposent les « nationalités » entre elles. Les arguments historiques ou ethno-linguistiques sont mobilisés de façon contradictoire pour délimiter les frontières des territoires et des populations que les combattants comptent placer sous la coupe de l'État qu'ils appellent de leurs vœux. Ainsi débutent les luttes ethniques qui mettront à feu et à sang l'Europe et se diffuseront à travers le monde.

LA NATIONALISATION DE LA SOCIÉTÉ

L'État-nation : une définition sociologique

Le deuxième axe de recherche que le socio-historien de la nation peut explorer avec profit concerne le processus de « nationalisation » du monde social. Pour comprendre ce phénomène, ce n'est pas la « nation » en tant que groupe mobilisé pour obtenir son indépendance politique qu'il faut étudier, mais l'État-nation qui succède aux luttes d'indépendance, quand celles-ci ont été victorieuses. À ce stade de la recherche, la principale difficulté consiste à comprendre quelle est la nature du lien social qui unit les individus appartenant à une même communauté nationale étatisée. Pour dégager la voie, le socio-historien peut prendre appui sur les analyses que les pères fondateurs de la sociologie ont consacrées à l'État moderne. Comme on le sait, pour Max Weber, l'État est un groupement social à caractère politique dont la spécificité tient au fait que ses membres « revendiquent avec succès le monopole de l'usage légitime de la violence physique sur un territoire déterminé »[73]. Cette définition est une traduction en langage sociologique d'un concept juridique. En effet, depuis Bodin, les juristes ont cherché à démontrer que le critère fondamental pour définir l'État tenait à l'exercice du pouvoir souverain. Ce pouvoir se manifeste de deux façons. D'une part, il garantit l'indépendance politique de ceux qui le détiennent vis-à-vis des autres États. D'autre part, il contraint à l'obéissance tous ceux qui sont soumis aux lois établies par les dirigeants de l'État. Dans cette perspective, le lien social qu'exprime la souveraineté étatique est un rapport de domination (commandement/obéissance). Mais cette définition est insuffisante pour mettre en valeur ce qui fait la spécificité de l'État-*nation*. Pour la compléter, ce n'est plus vers Max Weber qu'il faut se tourner, mais vers la sociologie durkheimienne. Dans le texte sur la nation qu'il a rédigé au lendemain de la Première Guerre mondiale, Marcel Mauss affirme qu'à partir de la Révolution française « la société tout entière est devenue, à quelque degré, l'État. Le corps politique souverain, c'est la totalité des citoyens. C'est précisément ce qu'on appelle la nation »[74]. Dans ce cas de figure, c'est donc le critère de la *citoyenneté* qui est déterminant. En effet, un État ne devient véritablement « national » qu'à partir du moment où il respecte le principe de la « souveraineté du peuple ». Ici, l'accent n'est pas mis sur la domination, mais sur la solidarité[75]. Conformément aux principes exposés par Jean-Jacques Rousseau dans le *Contrat social*, au sein d'une nation moderne, l'ensemble des citoyens participe à l'élaboration des lois auxquelles ils obéissent et contribuent à défendre leur communauté contre les périls extérieurs. C'est pour cette raison qu'ils sont objectivement solidaires les uns des autres. Nous voyons donc clairement ce qui différencie l'État-nation de l'État monarchique prénational. Sous l'Ancien Régime, la légitimité du pouvoir royal reposait sur la croyance qu'il existe une différence de *nature* entre le Roi (de « droit divin ») et ses sujets. La noblesse se considérait elle-même comme faisant partie d'une « race » à part, supérieure au peuple par essence. C'est pourquoi celui-ci était maintenu à l'écart de la vie politique. À l'inverse, la légitimité de l'État-nation est fondée sur le postulat qu'il n'existe plus de différence qualitative entre les gouvernants et les gouvernés. Ils forment une communauté d'égaux. Mais, comme les États-nations comptent des millions d'individus répartis sur un territoire immense, les citoyens ne peuvent pas tous participer directement à la vie politique, comme dans la cité antique où ils se réunissaient sur la place publique pour prendre les décisions qui engageaient la communauté. Dans les sociétés contemporaines, la démocratie s'exerce de façon indirecte par délégation du pouvoir de commandement. Toute la vie politique repose donc sur les *liaisons à distance* qu'entretiennent entre eux les citoyens. Celles-ci peuvent être regroupées en deux grands ensembles. Le premier comprend toutes les liaisons « verticales ». Les citoyens participent à la vie de l'État (à l'élaboration des lois), d'une part, en déléguant leur pouvoir à des représentants qui parlent et agissent en leur nom et, d'autre part, en exprimant leur opinion sur les grands problèmes qui engagent la communauté civique. Néanmoins, au sein d'un État-nation, ces débats ne peuvent plus avoir lieu sur la place publique. La communication politique repose elle aussi sur des rapports indirects, grâce au développement de la presse, de la radio et de la télévision. Le second ensemble de liaisons à distance qui structurent la communauté nationale est « horizontal ». La citoyenneté se définit par le principe d'égalité juridique de tous les citoyens. Quel que soit le milieu socioprofessionnel, le sexe, le lieu où l'on vit, nul n'est censé ignorer la loi. En conséquence, un État-nation doit se doter d'une administration suffisamment puissante pour que l'interdépendance de tous les membres de la communauté soumis à la même législation soit effective.

Plusieurs raisons expliquent le rôle très important qu'ont joué ces liaisons verticales et horizontales pour la construction sociale des communautés nationales étatisées. Tout d'abord, elles ont pour fonction de *centraliser* la communication entre les membres du groupe national. L'épanouissement de la démocratie électorale a entraîné la multiplication du nombre des instances élues, depuis les pouvoirs locaux (municipalités) jusqu'aux organes du pouvoir central législatif (parlement) et exécutif (gouvernement). De même, pour que les décisions prises par le peuple souverain soient appliquées de façon efficace, l'administration a elle aussi multiplié ses rouages pour devenir une « machine » extrêmement hiérarchisée de la base au sommet. En centralisant les liens qui unissent les membres de la communauté nationale étatisée, les liaisons indirectes structurées par l'État-nation agissent comme des instances de « *totalisation* », grâce auxquelles la nation peut être perçue, et peut fonctionner, comme un « tout ».

Ces liaisons indirectes, verticales et horizontales, sont devenues des réalités sociales, parce qu'il existe aussi des intermédiaires qui les font vivre. Les liaisons verticales sont incarnées par les *représentants* de l'État (les élus)[76] et les liaisons horizontales par les *agents* de l'État (les fonctionnaires). Mais, pour que les principes politiques qui définissent la

« souveraineté du peuple » entrent dans les faits, il était également nécessaire d'inventer toute une infrastructure matérielle. Le processus de délégation de pouvoir n'a pu véritablement fonctionner qu'après un immense travail collectif qui a permis de structurer l'électorat, codifier les rituels électoraux, créer des instruments exprimant la volonté du peuple (listes électorales, bulletins de vote, urnes...), des lieux où les représentants se rassemblent (comme le Parlement), inventer des symboles (hymne, drapeau, monument...) pour donner une forme concrète à cette entité abstraite que constitue la nation moderne. De même, pour que le principe d'égalité entre citoyens entre dans les faits, il a fallu que les agents de l'État (la bureaucratie) inventent toute une infrastructure, matérialisant l'horizontalité des liens entre les citoyens. Ce qui n'a pu se faire que par la mise en place d'un appareil d'État strictement hiérarchisé, ramifié sur l'ensemble du territoire national. Il était aussi nécessaire de codifier la communication écrite (Journal officiel, bulletin des lois, circulaires, etc.), d'inventer des moyens formels d'identification des personnes (registres, passeports[77], tampons, archives, etc.), d'édifier des bâtiments (commissariat de police, préfecture, ministère...). Nous comprenons mieux, dans ces conditions, pourquoi les États-nations ne se sont imposés qu'à partir du XIXe siècle. Étant donné que les membres d'une communauté nationale sont liés entre eux par les formes de relations indirectes que véhicule l'État, la nation ne pouvait s'épanouir comme forme sociale que dans un monde déjà largement saisi par l'écriture, disposant de moyens de transport rapides et sûrs.

Le lien national comme lien social : la dépendance et l'intérêt

En définissant l'État-nation comme le groupe social à caractère politique qui réunit les individus participant à l'exercice du même pouvoir souverain, le socio-historien se donne les moyens d'étudier le processus de nationalisation des sociétés ; phénomène à mes yeux aussi important dans l'histoire de l'Europe (et même du monde), depuis le XIXe siècle, que l'industrialisation. Pour concrétiser cette réflexion quelque peu abstraite, je voudrais maintenant examiner de plus près la notion de « souveraineté du peuple » dans ses dimensions pratiques. Au cours des années 1990, les nouveaux États-nations qui sont nés sur les décombres du système communiste ont manifesté leur avènement par des actes fondateurs que l'on retrouve dans toute l'histoire des États-nations depuis le XIXe siècle. Le premier geste des dirigeants d'un nouvel État consiste à adopter immédiatement les principaux instruments qui matérialisent sa souveraineté. En premier lieu, ils se donnent un nom propre qui rompt avec l'ancienne appellation, jugée « artificielle », en puisant dans le lexique des noms ethniques élaborés, généralement, dans la phase prénationale de l'histoire locale (c'est ainsi, par exemple, que la « Slovénie » a émergé du sein de l'ancienne « Yougoslavie »). Ce processus de nomination (illustré sur un plan plus symbolique par l'adoption d'un drapeau, d'un hymne...) marque le début de tout le processus diplomatique (participation aux grandes organisations internationales comme l'ONU, création d'ambassades, etc.) qui officialise la reconnaissance du nouvel État par la communauté des autres nations indépendantes. Dans le même temps, les dirigeants se dotent des deux autres éléments fondamentaux de la souveraineté, en créant une monnaie et une force armée proprement nationales. Ces actes de souveraineté sont d'abord destinés à officialiser l'existence de la nouvelle nation aux yeux du monde, tout en garantissant son indépendance politique. Mais ils ont également une finalité interne car le pouvoir souverain de l'État s'exerce sur tous ceux qui dépendent de lui. Concrètement, cela se traduit d'abord par l'adoption de mesures qui ont pour objet d'achever la territorialisation de la souveraineté étatique. Les dirigeants du nouveau gouvernement doivent très souvent entamer des négociations diplomatiques pour que les frontières de leur État soient rigoureusement fixées et officialisées. C'est le point de départ d'un processus étatique d'appropriation de l'espace national, sur lequel je reviendrai plus loin. Dans le même temps, le nouvel État prend des mesures lui permettant d'imposer sa loi à toute la population vivant sur son territoire. Cela signifie que les principes identitaires véhiculés par les militants de la cause nationale avant l'indépendance sont désormais pris en charge par un État qui s'efforce de les étendre sur tout l'espace et sur toute la population qu'il contrôle. Les instruments de la souveraineté nationale (monnaie, force armée) sont, le cas échéant, mis en œuvre pour contraindre les récalcitrants à l'obéissance. Du coup, une multitude d'individus qui n'étaient pas eux-mêmes engagés dans les luttes pour l'indépendance nationale sont maintenant placés sous la dépendance du nouvel État. Qu'ils le veuillent ou non, dans le monde entier, ils sont désormais officiellement désignés collectivement à l'aide du nom propre que les dirigeants ont imposé. Lorsque nous parlons aujourd'hui des « Britanniques », des « Canadiens », des « Français », etc., c'est cette définition institutionnalisée de la nation que nous reprenons à notre compte. Qu'ils le veuillent ou non, tous les membres d'un même État sont obligés de contribuer à la solidarité nationale en payant des impôts et en accomplissant leur service militaire ; le cas échéant, ils devront accepter de faire la guerre et de risquer leur vie pour défendre leur « communauté ».

À ce stade, le « sentiment d'appartenance » ne constitue pas un critère important dans la définition de la nation. L'immense majorité des gens sont rattachés à un État national à leur naissance, sans l'avoir choisi. Ils ne peuvent rompre cette affiliation qu'au prix de démarches longues, contraignantes et soumises au « bon vouloir » de leurs dirigeants. Aujourd'hui encore, de tous les éléments qui composent notre identité personnelle, l'étiquette nationale est l'un des plus rigides. On peut changer librement de profession mais pas de nationalité (il faut un accord de l'État). La rigueur de cette assignation identitaire apparaît clairement dans les périodes de guerre. Par exemple en France, jusqu'à la fin du Second Empire, les gouvernants considéraient que les gens du peuple n'étaient pas véritablement concernés par les problèmes politiques. C'est pourquoi, en 1870, Napoléon III refuse de faire arrêter les centaines de milliers d'immigrés allemands qui travaillent dans le pays, en affirmant qu'il fait la guerre aux princes et non aux peuples. Mais, sous la IIIe République, l'application rigoureuse du principe de citoyenneté change la donne. En 1914, dès le début de la guerre, le gouvernement décide d'interner tous les travailleurs venus des pays en guerre contre la France en invoquant le fait qu'ils sont des représentants de pays ennemis. La même démarche sera d'ailleurs appliquée en Allemagne, en Grande-Bretagne, aux États-Unis (cf. notamment l'incarcération des personnes d'origine japonaise après Pearl Harbor)[78].

Une communauté nationale souveraine regroupe donc des individus liés entre eux parce qu'ils sont contraints d'obéir à l'État dont ils dépendent. Ici, le lien social est donc d'abord un lien *coercitif*. Si j'ai insisté sur ce point, c'est parce qu'il est généralement ignoré par les historiens et les anthropologues[79]. Mais il est vrai que, si l'on ne retenait que ce facteur de coercition, on ne parviendrait pas à distinguer l'État monarchique et l'État national. La « souveraineté du peuple » signifie que l'État est en droit d'exercer sa domination dans la mesure où il est au service de tous les citoyens. En dehors de la contrainte étatique, il faut donc mentionner un autre facteur essentiel de rattachement des individus à leur nation : l'intérêt[80]. L'une des fonctions éminentes de l'État-nation, c'est d'offrir une protection aux individus dont il a la charge. Pour Norbert Elias, il s'agit d'une question tellement décisive qu'il n'hésite pas à définir la nation comme « l'unité élémentaire de survie » dans le monde moderne. Pour se développer et pour continuer à exister, une communauté d'individus qui appartiennent au même État-nation doit toujours se battre sur deux fronts. D'une part, ses membres sont dans l'obligation de tisser des liens dépassant le cadre des interactions et des traditions locales, héritées des sociétés rurales prénationales, en multipliant les efforts destinés à transférer au niveau de l'ensemble de la nation les centres d'intérêt locaux. D'autre part, l'État-nation doit agir en sens inverse en adaptant au cadre national des liaisons à distance déployées antérieurement sur une plus vaste échelle. On oublie souvent que les moyens dont disposent les membres de l'État pour communiquer à distance ne sont pas en eux-mêmes « nationaux » car, au départ, ils ne coïncident jamais avec l'espace de souveraineté propre à l'État-nation. Depuis l'Antiquité, les migrations, les échanges commerciaux, la circulation des idées se sont développés dans un rayon dépassant largement le cadre des États modernes. À partir du XIXe siècle, l'expansion du capitalisme, encouragée par les théoriciens du libéralisme, provoque une brutale intensification de ces échanges à large échelle. Les marchés locaux s'effondrent sous le poids de la concurrence. L'extension des liens monétaires et du salariat s'effectue au détriment de l'économie de subsistance qui, dans les sociétés rurales, reposait largement sur des échanges directs. Du coup, les individus ne trouvent plus dans leur environnement immédiat les moyens nécessaires à leur survie ; surtout en cas de chômage, de maladie ou lorsque la vieillesse les rend inaptes au travail. Au moment où éclate la « Grande dépression » des années 1880, un consensus se fait jour dans tous les pays touchés par la crise pour considérer que l'État-nation doit désormais assurer cette protection économique et sociale des citoyens en faisant jouer la solidarité. Ce qu'on appelle le « protectionnisme » est une manière de mobiliser le lien national pour atténuer les conséquences néfastes des liaisons à plus vaste échelle, correspondant à l'extension des « fils invisibles » du capitalisme (comme disait Karl Marx). Les gouvernements mettent en œuvre cette solidarité nationale en adoptant des lois sociales qui marquent les débuts de l'État providence, mais aussi en prenant des mesures destinées à protéger la communauté nationale contre « l'invasion » des marchandises et des travailleurs en provenance de l'étranger. C'est dans ce contexte que fleurissent dans la plupart des pays développés les premières lois sur l'immigration. De plus, comme les gouvernants mettent en œuvre la solidarité nationale en imposant aux citoyens de payer des cotisations ou des impôts destinés à financer les mesures sociales, celles-ci sont réservées aux nationaux. Ce privilège apparaît d'autant plus justifié que la révolution industrielle, en accélérant la mobilité des hommes, contribue à l'augmentation rapide du nombre des étrangers qui résident sur le territoire national. Il convient désormais de distinguer rigoureusement, au sein même de la population vivant sur le territoire de l'État-nation, les nationaux et les étrangers. C'est dans ce but qu'un peu partout sont élaborées les premières lois codifiant juridiquement la nationalité[81].

L'une des conséquences essentielles du protectionnisme a donc été de donner une consistance sociale à la notion d'intérêt national, en faisant de la nation une « unité de survie ». Cette fonction se concrétise non seulement dans le domaine de la protection sociale, mais aussi sur le plan diplomatique ; les ambassades ayant pour mission d'apporter aide et protection à leurs ressortissants voyageant à l'étranger. Et en cas de guerre, chaque citoyen sait que toute la communauté nationale se mobilisera pour le défendre. Lorsqu'ils étudient le développement du nationalisme, à partir de la fin du XIXe siècle, les historiens ont trop souvent tendance à sous-estimer la question de l'intérêt national. On suppose que les millions d'individus qui, depuis deux siècles, ont participé à des degrés divers, à cette forme d'action collective, seraient au fond des « victimes » qui auraient été constamment trompées par des « agitateurs » sur la nature de leurs véritables intérêts sociaux. Il y a là une part de vérité si l'on examine les « solutions » politiques proposées par les organisations nationalistes (qui toutes incitent à un repli à l'intérieur des frontières nationales, alors même que la nation est une communauté sociale produite par l'internationalisation des échanges). Mais cela n'empêche pas que les membres du groupement politique que constitue une nation étatisée aient des intérêts communs à défendre, au même titre que les classes ou les groupes socioprofessionnels. Par exemple, tous les salariés qui sont payés en francs français ont intérêt à ce que la valeur de leur monnaie ne s'écroule pas comme celle du rouble russe. De même, il faut prendre au sérieux les formes de protectionnisme du marché du travail qui, à partir des années 1880, ont été adoptées peu ou prou, par *tous* les pays du monde, quel que soit leur attachement au « libéralisme ». Ces techniques de protection qu'ont inventées les États-nations les plus puissants ont sans doute joué un rôle important dans l'aggravation des inégalités entre pays riches et pays pauvres tout au long du XXe siècle.

Le lien national comme lien social : à propos du « sentiment d'appartenance »

Il fallait commencer par évoquer ces deux facteurs essentiels d'intégration des individus à leur communauté nationale que sont la contrainte et l'intérêt, parce qu'ils sont généralement occultés dans les débats sur la nation. Mais il existe, bien entendu, une troisième dimension dans le processus d'intégration nationale, celle qui touche au fameux

« sentiment d'appartenance ». Pour essayer de clarifier cette notion, d'autant plus utilisée qu'elle est mal définie, il convient de distinguer plusieurs niveaux. En premier lieu, il faut insister une fois encore sur l'idée que les membres d'une communauté nationale sont mis en relation par un système de liaisons indirectes. Comme nous l'avons dit plus haut, progressivement, cette infrastructure étatique va être en mesure, d'une part, d'atteindre tous les « ressortissants » d'un même État et, d'autre part, de centraliser, de *totaliser*, les informations, les messages, les ordres diffusés par les gouvernants dans l'ensemble du corps social[82]. Avant d'aborder le contenu des messages véhiculés par les porte-parole de la communauté, il faut s'intéresser à la *forme* même du dispositif qui les véhicule. Ernest Gellner a insisté à juste titre sur l'importance de ce point. Pour que les mêmes « représentations » de la nation puissent être diffusées auprès de la multitude des « récepteurs » que constituent les membres de la communauté nationale, il faut un émetteur central qui diffuse des messages homogènes. Même si les acteurs se réapproprient ses informations en fonction de leurs propres préoccupations et de leur vision du monde, cela n'empêche pas que tous ceux qui sont mis en liaison par ce système de communication baignent dans un univers de références communes. Cette familiarité constitue un facteur dont il faut tenir compte pour comprendre l'émergence du « sentiment d'appartenance » à la nation. Pour étayer cette hypothèse, je prendrai des exemples dans différents domaines de la vie de l'État.

Examinons d'abord les pratiques politiques propres aux sociétés démocratiques. Depuis la fin du XIXe siècle, la centralisation de la vie parlementaire et de la presse a joué un rôle essentiel dans l'intérêt que les diverses couches de la population manifestent pour la politique nationale. Aujourd'hui encore, les citoyens sont abreuvés quotidiennement d'informations concernant les moindres faits et gestes de leurs dirigeants, les faits divers qui se sont produits dans leur pays, les exploits sportifs de leurs champions. Mais, dans le même temps, ils ignorent presque tout des événements qui ont lieu ailleurs, sauf si ceux-ci sont en rapport avec les relations internationales auxquelles leurs dirigeants participent. Cette focalisation des citoyens sur la politique de leur propre État (quel que soit son contenu) a joué un rôle essentiel dans le processus de différenciation des communautés nationales étatisées depuis le XIXe siècle. Dans le même ordre d'idées, nous devons être attentifs au fait que chaque État-nation a développé une infrastructure communicationnelle ayant des caractéristiques propres. Plus les citoyens ont été confrontés dans leur vie quotidienne avec elle, plus ils se sont familiarisés avec son fonctionnement, plus cela a consolidé le sentiment d'appartenance nationale. Prenons l'exemple de l'enseignement. Quel que soit le contenu des programmes, le simple fait de créer une éducation « nationale », diffusant dans l'ensemble de la population vivant sur le territoire le même programme scolaire, la même langue, la même histoire, la même littérature, ne pouvait que favoriser chez les individus concernés le sentiment d'appartenir à une même communauté de référence. Mais d'autres instruments de la souveraineté nationale ont certainement aussi joué un rôle à ce niveau. Une étude sur l'histoire de la monnaie serait à cet égard très significative. Non seulement parce qu'elle matérialise une forme de solidarité économique entre tous les salariés travaillant sur le même territoire national, dont le niveau de vie dépend de la fluctuation du marché des changes, mais aussi sur le plan formel. La diffusion de la monnaie a fait pénétrer à la fois le capitalisme et l'État national dans la vie quotidienne de tous les citoyens : le nom de la monnaie (le franc, le deutschmark, etc.), les personnages illustres gravés sur les pièces ou imprimés sur les billets, les gestes (recompter sa monnaie, faire de la monnaie), tous ces « détails » contribuent à faire exister la nation dans l'esprit des citoyens. À tel point qu'aujourd'hui l'une des formes majeures du « dépaysement » pour le touriste qui quitte son pays tient souvent aux difficultés qu'il éprouve pour utiliser une monnaie qu'il ne connaît pas.

Il ne s'agit là, naturellement, que d'un exemple parmi d'autres. Sur un plan plus général, on constate que la mise en œuvre des principes qui caractérisent la citoyenneté a justifié l'intervention de plus en plus envahissante de la bureaucratie dans la vie quotidienne. Lorsque les élus du peuple adoptent une loi, l'administration doit faire en sorte qu'elle devienne effective pour tous les individus qui sont concernés. D'où l'importance considérable qu'a pris le travail d'identification administrative, destiné à s'assurer que chaque membre de la communauté nationale est « en règle », qu'aucun d'entre eux n'usurpe sa qualité d'« ayant droit ». Or, ce travail d'identification se déploie au niveau de tout l'espace national. Il ne peut pas reposer sur les formes d'identification qui dominaient dans les petites communautés rurales d'autrefois (interconnaissance, face-à-face, etc.). L'identification à distance que pratique l'administration nécessite que tous les individus dépendants d'un État national aient été, au préalable, « saisis » par l'écriture. D'où l'importance de plus en plus grande du travail d'identification bureaucratique qui vise à fixer, archiver, contrôler l'identité de tous les ressortissants d'un État. Dans les sociétés démocratiques, l'individu ne peut avoir une existence sociale qu'à la condition d'être enregistré officiellement, dès sa naissance, par l'état civil[83]. Comme nous le verrons dans la 3e partie de l'ouvrage, à propos du cas français, sa mise en place a été accompagnée par l'adoption de nouvelles règles administratives de nomination (un ensemble de noms propres et de prénoms) qui ont codifié les éléments qui servent à identifier les personnes (l'âge, le sexe, la nationalité...). L'institutionnalisation des noms propres a fixé des particularités nationales très visibles (l'orthographe des noms, le système anthroponymique...). L'intervention croissante de l'État dans la vie sociale a étendu ce processus à de multiples domaines. Les dispositifs qui ont accompagné la mise en place de l'assurance sociale ont des caractéristiques différentes selon les pays. Chacun d'entre eux a mis en place des techniques propres et souvent compliquées (cotisations, papiers justificatifs, modalités de remboursement...) avec lesquelles les citoyens ont dû se familiariser progressivement, ce qui a contribué aussi à faire d'eux des « nationaux ». Il faut ajouter que l'État providence s'est développé en multipliant les catégories d'« ayant droit » : groupes socioprofessionnels, retraités, etc. Là encore, bien que le processus soit en lui-même universel, il a pris des formes différentes selon les contextes ; ce qui a contribué à la nationalisation des sociétés concernées. Pour reprendre l'exemple des « cadres » évoqué au début de ce chapitre, si l'on compare avec le processus de mobilisation des classes moyennes en Allemagne, on voit bien les différences. Le nom officiel de la catégorie n'est pas identique (comment traduire « cadre » en allemand ?) et les découpages juridico-administratifs créent des catégories qui ne regroupent pas exactement les mêmes activités professionnelles.

La familiarisation des citoyens avec les instruments propres à leur État a donc joué un rôle important dans le processus de nationalisation des sociétés modernes. Mais il faut aller plus loin. Comme nous venons de le voir, de nos jours, l'identité personnelle des citoyens est codifiée par l'État auquel ils appartiennent. Émile Durkheim avait déjà noté que, dans le monde moderne, l'individu est « à certains égards le produit même de l'État »[84]. Autrement dit, dans une société nationale, les individus et les groupes sociaux sont eux-mêmes, et de plus en plus, « fabriqués » par l'État qu'ils fabriquent. Nous avons là une autre grande différence avec les sociétés prénationales d'Ancien Régime. Étant donné la faiblesse des moyens de communication et de l'administration, « les sujets de sa majesté » n'entretenaient avec l'État que des contacts irréguliers, extérieurs, fondés sur la coercition, comme en témoignent les modalités de prélèvement de l'impôt. Dans les sociétés modernes, au contraire, les citoyens non seulement sont en contact quotidien avec l'État-nation, mais ils *intériorisent* ses normes, ses catégories, ses structures, au point que celles-ci finissent par devenir une composante de leur identité personnelle. Grâce à ce processus, l'État contribue de façon décisive à la formation de ce que Norbert Elias appelle l'« habitus national » ; ensemble de dispositions, conscientes et inconscientes, qui structurent notre personnalité en lui imprimant à la fois ses caractéristiques individuelles et collectives. Comme l'ont montré les travaux de Pierre Bourdieu et de Michel Foucault, il s'agit là d'un facteur essentiel pour comprendre l'efficacité *symbolique* de l'État et le rôle qu'il joue dans le processus d'*assujettissement* des individus[85]. L'apprentissage d'une langue, par exemple, n'est pas un exercice purement intellectuel. Il met en œuvre un registre affectif ; il implique que celui qui apprend s'identifie au moins partiellement à celui qui enseigne. C'est ainsi que les enfants s'approprient, au cours des premières années de leur vie, une langue : non seulement un vocabulaire et une grammaire, mais aussi des manières de parler. Les « accents » sont des exemples particulièrement frappants de cette puissance de l'habitus ; ces « dispositions natives » dont parle Durkheim, qu'il est si difficile de combattre en nous, parce qu'elles sont ancrées dans la personnalité. La même analyse pourrait être reproduite pratiquement pour tous les autres éléments inculqués par l'État.

La place qu'occupe la dimension affective dans le processus d'intériorisation des normes et des structures étatiques explique le rôle très important que jouent généralement les événements traumatisants dans la fixation des habitus nationaux. Dans la plupart des cas, les conflits armés, la violence collective sont des facteurs déterminants pour la diffusion du sentiment d'appartenance à la nation dans toutes les couches de la société. En Europe, les deux guerres mondiales ont été, à cet égard, d'une importance capitale. En application du principe de la souveraineté du peuple, tous les citoyens ont été mis dans l'obligation d'accomplir leur devoir civique et de s'engager dans la guerre. L'ampleur des souffrances que tous ont ressenties dans leur chair a créé les conditions sociales d'une identification collective à la nation que les monuments aux morts, les rituels commémoratifs, les discours politiques ont entretenu pendant plusieurs décennies ; contribuant à accélérer brutalement le processus d'intégration nationale. Pour Norbert Elias, « c'est seulement au cours des deux guerres mondiales de ce siècle que les populations des États industriels les plus développés ont pris les caractéristiques de nations et les États correspondants d'États nationaux »[86].

Avant d'étudier le contenu pédagogique des messages nationaux, l'historien désireux de prendre en compte le problème de leur réception sociale doit donc compte tenir le plus grand compte de l'habitus national. Dans tous les États-nations, l'enseignement, les discours politiques, les commémorations visent à inculquer et à entretenir chez les citoyens la fierté d'appartenir à leur nation. Comme nous l'avons vu, un grand nombre de travaux ont abordé cette question. Il n'est donc pas besoin d'y insister longuement. En revanche, on ne souligne pas assez que, selon les contextes, les périodes, les milieux sociaux, les messages diffusés par « l'émetteur central » rencontrent un écho plus ou moins grand dans la communauté nationale. En Europe de l'Ouest, le sentiment d'appartenance à la nation a connu son apogée au lendemain des deux guerres mondiales, pour les raisons évoquées plus haut. Aujourd'hui, il conserve toute sa force dans les pays où la violence collective continue de sévir. Mais, dans les sociétés pacifiées, l'identification à la nation est en recul. Le plus souvent, c'est le sport qui capte le sentiment de fierté nationale et la charge émotionnelle qui l'accompagne[87].

L'identité nationale : une « identité latente »

Parler de « nationalisation » des sociétés contemporaines n'a de sens que si l'on abandonne la vieille dichotomie opposant « l'État » à la « société », car aborder le processus d'étatisation nationale en ces termes conduirait à y voir une forme d'oppression des citoyens par un pouvoir politique tout-puissant. Comment pourrions-nous dans ces conditions parler de « démocratie » ? Comme nous l'avons vu plus haut, les États-nations ont triomphé à une époque où les liaisons à distance connaissaient elles-mêmes un développement extraordinaire. Conséquence de ce phénomène, en même temps qu'elles se nationalisaient, les sociétés ont été le lieu d'un spectaculaire mouvement de *différenciation* interne. Le progrès des sciences et techniques, l'approfondissement de la division du travail, la pénétration de la monnaie et l'étoffement du salariat, tous ces facteurs, caractéristiques de la fin du XIXe siècle, entraînent la naissance d'une multitude d'activités nouvelles. Du coup, les individus participent à des groupes de plus en plus variés et ils échappent de plus en plus aux anciennes tutelles que les relations d'interdépendance propres aux petites communautés locales faisaient peser sur eux (famille, village, etc.). Le développement de la culture écrite et du droit national contribue activement à cet épanouissement de l'autonomie des individus. Pour Émile Durkheim, la différenciation croissante des fonctions sociales et le triomphe de l'individualisme rendaient nécessaire le développement d'un organe de liaisons (l'État-nation) susceptible de maintenir la cohésion et la solidarité entre des personnes et des groupes de plus en plus autonomes. On comprend pourquoi, dans ces conditions, le développement de l'État et l'épanouissement des libertés individuelles ne sont pas contradictoires, mais constituent deux formes d'un même processus historique.

D'où la complexité du processus d'assimilation dans les sociétés nationales. Étant donné que le capitalisme ne connaît pas les frontières, le phénomène de nationalisation sociale est imbriqué dans un processus plus universel d'assimilation à la « civilisation industrielle », comme on disait autrefois. On peut faire l'hypothèse que l'invention du cinéma, puis de la radio-télévision, a joué, à cet égard, un rôle décisif. Facteur indéniable d'identification à des images plus universelles, elle a pu aussi conforter le sentiment d'appartenance nationale là où le pouvoir d'État a pris le contrôle de cette industrie. En tant que producteur et consommateur, le citoyen du XXᵉ siècle a été intégré dans des chaînes d'interdépendance aujourd'hui planétaires ; ce qui a contribué à remodeler son identité[88]. Mais l'appartenance à l'État-nation n'a pas supprimé les autres éléments identitaires : genre, milieu professionnel, génération, religion, quartier, village ou région. Étant donné qu'une communauté nationale étatisée est fondée, par définition, sur un système de relations indirectes, le sentiment d'appartenance ne se concrétise que par la médiation des relations directes que les individus entretiennent entre eux dans leur vie quotidienne. Pour que les individus puissent s'identifier aux images de la nation que diffuse le pouvoir central, il faut qu'ils puissent se les « approprier », en les intégrant dans leur propre univers de référence. C'est pourquoi, de même qu'il existe de nombreuses façons de parler le français, les formes d'identification à la nation française sont extrêmement variables, selon le milieu social, le milieu local, le contexte culturel, etc.[89].

On peut en conclure que le « sentiment national » constitue une ressource identitaire *latente*, que les individus mobilisent dans certaines circonstances, mais qu'ils tiennent à distance tant que leurs intérêts vitaux ne sont pas en jeu. Le fait que cette dimension identitaire soit en partie intériorisée sous forme d'habitus a pour conséquence qu'elle peut être facilement réactivée par ceux qui se présentent comme les porte-parole de l'intérêt national. Dans leur vie quotidienne, les individus ne sont guère conscients de cet étiquetage, parce qu'ils vivent à l'intérieur de leur groupe national comme des poissons dans l'eau. Cette partie d'eux-mêmes reste secondaire par rapport aux autres éléments de leur identité personnelle. Mais les citoyens découvrent qu'ils possèdent (ou qu'ils devraient posséder) une « identité nationale », lorsque leurs intérêts sont « menacés » par d'autres groupes nationaux (dans un contexte de guerre, de concurrence sur le marché du travail, de compétitions sportives...). Cette identité latente se réveille dans un contexte moins agressif, quand un individu sort des limites du territoire imparti à son groupe national, pour vivre, temporairement ou définitivement, dans un autre État. Son « étrangeté » lui est aussitôt signalée, non seulement parce qu'il doit avoir un passeport (parfois un visa), mais aussi parce que son habitus national (sa façon de parler, ses manières, etc.) n'est pas conforme au schéma dominant du pays dans lequel il se trouve.

Quelques remarques sur la diversité des formes historiques de construction de l'État-nation

Dans les pages qui précèdent, j'ai surtout cherché à dégager les grandes lignes d'un schéma d'analyse socio-historique opératoire quels que soient les cas concrets considérés. Dans tous les pays qui ont accédé au stade de l'État-nation, la mise en œuvre des principes de la souveraineté du peuple a nourri un processus de nationalisation de la société qui peut être étudié avec précision. Au minimum, une communauté nationale disposant d'un État propre possède un nom propre qui l'identifie comme telle sur la scène internationale, des représentants élus qui parlent en son nom, une monnaie et une armée. Néanmoins, en fonction du contexte, du moment, des personnalités en présence, la construction des États nationaux a pris des formes très variées. Je ne ferai ici que mentionner quelques-uns des principaux facteurs de diversité.

Tout d'abord se pose la question des forces sociales qui ont mené à bien ce processus. La comparaison entre la France et l'Allemagne me permettra d'illustrer l'importance de ce point. Comme on l'a vu plus haut, dans ce dernier pays, ce sont les philosophes et les écrivains qui ont monopolisé la réflexion sur la nation. Mais au XIXe siècle l'aristocratie maintient cette bourgeoisie intellectuelle à l'écart du pouvoir. Dans le même temps, des réformateurs issus de la noblesse, notamment en Prusse, entreprennent de rationaliser et de développer l'État, en s'appuyant sur les nouvelles possibilités que fournissent la diffusion de la culture écrite et le progrès des transports. C'est grâce à leur action que l'unité allemande est finalement réalisée en 1870. Inutile d'insister sur le fait que ces hommes d'État n'agissent pas au nom du principe des nationalités. Ils cherchent au contraire à conforter la logique dynastique. Bismarck, par exemple, a longtemps été très méfiant vis-à-vis du nationalisme car les discours sur la souveraineté du peuple sont vus comme une menace pour le pouvoir impérial. Dans un premier temps, le caractère « pluriethnique » du nouveau Reich (qui compte une forte composante polonaise, mais aussi une minorité danoise, alsacienne...) ne préoccupe guère ses dirigeants car l'idéologie aristocratique n'est pas fondée sur la logique assimilatrice. Néanmoins, la popularité croissante du principe des nationalités radicalise des luttes politiques qui constituent une double menace pour les Empires. Sur le plan social, les revendications nationales sont portées par des groupes (la bourgeoisie, mais aussi le mouvement ouvrier naissant) qui exigent une démocratisation des institutions. Sur le plan identitaire, l'agitation des « minorités » fait peser le risque d'un éclatement de l'État allemand, alors même que celui-ci vient à peine de voir le jour. C'est dans ce contexte qu'à partir des années 1880 le pouvoir impérial commence à s'approprier les principes nationaux qu'il avait combattus auparavant, pour les mettre au service de sa politique réactionnaire[90]. Dès lors, la nationalisation de la société allemande s'accélère ; ce qui entraîne l'adoption de deux types de mesures. D'une part, pour faire face aux défis de l'industrialisation, Bismarck favorise un début d'intégration des classes populaires en imposant une législation sociale sans équivalent dans les autres pays d'Europe. D'autre part, le Reich se lance dans une politique de germanisation forcée de ses minorités qui frappe notamment la population d'origine polonaise.

La législation sur la nationalité élaborée en Allemagne au cours de la même période s'inscrit dans ce combat pour l'identité allemande. Pour faciliter sa politique de germanisation, le pouvoir impérial veut affaiblir la minorité d'origine polonaise en empêchant l'immigration des Polonais vivant dans les pays voisins et en leur interdisant de devenir des ressortissants du Reich. Inversement, les gouvernants veulent garder des liens étroits avec les communautés de langue allemande dispersées dans toute l'Europe et en Amérique. C'est pour atteindre ces objectifs qu'en 1913 est adoptée la loi Delbrück sur la nationalité allemande qui restera en vigueur jusqu'à la fin du XXe siècle. Cette loi illustre une forme de jonction entre l'État et la nation très différente de celle qui a triomphé en France. L'appartenance à l'État, ou plutôt à l'Empire *(Reichsangehörigkeit)*, est réservée à ceux qui font partie de la nation allemande *(Volkstum)*, définie désormais comme une communauté fondée sur les liens du sang. C'est pourquoi la filiation (le *jus sanguinis*) devient alors le seul critère d'attribution de la nationalité. C'est par cette brèche que le nazisme va s'engouffrer deux décennies plus tard pour élaborer sa législation raciale et antisémite, prélude à l'extermination des Tsiganes et des Juifs.

Si l'on se tourne à présent vers la France, on constate que la construction de l'État-nation s'est faite en deux grandes étapes. Sous la Révolution française, la noblesse a perdu l'essentiel de son pouvoir politique et l'égalité juridique des citoyens a été définitivement fixée par le Code civil. La IIIe République achève le processus en facilitant l'intégration des classes populaires au sein de l'État. Dans le cas français, la construction de l'État national a donc été prise en charge par la bourgeoisie intellectuelle, au nom de valeurs humanistes combinant patriotisme et défense des droits de l'homme. En conséquence, la nationalisation de la vie sociale a pris une forme moins autoritaire qu'en Allemagne (sauf dans l'empire colonial)[91]. Comme nous le verrons dans un chapitre ultérieur, les dirigeants républicains ont mobilisé toutes les ressources offertes par le droit national pour résoudre les contradictions sociales engendrées par la révolution industrielle. D'où l'importance qu'a prise l'immigration dans la constitution du prolétariat, et l'ampleur des mesures visant à protéger le marché du travail national[92]. C'est le souci de respecter les « valeurs républicaines » sans pour autant sacrifier l'intérêt national qui explique les caractéristiques du droit français de la nationalité, plus ouvert au droit du sol qu'en Allemagne.

Le fait qu'elles soient ou non issues des États prénationaux a également été un important facteur de diversité dans la construction des communautés nationales modernes. Dans les pays européens, l'ancienneté de l'État a facilité son implantation sociale et conforté son rôle en tant que vecteur d'une identité nationale intériorisée, fixée dans des normes sociales, des règles de politesse, des comportements… Mais cette influence est beaucoup moins nette dans les pays où l'État-nation s'est formé sans relayer des formes étatiques plus anciennes, comme dans le cas des « pays neufs » (États-Unis, Australie). Dans les parties du monde qui sont encore aujourd'hui confrontées à des situations d'extrême pauvreté, les infrastructures (routes, moyens de communication, etc.) sont souvent insuffisantes pour permettre d'atteindre tous les individus et l'appareil d'État lui-même manque de continuité et de force. Là où l'État reste peu présent dans la vie quotidienne des citoyens, il semble que les représentations collectives soient d'une importance capitale pour cimenter l'unité nationale (cf. le rôle du drapeau aux États-Unis). Dans de nombreux cas, la construction de l'État-nation n'a pas suivi le processus d'extrême centralisation qui caractérise la France. Une large autonomie a été accordée aux régions (Allemagne) ou aux « États » (États-Unis) sans pour autant que ces entités administratives revendiquent le statut de « nations souveraines ». Dans tous ces cas, le rôle joué par le pouvoir central dans le processus de nationalisation de la société est évidemment plus faible que dans le cas français.

Les modalités de regroupement politique postérieur à la mise en place de l'État-nation constituent un autre facteur de diversité. Étant donné que la nation est une communauté sociale abstraite rassemblant des individus très différents les uns des autres à tous égards, il n'est pas étonnant que les principes de groupement ayant permis à l'État-nation de s'imposer aient été fréquemment contestés par ceux qui ne s'y reconnaissaient pas. Depuis le XIXe siècle, deux grandes formes de contestation ont vu le jour. La première, c'est le mouvement ouvrier, qui prend son essor à la même époque que la nation moderne. Ses porte-parole militent pour la construction d'un groupe social dépassant largement le cadre des espaces nationaux (« Prolétaires de tous les pays, unissez-vous ! ») et ne se préoccupent que des frontières de classe (le prolétariat contre la bourgeoisie). L'extraordinaire écho que rencontrera cette façon d'envisager le monde social contribuera à retarder ou à entraver le processus d'intégration nationale ; même si elle ne parviendra pas à l'annihiler complètement[93]. Je voudrais m'arrêter un moment sur ce point en prenant l'exemple de l'URSS[94]. Il s'agit là d'un cas assez exceptionnel dans l'histoire de la construction des nations, puisque dès le départ les bolcheviks ont voulu édifier un « État ouvrier » supranational. Après la révolution d'Octobre, pour satisfaire les exigences des multiples groupes ethniques répartis sur l'immense territoire soviétique, les autorités ont accepté des compromis qui ont donné une assise institutionnelle à une centaine de groupes nationaux, intégrés au sein de quinze Républiques. Dans le même temps, à partir de 1932, la nationalité juridique est devenue la clé du statut légal des personnes, enregistrée sur les passeports et largement utilisée dans les statistiques. L'appartenance nationale a donc été fixée administrativement à deux niveaux : en tant que territoire (les quinze républiques autonomes) et en tant que statut juridique des personnes. Mais très vite des tensions vont naître entre ces deux logiques. D'une part, les frontières ethnico-linguistiques de ces Républiques n'ont jamais pu être délimitées de façon cohérente. D'autre part, les migrations, les guerres, les déportations vont avoir pour conséquence qu'une multitude de personnes disposant d'une nationalité donnée vont se fixer sur un autre territoire national. À tel point qu'en 1989 73 millions de Soviétiques vivaient hors de leur territoire national (soit le quart de la population totale). Ces contradictions vont contribuer à préparer les conflits ethniques qui éclateront quand les dirigeants communistes ne seront plus en mesure de les contenir. Alors que Lénine pensait que ces arrangements nationaux étaient des compromis provisoires, ils se sont révélés finalement plus forts que le régime soviétique lui-même. Nous avons là une nouvelle confirmation de la puissance des logiques nationales dans notre histoire contemporaine.

L'autre menace qui a pesé dès le départ sur les États nationaux a été représentée par des courants politiques qui, loin de s'opposer au principe des nationalités, l'ont retourné contre les dirigeants des nouveaux États. Dans l'histoire des États-nations, le cas français, où l'intensité du processus d'assimilation mis en œuvre par l'État monarchique a profondément affaibli les possibilités de contestation régionale ou ethnique, apparaît comme une exception. Le plus souvent, le groupe politique ayant obtenu son indépendance a exercé son pouvoir souverain sur des populations très différentes sur le plan linguistique, religieux, historique ; ces dernières ne pouvaient pas, par conséquent, se reconnaître complètement dans les critères identitaires valorisés par le pouvoir d'État. Dans ce cas de figure, les gouvernants ont eu le choix entre deux types de stratégie politique. Les dirigeants des régimes autoritaires (cf. l'exemple allemand présenté plus haut) ont privilégié les formes violentes d'assimilation nationale, pour imposer leur langue, leur histoire, parfois leur religion, etc. Cette violence a été exacerbée par le fait que les « minoritaires » se sont fréquemment défendus contre ces agressions au nom des mêmes principes que leurs persécuteurs, considérant que le combat d'indépendance nationale n'était pas terminé ; et qu'il fallait continuer la lutte armée jusqu'à ce que la minorité ethnique réprimée devienne elle aussi un État souverain.

Dans les États nationaux respectueux des règles démocratiques, des formes plus « douces » d'assimilation ont été adoptées (en imposant à tous une même langue nationale, un système d'enseignement unifié, etc.). Là où le rapport de force les y a contraints ou lorsque les différences linguistiques et culturelles ont été trop importantes pour être ignorées, les gouvernants ont accepté des aménagements institutionnels qui ont garanti les droits des minorités. Des modalités d'association ont souvent été trouvées, permettant de faire cohabiter différentes « nations » au sein de l'État-nation. Le meilleur exemple à cet égard est sans doute le Canada où l'existence de plusieurs « nations » différentes (comme le Québec) est reconnue officiellement, même si, dans le même temps, les instances fédérales s'efforcent de nourrir un sentiment d'appartenance plus large à l'État-nation canadien. Il est indéniable que cette institutionnalisation des différences a conforté l'hétérogénéité de ces sociétés, pérennisant des principes de division qui constituent aujourd'hui encore des problèmes politiques essentiels (cf. la question de l'indépendance du Québec, ou les rivalités entre Flamands et Wallons en Belgique).

Pour conclure ce long chapitre, je voudrais insister sur le fait que l'histoire des nations modernes est incompréhensible si on ne la relie pas à l'histoire de l'État. Comme nous l'avons vu, les militants qui, au cours des deux derniers siècles, ont lutté pour le principe des nationalités se sont battus pour que l'existence de leur nation soit garantie par un État. De même, les communautés nationales souveraines n'ont pu exister et perdurer que dans la mesure où elles se sont érigées en États-nations. Des universitaires sincèrement acquis aux idéaux républicains comme Paul Vidal de la Blache, André Siegfried ou Fernand Braudel ne sont pas parvenus (de leur propre aveu) à élucider les modalités de construction de l'identité nationale française, parce que avant tout ils ont obstinément refusé de faire une place importante à l'État dans leur réflexion. Le paradoxe de ces savants, qui étaient aussi des fonctionnaires, est qu'ils ont cherché dans la diversité des paysages, dans l'influence bienfaitrice de la terre, dans « le mystère des personnalités ethniques » le secret d'une logique identitaire qui reposait sur une construction étatique dont ils étaient eux-mêmes le produit.

DEUXIÈME PARTIE

La république des différences : le national et l'étranger

CHAPITRE V

Socio-histoire d'un concept : les usages du mot « nationalité » au XIXe siècle

La question du langage est l'un des chantiers prioritaires que la socio-histoire du politique devrait approfondir dans les années qui viennent, et cela pour trois raisons au moins :

— D'un point de vue méthodologique, l'étude historique du langage a une importance stratégique fondamentale. Outre la contribution qu'elle fournit à l'histoire des pratiques sociales elles-mêmes, elle donne aux chercheurs les moyens de mieux maîtriser les concepts qu'ils utilisent en mettant en relief leur historicité et donc leur côté arbitraire.

— La socio-histoire du langage est un domaine de recherche très favorable pour montrer aux historiens partisans du « tournant linguistique » que l'analyse des discours et des représentations n'est nullement contradictoire avec les postulats de base de l'histoire sociale. Dominée par le paradigme « structuraliste », celle-ci ne s'est guère intéressée, il est vrai, à cette question au cours de ces dernières décennies. Mais, dès les années 1930, les fondateurs des *Annales* avaient donné à l'histoire sociale du langage ses premières lettres de noblesse, tout particulièrement Lucien Febvre, auteur de plusieurs articles, devenus des « classiques », sur le sujet[1]. En

Allemagne, cette approche a été considérablement enrichie depuis une vingtaine d'années, grâce au développement d'une histoire des concepts qui s'est progressivement substituée à l'ancienne histoire des mots[2].

— Enfin, le privilège que la socio-histoire du langage accorde à l'analyse des variations de significations à travers le temps permet de montrer, dans la pratique, ce qui différencie ce champ de recherche de l'histoire des idées ou de la philosophie politique qui ignorent les déterminations pratiques qui pèsent sur la construction des significations. Reinhart Koselleck a ainsi souligné que, pour l'histoire sociale, « l'obligation de saisir les conflits sociaux et politiques du passé à travers les frontières conceptuelles de l'époque et l'interprétation du langage des partenaires d'alors » constituait une « exigence méthodologique minimale », étant donné qu'« en soi, des mots qui durent ne constituent pas un indice suffisant de la stabilité des réalités »[3].

C'est dans cette perspective que j'ai abordé l'étude du concept de « nationalité », en mettant à profit les ressources qu'offrent à l'historien d'aujourd'hui les moyens de l'informatique moderne[4]. J'ai choisi ce terme plutôt qu'un autre, d'abord en raison de ses ambiguïtés. L'examen de la définition donnée par un dictionnaire usuel comme le *Petit Robert* (édition de 1977) montre que le mot désigne d'abord l'« existence ou (la) volonté d'existence en tant que nation d'un groupe d'hommes unis par une communauté de territoire, de langue, de traditions, d'aspirations. Ce groupe dans la mesure où il maintient ou revendique cette existence ». Une citation empruntée à Michelet — disant qu'« en Bretagne comme en Irlande, le catholicisme est cher aux hommes comme symbole de la nationalité » — vient illustrer le propos. Mais la « nationalité » est aussi définie comme l'« état d'une personne qui est membre d'une nation déterminée » ; avec comme exemple : « le Code de la nationalité » et la « nationalité d'origine ». Comme on le voit, la signification du mot est prise d'emblée dans le jeu des oppositions sémantiques qui caractérisent la « nation ». Les critères « subjectifs » (la nationalité comme « sentiment d'appartenance » à un groupe d'individus, eux-mêmes définis par un ensemble de caractéristiques culturelles) s'opposant aux critères « objectifs » (la nationalité comme appartenance codifiée juridiquement). Dans le même temps, la définition proposée par le *Robert* illustre un contresens fondamental. En droit, en effet, la « nationalité » ne désigne pas l'appartenance d'une personne à la nation, mais à l'*État* ; et les juristes, comme on le verra plus loin, se sont élevés depuis longtemps contre cette confusion. Ces contradictions, loin de constituer un handicap pour la recherche, en soulignent l'intérêt car on peut les envisager comme les traces des conflits d'interprétations que la « nationalité » a occasionnés au cours de son histoire. Cette richesse sémantique permet de l'envisager comme un concept politique[5]. J'ai privilégié l'étude de ce terme, parce qu'il illustre aussi ce qui différencie la socio-histoire des autres approches du politique. Dans un ouvrage récent, par exemple, Pierre Rosanvallon prône une histoire intellectuelle du suffrage universel qui tienne compte de « sa densité philosophique » pour éviter qu'elle ne se réduise à « une pure histoire sociale » qui, selon lui, reste prisonnière « de nos évidences héritées »[6]. Mais sa réflexion sur la période révolutionnaire s'appuie massivement sur des concepts que les acteurs de l'époque ignoraient (« nationalité ») ou utilisaient très rarement (comme « citoyenneté » que Littré, dans son dictionnaire, présente encore comme un néologisme). L'histoire intellectuelle paraît ainsi accepter comme allant de soi les « évidences héritées » qui sont déposées dans le langage[7], alors que la socio-histoire s'efforce de les constituer comme objet d'analyse. Il suffit de franchir les frontières de l'Hexagone pour comprendre qu'il ne s'agit pas là d'un problème secondaire. La polysémie du concept « nationalité » apparaît d'emblée quand on essaie de le traduire en allemand. Si l'on veut évoquer son sens juridique (« appartenance à l'État »), il faudra employer le terme de « *Staatsangehörigkeit* ». Le « principe des nationalités » sera désigné par l'expression « *Nationalitätenprinzip* ». Pour évoquer la dimension « culturelle » ou « subjective » de la nationalité (au sens de « francité »), on ne pourra pas échapper aux termes dérivés du mot « *Volk* » qui, en allemand, désignent à la fois la nation et le peuple : « *Volkstum* », « *Volkszugehörigkeit* », « *volkstümlich* »...[8]. De même en anglais (et/ou en américain), il faut, selon le contexte, utiliser les termes de « *citizenship* », « *nationhood* », « *nationality* ». En sens inverse, il est impossible de traduire (comme le font la plupart des dictionnaires) « *citizenship* » par « citoyenneté » car ce terme anglais renvoie à deux réalités qui ont été (comme on le verra) soigneusement distinguées dans le langage juridique français à fin du XIXe siècle : la « nationalité » et la « citoyenneté ». Les confondre, c'est ignorer un aspect fondamental de la définition républicaine de l'espace public.

NAISSANCE D'UN MOT

La nationalité comme « force spirituelle »

Le terme de « nationalité » est un dérivé de « *nation* », mais beaucoup plus tardif, puisque si la première apparition (recensée) de « nation » date de 1270 (et l'adjectif « *national* » de 1550), « *nationalité* » est employée pour la première fois en 1807 dans un roman de Mme de Staël. Mais elle ne l'utilise qu'une seule fois et avec beaucoup d'hésitations : « Je pouvais donc me croire destinée à des avantages particuliers, par la réunion des circonstances rares qui m'avaient donné une double éducation, *et si je puis m'exprimer ainsi*, deux nationalités différentes » (c'est moi qui souligne)[9]. On constate qu'il s'agit ici d'une innovation linguistique sans suite, puisque l'auteur n'emploie plus le terme dans ses ouvrages ultérieurs, pas même dans le fameux *De l'Allemagne* (1810) qui est souvent considéré, curieusement, comme le livre où « nationalité » est utilisé pour la première fois[10].

Mme de Staël a joué un rôle important dans la diffusion du terme car cet écrivain a fait connaître à la génération suivante la littérature romantique allemande. Il semble bien que l'événement décisif pour l'histoire du mot ait été la traduction, en 1825, de l'ouvrage *Deutsches Volksthum* publié par Friedrich Jahn en 1810[11]. Dans ce livre, Jahn — considéré comme l'un des pères fondateurs de la « *Volkskunde* » (ethnographie) allemande — forge le terme « *Volkstum* », appelé lui aussi à une belle postérité. Nous avons là un bon exemple de la complexité des transferts linguistiques et culturels entre la France et l'Allemagne au XIXe siècle[12]. Comme pour beaucoup d'autres écrivains allemands de cette époque, la réflexion de Jahn se développe dans un mouvement d'appropriation/rejet du discours révolutionnaire français sur la nation. Dans le premier chapitre de son livre, intitulé : « Introduction à la science de la nationalité », il écrit : « La force qui rassemble des individualités, qui les réunit en groupe et de ceux-ci forme un tout, qu'elle associe ensuite à de plus grands ensembles et qu'elle rattache enfin à l'ordonnance des mondes jusqu'à ce que leur assemblage forme un grand tout : cette force d'unité dans les sociétés humaines les plus éminentes et les plus vastes, dans la nation, ne peut être nommée autrement que *nationalité*. C'est le genre commun de la nation ; sa manière d'être habituelle (son essence inhérente), son mouvement et sa vie, sa force de reproduction, sa faculté de transmission. » Et il ajoute que de nombreux liens unissent les membres des communautés nationales « sans porter atteinte à la liberté et à l'indépendance des individus. Il n'y avait dans notre langue, ni dans les langues à moi connues, aucun mot pour exprimer cette chose qui se modifie et qui est immuable, qui s'accroît lentement mais qui dure longtemps »[13]. Mais Jahn refuse de recourir à des mots d'origine française — comme « *national* », « *Nationalität* », « *Nationaleigenthümligkeit* » — pour exprimer cette idée, car il veut germaniser le vocabulaire français : « ici, de nation *(Volk)* est formé nationalité *(Volkstum)* ; de celui-ci nous arrivons tout naturellement à national *(volkstümlich)* et ensuite à *Volkstümlichkeit* ». Jahn aboutit ainsi à des innovations conceptuelles que le traducteur s'efforce ensuite d'adapter aux contraintes linguistiques du français. C'est pour « rendre » à la fois la nouveauté du terme « *Volkstum* » et son ancrage dans le lexique de la « nation » que P. Lauret propose « nationalité » comme équivalent de « *Volkstum* ». Là encore l'incongruité du terme apparaît dans les précautions mentionnées par le traducteur dans sa préface : « Le mot nationalité, employé dans le titre de ce livre, choquera peut-être les oreilles des puristes et ne satisfera pas ceux qui veulent par le titre seul connaître tout un ouvrage. Je n'ai pas su trouver un meilleur mot dans notre langue et qui ait été employé dans le même sens. J'ai été forcé à quelques autres néologismes pour rendre certains mots que le génie de la langue allemande permettait à notre auteur de fabriquer de toute pièce »[14]. Nous sommes là, sans doute, à un tournant dans l'histoire des rapports entre « pensée française » et « pensée allemande ». C'est plus au niveau de la fabrication des concepts que dans l'élaboration d'une « conception allemande » de la nation que se situe l'importance de Jahn. Sa définition du « *Volkstum* » comme lien spirituel, à la fois immuable et se transformant sans cesse, liant les individus sans pour autant porter atteinte à leur liberté personnelle, est d'emblée admise en France, comme le prouve le dictionnaire de Pierre Boiste qui est le premier à enregistrer le terme en 1823 : « Nationalité : caractère national. Esprit, amour, union, confraternité nationale, patriotisme commun à tous »[15]. Mais, en renonçant au lexique de la nation au profit de celui du *Volk*, on peut penser que Jahn a bloqué l'évolution sémantique qui dans d'autres langues (le français, l'anglais...) a conduit à une différenciation de plus en plus nette entre les définitions politiques et anthropologiques du terme. En Allemagne, la confusion des deux a facilité les dérives « essentialistes » (ou

« substantialistes ») qu'a connues le terme « *Volkstum* » par la suite[16].

Si le dictionnaire de Boiste mentionne le terme dès le début des années 1820, le terme « nationalité » n'est guère utilisé par les écrivains sous la Restauration (en dehors de Guizot qui l'emploie dès 1828). Il est frappant de constater que des historiens comme Augustin Thierry qui feront une grande « consommation » du mot « nationalité » après 1830 l'ignorent dans leurs écrits antérieurs[17]. L'influence de la culture allemande dans l'adoption du mot est illustrée aussi par le fait que ce sont les écrivains français les plus tournés vers l'Allemagne qui l'utilisent le plus fréquemment à partir de la monarchie de Juillet. Nul hasard donc si les historiens, fascinés par le dynamisme de « l'École historique allemande », sont les premiers à s'en emparer. L'analyse statistique des occurrences du mot illustre parfaitement sa diffusion dans les deux décennies suivantes : Michelet l'emploie six fois dans son *Tableau de la France* et onze fois dans *Le Peuple* ; Augustin Thierry, dix fois dans ses *Considérations sur l'histoire de France*. Les écrivains romantiques sont aussi des adeptes précoces du vocable, mais dans une mesure moindre. Lamartine l'emploie sept fois dans son *Voyage en Orient*, Victor Hugo huit fois dans *Le Rhin*[18]. Le terme se rencontre aussi chez Flaubert, George Sand... En revanche, on constate que les écrivains moins influencés par l'Allemagne ne l'utilisent pas ou guère. On ne trouve le mot ni dans l'œuvre de Balzac[19], ni dans celle de Stendhal, ni dans Sainte-Beuve. Bien qu'aucun des adeptes du terme n'en ait proposé une définition précise, tous l'utilisent pour désigner la « force spirituelle » qui détermine l'unité d'un groupe, qui fait sa « personnalité », fonde le « sentiment d'appartenance » de ses membres. « La permanence des idées, qui fait la personnalité chez les individus, constitue aussi la nationalité parmi les populations », souligne François Ozanam, alors qu'Edgar Quinet insiste sur le « vif sentiment qui fait la nationalité »[20]. Mais, au départ, le terme s'applique à des groupes très divers ; ce qui illustre le caractère encore polysémique du concept de « nation »[21]. Pour la majorité des auteurs, la « nationalité » désigne la « personnalité » d'une communauté religieuse ou de ce qu'on appellerait aujourd'hui un « groupe ethnique ». Lamartine écrit que « le plus fort lien de nationalité, c'est la communauté des pensées religieuses, ou plutôt cela a été jusqu'à présent ainsi ». Pierre Leroux décrit « l'attachement que les juifs avaient pour leur nationalité et la foi que cette nationalité renaîtrait un jour ». Augustin Thierry parle de « nationalité franque », Edgar Quinet de « nationalité féodale ». Michelet évoque « les nationalités de province ». Proudhon va même jusqu'à utiliser ce terme pour désigner l'appartenance de classe en défendant « le principe de la nationalité du travail »[22].

Lorsqu'il est introduit dans la langue française, le terme n'a pas de signification politique. On ne le trouve pas dans le *Traité d'économie politique* de Jean-Baptiste Say (alors qu'il emploie plusieurs centaines de fois le mot « nation ») ni dans le dictionnaire de Bailleul. Quant au *Dictionnaire politique* de Garnier-Pagès, s'il enregistre le terme, c'est pour en faire un synonyme de « nation » et de « race »[23]. Les polémiques opposant les partisans de la noblesse aux libéraux à propos de la formation de la nation française expliquent les débuts de la politisation de la « nationalité »[24]. Les porte-parole de l'aristocratie affirment que la Révolution française, en abolissant les privilèges et en exécutant Louis XVI, a détruit l'essentiel du caractère national. Reprenant à leur compte les thèses développées par Boulainvilliers au début du XVIIIe siècle, ils considèrent que la suprématie de la noblesse était justifiée par le fait que ses membres descendaient de la race des conquérants de la Gaule (les Francs) ; le peuple étant issu de la race des vaincus (les Gaulois)[25]. L'interprétation du passé en termes de « races » explique la méfiance manifestée par les écrivains issus de l'aristocratie à l'égard du mot « nationalité » qui évoque trop le lexique révolutionnaire de la « nation ». C'est sans doute Barbey d'Aurevilly qui exprime le mieux cette répugnance quand il écrit : « Je m'étais laissé dire que c'était une fête nationale, et nationale est bien le mot, car la révolution française, qui a inventé cet exécrable épithète, a tué les provincialités au profit de la nationalité ; c'est-à-dire de l'unité, de l'uniformité, du conte répété cent fois de Shakespeare, comme il dit de la vie quand il veut en peindre l'ennui et l'insulter »[26]. Les penseurs libéraux ont joué un rôle essentiel dans la diffusion du terme « nationalité », parce que celui-ci permet de rassembler sous un même concept les arguments qu'ils opposent aux aristocrates partisans de la « lutte des races ». Dès 1828, Guizot reprend à son compte l'argumentation que Mably avait déjà développée contre Boulainvilliers, quand il affirmait que la France de son temps n'était plus divisée par la « guerre des races » parce que celles-ci avaient « fusionné » au sein d'une seule et même nation. « En France, par exemple, dans les XVIIe et XVIIIe siècles, la séparation sociale et morale des classes était encore très profonde ; nul doute cependant que la fusion ne fût dès lors très avancée, qu'il n'y eût dès lors une véritable nation française qui n'était pas telle classe exclusivement, mais qui les comprenait toutes, et toutes animées d'un certain sentiment commun, ayant une existence sociale commune, fortement empreinte enfin de nationalité et d'unité. Ainsi, du sein de la variété, de l'inimitié, de la guerre, est sortie dans l'Europe moderne l'unité nationale devenue aujourd'hui si éclatante, et qui tend à se développer, à s'épurer de jour en jour, avec un éclat encore bien supérieur »[27]. Pour la première fois, le terme de « nationalité » est utilisé pour désigner le peuple français, en tant que communauté d'individus issus de la fusion des races primitives. Cette interprétation n'est pas acceptée par tous les libéraux. Augustin Thierry refuse en effet le schéma de la réconciliation des races et retourne contre leurs auteurs les arguments de Boulainvilliers et de ses continuateurs, en présentant la Révolution de 1789 comme la revanche des Gaulois sur les Francs. Engagé dans une vive polémique avec ceux qu'il appelle les « historiens de l'école philosophique » (dont Mably fut le plus illustre représentant), il ambitionne de « réformer la manière d'écrire l'histoire » et s'efforce d'intégrer dans son analyse les « nouvelles recherches physiologiques » et les travaux de l'École historique allemande qui prouvent, selon lui, « que la constitution physique et morale des peuples dépend bien plus de leur descendance et de la race à laquelle ils appartiennent que de l'influence du climat sous lequel le hasard les a placés »[28]. C'est pourquoi, chez lui, la nationalité désigne, le plus souvent, la « personnalité », les caractéristiques des races ou de ce qu'on appellerait aujourd'hui les « groupes ethniques ».

L'œuvre de Michelet constitue un moment décisif dans l'histoire du concept de « nationalité », parce qu'il opère une synthèse qui intègre à la fois les analyses de Guizot et celles de Thierry. Dans son *Tableau de la France*, Michelet expose déjà l'essentiel de sa problématique. S'il évoque fréquemment les « nationalités provinciales » (et notamment la « nationalité » de la « race celtique »), il n'en considère pas moins qu'au cours du temps « les vieilles races, les races pures, les Celtes, les Basques, la Bretagne et la Navarre, devaient céder aux races mixtes, la frontière au centre, la nature à la civilisation ». Cette progressive fusion des races est le résultat de l'histoire et notamment des guerres : « La lutte contre l'Angleterre a rendu à la France un immense service. Elle a confirmé, précisé sa nationalité. À force de se serrer contre l'ennemi, les provinces se sont trouvées un peuple. C'est en voyant de près l'Anglais qu'elles ont senti qu'elles étaient la France. Il en est des nations comme de l'individu, il connaît et distingue sa personnalité par la résistance de ce qui n'est pas elle, il remarque le moi par le non-moi. » Ainsi, ajoute-t-il, « l'influence du sol, du climat, de la race, a cédé à l'action sociale et politique, l'homme a échappé à la tyrannie des circonstances matérielles ; l'histoire a triomphé de la géographie ». Mais cette construction intellectuelle lui permet aussi d'opposer aux tenants du germanisme ce qu'il appelle lui-même le « langage d'une ingénieuse physiologie ». Arguant du fait qu'on peut classer les nations comme les animaux, des moins développées aux plus complexes, Michelet considère que la France est un « organisme évolué » puisque toutes les parties sont reliées au centre. C'est pourquoi, « c'est le pays du monde où la nationalité, où la personnalité nationale se rapprochent le plus de la personnalité individuelle »[29].

En quelques années, les libéraux sont parvenus à

imposer le terme de « nationalité » dans le discours savant, à tel point que les écrivains aristocratiques finissent par le reprendre à leur compte. Dès lors, le problème n'est plus d'être « pour » ou « contre » l'utilisation de ce terme, mais de savoir si la « nationalité » s'affaiblit ou si au contraire elle se renforce. Conflit qui en implique un autre, opposant ceux qui emploient surtout le terme au singulier et ceux qui l'emploient plutôt au pluriel. Les partisans du pluriel sont en général ceux qui déplorent l'uniformisation de la société consécutive à la Révolution française et à la centralisation politique. Là encore, Barbey d'Aurevilly exprime parfaitement le point de vue aristocratique : « Quand ils disent de partout que les nationalités décampent, plantons-nous hardiment, comme des termes, sur la porte du pays d'où nous sommes, et n'en bougeons pas. »[30] À l'inverse, pour Michelet, la Révolution française constitue le point d'aboutissement d'un processus multiséculaire qui a vu le « sacrifice des diverses nationalités intérieures à la grande nationalité qui les contient, fortifie celle-ci, sans nul doute »[31].

Le « principe des nationalités »

Dans les dernières années de la monarchie de Juillet, les usages politiques du terme « nationalité » évoluent de façon très sensible. L'idée que le peuple français est un produit de la fusion des « races » ou des « nationalités » primitives est de moins en moins contestée par l'aristocratie. Les luttes politiques majeures opposent désormais les libéraux aux républicains. Ces derniers, radicalisant leurs discours en utilisant de plus en plus un vocabulaire « social » (« prolétariat », « peuple »...), tendent à abandonner les définitions consensuelles de la « nationalité », pour en faire une qualité émanant des classes populaires. *Le Peuple* de Michelet est la meilleure illustration de ce tournant. Sans abandonner l'idée que la nationalité française résulte de la « fusion des races », il privilégie désormais une perspective qui présente le prolétariat comme l'incarnation de la « nationalité » française : « En nationalité, c'est tout comme en géologie, la chaleur est en bas »[32]. C'est le même thème que développe Flaubert : « Ils étaient beaux ces hommes, beaux parce qu'ils étaient vrais et dans la simplicité de leurs costumes faits à leur taille, aptes à leurs corps, pliés selon le travail de leur vie, et dans la bonne foi de leur croyance qui s'exhalait à l'aise dans cette église faite pour elle, restes derniers d'une nationalité complète qui s'efface sans métamorphoses et disparaît sans transition, ainsi que les feuilles de l'if qui tombent sans jaunir »[33]. On voit ici comment le thème de la disparition de la nationalité, mis en circulation par les conservateurs, se transforme en argument révolutionnaire. Proudhon est sans doute le premier auteur à accuser explicitement le capitalisme de détruire les nationalités. À plusieurs reprises, il évoque « les nationalités sacrifiées sur l'autel du privilège » ; il dénonce les « influences mercantiles (qui) sont la mort aux nationalités dont elles ne laissent subsister que le squelette » ; affirme que « la liberté du commerce n'est qu'une conspiration contre les nationalités et contre les classes travailleuses »[34].

Néanmoins, ce n'est pas le lexique de la nation, mais celui des classes sociales qui occupe la place centrale dans les discours mettant aux prises les nouvelles forces politiques. Plus précisément, le débat sur la nationalité se déplace de la scène « intérieure » vers la scène « internationale » et, dans les discours républicains, l'emploi du terme au singulier recule au profit du pluriel. Si Michelet a joué un rôle décisif dans la diffusion initiale du mot « nationalité », c'est avant tout à Victor Hugo qu'on doit l'engouement des écrivains français pour le « principe des nationalités ». Le thème central de son œuvre : l'exaltation de la liberté, lui permet de faire correspondre la lutte intérieure pour l'émancipation du prolétariat et la lutte internationale pour l'émancipation des « nationalités ». C'est ce que Hugo rappelle explicitement quand il évoque son « combat acharné [...] contre la réaction, qui ne me pardonne point d'avoir défendu, sans reculer d'un pas, le peuple en France et les nationalités en Europe »[35]. Sous le Second Empire, Napoléon III fait du « principe des nationalités » un instrument essentiel de sa politique extérieure ; ce qui lui permet de cultiver une image « progressiste » masquant le caractère autoritaire du régime. Après avoir été entre 1840 et 1850, le lieu de rencontre privilégié pour tous les révolutionnaires défendant la cause nationale, Paris devient la capitale « officielle » des « nationalités ». Du coup, un grand nombre de langues européennes adoptent le mot français et celui-ci acquiert une véritable signification politique, désignant non seulement « l'élan vital » qui rassemble les membres d'une communauté, mais cette communauté elle-même : « Qu'est-ce que la nationalité ? » demande Leconte de Lisle. « C'est un groupe politique qui se constitue quelquefois d'une seule race et parfois, aussi, de plusieurs unies et librement associées dans leur intérêt commun »[36]. Grâce à cette évolution du sens, il devient possible de distinguer, au sein de ce que l'on appelait autrefois les « nations », les États-nations et les groupes qui revendiquent l'indépendance, qu'on nomme désormais de plus en plus souvent les « nationalités ». Alors que sous la monarchie de Juillet, les héritiers de la Révolution définissaient la nationalité française comme une fusion, un *dépassement* des particularismes culturels antérieurs, désormais l'avènement d'une nouvelle nationalité politique est vue comme *l'expression* publique d'une « nation » (ou d'une race) venue du fond des âges. Il est significatif que sous le Second Empire les ouvrages qui tentent de définir le « principe des nationalités » reprennent à leur compte l'idée que son origine découlerait de la « lutte des races indigènes contre la domination des envahisseurs »[37]. Cournot est encore plus explicite : « Partout où se montrent encore les restes de nationalités jadis vaincues, opprimées, brisées, se montre aussi une tendance à réunir des membres dispersés, à recouvrer une indépendance perdue, à faire prévaloir la loi du sang, la ressemblance du langage, la communauté des souvenirs, sur les calculs d'intérêt égoïste »[38]. Comme on le voit, les partisans du « principe des nationalités » intègrent dans une même définition des arguments qui opposaient auparavant l'aristocratie et les libéraux. Les premiers définissaient les « nationalités » comme des « races » ancestrales ; mais ils ne revendiquaient nullement pour celles-ci une quelconque souveraineté politique. Inversement, les libéraux et les républicains envisageaient la nationalité comme l'expression politique de la souveraineté du peuple, mais cela supposait, selon eux, une disparition des anciennes « races ».

LA NATIONALITÉ SAISIE PAR LE DROIT

Un mot longtemps ignoré par les juristes

Le plus surprenant pour l'observateur d'aujourd'hui, c'est, assurément, l'indifférence persistante dont les juristes ont fait preuve pour le terme « nationalité ». Pourtant, dès le début de la monarchie de Juillet, les fonctionnaires du ministère de l'Intérieur ont commencé à l'utiliser. L'échec du « printemps des peuples » explique la fuite vers la France et l'Angleterre de dizaines de milliers de réfugiés, appartenant à diverses « nationalités » (Polonais, Italiens...). Le gouvernement français ayant décidé d'accorder des secours à ces exilés est dans l'obligation de tenir une comptabilité aussi précise que possible des deniers publics ainsi distribués. C'est la raison pour laquelle, dès mars 1833, le gouvernement demande aux préfets d'établir une liste des individus bénéficiant de cette aide en tenant compte « du lieu de leur naissance et de leur nationalité ». Ce n'est, semble-t-il, qu'à partir de 1848 que l'administration commence à employer régulièrement le terme « nationalité » comme un équivalent de l'expression « qualité de Français » (d'abord pour rappeler les conditions à remplir pour être électeur ; puis, lors du recensement de 1851, pour distinguer sur le plan statistique, les Français et les étrangers). Mais les fonctionnaires font alors un usage « pratique » d'une notion qui n'a pas encore été juridiquement définie[39]. La première loi véritablement consacrée à la « nationalité française » ne date, en effet, que de 1889. L'examen de la jurisprudence montre que le terme est très peu utilisé par les juristes avant 1848 (essentiellement pour arbitrer des litiges de droit privé, entre des particuliers dépendant d'États différents). L'édition de 1841 du *Dictionnaire* de Dalloz ne comporte aucune entrée « nationalité » dans son lexique, le mot n'apparaît jamais dans les commentaires. De même, il ne figure pas dans les recueils Sirey avant la fin de la monarchie de Juillet, et les juristes qui publient des études sur les naturalisations ou sur le droit des étrangers l'ignorent. En parcourant, même rapidement, les textes de loi concernant cette question depuis la Révolution jusqu'au Second Empire, on note que la loi de 1790 s'intéresse aux conditions requises « pour être réputé français » ; la Constitution de 1791 se préoccupe d'attribuer « la qualité de citoyen » ; celle de 1793 énumère les conditions pour être « admis à l'exercice des droits de citoyens » ; de même, en 1795, on évoque l'« état politique des citoyens ». À partir du Code civil, une nouvelle expression se répand : « la qualité de français » (comment elle s'obtient, comment elle se perd), opposée à la « qualité d'étranger » (loi de 1851). Mais la loi de 1867 en revient au problème de l'admission « à jouir de tous les droits de citoyen français ». Ces textes prouvent que la distinction entre le « citoyen » et le « national » n'a pas encore été clairement établie par les juristes. Cette confusion s'explique sans doute par le fait que les institutions étatiques n'ont pas profondément pénétré le monde social et codifié l'existence quotidienne des individus. En conséquence, la question des rapports de dépendance qui lient tous les « nationaux » à leur État (la « nationalité » au sens juridique actuel) n'est pas encore vraiment distinguée du problème de la participation des citoyens à la vie publique (la « citoyenneté »). On peut aussi penser que l'indifférence des juristes pour le terme « nationalité » est due au fait que la réalité abstraite que représente une « communauté nationale » (regroupant des millions d'individus qui ne se connaissent pas, extrêmement divers par leur langue parlée, leurs coutumes, leurs ressources, etc.) n'est pas vraiment pensée. À une époque où les classes laborieuses ne sont pas véritablement intégrées dans l'État-nation, les juristes ont les plus grandes peines à appréhender la question des droits en considérant les individus comme des membres d'un même tout. L'emploi du pluriel que traduit l'usage constant de l'expression « droits de citoyens » renvoie à la multitude des faits particuliers et des individus concrets qui ne peuvent encore être subsumés sous l'un de « ces mots abstraits » qui — comme le dit Tocqueville — « remplissent les langues démocratiques et dont on fait usage à tout propos sans les rattacher à aucun fait particulier »[40]. Si ces hypothèses sont fondées, on comprend pourquoi l'historien ne peut négliger d'étudier les termes que les acteurs utilisent pour nommer leurs expériences. D'un point de vue purement linguistique, les juristes auraient pu facilement passer de « nation »/« national » à « nationalité ». Lucien Febvre, constatant, dans le même ordre d'idées, qu'il avait fallu plusieurs siècles pour que les termes « civil »/« civiliser » aboutissent au mot « civilisation » (qui ne s'impose que dans la seconde moitié du XVIIIe siècle) expliquait ces blocages en disant : « Les temps n'étaient pas mûrs »[41]. On peut donc penser que si le terme de « nationalité » n'a pas été intégré dans la législation avant la IIIe République, c'est que là non plus « les temps n'étaient pas mûrs ».

C'est par le biais du « principe des nationalités » — et donc du droit international — que les juristes commencent à esquisser, sous le Second Empire, les premières définitions du terme. Mais les réflexions sur le sujet du duc Albert de Broglie, l'un des meilleurs connaisseurs des relations diplomatiques de l'époque, témoignent à la fois du flou qui entoure encore la notion de « nationalité » et du souci d'isoler des *critères objectifs* sur lesquels pourraient s'appuyer les diplomates dans leurs négociations. Il voit dans ce terme une expression « un peu vague et d'un français douteux, qu'il faut pourtant tirer au clair avant d'en faire le point de départ de tous les rapports futurs des États ». Considérant, lui aussi, qu'« une société politique est d'autant plus parfaite qu'elle se rapproche d'une société naturelle reposant sur les principes de nationalité », il avoue néanmoins sa perplexité quant à la possibilité d'une définition qui puisse être admise par tous. « Mais voici où l'embarras commence : c'est quand ces caractères multiples sur lesquels s'établit la nationalité, au lieu de rester unis, se divisent, en telle sorte que partie en repose sur un groupe d'hommes, partie sur un autre, et que par là les mêmes hommes, unis sous un rapport, sous un autre sont séparés [...]. En ce cas où est la nationalité ? » Il en conclut : « Il est donc clair que ce principe de nationalité, qu'on invoque pour tenir lieu à l'Europe de toutes ces règles de droit public, est loin de répondre à toutes les difficultés que lui-même il soulève. » Selon lui, le recours au vote (plébiscite) accentue la politisation du problème, mais ne le résout pas, étant donné les manipulations dont il fait l'objet et la versatilité de l'électorat. Il en conclut que « la nationalité motive toutes les agressions, le suffrage universel les consomme »[42]

La nationalité comme « étatialité »

Après la défaite de 1870, la question de la nationalité redevient un problème prioritaire en politique intérieure ; ce qui se traduit par un renouveau de l'emploi du terme au singulier. Un véritable consensus se fait jour pour rejeter le « principe des nationalités » défendu par Napoléon III. Dans le camp progressiste, on considère, avec Anatole France, que « la déraison des guerres modernes se nomme intérêt dynastique, nationalités, équilibre européen, honneur »[43]. Mais c'est surtout avec la montée en puissance du mouvement ouvrier et la pénétration des thèses marxistes — qui présentent le prolétariat comme la classe universelle susceptible de mettre fin à tous les particularismes — que le thème d'un nécessaire dépassement des nationalités se répand rapidement. On connaît la phrase d'Émile Zola dans *Germinal* : « Plus de nationalités, les ouvriers du monde entier réunis dans un besoin commun de justice, balayant la pourriture bourgeoise, fondant enfin la société libre, où celui qui ne travaillerait pas, ne récolterait pas »[44]. À droite, ce n'est pas au nom de l'universalisme, mais à l'inverse au nom du particularisme national qu'on dénonce le « principe des nationalités » qui aurait conduit l'empereur à négliger les intérêts proprement français tout en encourageant les velléités expansionnistes de la Prusse. À partir de ce moment, ce sont les partis conservateurs qui deviennent les plus farouches partisans de la « nationalité française », alors que les forces révolutionnaires qui avaient introduit le concept s'en éloignent. En dépit de la dénonciation du « principe des nationalités », le nouveau discours sur la nationalité française intègre les innovations engendrées par la prise en charge du problème par le droit international dans la période antérieure. Forgé au départ pour évoquer une « force spirituelle », le mot sert désormais surtout à désigner des groupes d'individus dont les membres partagent des caractéristiques communes que l'on peut *comptabiliser* grâce à des moyens techniques comme les recensements ou les plébiscites. Définir la nationalité, c'est désormais isoler une « qualité » à la fois individuelle et collective, sélectionner un aspect de l'identité des personnes (leur langue, leur sentiment d'appartenance, etc.) pour en faire un critère définissant le groupe auquel ils sont censés appartenir. Dans cette perspective, la question de l'homogénéité nationale devient évidemment essentielle. La rupture, par rapport à la façon dont on envisageait le problème sous la monarchie de Juillet, est considérable. À l'époque, étant donné que la plupart des auteurs, prisonniers de la logique organiciste alors dominante, voyaient la « nation » comme une entité insécable (une « monade » ou un « principe »), ils ne se préoccupaient pas vraiment de définir la nationalité française à partir des caractéristiques communes à l'ensemble des Français. Dans le *Tableau de la France*, Michelet insiste au contraire sur l'hétérogénéité de la population. Il estime que les provinces frontalières, et surtout l'Alsace, ont « des intérêts différents de l'intérêt national, elles sont moins françaises » ; notamment parce qu'on n'y parle pas le français. Mais il voit là plutôt un enrichissement de la « nationalité française », car ces Frances « allemande », « italienne », « espagnole » « mêlent au génie national quelque chose du génie étranger. À l'Allemagne elle oppose une France allemande, à l'Espagne une France espagnole, à l'Italie une

France italienne »[45]. Les polémiques entre historiens allemands et français qui suivent l'annexion de l'Alsace-Lorraine illustrent l'ampleur du changement de perspective. Au-delà de leurs divergences, tous ceux qui interviennent dans le débat s'accordent pour considérer que c'est au niveau des individus eux-mêmes qu'il faut se placer pour découvrir les critères légitimes permettant de définir la nationalité ; les Allemands privilégiant des caractéristiques culturelles (comme la langue) susceptibles d'être recensées, alors que les Français mettent en avant le « sentiment d'appartenance à la nation », susceptible d'être « objectivé » par un vote. Désormais, « *être de* » et « *avoir la* » nationalité française sont des synonymes. Le critère de l'homogénéité nationale est devenu un aspect central pour définir la nationalité[46].

Deuxième inflexion, la « nationalité française » qui était conçue sous la monarchie de Juillet comme un *dépassement* des traditions apparaît désormais comme l'*émanation*, voire la *conservation* de cellesci. Les arguments que l'aristocratie mobilisait *contre* la « nationalité française » servent à présent à la défendre. D'où l'importance accordée au thème de son « affaiblissement ». C'est dans l'œuvre de Maurice Barrès qu'on trouve l'expression la plus affirmée de cette nouvelle lecture. La religion devient un élément central de l'identité nationale : « Je considère que la nationalité française est étroitement liée au catholicisme, qu'elle s'est formée et développée dans une atmosphère catholique, qu'en essayant de détruire, d'arracher de la nation ce catholicisme si étroitement lié avec toutes nos manières de sentir, vous ne pouvez pas prévoir tout ce que vous arracherez »[47]. De même, la défense des provinces se combine avec l'exaltation de la monarchie pour nourrir la hantise du déclin de la nationalité : « Oui quand l'aristocratie d'une région meurt, la haute et belle nationalité meurt et ainsi ma pauvre Lorraine »[48]. Et il précise : « Il y aura toujours des Français comme il y a des Grecs et des Romains, mais il n'y aura plus de nationalité française et je ne donne pas dix ans pour que la monarchie et le peu de nationalité qui existe encore n'existent plus »[49].

Contrairement à l'opinion courante, la définition de la nation proposée par Renan lors de sa fameuse conférence de 1882 n'échappe pas à cette logique conservatrice. Pour lui, la nation est fondée sur deux caractéristiques fondamentales : « L'une est dans le passé, l'autre dans le présent. L'une est la possession en commun d'un riche legs de souvenirs ; l'autre est le consentement actuel, le désir de vivre ensemble, la volonté de continuer à faire valoir l'héritage qu'on a reçu indivis [...]. Le culte des ancêtres est de tous le plus légitime, les ancêtres nous ont fait ce que nous sommes »[50]. Dans cette perspective, seuls peuvent participer au fameux « plébiscite de tous les jours », si souvent invoqué pour valoriser la définition « française » de la nation, ceux qui ont les mêmes ancêtres. Autrement dit, il faudrait être un héritier pour pouvoir profiter de l'héritage. Cette perspective introduit dans le champ sémantique de la « nationalité » des préoccupations « assimilationnistes » ignorées par les générations précédentes, qui découlent du principe d'homogénéité nationale. Désormais, en effet, il est nécessaire d'avoir acquis les caractéristiques qui définissent la « francité » pour faire partie de la communauté nationale. Étant donné que la définition de Renan fait rapidement l'objet d'un véritable consensus, c'est à l'intérieur de ce nouvel horizon que se déploient, dorénavant, les polémiques concernant la nationalité. Les conservateurs privilégient les facteurs généalogiques et l'enracinement pour expliquer la permanence à travers le temps de la nationalité française, alors que les progressistes (et notamment les sociologues durkheimiens) considèrent que ce sont les institutions, avant tout l'école, qui assurent la transmission de la culture nationale d'une génération à l'autre.

La restructuration du champ sémantique de la « nationalité » s'explique évidemment par le nouveau contexte socio-politique qui caractérise la France de la fin du XIXe siècle. Si la querelle franco-allemande peut être considérée comme un point de départ, le dispositif discursif sur la nation ne se réorganise complètement que dans les années 1880, sous l'effet de deux facteurs décisifs : l'épanouissement de la démocratie parlementaire et l'intensification de la crise économique (la « Grande Dépression »). Les élus du peuple sont désormais censés trouver des explications et des solutions aux malheurs du peuple. Le progrès des transports et les lois de libre-échange ayant provoqué, dès le Second Empire, une rapide internationalisation des relations économiques, c'est à ce niveau que la plus grande partie des hommes politiques jugent nécessaire d'intervenir en multipliant les mesures protectionnistes. Celles-ci ont pour but non seulement d'empêcher que les marchandises fabriquées dans les pays voisins fassent concurrence aux produits français, mais aussi de contrôler la circulation des individus. C'est à ce moment-là que la classe dominante découvre que plus d'un million de travailleurs étrangers vivent en France, bien qu'ils ne soient enregistrés nulle part. Le thème de la concurrence des « immigrés » sur le marché du travail devient, pour la première fois, un problème majeur de la vie politique française. « À bas les étrangers. » Tel est le slogan que Barrès adopte comme programme lors des élections législatives de 1893. Cette obsession protectionniste explique que la plupart des lois sociales adoptées par la IIIe République contiennent des dispositions discriminatoires à l'encontre des étrangers. La libre circulation des personnes sur le territoire national, l'accès au marché du travail, la protection contre les accidents et les maladies, désormais, toute la législation est prise dans une logique nouvelle qui place la question de la « nationalité » des personnes au premier rang des préoccupations. Pour appliquer la loi, les fonctionnaires doivent pouvoir identifier sans coup férir les Français et les étrangers présents sur le territoire national, en s'appuyant sur des critères juridiques rigoureux et explicites et non plus sur de vagues présomptions. Pressions politiques et contraintes administratives nécessitent une définition juridique rigoureuse du concept de « nationalité ». Alors que Dalloz l'appréhendait encore comme « un lien qui unit divers individus ou peuples dépendants d'un gouvernement »[51], Georges Cogordan, dans le premier ouvrage important publié sur le sujet, propose une définition qui n'évoluera pratiquement plus jusqu'aujourd'hui. Il écrit : « Le lien qui unit l'individu à l'État, c'est-à-dire au groupe social suprême et indépendant, est ce qu'on appelle la nationalité »[52]. Il ajoute deux éléments intéressants pour notre propos. D'abord, il évoque le principe d'identité évoqué plus haut : avant 1789, la « nationalité » n'était qu'un lien d'allégeance à la personne du roi, alors qu'aujourd'hui ce lien repose « sur le peuple et la race » ; la nationalité est devenue « l'expression de la solidarité nationale »[53]. Ensuite, il rejette la confusion entre les « nationaux » et les « citoyens », en précisant que les femmes et les enfants ont la nationalité française, mais ne sont pas citoyens, étant donné qu'ils n'ont ni le droit de vote ni la possibilité d'exercer des fonctions publiques[54]. « Citoyenneté » et « nationalité » sont désormais clairement différenciées. Reste à définir précisément les critères qui déterminent cette allégeance à l'État. C'est l'enjeu central de la première loi sur la nationalité française, adoptée, après sept ans de débats, en 1889 (et complétée en 1893), et qui fixe, pour le siècle suivant, les grandes lignes de la législation française en la matière. Cette loi, sur laquelle je ne reviendrai pas ici, en combinant les principes du « droit du sang » et du « droit du sol », est un compromis entre ceux qui considèrent que la France malthusienne ne peut conserver son rang qu'en intégrant massivement la population étrangère (pour compléter les rangs de la classe ouvrière et de l'armée) et ceux qui, à l'inverse, considèrent cette immigration comme une menace pour l'identité nationale. D'emblée la question de « l'assimilation » (ou de « l'intégration ») des étrangers est au cœur du débat politique. Comme on l'a souligné plus haut, dès cette époque, on constate un véritable consensus sur l'idée que la francisation des immigrés est une nécessité. Les désaccords concernent les modalités de celles-ci. La « gauche » fait confiance aux institutions républicaines (et notamment à l'école) pour mener à bien la politique d'assimilation, alors que la « droite » la considère comme impossible, étant donné que seuls la continuité généalogique et l'enracinement peuvent assurer la transmission de la culture nationale multiséculaire. Une fois encore, Barrès résume le point de vue qui domine chez les conservateurs :

« Quand on a donné, grâce à une prodigieuse pression administrative, une nationalité à un peuple, on n'a pas changé son sang »[55]. De ce point de vue aussi, la loi constitue un compromis. Comme le notent deux juristes dans leur commentaire, la France a voulu éviter « d'ouvrir trop largement les portes aux étrangers dont la race trop différente de la nôtre pouvait devenir un obstacle à une prompte assimilation »[56]. C'est pourquoi, si une place plus grande est faite au droit du sol, dans le même temps, l'État se montre plus sévère vis-à-vis des naturalisés en les rendant inéligibles pendant les dix années qui suivent leur naturalisation. Par ailleurs, la loi de 1893 décide que les pouvoirs publics pourront s'opposer — « pour cause d'indignité » — à l'acquisition de la nationalité française des enfants d'étrangers nés en France qui n'y résideraient pas à leur majorité. Ces deux mesures sont justifiées par le gouvernement en invoquant l'argument qu'il faut être parfaitement assimilé pour jouir de tous les droits des citoyens français et que c'est le devoir de l'État de s'en assurer.

Dès la fin du XIXe siècle, les différents sens déposés aujourd'hui dans le terme « nationalité » sont fixés, et tendent à se structurer dans une tension qui oppose une définition « subjective » (politico-culturelle) et une définition « objective » (juridico-administrative). Le concept intègre ainsi des significations qui, en allemand par exemple, sont désignées par des termes différents *(Staatsangehörigkeit* et *Volkszugehörigkeit)*. Dans l'entre-deux-guerres, d'éminents juristes s'efforceront pourtant de mettre en circulation de nouveaux termes, de façon qu'on ne puisse plus confondre l'appartenance à l'État avec l'appartenance à la nation. Les uns proposent le mot « étatialité » (Louis-Lucas), d'autres celui d'« allégeance » (Eisenmann) ou de « ressortissance » (Tolédano)[57]. Le terme « nationalité » s'est néanmoins maintenu jusqu'aujourd'hui sans doute en raison de la force d'inertie qui caractérise le langage, mais aussi parce que les ambiguïtés sémantiques du terme favorisent les entreprises de manipulation politique auxquelles, en France, le problème de « l'identité nationale » a constamment donné lieu[58].

CHAPITRE VI

Du « patronage » au « paternalisme »

La restructuration des formes de domination de la main-d'œuvre ouvrière dans l'industrie métallurgique française

Depuis les années 70, la question du « paternalisme » suscite un intérêt croissant chez les historiens. Cependant, ce terme a rarement été défini de façon rigoureuse[1] ; implicitement, les chercheurs suivent le *Robert* qui voit dans le paternalisme « une conception patriarcale ou paternelle du rôle du chef d'entreprise ». Un terme identique sert ainsi à désigner une forme de gestion de la main-d'œuvre qui resterait la même, dans ses traits pertinents, du début du XIXe siècle jusque dans l'entre-deux-guerres, voire plus tard. Il me semble que cette conception est génératrice d'un certain nombre de confusions, et que, pour y voir plus clair, il convient de distinguer « patronage » et « paternalisme » comme deux moments bien différents du rapport patron-ouvrier dans la grande industrie métallurgique[2].

UNE GESTION DU CONSENSUS : LE PATRONAGE

En ce qui concerne l'industrie lourde tout au moins, le terme de « patronage » est préférable à celui de « paternalisme » pour désigner le type dominant de contrôle exercé par le patronat au XIXe siècle. Cela d'abord pour des raisons relevant de l'histoire du vocabulaire. Lorsqu'il reprend à son compte le terme de « paternalisme », l'historien doit savoir qu'il s'agit là d'un terme chargé, plus que tout autre, de connotations péjoratives, qui s'est imposé à la fin du XIXe siècle dans un sens polémique, grâce aux porte-parole du mouvement ouvrier cherchant à discréditer l'action patronale[3]. Les partisans de ce type de rapport social emploient quant à eux constamment le terme de « patronage », fidèles en cela à leur « éminence grise », Frédéric Le Play. Pour ce dernier, en effet, le « paternalisme » désigne uniquement des relations proches du servage, fréquentes en son temps en Europe orientale, mais qu'il condamne explicitement pour l'Occident car il les considère comme inadaptées. Le Play milite activement en faveur du « patronage » dans l'industrie, qu'il définit comme un lien *volontaire d'intérêt et d'affection* destiné à remplacer les liens forcés de l'Ancien Régime[4]. Pour cette période et pour l'industrie métallurgique (qu'en tant qu'ingénieur des Mines, Le Play connaissait particulièrement bien), cette définition est à mon sens beaucoup plus proche de la réalité que la définition du paternalisme mise en circulation à la fin du XIXe siècle et qui voit le patron comme « un seigneur féodal » exerçant une domination sans partage dans son « fief », sur des ouvriers réduits à l'état de « serfs ». Reprendre le terme de « patronage » au sens de Le Play ne signifie pas, bien sûr, reprendre à son compte la vision intéressée de l'auteur, d'un monde enchanté d'où les rapports de pouvoir et de domination seraient exclus. Reprendre ce terme, c'est insister sur l'un des éléments que Michelle Perrot considérait, il y a quelques années, comme essentiels dans ce type de rapport social au XIXe siècle, à savoir que l'action du patron est acceptée comme « naturelle », « légitime », par les ouvriers, du fait que le pouvoir du maître s'appuie sur les formes « traditionnelles » de domination qui règnent dans les sociétés rurales (notamment tout ce qui relève des rapports domestiques)[5]. Cela ne signifie pas, bien entendu, une acceptation docile du pouvoir du maître (on sait qu'aujourd'hui encore, derrière la présentation souvent enchantée des rapports familiaux, désormais contenus dans l'enceinte de la vie « privée », se cachent de multiples rapports de force, des violences plus ou moins refoulées qui explosent par intermittence). Mais ce type de contestation n'accède que rarement au stade de l'expression politique. Non organisées, elles restent atomisées ; non exprimées dans un langage codifié, elles ne parviennent pas à structurer une *vision* du monde opposant la « classe ouvrière » au « patronat ». Le mode de domination caractéristique du rapport social qu'est le patronage ne peut donc pas être vraiment compris à partir des analyses philosophiques et sociologiques qui, en extrapolant les thèses de Michel Foucault, ont voulu expliquer le « paternalisme » en puisant dans le lexique de la « discipline » (enfermement, caserne, armée, surveillance...)[6]. On ne peut pas être d'accord non plus avec les affirmations récentes de François Ewald, qui estime que « la stratégie du patronage va contribuer à modifier les termes de l'échange, à *substituer* (c'est moi qui souligne) au couple travail-salaire un rapport de service »[7]. Pour Le Play et ses émules, il s'agit beaucoup plus de conforter le monde traditionnel, d'adapter la main-d'œuvre au travail industriel sans la heurter de front, mais au contraire en s'appuyant sur ses « dispositions » (au sens que Max Weber donne à ce mot), pour les orienter, les canaliser dans un sens favorable aux intérêts de l'entreprise. Dans cette perspective, le patronage, plus qu'une stratégie propre à la société industrielle, est une application au monde de l'entreprise d'une conception des rapports sociaux héritée de la société agraire traditionnelle qui s'explique, dans le cas de l'industrie du fer tout au moins, par les liens que cette dernière continue à entretenir avec le monde rural.

Le premier point à souligner dans cette perspective, c'est que jusqu'au début de la IIIe République les normes caractéristiques de la « forge » traditionnelle restent dominantes dans l'industrie métallurgique. Les grands établissements « modernes » (Le Creusot, Fourchambault, Hayange) sont encore des exceptions. C'est à ce titre qu'ils polarisent les regards. Mais cela ne doit pas faire oublier qu'en 1873 on travaille encore le métal dans près de la moitié des départements français. Avant l'unification complète du réseau ferré, ces établissements métallurgiques s'adressent avant tout au marché local ; la demande est toujours essentiellement paysanne et artisanale. Comme le souligne Yvon Lamy dans sa thèse sur les forges du Périgord, le travail du fer n'est alors que « l'une des modalités du travail rural »[8]. Le maître de forges, en général issu de la bourgeoisie rurale, fait fonctionner ensemble la forge et l'exploitation agricole (se chargeant surtout lui-même de la commercialisation des surplus). L'agriculture et la métallurgie se complètent par alternance des positions dominantes, en vertu d'une logique économique qui ne manque pas de cohérence. La symbiose avec le monde rural est renforcée par la structure de la main-d'œuvre partagée entre une majorité d'ouvriers « externes » et un petit nombre d'ouvriers « internes »[9]. Les premiers nommés sont en fait des paysans qui effectuent des tâches de « manœuvres » (extraction du minerai superficiel, charrois, coupe du bois) pour occuper les journées d'hiver ou pour obtenir les ressources monétaires que la terre ne leur fournit pas. Seuls les ouvriers « internes » sont de véritables spécialistes, affectés à l'entretien des installations (charpentiers, « mécaniciens ») et surtout à la production (forgerons, puddleurs, lamineurs). Étant donné que le savoir productif ne s'acquiert encore que de façon empirique, seule une longue pratique, toujours recommencée, assure la compétence. C'est pourquoi si les ouvriers « externes » habitent en général dans les villages environnants, les ouvriers « internes » logent dans des « casernes », de grands bâtiments construits à proximité de la forge. L'irrégularité de la production (due à la variabilité de la demande, aux aléas techniques et surtout climatiques) explique que ces ouvriers de métier eux-mêmes disposent souvent d'une terre qu'ils cultivent pendant les temps morts de l'industrie. En Nivernais, « les contrats des maîtres ouvriers leur assurent toujours la maison, le champ et la chenevière ». En Bourgogne, les spécialistes logés dans la forge « ne perdent pas contact avec la vie agricole ; leur femme cultive des jardins et ils peuvent les aider ou même faire quelques journées chez les laboureurs pendant les chômages auxquels la sécheresse de l'été contraint les usines »[10]. Dans ces conditions, le « patronage » des maîtres de forges n'est que le prolongement des formes traditionnelles de bienfaisance. En Périgord, « dans un monde où n'existait ni banque, ni assistance sociale, ni gratuité de soins, le maître de forges propriétaire pouvait être amené à jouer un peu toutes ces fonctions ». En Moselle, ce n'est que sous le Second Empire que commencent à tomber en désuétude les vieux usages ruraux comme le dîner en commun avec les ouvriers dans la grande salle, à la table du maître récitant le bénédicité. Observation que l'on peut rapprocher de celle faite par Alain Corbin à propos des forges du Limousin : « Souvent le travail industriel va ici de pair avec un véritable statut de domesticité »[11]. Dans le cadre de ces petits établissements, les rapports « directs », « d'homme à homme », qui sont au centre du patronage, apparaissent comme « naturels ». La légitimité patronale est renforcée par la distribution de secours exceptionnels pendant les crises, les dons de vêtements ou de viande au moment des fêtes locales. Toutes ces formes de bienfaisance sont finalement peu onéreuses pour le maître de forges du fait que la plupart des éléments nécessaires à la reproduction de la force de travail (entretien des femmes, des enfants et des vieux « non productifs », des ouvriers pendant les périodes de chômage et de maladie) sont assurés par le monde rural, sous des formes essentiellement non monétaires et dans le cadre d'une « économie de subsistance » où les « besoins » sont très limités[12]. Au moins jusqu'au Second Empire, on trouve cette logique à l'œuvre même dans les grands établissements métallurgiques.

On peut avancer plusieurs éléments qui prouvent les liens maintenus avec l'environnement rural.

Tout d'abord, en dépit de la « concentration » des installations, la « grande usine » sidérurgique du XIXe siècle ne forme pas un ensemble intégré qui se détache de son environnement. Il s'agit plutôt d'une juxtaposition d'unités de production plus ou moins indépendantes, chacune avec sa main-d'œuvre propre, ses habitations, etc.[13] De même, l'ampleur des effectifs consignés sur les registres du personnel ne doit pas faire oublier que la répartition de la main-d'œuvre entre les « ouvriers externes » et les ouvriers « internes » continue à exercer ses effets. Jusqu'à la fin du siècle, les grandes usines métallurgiques emploient pour les tâches de manœuvres un grand nombre d'ouvriers temporaires, journaliers ou petits paysans[14]. Cette dépendance des grandes entreprises métallurgiques vis-à-vis de l'environnement rural est observée même en Moselle, où malgré la puissance du développement des établissements de Wendel sous le Second Empire, il vaut mieux parler « d'évolution progressive plutôt que de révolution », à tel point que la propriété foncière est toujours la forme essentielle de la fortune du département[15]. On ne s'étonnera pas, dans ces conditions, que, lors de la création de toutes pièces d'une entreprise métallurgique, comme à Fourchambault, la seule solution imaginée par un maître de forges polytechnicien et saint-simonien comme Émile Martin, pour attirer et fixer les ouvriers, soit de leur concéder des terres autour des logements (150 hectares en 1851 et 200 hectares supplémentaires au début de la IIIe République). La propriété rurale étant considérée à la fois comme la meilleure forme de « sursalaire » (en cas de chômage, de maladie, pour les vieux, la femme et les enfants) et le facteur principal de « rationalisation des conduites », de « moralisation » des ouvriers qualifiés[16].

Le deuxième point qu'il est important de souligner, c'est que le patronage reflète un rapport de force entre les classes populaires et le patronat qui ne permet pas à ce dernier d'imposer une « prolétarisation » brutale. Pour expliciter cette affirmation, il faut replacer l'histoire de l'industrie métallurgique au XIXe siècle dans le cadre de l'économie française. On sait que, jusqu'au début de la IIIe République, l'agriculture et l'artisanat occupent une place prépondérante. La première industrialisation touche surtout le textile. La mécanisation et le travail dans les grands établissements concernent avant tout la filature. Au niveau sociologique, cela se traduit par la faiblesse numérique chronique de la classe ouvrière industrielle et par la consolidation de la petite paysannerie propriétaire (qui était déjà numériquement importante en France avant la Révolution)[17]. D'où un marché du travail ouvrier marqué, dans la grande industrie, par la supériorité de l'offre sur la demande. Dans une société où, du fait de la disparition de l'esclavage et du servage, on ne peut empêcher physiquement un individu de refuser le travail qu'on lui propose, et à un moment où le savoir pratique des ouvriers est incontournable, il est impossible de heurter de front la main-d'œuvre ; il faut savoir composer avec elle. De nombreux documents illustrent les difficultés rencontrées par les maîtres de forges pour trouver les ouvriers qualifiés nécessaires au développement de la production métallurgique. Bertrand Gille parle d'une « disette constante » d'ouvriers[18], notamment pour les puddleurs. Les ouvriers de métier utilisent leur rareté comme une arme, ce qui se concrétise par une instabilité chronique. Les règles juridiques, les engagements écrits et autres mesures prises pour les stabiliser se révèlent peu efficaces. C'est pourquoi

Émile Martin conseille aux maîtres de forges d'employer des « moyens doux, des règles modérées »[19] pour les amadouer. C'est l'une des raisons qui expliquent à mon sens que les maîtres de forges cherchent alors à conforter l'autonomie professionnelle des ouvriers de métier plutôt qu'à la remettre en cause[20]. Responsables de la production, les « hommes du fer »[21] assurent aussi la transmission pratique de leur savoir et contrôlent, tout au moins partiellement, le marché du travail. Étant donné que, selon les régions, selon la nature des installations, les « tours de main » nécessaires à la bonne marche de la forge sont variables, étant donné que les connaissances pratiques ne peuvent se transmettre que par de longues années de familiarisation, commencées dès l'enfance, l'enracinement visé par la concession de terres obéit à une nécessité technique. Mais c'est aussi un moyen, pour les maîtres de forges, de satisfaire les aspirations dominantes de leur main-d'œuvre. Les enquêtes réalisées dans les dernières années du siècle prouvent la réussite de cette stratégie. La plupart des ouvriers de métier enracinés, qui ont parfois trente, voire quarante, années d'ancienneté dans le même établissement, sont aussi de petits propriétaires terriens. Pour les journaliers, le travail d'appoint procuré par l'usine proche ou lointaine (dans le cadre des migrations temporaires si importantes dans la France de ce temps) constitue souvent le facteur principal ayant permis d'éviter l'exode rural définitif[22]. Étant donné l'importance vitale de la pluriactivité pour les classes populaires, on comprend que l'installation d'une usine, par la diversification des ressources qu'elle permet, soit alors considérée comme une « providence » et son propriétaire comme un « bienfaiteur ». De leur côté, les maîtres de forges ont aussi intérêt à ce système, même s'ils doivent faire des concessions[23]. Un système industriel qui « fonde son essor sur l'usage périodique d'une main-d'œuvre circulante plus que sur le rassemblement d'une main-d'œuvre fixe »[24] offre l'avantage d'adapter de façon souple les effectifs à l'irrégularité de la production.

Terminons cette analyse du « patronage » en disant un mot de la définition « théorique » qu'en donne Frédéric Le Play dans ses travaux. Si rarement une pensée a été autant caricaturée dans ses commentaires ultérieurs, même de la part des « fidèles », cela tient au fait que les profondes mutations de la société française à la fin du siècle l'ont rendue incompréhensible[25]. Il n'est pas possible de voir dans le patronage de Le Play « un projet de constitution pour les sociétés industrielles » (François Ewald) pour la bonne raison que nulle part dans son œuvre la « société industrielle » ou la « classe ouvrière » (dans son sens moderne) ne sont vraiment pensées en tant que telles. De même, bien que le propos soit devenu une image d'Épinal à force d'avoir été répété, c'est un contresens que de considérer le patronage le-playsien comme une stratégie visant à instaurer la dépendance, à conforter l'autoritarisme du maître. En fait, c'est lire l'œuvre de Le Play avec les lunettes de son disciple Émile Cheysson, qui affirme, en 1893, pour des raisons sur lesquelles nous reviendrons : « Dans le patronage ordinaire, le patron-père se charge de tout. Il imite l'État en se plaignant de ses empiétements »[26]. Le Play considère, quant à lui, que l'ouvrier ne doit pas être entièrement dépendant de l'usine. D'où l'importance qu'il accorde à la pluriactivité, à la propriété rurale concédée à la main-d'œuvre. Lors de l'Exposition universelle de 1867 où il exerce une influence déterminante, le Jury (qui comprend le président du Corps législatif, Eugène Schneider, patron du Creusot) récompense tout particulièrement les initiatives patronales qui ont favorisé l'indépendance ouvrière. Héritier en bien des points de l'esprit des Lumières, Le Play croit en la raison beaucoup plus que dans la contrainte qui aboutit toujours, selon lui, aux résultats inverses de ceux escomptés[27]. De même, l'enracinement du patron dans la localité où il a son établissement est certes pour lui un moyen de maintenir les ouvriers sous le contrôle du maître mais, inversement, c'est une façon d'empêcher que les chefs d'entreprise n'échappent à leur responsabilité et à leur devoir, car, s'ils restent dans leur milieu d'origine, ils ne peuvent se conduire de façon arbitraire avec leurs ouvriers sans s'exposer à la réprobation du groupe local auquel ils appartiennent. C'est pourquoi le patronage idéal pour Le Play, c'est l'adaptation des coutumes locales aux situations industrielles nouvelles. Il n'est pas abusif, me semble-t-il, de voir dans l'œuvre de Le Play une critique cohérente du « rapport salarial » (au sens que Robert Boyer donne à ce terme)[28], en gestation au XIXe siècle. La méfiance que lui inspirent le droit, l'État, l'argent ou l'écrit reflète le point de vue de la société rurale du siècle dernier sur le monde nouveau qui s'annonce, point de vue qui ne manque pas de pertinence. Au fond ce qui est condamné, ce sont toutes les formes de pouvoir (que nous ne voyons plus tellement cela nous semble « naturel », mais qui choquaient par leur nouveauté les observateurs du siècle passé) qui découlent du processus de « mise à distance » des individus. Le Play critique le droit élaboré par de lointains spécialistes indifférents aux réalités locales qu'ils ne connaissent pas. Il critique les règles explicites, écrites, codifiées, dans ce qu'elles ont d'universalisant et d'abstrait. De même, il s'en prend à l'État et à sa bureaucratie, qui prétendent enfermer les individus dans un statut juridique (une « catégorie socioprofessionnelle » dirions-nous aujourd'hui) au détriment de la polyvalence des activités et de la diversité des situations. C'est ce qui explique la préférence méthodologique qu'il accorde à la monographie (appliquée à des individus concrets) sur l'enquête statistique tournée, avec Quételet, vers la recherche de « l'homme moyen » abstrait. Sa critique des économistes qui font du salaire en monnaie la seule forme de rémunération possible témoigne de sa lucidité sur les formes spécifiques de dépendance dans lesquelles se trouve celui qui attend de la monnaie pour vivre. C'est également une illustration des efforts constants qu'il a faits (liés à ses expériences de jeunesse) pour empêcher la dévalorisation du travail non salarié. On ne peut qu'être frappé, en lisant les monographies de Le Play, par l'importance qu'il accorde dans l'évaluation des ressources ouvrières au travail domestique non payé, c'est-à-dire le plus souvent à l'activité des femmes[29]. La réflexion de Le Play croise ainsi celle des économistes actuels qui « découvrent » qu'avec le triomphe des normes salariales le travail non payé (le plus souvent domestique et féminin), pourtant vital pour la reproduction économique de la société, a été complètement refoulé par les théoriciens comme par les praticiens de l'économie[30]. De même, la méfiance de Le Play vis-à-vis du savoir écrit peut être interprétée autrement que comme une illustration de ses penchants « réactionnaires ». C'est une illustration de la conscience aiguë qu'il avait, en tant que *savant* de la première moitié du XIXe siècle (avant les découvertes fondamentales de la fin du siècle), de l'importance du savoir pratique dans la production métallurgique, savoir acquis de façon empirique, par un contact direct avec la matière. Sa conception du patronage peut ainsi être considérée comme la réponse globale (non exempte de contradictions) qu'il apporte à toutes ces questions.

LA RUPTURE

Tous les auteurs ayant étudié la question ont souligné le brutal développement d'une crise du patronage à la fin du XIXe siècle, illustrée par l'explosion d'un mouvement de grèves souvent violentes. Si l'émergence du mouvement ouvrier est un facteur déterminant de cette crise, il ne constitue lui-même qu'un élément dans un ensemble de transformations qui bouleversent la société française. Sans entrer ici dans le détail[31], énumérons rapidement les principaux facteurs de ces mutations car ils nous aideront à comprendre les nécessités de la « restructuration » du paternalisme dans la période suivante. Au point de vue économique, les transformations amorcées sous le Second Empire produisent tous leurs effets. Le développement des voies de communication entraîne une unification du marché national. Les traités de libre-échange accentuent l'interdépendance des économies. Dans la métallurgie, la concurrence anglaise et la Grande Dépression des années 1880 provoquent la ruine des petites forges traditionnelles[32]. Les mutations économiques consécutives au démarrage de la « deuxième industrialisation » entraînent l'apparition de nouveaux secteurs dynamiques (chimie, constructions mécaniques, électricité...) et stimulent la production sidérurgique française qui bénéficie en outre de la découverte du plus important bassin ferrifère mondial derrière celui des Grands Lacs (bassin de Briey). Toutes ces raisons obligent les maîtres de forges à sortir de la routine sauf à périr.

Les procédés techniques subissent dans les dernières décennies du siècle de profondes transformations. Le convertisseur Bessemer, le procédé Thomas, le four Martin, la mécanisation des installations rendue toujours plus puissante grâce à l'emploi de l'électricité, mais aussi l'application du savoir scientifique (physique et chimie) dans l'industrie, tout cela provoque une augmentation considérable de la taille des établissements, une concentration toujours plus importante des hommes dans les ateliers. Le traditionnel face-à-face patron/ouvriers est perturbé par l'apparition d'un nouveau groupe professionnel, les ingénieurs, dont le nombre grandit avec l'intensification de la rationalisation du travail. Les contraintes de productivité poussent les dirigeants à lutter contre les temps morts et les irrégularités de la production. D'où la remise en cause de l'autonomie ouvrière dans les ateliers, que le bond en avant de la mécanisation contribue souvent à accentuer. Les règlements d'atelier se font plus stricts contre l'absentéisme ; les nouveaux systèmes de salaire cherchent à intensifier le rendement. L'interférence des rythmes ruraux devient intolérable. D'où un processus de fermeture de l'usine, de plus en plus coupée de son environnement rural, et un recul dans l'emploi de la main-d'œuvre temporaire. Le terme de « manœuvre » quitte son vieux sens rural pour une définition industrielle : c'est le bas de l'échelle pour un ouvrier attaché en permanence à l'entreprise. En se fermant sur elle-même, l'usine sidérurgique tend à former un tout ; son intégration est renforcée par le progrès technique (comme la récupération des gaz de haut fourneau), sa définition juridique se précise. Cette remise en cause de la complémentarité du travail agricole et du travail industriel tout comme les atteintes à l'autonomie professionnelle sont durement ressenties par les classes populaires, contribuant au « désenchantement » par rapport au patronage[33]. D'autres facteurs s'y ajoutent. La hausse des salaires depuis le Second Empire, comme moyen d'attirer la main-d'œuvre, entraîne une élévation du « niveau de vie » qui banalise les « bienfaits » que représentaient les œuvres patronales. Par ailleurs, dans les localités ouvrières, est apparue une petite classe moyenne de commerçants et cafetiers attirée par l'aisance ouvrière, mais dont les intérêts ne sont pas toujours conformes à ceux des maîtres de forges. L'unification du marché national, la scolarisation obligatoire entraînent, surtout dans la nouvelle génération, une dévalorisation des modèles locaux, l'adoption de nouvelles valeurs souvent proches de l'idéologie républicaine. C'est dans cet environnement qu'éclatent dans tous les grands centres ouvriers, surtout à partir des années 1880, des grèves massives, fermement réprimées, qui provoquent un traumatisme profond et durable dans les bassins concernés. Puisque, dans le cadre du nouveau système politique fondé sur le suffrage universel masculin, les ouvriers représentent une « clientèle » potentielle, les grèves sont mises à profit par les porte-parole républicains pour imposer au patronat toute une série de mesures législatives qui limitent son autorité. Il doit compter maintenant avec les « représentants » des ouvriers : délégué mineur, syndicaliste, etc.[34] En même temps, la multiplication des accidents du travail et leur reconnaissance juridique provoquent, comme l'a montré François Ewald, une profonde évolution du droit, les débuts de la « société assurantielle » fondée sur la « raison probabilitaire ». Les patrons de la métallurgie contribuent à cette évolution. Ainsi Émile Cheysson joue-t-il un rôle décisif dans la reconnaissance du « risque professionnel » qui est au principe de l'assurance contre les accidents de travail. En abandonnant les vieux principes du « droit de responsabilité » (qui dans la logique du « rapport direct » entre les individus favorisait la guerre sociale en désignant nommément le patron comme responsable), le nouveau chef de file de l'École de Le Play désamorce le conflit de classe mais, infidèle à son maître, il propose « un type d'objectivation de l'entreprise bien différent de celui qui résultait de l'économie de patronage ». L'assureur ne connaît pas l'ouvrier nominalement ; les établissements se transforment en « société anonyme »[35]. L'apparition du droit social consacre le triomphe d'une nouvelle rationalité politique et juridique dans laquelle les individus eux-mêmes sont pris et définis. La loi de 1898, tout comme les recensements de la fin du siècle qui fixent les frontières entre « actif » et « chômeur » donnent un statut juridique au salarié ; désormais c'est un état stable, normal, irréductible. De plus en plus, la forme monétaire du « sursalaire » (notamment par les lois sur les retraites ouvrières) s'impose. Le patronat de la sidérurgie, même s'il parvient à s'adapter à ces mutations, est profondément désorienté. Tout d'abord parce que la rationalisation du travail l'oblige lui aussi à modifier ses comportements, à remettre en cause ses habitudes[36]. Ensuite parce que les maîtres de forges hésitent sur les solutions nouvelles qu'il convient de mettre en œuvre pour résoudre la question de la main-d'œuvre. Face aux grèves, la répression sans concession sur le terrain contraste avec les stratégies d'ouverture développées ensuite. Émile Cheysson prône ainsi un « patronage éclairé », qui considérerait les ouvriers comme des adultes et qui leur concéderait une certaine autonomie. Là où le mouvement ouvrier est le plus puissant, comme dans le Nord, la politique contractuelle, fondée sur la reconnaissance du syndicat, fait son apparition (voir dans les charbonnages la signature de la Convention d'Arras en 1891). Mais la crise de confiance ouvrière se manifeste aussi par une instabilité croissante de la main-d'œuvre. Suite au malaise de la fin du siècle, un grand nombre d'ouvriers qualifiés quittent les anciens bassins métallurgiques pour se diriger vers les nouveaux centres industriels, où s'édifient les grandes entreprises de la construction mécanique et électrique, à la recherche elles aussi de spécialistes. Cette dérobade massive de la main-d'œuvre se retrouve jusque dans les taux de natalité qui chutent après les grèves (à Montceau et au Creusot par exemple) de façon spectaculaire[37]. L'épineux problème de la constitution d'une main-d'œuvre stable — fortement aggravé par l'importante mobilité ouvrière pendant la Grande Guerre, puis par l'hécatombe que celle-ci provoque — se pose de nouveau avec acuité dans l'industrie du fer.

LE PATERNALISME : UNE TRANSITION ENTRE LE « PATRONAGE » ET LE « MANAGEMENT »

L'expression de « paternalisme industriel » (Donald Reid) me semble adéquate, dans l'industrie lourde, pour désigner les nouvelles formes de contrôle de la main-d'œuvre dont les premiers signes apparaissent à la fin du XIXe siècle, mais dont la forme « achevée » se situe dans l'entre-deux-guerres. Sans entrer dans le détail d'un système qui a fait l'objet de nombreuses descriptions, je proposerai ici un « idéal-type » (au sens wébérien)[38] du paternalisme, en insistant sur ce qui le différencie du patronage. Le paternalisme a un point commun avec le patronage, à savoir le déficit chronique de main-d'œuvre. Entre 1900 et 1930, l'industrie lourde française est handicapée par l'insuffisance d'ouvriers (de « spécialistes » surtout), ce qui contraint le patronat à déployer des efforts considérables pour le recrutement et la formation du personnel. Mais les causes de ce déficit sont plus complexes qu'au XIXe siècle. Tout d'abord, il faut signaler que le type de « consensus » économique et social évoqué plus haut pour la période qui s'étend jusqu'au début de la IIIe République est l'une des principales causes du retard de l'industrialisation. Il est vrai que ces dernières années l'histoire économique a multiplié les arguments contestant l'idée d'un retard français, en montrant qu'il s'agissait en fait d'une voie différente d'industrialisation par rapport à la Grande-Bretagne, dont le dynamisme n'était pas moindre[39]. Si les critères mis en avant pour réfuter la thèse du retard nous paraissent fondés du point de vue de l'analyse économique, ils ne sont guère convaincants du point de vue de l'histoire sociale. Il me semble que les hypothèses émises il y a plus de quarante ans par Karl Polanyi à propos de la « révolution industrielle » sont encore aujourd'hui les plus fécondes[40]. L'auteur insiste sur l'idée d'un retard dans l'évolution capitaliste des pays européens continentaux par rapport au cas britannique. Il ne s'agit nullement d'un jugement de valeur au nom d'une philosophie du progrès, mais d'un constat sur les lois de transformation du système capitaliste. Pour Polanyi, en effet, tous les grands pays industriels empruntent la *même route*, celle qui mène à la mise en place d'un marché « autorégulé », c'est-à-dire dans lequel la monnaie, le travail et la terre sont devenus des marchandises ayant chacune leur prix (intérêt, salaire, rente). Ce processus est, au XIXe siècle, beaucoup plus précoce en Grande-Bretagne que dans les pays d'Europe continentale, c'est en cela que l'on peut parler de « retard » de ces derniers. En ce qui concerne la France, le maintien d'une forte proportion d'agriculteurs dans la population active jusque dans les années 1950 peut être considéré comme un indice synthétique de la lenteur du processus d'autorégulation, car il touche à la fois la terre, le travail et la monnaie. Certes, à la fin du XIXe siècle, l'exode rural s'intensifie. Cependant, comme le montre Maurice Lévy-Leboyer, ces migrations ne bénéficient que faiblement à la classe ouvrière[41]. De plus, l'apparition des nouvelles industries de transformation accentue fortement la différenciation du marché du travail ouvrier au sein duquel on observe de plus en plus une hiérarchisation au détriment de l'industrie lourde. Si l'on excepte le secteur textile, où le marché du travail s'est constitué avec la première industrialisation, qui apparaît comme un monde « à part », relativement stabilisé, sans problème particulier de reproduction de la main-d'œuvre, l'industrie lourde (mine, sidérurgie, chimie) est touchée de plein fouet par la concurrence des industries de deux secteurs en fort développement : les industries de transformation, implantées en général à proximité des grandes agglomérations (surtout la Région parisienne) et les « services » (transports, électricité, etc.) où la main-d'œuvre bénéficie de conditions particulièrement favorables. Dans l'industrie lourde, les postes de « spécialistes » (mécaniciens, ajusteurs...) sont peu nombreux. Le travail est souvent pénible et les bassins d'emplois sont à proximité des sources d'énergie ou de matières premières, c'est-à-dire le plus souvent loin des lumières de la ville. Après 1870, pour trouver les ouvriers nécessaires dans ce secteur en pleine expansion, il devient impossible de déployer une politique autoritaire. Ce serait aller à l'encontre des deux grands principes qui légitiment l'ordre républicain : la démocratie politique (par le suffrage universel masculin) et la mobilité sociale (grâce à l'institution scolaire)[42].

Le paternalisme constitue donc déjà une stratégie visant à assurer de façon satisfaisante le recrutement de la main-d'œuvre ouvrière. Celui-ci est assuré par l'apport de trois composantes principales (dans un mélange variable selon les régions, leur histoire, la nature du travail...) : les descendants des anciennes familles ouvrières du XIXe siècle, les ouvriers-paysans et surtout les travailleurs immigrés. On ne saurait trop insister sur l'importance de ces derniers pour la réalisation de la mobilisation industrielle en 1914-1918 et ensuite pour le redémarrage de l'industrie sidérurgique et l'industrie houillère dans les années 1920.

La création de la Société générale d'immigration (1924) permet en effet une véritable planification du recrutement. Par le système du contrat de travail et des contraintes juridiques spécifiques pesant sur les étrangers, la main-d'œuvre peut être orientée dans les endroits précis où l'on a besoin d'elle. Par l'arrêt du recrutement, par le refoulement de la main-d'œuvre excédentaire, par l'embauche de célibataires ou de pères de famille, il est possible d'adapter précisément l'offre à la demande de travail. D'où l'apparition d'une force de travail beaucoup plus « flexible » que la main-d'œuvre française qui, comme le montre Gary Cross[43], refuse de plus en plus les travaux pénibles. Certes, l'emploi des immigrés ne concerne principalement que les postes de manœuvres (et de mineurs), mais ceux-ci sont numériquement les plus nombreux dans l'industrie lourde. L'emploi massif de travailleurs étrangers dans les mines et la sidérurgie favorise ainsi l'alimentation régulière du marché du travail *par le bas*, rendant possible la mobilité sociale pour les ouvriers français. Mais on mesure l'ampleur du contraste avec le patronage du siècle précédent qui avait pour règle de ne pas employer de travailleurs étrangers à la région (sauf quand le manque de « spécialistes » exigeait le recours aux étrangers, Anglais ou Belges le plus souvent).

Un autre aspect déterminant du paternalisme en opposition flagrante avec le patronage tient dans la mise en place d'un « contrôle total » sur la vie ouvrière. La plupart des études sur le sujet ont noté ce brutal développement de l'autoritarisme patronal à la suite des mouvements de grève. Ainsi Peter Stearns estime-t-il que la mobilisation ouvrière met fin au paternalisme éclairé des décennies antérieures pour y substituer un contrôle obsessionnel dans et hors de l'usine[44]. Le « contrôle total » se manifeste tout d'abord par une prise en charge de l'ensemble des secteurs de l'existence ouvrière. Celle-ci ne s'explique pas seulement, ni même principalement, par des raisons disciplinaires. Mais, du fait du retard de l'industrialisation française et des brutales transformations dans les premières décennies du siècle, il n'existe pas d'infrastructures (équipements urbains, logements...) pour accueillir ces centaines de milliers d'ouvriers nouveaux. Devant le laxisme de l'État[45] et sous la pression des ouvriers eux-mêmes (toutes les études prouvent qu'il y a un rapport direct entre la construction de logements et la diminution du *turn over*), les patrons sont contraints de réserver une part de leurs investissements pour les habitations, les écoles, les installations sanitaires, les hôpitaux, etc. Mais cette prise en charge complète représente aussi un refus délibéré de la part des maîtres de forges de laisser se développer l'initiative publique ou une initiative privée indépendante (bourgeoise immobilière par exemple) dans leur localité. Étant donné la concurrence qui oppose les entreprises pour le recrutement des ouvriers, il est vital pour chacune d'elles que le logement, l'hôpital, etc., apparaissent comme un avantage propre à tel ou tel établissement. La même logique explique que les sociétés sidérurgiques utilisent leur puissance pour empêcher toute diversification du marché du travail. Comme on l'a observé en diverses régions, le paternalisme s'illustre aussi par une volonté de maintenir les bassins industriels qu'il contrôle dans un très fort isolement par rapport aux autres régions industrielles ; cela, certes, pour éviter la « contamination » syndicale, mais aussi pour atténuer la fuite de main-d'œuvre vers des secteurs moins ingrats du marché du travail. Sur place, les patrons essaient d'empêcher le développement d'industries concurrentes. En renforçant le caractère mono-industriel des bassins paternalistes, en tuant dans l'œuf les velléités de constitution d'une réelle classe moyenne commerçante ou immobilière[46], les chefs d'entreprise façonnent des univers sociaux caractéristiques de ces régions, qui s'illustrent par une faible différenciation professionnelle. Les ouvriers constituent jusqu'aux trois quarts de la population active. En dehors d'eux, on trouve un petit nombre d'employés, de contremaîtres et d'ingénieurs dépendant eux aussi de l'usine ; un groupe restreint de commerçants, d'artisans et de membres des professions libérales, renforcés par quelques fonctionnaires. Pris dans une sorte de « cercle infernal », les maîtres de forges sont contraints d'accentuer toujours plus la prise en charge totale de la vie ouvrière, car celle-ci leur coûte très cher et tous les moyens sont bons pour faire des économies. Par rapport à l'époque du patronage, du fait de la rupture avec le monde rural, du fait de l'autonomisation et de la fermeture de l'entreprise sur elle-même, ce n'est plus la « campagne » qui assure l'essentiel de la reproduction de la force de travail. Comme le dit Robert Pinot, secrétaire général du Comité des forges et sans doute le meilleur « théoricien » du paternalisme, à propos de la retraite, c'est à l'entreprise de remplacer désormais les appuis que la vieillesse trouvait auparavant dans son environnement[47]. Mais avec le développement de la législation ouvrière à la fin du XIXe siècle, et la généralisation de la « société salariale » qui conduit à une rémunération en monnaie de tous les éléments concourant à la reproduction de la force de travail (allocations familiales, assurances sociales, retraites, allocations chômage...), il apparaît de plus en plus difficile pour une entreprise ou pour un ensemble d'entreprises, auraient-elles la puissance du Comité des forges, d'assurer cette prise en charge. D'où la nécessité d'empêcher à tout prix l'existence d'un syndicat dont l'action ne pourrait conduire qu'à une aggravation des coûts de reproduction[48]. La prise en charge totale permet aussi d'atténuer ces coûts. Comme on l'a noté dans plusieurs bassins sidérurgiques, on assiste au début du siècle à une redéfinition des rôles féminins dans la classe ouvrière. Alors qu'au temps du patronage l'épouse du travailleur était le plus souvent paysanne, le paternalisme la transforme en femme d'ouvrier. Elle doit apprendre à tenir le logis en cité, à gérer au mieux le maigre budget, à coudre les vêtements, faire la cuisine, etc. Ce travail gratuit étant le moyen de limiter les dépenses de l'ouvrier, tout en le « disciplinant » en pesant sur les liens affectifs. La multiplication des écoles ménagères que l'on constate à ce moment-là illustre parfaitement cet investissement patronal en direction des femmes[49]. Si le type d'urbanisation qui reflète le mieux le paternalisme consiste dans l'alignement monotone de cités entourées de jardins, formant des ensembles auxquels on peut difficilement donner le nom de ville, c'est, d'une part, parce que, comme nous l'avons vu, le paternalisme ne permet pas une réelle diversification sociale mais, d'autre part, cela est dû à une volonté de limiter les dépenses en monnaie pour l'entretien des familles ouvrières, en les obligeant à cultiver un jardin, souvent même un champ, dont les produits resteront indispensables à la vie quotidienne des ouvriers jusqu'à la Seconde Guerre mondiale. Il faut enfin souligner que la prise en charge ne concerne pas au même degré l'ensemble de la main-d'œuvre ouvrière. La responsabilité essentielle des maîtres de forges étant d'assurer le bon fonctionnement des usines, on comprend que leur attitude vis-à-vis de leur personnel soit étroitement conditionnée par la nature du procès de travail. Malgré les débuts de la rationalisation, nous en sommes encore de ce point de vue à un niveau intermédiaire entre l'ancien état des choses, où l'ouvrier de métier était roi, et la période actuelle où la production tend de plus en plus à être automatisée. Dans la sidérurgie, entre 1900 et 1930, il faut encore, malgré l'extension des services d'entretien, un très grand nombre de manœuvres et d'ouvriers de métier ayant une connaissance empirique du travail (c'est vrai aussi pour les mineurs de fer). C'est essentiellement pour recruter, stabiliser et assurer le renouvellement de ces ouvriers qualifiés qu'a été mis en place le paternalisme. C'est cette catégorie qui coûte le plus cher car c'est d'elle qu'on attend le plus. Par contre, deux autres groupes sont moins directement concernés par ce système. Les ouvriers-paysans, qui travaillent souvent depuis plusieurs générations à l'usine, fournissent beaucoup d'ouvriers de métier, mais continuent à vivre en dehors des cités, dans leur village. Les immigrés, embauchés comme manœuvres, sont maintenus à l'écart du paternalisme, à tel point que l'on peut dire que, si le système n'existe que grâce à eux, il est aussi tourné contre eux[50]. Grâce à la rationalisation du recrutement, les maîtres de forges parviennent à trouver les hommes jeunes, en bonne santé, dont ils ont besoin pour effectuer des travaux de force. Leur formation ne leur a rien coûté puisque ce sont les pays d'origine qui les ont élevés mais, en plus, bien qu'ils cotisent aux caisses de secours ou de retraite, du fait de l'extrême instabilité qui les caractérise (et qui constitue leur principal moyen de défense), ils en touchent rarement les bénéfices, alors même qu'ils sont les plus exposés aux dangers du travail industriel. De même, n'ayant en France ni femme ni enfant, ils ne sont pas concernés par les « œuvres sociales ». Ils vivent dans des baraquements construits à la hâte ou sont pensionnaires chez des compatriotes mariés vivant en cité ; leur entretien aggravant la charge de travail des femmes du foyer. Toute cette fraction de la main-d'œuvre, qui en constitue parfois la majorité absolue, intervient ainsi de façon très minime dans les charges de l'entreprise.

Un dernier aspect du « contrôle total » caractéristique du paternalisme tient au renforcement des contraintes pesant sur les ouvriers. Dans toutes les régions sidérurgiques, les grèves se soldent par une intensification de la discipline. La rupture avec l'environnement rural (qui avait souvent fourni un important appui logistique aux grévistes, contribuant à la ténacité de leur combat) est aussi un moyen d'obliger les ouvriers à ne plus dépendre que de l'entreprise. Alors que Le Play prônait la propriété rurale comme élément d'indépendance, Cheysson ne vante plus que les mérites de la propriété du logement. Mais, dans les premières décennies du XXe siècle, même celle-ci est en régression. Au Creusot, par exemple, environ 25 % des ménages ouvriers sont propriétaires de leur habitation en 1867 ; mais, en dépit des discours, il n'y a pas de généralisation de la propriété ouvrière dans les décennies suivantes, car très peu de budgets ouvriers peuvent supporter des charges (prêts à rembourser à l'usine) qui dépassent 28 % du revenu familial moyen[51]. Dans le bassin de Longwy, la location est quasiment le seul mode de logement en cité. L'aggravation de la dépendance, après les grèves de 1905, est très sensible. L'entreprise loue désormais au mois et non plus à l'année ; le garde de l'usine effectue une visite hebdomadaire. Obligation est faite aux occupants de laver le carrelage une fois par mois ; le plafond et les murs deux fois par mois ; le seuil, le trottoir et les W.-C. tous les jours[52]. Deux facteurs peuvent expliquer cette nouvelle rigueur patronale. Le premier tient à la nécessité d'inculquer la discipline propre au travail d'usine à une classe ouvrière sans expérience industrielle ou rétive au nouveau cours des choses. Par ailleurs, on peut penser qu'étant donné la rareté de la main-d'œuvre il n'y a pas encore d'« armée industrielle de réserve » permettant d'exercer un chantage à l'emploi. Dans ces conditions, c'est hors de l'usine, par le chantage au logement et aux « œuvres » diverses, que le patronat peut espérer former son personnel dans le sens où il l'entend.

Le dernier caractère fondamental du paternalisme industriel tient dans les efforts que ses partisans déploient pour donner une légitimité nouvelle au chef d'entreprise. À l'époque du patronage, du fait que l'autorité du maître semblait « naturelle » au plus grand nombre, il n'était guère besoin que ce dernier multiplie les signes symboliques prouvant son rôle de bienfaiteur. Mais le paternalisme est un moment des rapports patron/ouvriers où cette autorité ne va plus de soi. Le désenchantement de la fin du siècle a été aggravé par le traumatisme des grèves. De plus, désormais, il existe des syndicats et des partis qui, au niveau national tout au moins, s'emploient constamment à discréditer le rôle du patron. Enfin, les nécessités du « contrôle total » exposées plus haut rendent moins crédibles les affirmations concernant le patron bienfaiteur. Tout cela explique la formidable mobilisation des maîtres de forges ou de leurs représentants, que l'on peut voir comme un immense travail de dénégation du pouvoir qu'ils exercent sur les autres. Un peu partout, à la suite des grèves, on assiste à la multiplication du nombre des associations « récréatives » contrôlées par l'usine et à une véritable restructuration du calendrier des fêtes, au détriment des réjouissances traditionnelles et au bénéfice de l'usine ; comme si la totalité du temps et de l'espace devait être occupée par elle[53]. Ce qu'il faut préciser, c'est que l'offensive « de charme » n'est pas destinée, là non plus, à l'ensemble de la main-d'œuvre. À la fin du XIXe siècle, Émile Cheysson — qui assistait à la naissance de la grande usine autonome par rapport à son environnement — considérait que l'une des causes essentielles de la crise du patronage tenait à l'impossibilité dans laquelle se trouvait désormais le patron de maintenir des rapports directs avec l'ensemble de son personnel. Les formes de segmentation mises en place avec le paternalisme apparaissent comme des solutions nouvelles à ce problème. La partition entre ouvriers internes et ouvriers externes fait place à des divisions plus complexes combinant le critère familial (père de famille/célibataire) et surtout le critère de nationalité. C'est seulement parce qu'il y a un nombre limité d'ouvriers qui sont concernés par les fêtes que préside le maître de forges (fêtes patriotiques, remise des médailles du travail, remises des prix à l'école d'apprentissage) que celui-ci peut établir avec eux des liens directs, se les « attacher ». Il s'agit en général des ouvriers qualifiés français. L'hétérogénéité de la main-d'œuvre permet aux directeurs des entreprises de prendre appui — dans l'intérêt de l'usine, donc aussi dans le leur — sur la diversité des histoires individuelles et des aspirations. L'extrême exploitation dont sont victimes les immigrés célibataires n'est possible que parce que, pour eux, l'usine ou la mine ne sont considérées que comme un moment passager de leur existence, le prix qu'il faut payer afin de trouver l'argent nécessaire à la réalisation des projets que l'on a fait « au pays ». En exaltant le patriotisme, voire le localisme, de la main-d'œuvre française (notamment en Lorraine), les maîtres de forges cultivent les « signes d'appartenance » qu'ils ont en commun avec cette partie de leur personnel et qui les distinguent des ouvriers étrangers. Ce ne sont pas les patrons qui « fabriquent » les comportements xénophobes des travailleurs français. Ceux-ci existent souvent à l'état latent ; il suffit de les flatter et de les entretenir pour en tirer profit[54]. Cela d'autant plus que le fait d'être français est un argument de poids pour éviter les déclassements, prétendre aux meilleurs postes. S'il est incontestable — comme le prouve le dépérissement du mouvement ouvrier jusqu'au Front populaire dans les bassins sidérurgiques — que les maîtres de forges sont parvenus à retrouver une partie de la légitimité perdue, cela s'explique aussi par les perspectives d'ascension sociale offertes au cours de cette période. Le thème de l'ouvrier du Creusot dont le fils est devenu employé et le petit-fils ingénieur grâce aux écoles Schneider est peut-être mythique ; il n'empêche qu'avec la rationalisation du travail s'est produit un bouleversement des qualifications reflété par le fort accroissement des postes d'entretien, d'employés, de contremaîtres. D'où des perspectives d'ascension sociale conformes aux aspirations des ouvriers locaux. Entre ces deux catégories (manœuvres immigrés « célibataires » et ouvriers qualifiés français), il faut faire une place à un groupe intermédiaire composé des ouvriers immigrés pères de famille. Ayant renoncé au retour dans leur pays, ou dans l'impossibilité de le faire, ils sont tenus à une discrétion particulière s'ils ne veulent pas être expulsés du « pays d'accueil » comme tant de leurs compatriotes. Du paternalisme, ils ne connaissent surtout que les rigueurs. Confiné dans les échelons inférieurs du marché du travail, ce groupe est sans doute le plus concerné par ce qu'on pourrait appeler « les échéances qui aident à vivre », échéances qui sont aussi partie prenante de la stratégie paternaliste de modelage des existences ouvrières. Attente pour passer du baraquement à la cité et pouvoir ainsi faire venir la famille ; attente qu'une place de manœuvre à l'usine permette de quitter la mine, attente du moment où, grâce à l'ancienneté acquise dans l'usine, l'auxiliaire deviendra titulaire dans l'entreprise, etc.

Plutôt que de raisonner en termes de discipline (patronale) d'un côté et de résistance (ouvrière) de l'autre, pour comprendre le processus historique qui mène du patronage au paternalisme, il est préférable de l'analyser comme un cas particulier d'interdépendance au sens que Norbert Elias donne à ce terme[55]. Il s'agit en effet d'un processus dialectique où les patrons sont loin d'agir en toute liberté. Au contraire, la stratégie qu'ils mettent peu à peu en œuvre, à tâtons, sans plan préconçu, constitue une réponse pour faire face à de nombreuses contraintes, la principale d'entre elles étant cette forme minuscule mais réelle de pouvoir que les ouvriers sont en mesure d'exercer sur eux : la dérobade. La lutte patronale pour stabiliser le marché du travail aboutit, avec le paternalisme, à la constitution d'un monde social replié sur lui-même, relativement peu différencié où le chef d'entreprise doit constamment « payer de sa personne » pour faire « tourner les rouages », à la différence de ses homologues des grandes villes où la complexité même des rapports sociaux suffit à faire fonctionner la « machine sociale » d'elle-même et donc à fournir les bras dont les usines ont besoin[56].

CHAPITRE VII

Les espaces de l'immigration ouvrière, 1830-1930

Depuis le XIXe siècle, l'immigration, aux États-Unis, s'identifie au plus haut point à l'histoire urbaine. En 1920, les trois quarts des immigrants vivent dans des villes, et l'on peut préciser dans des *grandes* villes. À cette date, en effet, les immigrants récents forment environ 15 % de la population totale du pays, mais 48 % de la population urbaine et 58 % des habitants des communes de plus de 100 000 habitants[1]. Cette réalité a incontestablement favorisé la « visibilité » du phénomène. Dans le champ des sciences sociales notamment, on sait que dès le début du siècle la recherche sur l'immigration et la sociologie urbaine ont été intimement liées, en particulier sous l'impulsion de l'École de Chicago. L'explication de ces liens privilégiés qu'entretiennent les migrants avec la ville a été fournie dès la fin du XIXe siècle, en Grande-Bretagne, par Ravenstein, qui considérait comme une « loi » sociologique le fait que les immigrants de tous les pays se dirigeaient avec prédilection vers les grandes villes parce que celles-ci offraient davantage de possibilités de promotion sociale à celui qui savait saisir sa chance.

Bien que la France ait été, dès la fin du XIXe siècle, l'un des premiers pays industrialisés pour l'ampleur de son immigration, nous allons montrer dans les pages qui suivent que la répartition spatiale de la population étrangère contredit la « loi » de Ravenstein[2]. Cette spécificité française n'a jamais été mise en valeur, parce que tous ceux qui se sont penchés sur la question de la répartition des populations immigrées sur le territoire français, de Georges Mauco à Hervé Le Bras, sont restés prisonniers des nomenclatures de la Statistique générale de la France qui privilégient le cadre départemental, ce qui a favorisé les descriptions cartographiques en termes régionaux (les Belges au nord, les Espagnols au sud-ouest...), mais a occulté la répartition urbaine[3].

Approfondir ce problème présente donc déjà un intérêt méthodologique. Comme nous allons le voir, c'est non seulement la critique des instruments les plus utilisés dans les commentaires sur l'immigration depuis un siècle qu'il faut entreprendre, mais, au-delà, ce sont les *a priori* de tout un courant de la recherche en sciences sociales qu'il est nécessaire de mettre au jour. L'intérêt de cette « anomalie » dans la répartition spatiale de l'immigration tient au fait que, pour en rendre compte, il faut faire le détour par l'analyse du « modèle » français d'immigration ; c'est-à-dire entreprendre la *construction* du concept d'immigration en rompant avec sa définition commune, même historicisée.

UNE IMPLANTATION DIVERSIFIÉE. ESQUISSE D'UNE TYPOLOGIE DES ESPACES DE L'IMMIGRATION

Il n'est sans doute guère de domaine des sciences sociales où l'emprise des statistiques ait été aussi forte que dans le domaine de l'immigration. En croisant quelques critères simples, la nationalité et le département, complétés par ceux du sexe puis (à partir de 1891) du métier exercé et de la branche professionnelle, les fonctionnaires de la Statistique générale de la France ont fourni le support matériel sur lequel se sont constitués depuis cent ans la plupart des discours savants sur l'immigration. Georges Mauco, dans sa thèse de géographie, a été le premier à exploiter le filon. Il a ainsi imposé la thèse d'une immigration « frontalière » à l'origine, qui se serait ensuite répandue vers l'intérieur du pays. Il estime qu'à la fin du XIXe siècle « les étrangers se cantonnaient très nettement dans les régions proches de leur pays d'origine »[4]. Dans l'ouvrage cité plus haut, Hervé Le Bras fait le même constat : au milieu du siècle dernier, les étrangers « sont nos voisins qui ont un peu débordé leurs frontières comme nous débordons les leurs »[5]. Et l'auteur poursuit en se référant explicitement à Ravenstein. L'immigration est décrite comme un *fleuve* creusant progressivement son lit et laissant au passage des alluvions. Dans cette perspective, dès la fin du XIXe siècle, les grandes lignes de la répartition de la population étrangère en France seraient fixées. Reprenant la métaphore des « tempéraments nationaux » chère à André Siegfried, l'auteur considère que la comparaison des cartes par département permet de déceler des permanences entre 1851 et 1936 au moins. Les Polonais, par exemple, vivraient toujours en majorité dans les mêmes endroits ; les Italiens conserveraient pendant un siècle les mêmes implantations « traditionnelles », notamment la Lorraine et le Sud-Est. Sans nier les apports de la cartographie informatique dans le développement des sciences sociales, il me semble néanmoins que son usage devrait s'accompagner d'une réflexion plus systématique sur les sources utilisées. Les commentaires ci-dessus cachent en fait de nombreuses confusions. Il est déjà pour le moins curieux qu'un auteur attaché à mettre en valeur les permanences du système « anthropologique » français[6] puisse reprendre telles quelles des données qui reposent essentiellement sur des définitions juridiques et administratives. Le cadre régional, conçu comme un assemblage de départements, est beaucoup trop grossier pour mesurer l'éventuelle permanence des implantations étrangères. La présence italienne du milieu du XIXe siècle en Lorraine n'a rien à voir, ni au niveau du lieu habité ni au niveau du métier exercé, avec celle du milieu du XXe siècle. Cette apparente continuité cache en fait la profonde rupture de l'industrialisation qui débute dans les années 1890. De même, parler d'une permanence de la présence polonaise dans le Nord n'a pas de sens. Au milieu du XIXe siècle, il s'agit de réfugiés politiques, d'origine sociale élevée, souvent « expédiés » autoritairement par l'administration française dans les villes de province. Jusqu'à la Première Guerre mondiale, les immigrants polonais ouvriers sont très peu nombreux ; les premiers recrutements collectifs concernent les agriculteurs disséminés dans les grandes fermes du Bassin parisien[7]. Par ailleurs, derrière les étiquettes de « Polonais » ou « Italiens », se cachent des réalités ethniques et historiques très différentes, qui invalident là encore l'idée de « permanence » d'un siècle à l'autre, pour ne rien dire des « tempéraments nationaux ». Les étiquettes administratives masquent la diversité « anthropologique » d'une autre manière encore. L'immigration dite « frontalière » ou de « voisinage » obéit souvent en fait à des formes complexes de migrations intérieures dans les pays d'origine. Raoul Blanchard a ainsi montré dans sa thèse sur les Flandres que les communes belges situées à la frontière n'étaient bien souvent que « des relais d'une émigration à longue échéance par où se prépare l'absorption des Flamands en route pour l'Ouest ». Dans le village de Neuve-Église par exemple, au début du siècle, 50 % des habitants sont venus d'Ypres pour remplacer les indigènes partis auparavant dans les charbonnages français[8].

Ces remarques ne signifient pas que l'analyse cartographique, si l'on en fait seulement un point de départ, soit sans intérêt. La forte concentration des populations étrangères au XIXe siècle dans les régions frontalières illustre le maintien des anciennes traditions migratoires du Piémont, des Flandres, de la Catalogne, etc., migrations souvent temporaires des ouvriers ruraux, mais aussi des artisans du Tour de France ou des petits métiers spécialisés (ramoneurs savoyards). L'examen des cartes tirées des recensements de l'entre-deux-guerres reflète par contre un phénomène de dispersion des immigrés dans l'ensemble des départements français. De plus en plus, comme le note Georges Mauco, « la distribution géographique est calquée sur la carte économique du pays ». Ce phénomène est confirmé par les calculs d'André Beltramone qui montrent que l'indice de la concentration de la population étrangère par département passe de 800 en 1891 à 608 en 1936[9]. La diffusion des groupes d'immigrants dans l'ensemble de l'Hexagone est le premier point qu'il nous faudra expliquer. On peut tout de suite en ajouter un second : la forte concentration de la population étrangère dans certaines communes. Pour ne donner qu'un exemple, on estime, dans les années 1930, qu'environ 1700 communes françaises ont une population étrangère presque aussi importante ou plus importante numériquement que la population française[10]. Les études monographiques effectuées à ce jour nous permettent de souligner un troisième problème : cette concentration dans certaines communes ne signifie nullement une uniformité dans les types d'habitats réservés aux étrangers, comme le prouve l'esquisse de typologie que l'on va présenter.

On peut commencer par le modèle le plus ancien, qui est aussi le plus proche du modèle américain : l'immigration en milieu urbain. En France, elle présente deux aspects. Le premier est déjà bien en place sous le Second Empire, dans les grandes villes textiles du Nord. À Lille, par exemple, alors que le quartier de Saint-Sauveur reste typiquement lillois, peuplé d'ouvriers de souche (comme les filtiers) qui sont l'âme de la culture ouvrière locale (cabarets, chansons...), les communes de banlieue (annexées en 1858), comme Wazemmes ou Moulins-Lille, où sont installées les filatures de coton ou de lin, sont peuplées en majorité d'immigrants flamands (9 000 sur 16 000 habitants à Moulins-Lille). Ils ont leur prêtre, leurs œuvres, se marient entre eux. Ils forment une « communauté fermée qui ne s'ouvrit que lentement à la population autochtone d'ailleurs méfiante, jalouse et méprisante »[11]. Dans les décennies suivantes, ce type de ghetto urbain pour immigrés se retrouve de plus en plus souvent dans les banlieues où les quartiers ouvriers sont hâtivement formés au pied des usines. Dans la région parisienne, Georges Mauco a décrit cet univers pour l'entre-deux-guerres : « Rien de plus saisissant pour le promeneur attentif que le contraste entre le centre des grandes villes où les riches boutiques et l'ensemble de la population restent nettement français et les faubourgs et les banlieues ouvrières. Dès que l'on s'éloigne des quartiers centraux et que l'on pénètre dans ces zones de population laborieuse, on est frappé par l'importance de l'élément étranger et bien souvent il faut constater que l'élément français y est en minorité. »[12]

Un autre type d'immigration urbaine, plus ancien que le premier et qui perdure jusque dans les années 1950, est représenté par les ghettos de centre-ville. Plus que les ouvriers d'industrie, ce sont des travailleurs concentrés dans la petite production artisanale : la pêche, la confection, le commerce, le bâtiment... Souvent, leur présence est d'autant plus massive dans les rues du centre que l'habitat est vétuste et insalubre. Les propriétaires préfèrent alors se replier vers les nouveaux espaces bâtis dans les quartiers extérieurs. Cette évolution se constate à Marseille dès la fin du XIXe siècle dans le Vieux Port où les pêcheurs napolitains sont majoritaires. De même à Toulon, les rues du centre sont réparties entre les Génois, les Napolitains, les Piémontais, ce qui correspond aussi à une division par secteur professionnel. Les Arméniens à Valence ou les Juifs d'Europe centrale dans le quartier du Marais à Paris sont d'autres exemples du même type[13]. Partout, c'est aussi dans ces ghettos de centre-ville que se rencontrent les logements pour célibataires : garnis, foyers, hôtels, pensions... L'immigration urbaine ne représente cependant qu'une partie de l'immigration totale dans la France de l'entre-deux-guerres. Deux autres espaces typiques de cette période doivent en effet être éclairés : les cités ouvrières et les colonies rurales.

L'importance des cités ouvrières, des « villes-usines », est considérable. Certes, on trouve ce genre d'habitat dans tous les pays industrialisés ; mais ce qui fait la spécificité française, c'est l'ampleur et la persistance de cet espace de travail. En effet, jusque dans les années 1950, les villes-usines constituent la forme principale de l'urbanisation dans l'industrie lourde, alors que dans les autres pays industrialisés de véritables villes se sont développées autour des usines[14]. Comme nous le verrons, cette persistance ne peut se comprendre que par référence à l'immigration. On peut estimer que ces lieux illustrent une forme dégradée d'urbanisation, faisant penser plus au village qu'à la ville. Les communes dépassent rarement les 20 000 habitants ; l'habitat y est d'une monotonie affligeante du fait que les entreprises ont elles-mêmes construit une bonne partie des logements. La monotonie est encore accentuée par la faible diversité de la structure socioprofessionnelle qui recoupe pour l'essentiel le registre du personnel de l'usine locale. C'est sans doute dans ce type d'espace que la proportion d'immigrés est la plus forte dans l'entre-deux-guerres, dépassant fréquemment les 80 %, que ce soit dans les corons du Nord, les cités minières lorraines ou celles des vallées alpines. Comme le remarque Janine Ponty, « la disposition de l'habitat répond à un clivage plus social que national »[15]. Dans les corons vivent les houilleurs polonais, français ou autres ; dans les rues principales on trouve les artisans, commerçants, ingénieurs, médecins de la compagnie, presque tous français. Même s'il n'y a pas de stratégie patronale délibérée de constitution de « ghettos ethniques », ceux-ci n'en existent pas moins souvent de fait, étant donné que les immigrés forment les bataillons du prolétariat local. Il faut d'ailleurs préciser que l'espace « paternaliste », en ce qui concerne les immigrés, est composé de deux ensembles qui reflètent une forme de segmentation de la force de travail sur laquelle on n'insiste que trop rarement : la segmentation fondée sur le critère *familial*. Si les cités en elles-mêmes sont occupées par les familles ouvrières, partout il existe des baraquements ou des cantines réservés aux célibataires. L'espace des villes-usines est ainsi organisé en fonction d'une combinaison des critères de nationalité, de statut familial et d'appartenance professionnelle. À Ugine par exemple, les Français habitent au chef-lieu, légèrement surélevé ; les ingénieurs sont logés aux « Charmettes » dans une zone résidentielle, les familles de travailleurs immigrés occupent la majorité des cités ; quant aux hommes seuls, ils sont regroupés dans un phalanstère fondé en 1921 par Paul Girod, sur la base d'une ségrégation par nationalités : un bâtiment pour les immigrés d'Europe de l'Est, un pour les Espagnols, un pour les Italiens[16]. Même dans les anciens centres ouvriers comme Decazeville, l'existence des ghettos immigrés est avérée dans l'entre-deux-guerres du fait « d'un isolement physique et psychologique inscrit tout d'abord dans la géographie avec le découpage urbain lié à l'usine et à la mine ; les étrangers se trouvant dans des quartiers d'accueil précis (avec baraquements le plus près possible des puits) à l'est et au sud autour du centre industriel, tandis que l'ouest est commerçant, résidentiel et français »[17].

La dernière forme d'espace caractéristique de l'immigration antérieure à la Seconde Guerre mondiale appartient au monde rural. Il ne faut pas oublier en effet qu'environ 20 % des travailleurs étrangers recrutés en France sont dirigés vers l'agriculture et employés comme ouvriers agricoles ou comme métayers. Les premiers n'ont pratiquement pas d'espace propre ; isolés, ils vivent souvent chez le propriétaire français comme des domestiques, ou dans des campements sommaires dressés à la hâte par les grands exploitants du Bassin parisien. Par contre, les métayers et les petits propriétaires ont souvent reconstruit des villages entiers, désertés par leurs habitants d'origine, que ce soit dans le Gers, le Var ou même l'est de la France[18].

LA LOGIQUE DE L'ESPACE NE SUFFIT PAS À EXPLIQUER LA RÉPARTITION ÉTRANGÈRE

Nous allons maintenant montrer pourquoi on ne peut pas affirmer, comme le fait Hervé Le Bras, que « la logique de l'espace suffit à expliquer la répartition étrangère »[19]. Il faut commencer par écarter les présupposés de tant d'analyses géographiques ou démographiques, confortés à la fois par la mode anthropologique actuelle, mais aussi par l'approche statistique et informatique. Dans cette perspective, l'immigration est assimilée à une migration, c'est-à-dire à un parcours d'un point à un autre de l'espace physique. Implicitement, au nom des principes de l'économie libérale[20], ce serait le jeu de l'offre et de la demande de travail qui réglerait le mécanisme de ces déplacements, les centres industriels opérant comme d'immenses « pompes » aspirantes qui séduiraient des immigrants cherchant à échapper à la misère de leurs campagnes. Il y a bien sûr beaucoup de vrai dans tout cela, mais une telle explication ne permet nullement de comprendre la *spécificité* de l'immigration moderne puisqu'elle peut aussi bien s'appliquer aux migrations intérieures à l'Hexagone. Beaucoup d'auteurs d'ailleurs, logiques avec eux-mêmes, assimilent l'un à l'autre les deux processus (ce qui encourage, soit dit en passant, les démagogies faciles du genre : « nous sommes tous des immigrés »). L'« immigration » est alors considérée comme un processus de très longue durée qu'on peut identifier dès l'Ancien Régime (mais pourquoi pas depuis la préhistoire ?). Dans un colloque international d'historiens est affirmé l'objectif de « remettre en cause le caractère opératoire du concept d'immigration et d'immigrant » jugé trop général, au profit d'une perspective microhistorique : « L'idéal devant être à terme d'établir pour chaque immigrant un indice objectif et subjectif de distance rendant compte de la réalité de son *parcours*. »[21] Cette conception des choses se retrouve dans les analyses concernant l'immigration « frontalière ». Ainsi Georges Dupeux estime-t-il qu'au XIXe siècle les Belges travaillant dans le nord de la France ne sont pas de véritables immigrés. Du fait de la « proximité culturelle » qui les rapproche de la population locale, l'ouvrier belge serait moins « dépaysé » à Lille qu'à Bruxelles. Le thème du « dépaysement culturel » — qui oublie de nous dire ce qu'est un *pays* dans les sociétés contemporaines — est en harmonie avec celui du parcours, du flux, du fleuve, bref d'une géographie datant au moins de Vidal de la Blache qui met l'accent sur *l'initiative* de l'immigrant (même si celle-ci résulte d'une contrainte économique). Toute l'explication d'Hervé Le Bras, que nous avons privilégiée ici à titre emblématique, repose sur des formes verbales qui vont dans ce sens : les immigrés « poussent » les Français aux échelons supérieurs de l'échelle sociale ; ils « se faufilent », « se dirigent », « s'établissent », « s'installent méthodiquement », « cèdent leur place », « s'effacent », « reprennent les terres désertées », etc.[22] Si ce type d'analyse ne rend pas compte de la spécificité du phénomène de l'immigration dans la société contemporaine, c'est en grande partie par suite de l'approfondissement de la division du travail qui sévit dans les sciences sociales depuis le début du siècle, particulièrement frappant en ce qui concerne l'immigration. D'un côté, nous avons les spécialistes du droit et des sciences politiques qui débattent du Code de la nationalité ou de la carte de séjour ; de l'autre, les démographes, sociologues ou géographes qui se concentrent sur les problèmes d'« identité » culturelle, sur les flux et les seuils, les taux de natalité et de fécondité. L'originalité de la discipline historique est de reproduire, *en son sein*, cette division du travail. À un pôle, l'histoire politique (Pierre Renouvin et Jean-Baptiste Duroselle) s'occupe surtout des rapports entre immigration et « opinion » ou « pouvoirs publics » ; entre immigration et « relations internationales ». Au pôle opposé, l'histoire économique et sociale privilégiée par les *Annales* (Fernand Braudel et Ernest Labrousse), derrière l'ambition d'une histoire totale, refoule les questions politiques et juridiques ou plutôt se montre incapable de les intégrer dans une problématique différente de celle du pôle opposé[23]. Or, pour construire une définition scientifique de l'immigration échappant aux évidences du sens commun, il faut que les deux pôles se rejoignent, même si cela n'est pas très « géographique ». C'est dire qu'il faut montrer comment le « politique » ou le « juridique » sont *dans* l'« économique » ou le « géographique » et inversement comment l'« économique » et le « géographique » sont *dans le* « politique » ou le « juridique ».

L'IMMIGRATION OU LA CONSTRUCTION JURIDIQUE D'UN ESPACE SOCIAL

L'immigration, dans le cas français tout au moins, est l'un des principaux résultats de la profonde crise économique que la France a connue dans les années 1880, liée aux mutations sociales d'ensemble qui ont accompagné l'émergence de la « deuxième industrialisation ». Méthodologiquement, il faut donc d'abord mettre l'accent, non pas sur les initiatives propres aux immigrants, mais sur les problèmes de la *société d'accueil*. Il suffit de comparer, en longue durée, les courbes de l'immigration en France et aux États-Unis pour constater combien, dans le modèle français, elle constitue un fidèle reflet de la conjoncture économique, à la différence du cas américain où l'autonomie des flux est beaucoup plus affirmée. Le terme d'« immigration » fait une apparition brutale dans le vocabulaire français au début de la IIIe République, avec des définitions qui sont d'emblée très différentes du vieux mot juridique d'« étranger »[24]. Bertillon propose sans doute la première définition spécialisée du terme, en mettant clairement en valeur le lien étroit entre l'immigration et l'émergence de la société industrielle : « Au point de vue de la comptabilité sociale, une Nation peut être assimilée à une usine. Quelle que soit la production, hommes ou choses, la tenue des livres n'en a pas moins les mêmes règles, les mêmes obligations : enregistrer tout ce qui *entre* (souligné dans le texte), tout ce qui sort, établir la *balance* de ce double mouvement et *vérifier* par *l'état* de la caisse et des produits en magasins (inventaire ou dénombrements) l'exactitude de la comptabilité des *mouvements* (entrées et sorties) »[25].

On peut faire un pas de plus en disant que l'immigration est liée à l'émergence, ou plutôt à *l'autonomisation*, par rapport à son environnement rural, de l'industrie lourde, symbole de la grande usine à la fin du XIXe siècle[26]. Avec l'expansion et la diversification ininterrompue du marché du travail jusqu'en 1930, ce secteur vital — pour l'économie française, et pour la défense nationale — mais totalement dévalorisé est constamment à la recherche de main-d'œuvre. Déjà sous le Second Empire, les responsables de la Compagnie des mines de Lens protestent contre les restrictions mises par Napoléon III (à la suite de l'attentat d'Orsini en 1858) à l'entrée des travailleurs étrangers : « Le bassin du Pas-de-Calais ne réussira à développer son exploitation qu'à l'aide des mineurs belges »[27]. Un demi-siècle plus tard, le problème s'est généralisé dans la plupart des secteurs de la grande industrie. Un représentant du patronat le constate dans le journal *Le Temps* en 1907 : « Tout développement industriel en France se fera avec des ouvriers étrangers. L'industrie française ne peut se développer davantage faute de main-d'œuvre [...]. Jusqu'ici, l'industrie française avait trouvé des réserves de main-d'œuvre dans la population agricole et les avait occupées à son profit. À l'heure actuelle ces réserves sont taries[28]. » La pénurie est considérablement aggravée encore après la guerre. Comme le note un responsable du Comité Central des Houillères, « le renforcement des contingents par l'appel à la main-d'œuvre étrangère était avant guerre d'opportunité industrielle. Il devient aujourd'hui de nécessité nationale »[29].

Ces citations suffisent à illustrer l'insuffisance des arguments démographiques si souvent invoqués pour expliquer l'ancienneté de l'immigration en France. En effet, la cause fondamentale du phénomène dans les années 1920 ne réside pas dans l'obligation de remplacer les ouvriers et les paysans morts en 1914-1918 (même si ce facteur a beaucoup aggravé les choses) puisque, bien avant la guerre, la nécessité d'un recrutement massif d'ouvriers étrangers se faisait déjà sentir. L'autre raison qui invalide l'argument démographique du « manque » de main-d'œuvre française consécutif à la faiblesse de la natalité est qu'en bien des régions l'apparition de la grande industrie fait fuir la population locale. En Savoie, l'expansion industrielle de la fin du siècle accélère l'exode rural. « Les émigrants que l'industrie ne parvient pas à fixer fuient dans toutes les régions de France » ; c'est pourquoi « il a fallu remédier à l'insuffisance du recrutement par l'appel à la main-d'œuvre étrangère »[30]. Le même phénomène se vérifie dans les anciens bassins industriels où pourtant les chefs d'entreprise avaient réussi dans les décennies précédentes à former une main-d'œuvre adaptée. À Decazeville, « l'épuisement des effectifs français disponibles, (faible démographie, émigration parisienne, dégoût pour la mine et les forges), entraîne dès 1911 le développement d'une politique favorable à l'arrivée de plus en plus d'étrangers »[31]. Partout l'émergence de la « deuxième industrialisation » entraîne un spectaculaire recul de l'hérédité professionnelle des mineurs. À Saint-Étienne par exemple, dans la période 1875-1895, plus de 70 % des mineurs ont un père mineur ; dans la première décennie du XXe siècle, la proportion est descendue au tiers[32]. Le manque de main-d'œuvre dans la grande industrie résulte donc aussi des comportements de « fuite » que l'on constate dans le monde ouvrier. Le malthusianisme en constitue une autre modalité. Gary Cross, qui a été le premier à mettre en valeur le lien entre les résistances des classes populaires françaises à l'industrialisation et le recours massif à l'immigration, montre que, par le contrôle strict des naissances, les travailleurs français ont « commencé à éviter les emplois durs et socialement inacceptables »[33]. Peut-être que le plus grand paradoxe de la société française du XIXe siècle tient dans le fait que l'armée industrielle de réserve qui aurait dû s'accroître avec l'expansion du Capital disparaît progressivement après 1850.

Sans revenir ici sur un problème que nous avons tenté d'éclaircir dans un précédent ouvrage[34], et en nous limitant à ce qui explique directement la conjoncture des années 1880 où émerge la question de l'immigration, remarquons que ce sont les conditions mêmes de la première industrialisation qui expliquent l'intensité de la Grande Dépression dont les ravages seront plus terribles en France qu'ailleurs. Dans l'impossibilité d'opérer la rupture radicale qui aurait permis de transformer les millions de petits propriétaires terriens de la France du temps en prolétaires, le patronat de la grande industrie conforte en fait les liens de la main-d'œuvre avec le monde rural, dans une stratégie de développement qui s'appuie sur la complémentarité industrie-agriculture. Mais cette logique n'était tenable que dans le cadre d'une économie encore fortement indépendante et marquée par le cloisonnement des marchés régionaux. Or, dans le même temps, le Second Empire renforce considérablement les conditions d'une interdépendance beaucoup plus marquée entre les marchés, par l'expansion des transports (chemins de fer, routes, canaux), par l'impulsion donnée au système bancaire et par la politique de libre-échange. Les effets décalés de ces innovations se feront particulièrement sentir lors de la dépression des années 1880. La France subit à la fois le contrecoup de la crise internationale (étant donné la place occupée par ses exportations, notamment dans les industries de luxe) et les méfaits sur le marché intérieur de la concurrence des produits manufacturés belges ou anglais.

Le « protectionnisme », qui est l'une des solutions politiques de la crise, mis en œuvre à la fin du siècle par la bourgeoisie républicaine, est loin de se limiter à une question de tarifs douaniers comme on le croit souvent. Il s'agit en fait d'une profonde et irréversible restructuration de la société française illustrant le triomphe des principes de l'État-nation dans tous les secteurs de la vie sociale[35]. C'est dans ce contexte que naît l'« immigration » au sens moderne du terme, qui se distingue de toutes les formes de « migrations » antérieures par l'importance accordée aux moyens juridiques et administratifs d'intervention de l'État dans la vie quotidienne des individus. De ce point de vue, la loi de 1889 sur la nationalité est d'une importance décisive non seulement parce qu'elle constitue la base de la législation française sur le sujet, mais aussi parce que, pour la première fois, la solution adoptée pour résoudre la crise économique et sociale consiste dans l'établissement de mesures protectionnistes sur le marché du travail fondées sur le critère juridique de la nationalité, mesures qui iront constamment en se renforçant dans les décennies suivantes[36].

En utilisant tout un arsenal de mesures juridiques pour réorganiser l'ensemble de l'espace social en zones interdites, déconseillées ou préservées, l'immense travail parlementaire accompli pendant cette période fondatrice a joué un rôle très important dans les nouvelles formes de répartition spatiale des immigrants, accentuant notamment leur concentration autour des nouveaux centres industriels. Ce principe juridique, que l'État a désormais les moyens de faire appliquer jusque dans les localités les plus reculées, est le critère principal de la distinction entre migrants intérieurs et immigrants. C'est parce que la plupart des historiens (pour ne rien dire des autres disciplines des sciences sociales) ont été aveugles aux effets sociaux du droit qu'ils ont pu croire que le déracinement à lui seul définissait l'immigrant, par l'homogénéisation des conditions sociales qu'il était censé produire. À Marseille, dans l'entre-deux-guerres, les immigrés italiens et les Corses constituent les deux principaux groupes de migrants présents dans la ville. Mais lorsqu'on examine leurs professions respectives, on constate que les Corses sont en majorité surveillants, policiers, employés et forment « une sorte d'îlot administratif dans la population marseillaise », alors que les Italiens sont pêcheurs, terrassiers et surtout ouvriers d'industrie[37].

La question du droit intervient aussi dans les problèmes d'immigration lors de la mise en place des premières lois sociales. On n'a pas assez souligné que le bénéfice de ces lois, en rupture avec les normes de l'époque antérieure, est le plus souvent réservé aux nationaux. Seuls les traités de réciprocité, signés progressivement entre la France et les pays d'émigration, permettront aux immigrants d'être partie prenante de la législation sociale. Mais l'irruption du droit international (qui a lui aussi sa logique propre et ses normes) dans les questions d'immigration va profondément contribuer à la définition contemporaine de l'« immigré ». Les multiples tractations entre les représentants officiels des pays d'immigration et des pays d'émigration pour savoir qui paie quoi, ce qu'est un « ayant droit », etc., convergent pour faire de la régularité et de la durée du séjour les critères déterminants de la définition de l'immigrant. On voit en quoi, ici aussi, le droit influe sur la mobilité spatiale et l'orientation des flux migratoires. En effet, les dispositions adoptées par ces traités sont des obstacles à la spontanéité des déplacements individuels, incitant le travailleur étranger à séjourner plus longtemps et plus régulièrement dans le pays d'accueil pour bénéficier des lois sociales. La réflexion sur l'immigration contemporaine ne peut donc faire l'économie de l'analyse juridique car, en quelques années, le droit a construit un nouveau type d'individus, privés des avantages concédés aux autres. Il s'agit là d'une profonde rupture par rapport à la période précédente, et notamment le Second Empire. À cette époque, la plupart des juristes disaient, comme Eugène Hepp, que « les préjugés nationaux (sont) les plus fatals de tous car ils trompent l'humanité tout entière et retardent son avancement ». Et il ajoutait : « Nous portons tous en nous et sans cesse davantage le sentiment que nos pères professaient le 6 août 1790 et nous tenons à prouver que le peuple français veut être aujourd'hui le peuple le plus hospitalier du monde[38]. » Bien sûr, le « protectionnisme », si on le limite à sa dimension commerciale, a pu être remplacé dans les décennies suivantes par une nouvelle période de « libéralisme », et les discours « nationalistes » par l'exaltation des « droits de l'homme ». Mais le fait même que les « problèmes de l'immigration » puissent encore agiter aujourd'hui la scène publique prouve que les mutations brutales de la fin du XIXe siècle ont été *irréversibles*, que la frontière intérieure, sans doute parce qu'elle est cristallisée dans des dispositions juridiques, continue à séparer les hommes.

L'IDENTITÉ, LA MARCHE ET LE MARCHÉ

En reprenant le problème de la répartition des travailleurs immigrés dans l'espace hexagonal, nous allons voir maintenant que la définition juridique est insuffisante pour rendre compte du concept d'immigration. En effet, bien que la construction de ces frontières légales ait permis de canaliser les flux d'immigrants dans certains secteurs du marché du travail, les travailleurs immigrés disposent à l'intérieur de ces zones d'une certaine marge de manœuvre. Or, avec la mise en place de la deuxième industrialisation, au début du XXe siècle, de profonds déséquilibres entre les différentes branches industrielles auxquelles les immigrés ont accès se manifestent :

— L'industrie lourde (mine, sidérurgie, chimie...), en pleine expansion, et l'agriculture (ouvriers agricoles) sont les secteurs les plus dévalorisés, à la fois parce qu'ils concentrent les tâches pénibles et peu qualifiées et parce qu'ils sont situés loin des grands centres urbains.

— Les autres secteurs dynamiques sont plus diversifiés. Certains sont particulièrement prisés par les ouvriers car ils symbolisent l'industrie « moderne » et ses nouvelles qualifications (automobile, constructions mécaniques) ; d'autres sont recherchés parce qu'ils peuvent être un tremplin pour sortir du salariat et se mettre « à son compte » (bâtiment, commerce, confection...). Ces secteurs sont unifiés par le fait qu'ils se concentrent par prédilection dans les grands centres urbains et leurs banlieues.

Dans ces conditions, on ne peut pas être surpris de constater que la tendance « spontanée » des travailleurs immigrés soit d'apporter une confirmation à la fameuse « loi » de Ravenstein. Comme le note Georges Mauco, « les villes surtout exercent un attrait prodigieux qui agit notamment sur les travailleurs de l'agriculture et sur ceux des grands établissements industriels de province. Et à l'intérieur des villes elles-mêmes, où l'étranger arrive toujours plus riche d'illusions que d'expérience et où l'horizon de travail est vaste et varié, la circulation de la main-d'œuvre étrangère atteint une intensité difficilement imaginable. Ainsi est-ce surtout la grande industrie de province et les grandes fermes qui assurent le recrutement et l'onéreuse importation de main-d'œuvre étrangère. Les villes et les petits employeurs se contentent jusqu'à un certain point d'exploiter l'instabilité naturelle de l'immigrant et le désir du mieux qui le pousse à changer de place et d'emploi »[39].

Dans les années 1920, ce n'est qu'une immense plainte qui émane du grand patronat recruteur du fait de l'ampleur des ruptures de contrats[40]. Aux mines de Carmaux, par exemple, « en 1931, sur les 9 644 étrangers recrutés depuis 1914, 1 110 seulement sont encore employés à la houillère »[41]. Dans l'industrie du fer et dans le textile, la moitié des effectifs polonais n'achèvent pas leur contrat ; de même, « près des deux tiers des Polonais recrutés comme travailleurs agricoles gagnent l'industrie et ceci fréquemment au bout de quelques mois ou d'une année »[42]. Cette situation provoque de vives polémiques entre les différentes fractions du patronat qui retentissent jusqu'au Parlement. On s'accuse mutuellement de « détournement d'ouvriers ». Les chefs d'entreprise qui sont le plus mal placés sur le plan de la main-d'œuvre et qui assument l'essentiel de l'effort de recrutement collectif, sans beaucoup bénéficier des flux de l'immigration individuelle et spontanée, considèrent que ce déséquilibre du marché du travail est insupportable. Étant donné que, par l'intermédiaire du Comité des forges et du Comité des houillères, les patrons de l'industrie lourde constituent le groupe de pression le plus influent sur les pouvoirs publics à partir de la Première Guerre mondiale, une multitude de contraintes administratives viennent compléter les dispositions juridiques antérieures pour orienter les flux de main-d'œuvre étrangère vers les points précis où leur présence est vitale. Néanmoins, si la gestion administrative de l'immigration atteint son apogée dans l'entre-deux-guerres, il faut là aussi remonter aux années 1880-1890 pour voir apparaître les fondements de ces pratiques. Quelques mois avant le vote définitif de la première loi sur la nationalité (1889) est publié un décret (octobre 1888) qui impose pour la première fois aux étrangers la nécessité de prouver leur identité au moyen de « papiers » officiels[43], qui se transformeront quelques décennies plus tard en carte d'identité, puis en carte de séjour. Le décret de 1888 et la loi de 1893 qui le complète sont explicitement définis comme des moyens de « protéger le marché du travail de la concurrence étrangère ». En effet, ce moyen d'identification des étrangers permet de subordonner leur embauche à l'état du marché du travail. Ils sont ainsi refoulés des secteurs où ils risquent de concurrencer les Français. Après l'apparition des papiers d'identité, l'autre pièce essentielle de l'organisation administrative de l'immigration est le *contrat de travail*. C'est avec la mise en place d'un recrutement collectif dans l'agriculture puis dans les mines qu'apparaissent les « contrats-types » qui offrent certaines « garanties » aux immigrants (salaire théoriquement égal, bénéfice des lois sociales s'il existe des traités de réciprocité de leur pays avec la France...). Cependant, l'enjeu essentiel de ces contrats est d'assurer la fixation de la main-d'œuvre dans les lieux d'embauche d'origine. Pour empêcher les ruptures de contrat, les agriculteurs prélèvent sur les ouvriers agricoles polonais une caution dès le premier mois de leur arrivée, qui peut aller jusqu'à 50 % de leur salaire. Ainsi, un saisonnier qui touche 42 francs par mois, arrivé en France le 1er avril, ne touchera-t-il sa paie complète que la dernière semaine de juin ! Cela, en flagrante contravention avec la loi française de 1895 qui interdit les retenues sur le salaire supérieures à 10 %[44].

Avec les « papiers » et le « contrat de travail » naît l'univers si caractéristique de l'immigré moderne, poursuivi désormais par la préoccupation d'être « en règle ». Au sein même de l'immigration se constitue une nouvelle frontière entre « légaux » et « clandestins » ; frontière dont la fonction économique est là aussi indéniable. Comme l'ont montré les économistes, les clandestins sont en fait indispensables au fonctionnement du marché du travail « secondaire ». Immigrés parmi les immigrés, n'ayant même pas les droits de ceux qui sont « sans droits », ces travailleurs sont amenés à privilégier des types de déplacements surdéterminés par la situation d'illégalité dans laquelle ils se trouvent. C'est ce qui les pousse inexorablement vers ces zones de surexploitation que sont les secteurs économiques marginaux des grandes villes : construction, confection[45]... Mais ces mesures ne sont que des pièces d'un ensemble beaucoup plus vaste. Alors qu'à la fin des années 1880 la Société géographique commerciale de Paris s'opposait fermement à toute ingérence des pouvoirs publics en matière d'immigration, à partir de la Première Guerre mondiale se met en place un système de recrutement et de gestion de la main-d'œuvre immigrée fondé sur l'action complémentaire État/grand patronat. Sans revenir sur des questions qui ont été développées ailleurs[46], soulignons les effets de cette politique dans l'orientation des flux. L'éviction des zones où la main-d'œuvre française est abondante est confortée par le pouvoir accordé aux Offices départementaux de placement (où siègent les syndicats). À partir de 1918, leur accord est indispensable pour que le contrat de travail d'un ouvrier étranger soit valable[47]. Par ailleurs, une dizaine de bureaux-frontières et de centres de recrutement sont mis en place afin d'opérer la triple sélection (sanitaire, professionnelle et policière) des immigrés venus individuellement ou collectivement. De là, ceux-ci sont expédiés directement chez l'employeur intéressé qui les « réceptionne » à la gare (l'image du « colis postal » est fréquemment utilisée dans l'entre-deux-guerres pour décrire ce processus). Toutes ces mesures, destinées à empêcher les ouvriers étrangers de dévier de la route qu'on leur a assignée, sont complétées par l'action de la police. Quatorze circonscriptions de surveillance sont créées, couvrant tout le territoire français. La police, qui a remis à la frontière un « sauf-conduit » à l'immigré, peut ainsi vérifier que ce dernier se rend bien à la mairie « d'accueil » pour échanger son document contre une carte d'identité. Renouvelable tous les deux ans, devant être visée à chaque déplacement, avec des couleurs différentes selon l'emploi exercé (cela afin d'obliger l'immigrant à demeurer dans sa catégorie), cette carte est bien l'instrument essentiel de la stratégie d'enchaînement du travailleur étranger au poste. L'arsenal est complété par la loi de 1926 contre le débauchage qui punit les employeurs coupables de « vol de main-d'œuvre ».

L'administration française a « ainsi développé une nouvelle forme d'étatisme qui s'étend à la répartition professionnelle et géographique d'une partie de la population ». Cette politique « diminue dans une certaine mesure l'afflux vers l'industrie et les villes où l'ouvrier étranger muni d'une carte agricole ne peut légalement trouver à s'employer »[48]. Comme le souligne un autre observateur de cette époque, le principal avantage de l'intervention de l'État par rapport au libéralisme d'avant 1914, c'est qu'elle « a su les disperser (les immigrés) dans toute la France, dans le département où ils étaient le plus nécessaires »[49]. On voit combien nous sommes loin de la « spontanéité » des flux qu'une logique de l'espace suffirait par elle-même à expliquer.

Cette étude montre qu'on ne peut pas analyser l'immigration sans faire référence aux rapports qu'elle entretient avec la société d'accueil qui lui a donné naissance. Étant donné les conditions sociales et politiques propres à la France, résoudre le problème de la constitution du marché du travail dans l'industrie lourde a été jusqu'en 1930 la quadrature du cercle. Ce n'est qu'en sortant du cercle, je veux dire de l'Hexagone, que les managers ont pu résoudre la question. En même temps que la IIIe République, pour légitimer ses prétentions démocratiques, développait la liberté d'expression et mettait fin aux entraves qui limitaient les déplacements individuels (suppression du livret ouvrier), elle créait les conditions juridiques et administratives qui ont permis la naissance d'une nouvelle catégorie d'individus, ouvriers pour la plupart, confinés dans « l'infra-droit », non pas pour des raisons idéologiques, mais fondamentalement parce que personne n'avait trouvé d'autres solutions pour assurer l'expansion économique des secteurs vitaux de la deuxième industrialisation. Les multiples moyens mis en œuvre pour orienter et stabiliser les flux de l'immigration, complétés par l'action propre de la politique patronale (le « paternalisme »), sont en bonne partie responsables des espaces de l'immigration qui se sont consolidés dans les années 1950 et qui disparaissent aujourd'hui sous l'effet des nouvelles transformations du capitalisme, et sous le regard nostalgique des défenseurs du « patrimoine français ».

CHAPITRE VIII

Communisme, traditions politiques et immigration

Éléments pour une recherche[1]

Tel un diable tourmenteur, l'historien social, même quand il est courtois, ne peut s'empêcher de poser des questions impertinentes au spécialiste d'histoire politique. Pour lui, en effet, quelle que soit la puissance de son appareil, quels que soient les pouvoirs intérieurs ou extérieurs qui le soutiennent, quelle que soit la justesse de sa ligne ou le machiavélisme de sa stratégie, un parti n'existe pas en dehors des individus qui militent en son sein ou lui accordent leurs suffrages. Derrière ce constat trivial, se cachent de redoutables problèmes scientifiques que Max Weber avait déjà soulignés au début du siècle en dénonçant les *a priori* de tous ceux qui personnifient les institutions en disant : « la France », « l'État », « le Parti »[2]. La tâche de l'histoire sociale est donc de déconstruire ces entités collectives en remettant, d'une certaine manière, la politique « sur ses pieds » par une méthode qui considère les individus concrets comme les « atomes élémentaires » à partir desquels doit débuter (et non se terminer) l'analyse. Dans cette perspective, le problème central d'une histoire sociale du phénomène communiste pourrait être celui-ci : comment expliquer que, dans une conjoncture donnée (disons les années cinquante), des gens qui n'avaient rien en commun (comme le fils d'un grand bourgeois parisien et le fils d'un prolétaire immigré italien de Longwy) ont pu se retrouver au sein d'un même parti, le Parti communiste français qui ne faisait pas mystère de ses objectifs révolutionnaires ? En resserrant l'analyse à la seule classe ouvrière dont le PCF s'est toujours considéré comme le « représentant » attitré, comment expliquer que le bûcheron du Cher et le métallo de chez Renault aient pu se reconnaître dans les mêmes organisations ? Les militants communistes ont le plus souvent répondu à ce type de questions en avançant des arguments de type « pédagogique ». Leur parti a réussi à élargir son audience parce qu'il est parvenu à faire « prendre conscience » aux électeurs des milieux populaires que sa ligne était « juste ». Il a su tisser des alliances entre les diverses composantes du monde salarié en défendant leurs intérêts propres (augmentation de salaire pour les uns, créations de postes de professeurs ou de chercheurs au CNRS pour les autres) et en montrant que les véritables « responsables » des malheurs du peuple étaient « le grand capital » et « la droite ». Lorsque le Parti communiste a rencontré des échecs, ces mêmes militants les ont expliqués en invoquant la « responsabilité » des électeurs, qui n'ont pas compris où résidaient leurs véritables intérêts. Ceux qui sont hostiles au PCF ont critiqué ces arguments en développant une argumentation symétrique. L'implantation du communisme dans la société française serait le résultat d'un long travail de « manipulation » des masses, développé par un parti « téléguidé » depuis Moscou.

Ce type de polémiques ne peut pas être admis par l'historien car elles illustrent « la manie du jugement » que Marc Bloch considérait déjà comme un danger majeur pour la recherche historique[3]. Le problème n'est pas, évidemment, de refuser tout contact avec l'actualité pour se retirer dans la « tour d'ivoire » que serait la « science pure ». Mais je pense (et cela vaut bien au-delà de l'histoire politique) qu'il est vital pour la discipline de préserver un espace autonome, un lieu où la réflexion puisse se déployer en dehors des enjeux du quotidien, en appliquant les principes d'une critique saine (c'est-à-dire comme forme de respect de l'autre). L'histoire sociale du phénomène communiste peut contribuer à cette tâche collective en éclairant les liens qui existent entre les groupes sociaux qui ont soutenu le PCF (leur histoire, leurs intérêts collectifs, mais aussi leur culture et leurs aspirations) et l'appareil communiste lui-même. Dans ce chapitre, j'examinerai cette question en étudiant le rôle qu'a joué l'immigration dans l'histoire du communisme français.

REPENSER LA QUESTION DES « TRADITIONS OUVRIÈRES »

Avant d'entrer dans le vif du sujet, il faut dire un mot sur la façon dont l'histoire politique a analysé les rapports entre les partis et leur « base » sociale. Dès le début du siècle, c'est la question de la permanence des comportements électoraux qui a focalisé l'attention. Les historiens ont constaté que, si le nom des partis avait changé au cours du temps, la répartition géographique des grands équilibres entre forces de « gauche » et forces de « droite » était restée à peu près stable du milieu du XIXe siècle jusqu'au milieu du XXe siècle. Ils en ont conclu que le Parti communiste était parvenu à s'implanter dans la société française parce qu'il avait réussi à capter, notamment dans le Nord industriel, le Midi « rouge », le Limousin, des traditions de luttes révolutionnaires attestées dès le XIXe siècle[4]. L'importance extrême que l'histoire politique a accordé à ce problème de la stabilité des comportements électoraux explique que pendant près d'un siècle les historiens se soient mobilisés pour « percer le secret de cette étonnante permanence et [...] déchiffrer ses causes profondes »[5]. L'auteur qui a joué le rôle décisif dans cette orientation de l'histoire politique française n'est autre qu'André Siegfried. Son *Tableau politique de la France de l'Ouest sous la Troisième République* est entièrement traversé par le souci d'expliquer pourquoi les comportements électoraux « archaïques », fidèles aux valeurs de l'Ancien Régime plus qu'à celles de la République, ont été aussi durables dans cette région de France. Tour à tour sont invoqués comme facteurs déterminants, le régime de la propriété, l'influence du clergé, de la noblesse, etc. Mais en dépit d'un travail considérable, appuyé sur une multitude d'analyses minutieuses, Siegfried reconnaît lui-même qu'il n'est pas parvenu à rendre compte de l'opposition récurrente entre l'ouest de la région (qui vote à droite) et l'est (où s'affirment les comportements républicains). Au terme de son analyse, l'auteur en est réduit à invoquer des « facteurs ethniques » et des « tempéraments » politiques locaux[6]. Au cours des années 1950, Paul Bois a utilisé les outils de l'histoire économique et sociale labroussienne pour rejeter l'explication par les facteurs ethniques. En centrant sa recherche sur le département de la Sarthe, où l'on retrouve cette bipolarisation droite/gauche (permanence des comportements politiques « traditionnels » à l'ouest du département, influence républicaine au sud-est), il a montré que ces traditions constituaient un héritage de la Révolution française. Le traumatisme provoqué par les guerres révolutionnaires s'est fixé dans la mémoire collective locale, opposant les partisans des « bleus » (républicains) et des « blancs » (chouans). Ce clivage a pu perdurer (sous des formes diverses) pendant un siècle et demi parce que la stabilité des formes de propriété et des structures sociales a permis une transmission de la mémoire collective de génération en génération[7]. Cette argumentation, qui doit beaucoup aux travaux de Maurice Halbwachs sur la mémoire collective, part du principe qu'une tradition a pour origine « l'histoire vécue » par les membres d'un groupe. Elle s'enracine dans leurs expériences concrètes et ne survit que si le groupe social qui l'a vue naître et son cadre de vie continuent à exister[8].

Au-delà de leurs divergences, André Siegfried et Paul Bois analysent la question des traditions politiques à partir des mêmes présupposés anthropologiques. L'enracinement dans un terroir et la continuité généalogique sont deux facteurs à leurs yeux essentiels pour expliquer les permanences des comportements électoraux. Mais, alors que Siegfried met en avant l'origine ethnique des groupes qui se sont fixés dans l'ouest de la France (notamment les « Normands »), Paul Bois invoque les origines politiques de la République (la Révolution française). On retrouve ce paradigme anthropologique dans l'ouvrage qu'Hervé Le Bras et Emmanuel Todd ont consacré à « l'invention de la France ». Dans ce livre, l'enracinement et la permanence des populations sont les deux facteurs fondamentaux qui expliquent toute l'histoire politique française. La progression du Parti socialiste aux élections législatives de 1978 en Alsace est vue comme un « retour aux sources », puisqu'au milieu du XIXe siècle cette région était « républicaine et de gauche ». Selon les auteurs, dans les régions de l'Est, « le vote n'est pas affaire d'opinion individuelle mais de coutume sociale. Il a la constance d'une habitude alimentaire ou vestimentaire ». En effet, « ce ne sont pas les lieux, les climats, les ressources industrielles qui donnent aux régions leur caractère ; c'est le maintien d'une population stable qui transmet son organisation sociale et sa conception des rapports humains »[9].

Les lecteurs comprendront facilement pourquoi ce type d'analyse ne peut pas rendre compte du rôle qu'a joué l'immigration dans l'histoire politique française. Par définition, l'immigration introduit des bouleversements dans la composition d'une population, des ruptures dans les équilibres antérieurs. Comme je l'ai souligné dans le chapitre III du présent ouvrage, la France est l'un des pays du monde qui a été le plus profondément affecté par l'immigration au XXe siècle. Depuis le début du siècle, dans les régions d'industrie lourde (le Nord, la Lorraine, mais aussi les vallées alpines), dans la banlieue parisienne et lyonnaise, dans la plupart des villes de la façade méditerranéenne, l'immigration a complètement renouvelé le peuplement local. Dans sa thèse sur la Sarthe, Paul Bois était resté prudent. Il avait insisté sur le fait que son analyse ne valait que pour le département qu'il avait lui-même étudié. Il précisait que les traumatismes de la période révolutionnaire avaient pu structurer une mémoire collective conflictuelle parce que, dans cette région, « aucun mouvement migratoire n'est venu altérer la physionomie de ces deux populations qui, tout au long du siècle, vont rester pures de tout apport étranger. Pas d'émigration non plus qui aurait pu, par contrecoup, ramener au pays des idées nouvelles »[10]. Dans l'ouvrage d'Hervé Le Bras et Emmanuel Todd, les choses sont très différentes. Étant donné que le modèle anthropologique qu'ils privilégient constitue une grille de lecture appliquée à toute l'histoire politique de la France contemporaine, les auteurs sont contraints d'éliminer les « variables » qui contredisent le modèle. C'est la raison pour laquelle ils n'hésitent pas à affirmer que « les grandes migrations vers les mines du Nord et de Lorraine, l'attraction industrielle font partie de la mythologie économique »[11]. Une conclusion aussi surprenante pour qui connaît un tant soit peu les études consacrées à l'histoire de ces régions s'explique lorsqu'on sait que seules les statistiques concernant les migrations intérieures à l'Hexagone ont été prises en compte par les auteurs. Si elles illustrent la relative faiblesse des déplacements de la population nationale, elles ne nous disent rien, et pour cause, de ce phénomène majeur de l'histoire économique et sociale de la France au XXe siècle : l'étroite corrélation entre l'industrialisation et l'immigration[12].

Ces exemples prouvent que la géographie politique édifiée par André Siegfried au début du XXe siècle a profondément marqué l'historiographie française. Elle repose sur deux présupposés. Le premier tient au privilège accordé au monde rural et à la notion d'enracinement. Le second réside dans la fascination exercée par la cartographie départementale. La géographie électorale, en refusant de déconstruire ces entités collectives que sont les départements et les « tempéraments régionaux » (ou « locaux ») pour retrouver les individus réels, a fortement sous-estimé l'hétérogénéité des pratiques politiques. Du même coup, elle a alimenté le discours sur les « permanences » du paysage politique français véhiculé par les notables des différents partis, sans s'apercevoir que cette continuité avait été elle-même souvent fabriquée par le pouvoir d'État. L'exemple de la Meurthe-et-Moselle est à cet égard très significatif. Grâce au savant découpage des circonscriptions électorales et des arrondissements, le monde du travail industriel a été constamment sous-représenté sur le plan politique. Depuis le début du siècle, la plupart des flux d'immigration ont été canalisés vers un seul arrondissement : le « Pays Haut » situé tout au nord du département. La République a ainsi créé un véritable « ghetto » pour immigrants, totalement invisible si l'on se contente d'examiner des moyennes statistiques départementales[13].

IMMIGRATION ET COMMUNISME

Compte tenu de cette fascination pour les « permanences » et les « traditions », il n'est pas surprenant que la réflexion sur les rapports entre migrations et politique n'ait jamais intéressé les historiens français. Pour s'engager dans cette voie, il faut donc s'appuyer sur des études publiées dans d'autres pays. En partant du schéma conceptuel *exit/voice* développé par l'économiste américain Albert O. Hirschman[14], des études historiques ont montré qu'au XIXe siècle l'émigration de masse avait fonctionné, en Grande-Bretagne, comme une « soupape de sécurité », atténuant les tensions sociales. En Allemagne, l'émigration a joué un rôle inverse. Parmi les facteurs qui expliquent l'imposante législation sociale mise en place par Bismarck, au cours des années 1880, la volonté de freiner l'exil des classes populaires semble avoir été déterminante[15]. Dans le cas de la France, c'est surtout *l'immigration* de masse qui a eu des conséquences sur la vie politique. La première d'entre elles est en rapport avec la crise qu'a connue le mouvement ouvrier français dans l'entre-deux-guerres. Charles Tilly et Edward Shorter ont montré, chiffres à l'appui, qu'entre 1920 et 1935 le syndicalisme s'était considérablement affaibli en France[16]. Lorsqu'on croise la statistique des grèves avec les données concernant l'immigration, on constate que ce sont les endroits où celle-ci a été la plus massive (notamment dans la grande industrie) qui ont connu la démobilisation la plus forte. Ce constat confirme une réalité que la sociologie du travail a mise en lumière depuis longtemps. L'immigration est un facteur de division au sein du monde ouvrier. Depuis le début du siècle, mais surtout dans les années 1920 (en raison de l'hécatombe de la Grande Guerre), dans maints secteurs industriels, une ancienne classe, ouvrière et française, ayant des traditions de métier et de luttes collectives, a été remplacée par un prolétariat d'origine rurale et étrangère ; celui-ci se montrant d'autant plus disposé à accepter les nouveaux postes d'OS que la mécanisation du travail multiplie, qu'il n'avait pas de « qualification industrielle » à défendre. Dans le même ordre d'idées, on peut estimer que l'afflux massif de travailleurs immigrés à partir des années 1960 a été l'un des facteurs du déclin de la CGT. Le *turn over* particulièrement fort qui affecte ce prolétariat, son déracinement, ses intérêts spécifiques (gagner beaucoup d'argent le plus vite possible pour rentrer « au pays »), tout cela ne pouvait guère faciliter son intégration dans un mouvement ouvrier dominé par les ouvriers qualifiés français[17]. D'autant plus que, dans le monde du travail, les rivalités entre les anciens et nouveaux, les Français et les étrangers, l'ont souvent emporté sur la « solidarité de classe ». Comme l'a montré Norbert Elias dans l'étude sociologique qu'il a consacrée aux faubourgs d'une ville industrielle anglaise, le groupe ancien déploie tous ses efforts pour empêcher que les nouveaux venus ne se constituent eux-mêmes en communauté, avec leur propre système de valeur, leurs traditions, etc. Comme si l'identité même du groupe et sa raison d'être étaient en jeu[18]. Lorsque cette lutte pour maintenir durablement l'immigration dans un état d'atomisation est réussie, il y a peu de chances que les immigrants parviennent à jouer un rôle politique conforme à leur expérience propre.

Ce constat n'empêche pas que, parfois, l'immigration ait donné des forces neuves au mouvement ouvrier. Pour comprendre le rôle que les « traditions » ont joué à ce niveau, je prendrai l'exemple de deux communes minières du Pas-de-Calais, dont le destin politique a été différent. Sallaumines et Noyelles-sous-Lens ont été toutes les deux détruites en bonne partie par la Première Guerre mondiale. Ces deux communes ont connu ensuite une immigration polonaise massive destinée à remplacer les mineurs français morts au combat ou partis ailleurs. Les citoyens de Sallaumines ont élu en 1935 (et pour longtemps) un maire communiste. Mais Noyelles est restée fidèle à la tradition socialiste d'avant 1914. La raison majeure de cette divergence tient au fait qu'à Sallaumines la rupture a été totale. L'ancien village n'a pas été reconstitué et les vieilles familles qui l'habitaient ont disparu. Rien n'a pu s'opposer à la mise en place d'un nouveau groupe ouvrier hégémonique, très lié à la mine, qui finit par imposer ses propres traditions politiques à toute la communauté. En revanche, à Noyelles, la reconstruction de l'ancien village a entraîné le retour des anciennes familles et celles-ci ont réussi, bien que minoritaires, à conserver leur emprise sur la vie politique locale ; notamment parce qu'elles ont profité de l'immigration pour rejoindre les catégories sociales les plus aisées de la commune, et intégrer le cercle étroit des « notables ». Du coup, les mineurs ne sont pas parvenus à se doter d'une représentation politique propre[19].

D'autres études confirment que c'est souvent là où la rupture avec l'ancienne tradition ouvrière — que représentait encore la SFIO dans l'entre-deux-guerres — a été la plus forte que le PCF a le mieux réussi son implantation[20]. Ce n'est donc pas un hasard s'il a construit ses fiefs surtout dans les lieux clés de la deuxième industrialisation : industrie lourde (mines, sidérurgie, chimie) et régions mono-industrielles, constructions mécaniques et banlieues. Avec l'approfondissement de la division du travail, de nouvelles catégories ouvrières ont fait leur apparition, à la recherche d'organisations et de formes de représentation spécifiques. Aux États-Unis, des études ont montré que cette évolution avait eu pour effet, à la faveur de la crise des années 1930 et du *New Deal*, de mettre fin au monopole syndical des organisations de métier (AFL), au profit des syndicats ayant la confiance des ouvriers d'industrie[21]. Dans le cas français, on peut faire l'hypothèse que le Parti communiste et ses organisations ont été les grands bénéficiaires de cette mutation. On constate d'ailleurs, dans de nombreux endroits de France, une corrélation évidente entre l'immigration de masse et l'évolution du comportement politique en faveur du PCF. Le phénomène est particulièrement net dans la Lorraine du fer. Comme l'a montré Serge Bonnet[22], dans la plupart des communes minières et sidérurgiques, les scores du Parti communiste ont progressé proportionnellement à l'augmentation du nombre des patronymes italiens sur les listes électorales. Les succès impressionnants du PCF à partir des années 1950 dans cette région s'expliquent par l'accession massive des immigrants italiens de la deuxième génération à la citoyenneté. Des exemples du même processus se rencontrent dans d'autres régions de France. À Chalette dans la banlieue de Montargis, le recrutement massif de travailleurs immigrés, au cours des années 1920, par l'usine de caoutchouc Hutchinson, se soldera dans les décennies ultérieures par une hégémonie durable du PCF. Le XVIe arrondissement de Marseille, le plus industriel et le plus marqué par l'immigration (notamment espagnole) deviendra, après 1945, un fief quasiment indestructible du Parti communiste[23]. Le même processus a été constaté dans d'autres villes de la façade méditerranéenne, comme La Seyne-sur-Mer[24]. Dans les grandes vallées industrielles de Savoie, la complète transformation de la population d'origine par l'immigration italienne a également provoqué une profonde mutation des comportements politiques ; les partis de droite ayant été brutalement écartés du pouvoir, au profit du Parti communiste[25].

Si l'on peut établir une corrélation entre immigration de masse et succès communistes, encore faut-il l'expliquer. La raison principale tient au fait qu'en France le prolétariat industriel a été privé de représentation syndicale et politique propre après la Première Guerre mondiale. L'échec des grèves de 1919-1920 ayant incité la CGT et la SFIO à un « recentrage » au profit de la fraction du monde ouvrier et des employés la plus intégrée dans l'État-nation. Par définition, les immigrants subissent les formes d'exploitation les plus violentes et les plus radicales que génère le capitalisme. Composé d'un grand nombre de « célibataires », jeunes et hantés par l'idée du retour, ce groupe est particulièrement exposé aux souffrances qu'entraînent le déracinement et les conditions de travail les plus pénibles. Dès lors, il n'est pas surprenant que, lorsqu'ils s'engagent dans la lutte politique, ces prolétaires aient tendance à choisir les organisations les plus « révolutionnaires » et soient tentés par l'action violente. Ce phénomène, constaté aux États-Unis, se vérifie en France[26]. Dès la fin du XIXe siècle, les immigrants venus de Belgique (Flamands pour la plupart) soutiennent les organisations qui leur paraissent les plus « extrémistes », notamment le Parti ouvrier français de Jules Guesde ; le premier parti marxiste du pays, que ses adversaires surnomment fréquemment « le parti des Belges »[27]. Au cours des années 1920, les communistes vont bénéficier de ces dispositions subversives. Comme le montre Ralph Schor, dans sa thèse[28], le PCF est alors le seul parti à prendre vraiment la défense des travailleurs étrangers. Ce qui n'a rien pour surprendre. Seule une organisation sans véritable base électorale, peu ou non intégrée à l'appareil d'État, pouvait être vraiment proche des immigrés. La ligne politique « internationaliste » que privilégie la direction du PCF au cours de cette période offre la possibilité à ceux qui sont exclus du consensus patriotique de poursuivre une lutte politique dont les véritables enjeux sont souvent situés dans le pays d'origine[29].

Le fait que le Parti communiste ne soit pas encore intégré à l'État national français explique aussi l'intérêt politique qu'il accorde aux cultures d'origine des immigrants. À force d'invoquer les « traditions » ou la « culture » ouvrières, les historiens ont fini par oublier que les composantes les plus dominées du prolétariat provenaient généralement du monde rural. À leur arrivée en France, les immigrants sont encore profondément marqués par les pratiques culturelles qui existaient dans leur village d'origine. Cette forme de culture ne peut pas être qualifiée de « nationale » puisque, souvent, elle ne dépasse pas le cadre local ou régional. On peut donc légitimement parler ici de « culture ethnique ». Pour mesurer l'importance de ces pratiques collectives dans les nouvelles formes de mobilisation politique inventées par le PCF au cours des années 1920, l'un des meilleurs exemples est assurément celui d'« Halluin la rouge ». Cette commune textile du Nord deviendra l'un des principaux fiefs communistes de la région, célèbre dans la France entière pour sa combativité. Les historiens ont souvent expliqué l'intensité de ces luttes en invoquant la « conscience de classe ». Les ouvriers ayant soudain découvert qu'ils étaient exploités auraient décidé de se révolter. Mais, grâce à de nouvelles recherches, nous savons aujourd'hui que cette radicalité ne peut pas se comprendre si l'on ne fait pas référence à l'immigration. La population d'Halluin a été complètement renouvelée grâce à l'immigration flamande[30]. Michel Hastings a montré comment, dès les années 1920, le Parti communiste avait réussi à s'implanter localement en publiant un journal en patois et en flamand, mais surtout en puisant dans le folklore flamand (le carnaval), c'est-à-dire dans la *culture immigrée* du lieu et de l'époque, de puissants instruments de mobilisation collective. Pour comprendre l'extraordinaire mobilisation qui, en 1924, rassemble les ouvriers derrière le PCF contre un patron du textile local, il faut invoquer des raisons « de classe » (Désiré Ley est un chef d'entreprise particulièrement détesté), mais aussi des raisons liées à l'origine ethnique de la population. La lutte prend en effet la forme d'un carnaval de huit jours qui renoue avec les plus anciennes traditions du folklore flamand. De la même manière, dans les mines de fer lorraines, le prolétariat italien a trouvé dans les organisations communistes les instruments d'une sociabilité spécifique, un moyen de briser l'isolement propre à tous les étrangers. Dans un tel contexte, si les ouvriers apportent leur soutien au communisme, ce n'est pas parce qu'ils adhèrent à la « théorie marxiste », ni même parce qu'ils partagent la « ligne » politique du Parti. Ils soutiennent la seule organisation qui, à l'époque, respecte leur identité collective et prend appui sur elle pour asseoir ses revendications.

LE RÔLE DÉCISIF DE LA « DEUXIÈME GÉNÉRATION »

Si l'immigration de masse a incontestablement favorisé l'implantation du Parti communiste dans le monde ouvrier, il n'est toutefois pas possible de parler en France, comme on le fait pour les États-Unis, de « vote ethnique ». Dans beaucoup d'endroits, les immigrants d'origine italienne ont soutenu le PCF. Mais cette corrélation n'est pas systématique. Par exemple à Marseille, l'immigration italienne a davantage servi la SFIO que le PCF (dès l'entre-deux-guerres, un maire socialiste est élu, représentant de la deuxième génération italienne)[31]. La politisation de l'ethnicité n'a jamais été durable dans l'Hexagone, contrairement aux États-Unis parce que l'État républicain s'y est fermement opposé. En France, une représentation politique propre à la première génération d'immigrants a toujours été quasiment impossible. Alors qu'aux États-Unis la naturalisation est pratiquement automatique au bout de cinq ans de présence, dans le cas français, elle est accordée avec parcimonie à ceux qui en font la demande (au prix de toute une paperasserie). Si bien qu'Outre-Atlantique, en 1930, 50 % des immigrés sont déjà naturalisés, contre 11 % seulement en France[32]. En 1972, le Garde des Sceaux, René Pleven, légitime encore les mesures qui empêchent les naturalisés d'être éligibles pendant cinq ans, en disant qu'il faut éviter tout risque de représentation politique sur la base d'intérêts étrangers aux enjeux franco-français. Une enquête que nous avons effectuée sur mille dossiers de naturalisation déposés entre 1889 et 1939 en Meurthe-et-Moselle montre que c'est surtout la « deuxième génération »[33] qui entreprend ces formalités puisque 40 % des demandeurs sont arrivés en France avant l'âge de 20 ans. Même si, légalement, il n'est pas absolument nécessaire d'être citoyen français pour participer à l'action politique ou syndicale, dans les faits celle-ci est interdite aux ouvriers étrangers. En Lorraine sidérurgique, comme dans le Nord minier, des milliers de travailleurs immigrés ont été expulsés pour ce motif. Et, comme ils ne possèdent pas la nationalité française, les immigrants sont également exclus des élections politiques et même professionnelles.

Tout cela explique qu'en France les effets de l'immigration sur la vie politique ont été *décalés dans le temps* et, plus précisément, décalés d'une génération. Dans les régions d'industrie lourde, ce processus a d'ailleurs été grandement favorisé par le patronat lui-même. Ayant assumé l'essentiel de l'effort financier de recrutement de la main-d'œuvre étrangère, il a cherché aussi à stabiliser et à reproduire sur place les ouvriers recrutés. Le principal moyen d'intégration a été la promotion des fils, au sein même de la classe ouvrière, des échelons inférieurs vers les échelons supérieurs. Devenus électeurs, ouvriers qualifiés, souvent enracinés dans un univers à l'intérieur duquel ils constituaient un groupe hégémonique, ces enfants d'immigrés — qui n'avaient pas oublié les souffrances et les espoirs de leurs parents — se sont trouvés en position de force pour exprimer publiquement leurs préférences. Cela explique la corrélation que nous avons rappelée plus haut, à propos de la Lorraine du Nord, entre la progression du vote communiste et la progression des patronymes italiens sur les listes électorales[34]. Les ouvriers d'origine italienne fourniront également les cadres et les élus du PCF dans la région. Dans la plupart des endroits évoqués plus haut, où l'immigration de masse a permis au Parti communiste de s'implanter, la deuxième génération (surtout quand elle est d'origine transalpine) a joué le même rôle décisif pour l'implantation durable du communisme. À La Seyne-sur-Mer, par exemple, le député communiste élu en 1947 (et réélu jusqu'en 1969) est le fils d'un immigré qui symbolise la « revanche ouvrière de l'électorat majoritairement italien »[35]

Si l'on prend en compte la question de l'immigration dans l'histoire politique, on ne peut plus concevoir la notion d'intérêt de classe dans un sens trop étroit. Le soutien massif que la deuxième génération a apporté au PCF s'explique non seulement par des raisons économiques ou professionnelles, mais aussi parce que les organisations communistes ont joué un rôle essentiel dans l'intégration de cette fraction du monde ouvrier au sein de la société française. Pour comprendre l'importance de ce problème, il faut rappeler que la première génération d'immigrants n'ayant jamais eu la possibilité de défendre publiquement ses propres intérêts, ce sont les organisations politiques hostiles aux étrangers qui ont alimenté le processus de politisation de l'immigration pendant un siècle. C'est l'une des raisons qui expliquent l'intensité de la xénophobie dans la population française, notamment lors des périodes de crise. Placées dans l'incapacité de répondre à ces agressions, obligées de les subir en silence, les familles d'immigrants seront durablement marquées par ce traumatisme. Pour les membres de la deuxième génération, le stigmate des origines, intériorisé dès l'enfance, deviendra fréquemment une composante importante de leur identité personnelle, renforçant leur désir d'intégration. À Halluin, l'histoire du monde ouvrier local « est l'histoire d'une population d'origine flamande en quête d'intégration [...]. Les fils et petits-fils de ces immigrants conservèrent longtemps les réflexes des déracinés : le repli autour de la tradition, l'allégeance aux rites et aux croyances populaires, le complexe du ghetto »[36]. En Lorraine, la stigmatisation a eu pour effet de stimuler les réflexes de dénégation des origines étrangères. Il s'agit là d'un phénomène important pour comprendre toutes les raisons qui ont conduit la deuxième génération à soutenir le Parti communiste envers et contre tout. En effet, à partir du milieu des années 1930, le recentrage de la stratégie politique du PCF a permis aux ouvriers issus de l'immigration de concilier les dimensions conflictuelles de leur identité. Le PCF et la CGT sont au cœur des combats intenses qui ont eu lieu dans la région au cours des décennies d'après guerre pour améliorer les conditions de travail et les salaires, puis pour empêcher la fermeture des mines et des usines. Mais ces luttes sont constamment justifiées par des arguments qui rappellent le rôle joué par les communistes dans la défense de la nation, que ce soit pendant la Résistance ou dans l'immédiat après-guerre, période de reconstruction de l'économie nationale, où les hommes du fer ont été particulièrement mis à contribution. La ligne politique du PCF répond à leurs préoccupations de « stigmatisés honoraires » (Erving Goffman), soucieux de démontrer qu'ils sont de « bons » Français et de « vrais » Lorrains. Mais, dans le même temps, le fait que, localement, les élus des organisations communistes soient issus du même milieu qu'eux a joué un grand rôle dans le soutien massif que leur apportent les membres de la deuxième génération. Ces représentants incarnent en effet une *manière* d'être communiste qui traduit une fidélité implicite à des origines et à une trajectoire qui ne pouvaient être défendues publiquement. Sans vouloir généraliser hâtivement des observations qui ne concernent que la région de Longwy, cet exemple permet néanmoins de comprendre que les électeurs communistes, dans ce cas au moins, n'ont été ni abusés ni manipulés par le PCF. Ils se sont identifiés à une organisation qui est parvenue à faire une place à des militants issus du même monde qu'eux.

Pour comprendre l'importance de ce genre de phénomène, il faut délaisser l'histoire des idées et même l'histoire des « mentalités » et se tourner vers la psychologie sociale. Une citation, empruntée à un chercheur américain, me permettra d'illustrer ce point. « Nous sommes tous enclins, semble-t-il, à identifier les gens d'après certaines caractéristiques qui comptent pour nous, ou qui, pensons-nous, ont nécessairement une importance générale. Si l'on demande à quelqu'un qui était feu M. Franklin Roosevelt, il répondra probablement que Roosevelt était le trente-deuxième président des États-Unis, et non que c'était un homme qui souffrait de la poliomyélite, quoique, naturellement, beaucoup mentionneront aussi sa maladie à titre d'information supplémentaire, car ils trouveront intéressant qu'il ait réussi à se frayer un chemin jusqu'à la Maison-Blanche en dépit de son handicap. Un infirme, en revanche, pensera certainement à la poliomyélite de M. Roosevelt dès qu'il entendra mentionner son nom »[37]. Sur le plan méthodologique, de tels constats devraient nous inciter, en tant qu'historiens, à davantage de prudence lorsque nous tentons d'expliquer les choix politiques de tel ou tel groupe social. Les élus des différents partis sont des individus qui intègrent dans leur image publique des caractéristiques identitaires beaucoup plus diverses qu'on ne le croit généralement. Les discours explicites, les positions affichées, sont adaptés aux exigences d'un système de pouvoir qui a été construit au cours du temps par les classes dominantes[38]. Mais les milieux populaires ne peuvent s'approprier cette logique politique qu'en l'intégrant dans leur propre univers de références et dans leurs propres pratiques sociales. C'est ce que montre, de façon éclairante, l'histoire sociale de l'immigration.

CHAPITRE IX

Les jeunes d'« origine immigrée » n'existent pas

« Les sociologues sont tellement habitués à employer les termes sans les définir, c'est-à-dire à ne pas déterminer, ni circonscrire méthodiquement l'ordre des choses dont ils entendent parler, qu'il leur arrive sans cesse de laisser une même expression s'étendre, à leur insu, du concept qu'elle visait primitivement ou paraissait viser, à d'autres notions plus ou moins voisines. Dans ces conditions, l'idée finit par devenir d'une ambiguïté qui défie la discussion. Car n'ayant pas de contours définis, elle peut se transformer presque à volonté, selon les besoins de la cause, et sans qu'il soit possible à la critique de prévoir par avance tous les aspects divers qu'elle est susceptible de prendre »[1]. Cette remarque d'Émile Durkheim reste d'une surprenante actualité, tout particulièrement en ce qui concerne la recherche sur l'immigration. La plupart des termes utilisés à ce sujet sont nés, et ont été réactivés, au moment de polémiques politiques très violentes. C'est peut-être ce qui explique que les vocables « immigré », « deuxième génération », « assimilation », « intégration » ne soient pratiquement jamais définis par ceux qui les emploient[2]. Alors que la catégorie « jeune » est passée au feu de la critique, tout le monde, apparemment, considère que l'expression d'« origine immigrée » va de soi. Et pourtant, derrière cette évidence, se cachent de redoutables problèmes sociologiques que j'essaierai de dégager en proposant quatre hypothèses de recherche sur l'immigration.

LES DEUX « TRADITIONS » FRANÇAISES

Contrairement à ce qu'écrit Alain Finkielkraut[3], la définition « contractuelle » de la nation ne s'est pas imposée définitivement en France à la suite de l'affaire Dreyfus comme une sorte de victoire ultime des valeurs universalistes de la Révolution française. En réalité, depuis un siècle, deux traditions, l'une « contractuelle » et l'autre « ethnique » (pour aller vite), coexistent dans la « pensée française », ce qu'illustre déjà parfaitement l'opportuniste Renan dans sa fameuse conférence de 1882 : « Qu'est-ce qu'une nation ? ». Encore faut-il préciser qu'il n'y a pas une, mais plusieurs « pensées françaises », qui s'expriment à des niveaux différents de la réalité sociale. Avant, comme après l'affaire Dreyfus, la définition contractuelle et universaliste de la nation représente en France le point de vue dominant. Et cela non pas principalement parce qu'il est explicitement défendu par la majorité des individus, mais parce que cette définition s'est « cristallisée », a été « matérialisée », dans des règles juridiques. Étant donné l'importance du droit dans les nations contemporaines, l'influence de ces règles sur la société est bien plus grande que tel ou tel opuscule philosophique du moment. C'est pourquoi Durkheim considérait, au moment de l'affaire Dreyfus, que l'antisémitisme était en France superficiel, car surtout verbal. Les flux et reflux de la vie politique (un jour c'est le cosmopolitisme qui l'emporte, un autre jour, c'est le nationalisme) ont lieu « sans que les préceptes cardinaux du droit et de la morale, immobilisés par leurs formes hiératiques, soient seulement modifiés »[4]. La tradition contractuelle remonte en France à la Révolution. L'une des originalités de la Révolution « bourgeoise » de 1789 tient en effet dans la contestation de toute forme de légitimité politique fondée sur le critère de l'origine d'où la noblesse tirait sa supériorité sociale. Avec le triomphe du droit constitutionnel, cette norme, propre au nouveau groupe dominant, est universalisée et devient l'un des fondements de l'idéologie nationale française[5]. On la retrouve par exemple dans les nomenclatures de la statistique, qui ne tiennent aucun compte des critères d'origine dans le classement des individus. Dans cette perspective, une personne, quelle qu'elle soit, peut toujours (tout au moins en principe) acquérir la nationalité française, si elle accepte la règle du jeu, c'est-à-dire le contrat, qu'on lui impose.

Cependant, lorsqu'on examine d'autres échelons de la « pensée française », on constate une extraordinaire permanence de la pensée « ethnique ». Pour nous limiter ici à la réflexion politique, on pourrait citer, depuis la fin du XIXe siècle, un grand nombre d'analyses, le plus souvent « confidentielles », visant à restaurer le critère de l'origine comme principe de gestion de l'immigration. La meilleure illustration de l'intériorisation des normes de l'idéologie républicaine tient dans la manière (« honteuse » ou tout au moins « gênée ») par laquelle on justifie la logique ethnique. Officiellement, la République française a constamment refusé d'instaurer des quotas fondés sur l'origine pour orienter le recrutement des immigrants comme aux États-Unis. Cependant, en 1945 (et j'aurais pu prendre bien d'autres exemples), le général de Gaulle lui-même « recommande », dans une lettre « confidentielle » à son ministre de la Justice, de pratiquer une politique discriminatoire en matière de naturalisations : « Sur le plan ethnique, il convient de limiter l'afflux des Méditerranéens et des Orientaux qui ont depuis un demi-siècle profondément modifié la composition de la population française. Sans aller jusqu'à utiliser, comme aux États-Unis, un système rigide de quotas, il est souhaitable que la priorité soit accordée aux naturalisations nordiques (Belges, Luxembourgeois, Suisses, Hollandais, Danois, Anglais, Allemands...). On pourrait envisager une proportion de 50 % pour ces éléments »[6].

Après la Seconde Guerre mondiale, et surtout après 1968, on retrouve la même dualité, mais cette fois avec une inversion des signes. La tradition dominante, fondée sur le droit contractuel, subsiste ; mais la problématique des « origines » est maintenant développée pour la « défense » des immigrés, pour exalter leur « identité », leur « différence »[7]. Jusqu'à ce que l'extrême droite la reprenne à son compte pour « démontrer » l'impossibilité de l'intégration. Ce survol extrêmement rapide est suffisant pour comprendre que l'expression « jeune d'origine immigrée » n'est pas neutre, qu'elle constitue une prise de parti sur la nature des critères légitimes pour définir les individus.

IL NE SUFFIT PAS D'INVERSER LES SIGNES

L'efficacité de la propagande des partis d'extrême droite ne tient pas dans les points de vue qu'elle défend, trop outranciers pour sortir du ghetto groupusculaire. Elle réside dans la capacité à utiliser les « médias » pour imposer dans l'opinion publique ses problématiques. Ce que ne voient pas les chercheurs qui s'évertuent à « réfuter les thèses de Le Pen », c'est qu'on leur impose, par là même, leur objet de réflexion. En usant son énergie à défendre les « jeunes d'origine immigrée » contre ceux qui les insultent, on conforte l'idée qu'il existe bel et bien un groupe social définissable par son « origine immigrée ». Mais dès qu'on réfléchit un peu au contenu de cette définition, ses ambiguïtés sautent aux yeux. Dans un pays autant marqué historiquement par l'immigration que la France, c'est le tiers de la population qui a des « origines immigrées ». À la fin du XIXe siècle, dans le Nord notamment, l'immigration belge-flamande avait déjà donné une « deuxième génération », qui fut d'ailleurs le fer de lance du Parti ouvrier français de Jules Guesde. On pourrait parler aussi de la « deuxième génération » italienne, polonaise, arménienne... issue de l'immigration massive des années 1920. Et pourtant, jamais ces enfants d'immigrés n'ont été vus comme tels, à la différence des États-Unis où, dès l'entre-deux-guerres, de nombreuses études ont pris pour objet les « Américains à trait d'union ».

Ceux qui veulent échapper à la logique dénonciation/réhabilitation, qui se rencontre si fréquemment dans le domaine de l'immigration, expliquent qu'ils adoptent le critère de l'origine parce que celui-ci est une donnée de la réalité sociale, un obstacle qui s'ajoute aux autres pour expliquer les difficultés d'intégration que rencontrent certains individus. Le simple critère de classe (ouvrier par exemple) serait trop grossier pour apprécier la diversité des situations particulières et pour permettre l'élaboration de mesures d'aide sociale efficaces. Dans cette perspective, il y aurait donc des problèmes que l'on pourrait imputer exclusivement au fait qu'un individu est d'« origine immigrée ». Si l'on peut en accepter l'augure, force est de constater que la démonstration est loin d'être faite. On constate même aujourd'hui que les auteurs qui expliquaient les difficultés scolaires de certains enfants d'immigrants par leur origine n'ont pas pu contester les études démontrant que, à catégorie socioprofessionnelle égale, ceux-ci ne réussissent pas plus mal que les autres. De même, ils ne sont proportionnellement pas plus « délinquants » que les jeunes Français issus des mêmes milieux sociaux. Comme ce n'est pas non plus le statut juridique qui distingue ces « jeunes d'origine immigrée » (beaucoup sont déjà français, tous sont appelés à le devenir), quels peuvent bien être les éléments d'une définition pertinente ? Certains sociologues aboutissent finalement à la conclusion qu'il n'existe qu'un seul critère fondant l'appartenance au groupe : la stigmatisation. Ces jeunes, en marche vers l'assimilation, seraient pour cette raison de plus en plus en butte à la xénophobie de la part de Français qui les ressentent comme une menace[8]. Mais si la catégorie sociale des « jeunes d'origine immigrée » n'a pas d'autre fondement que la stigmatisation, c'est-à-dire le rejet par les autres qui les voient comme différents et inférieurs, nous devons en tant qu'intellectuels être particulièrement vigilants, pour ne pas contribuer à cette mise à l'index. Toute réflexion approfondie sur « l'intégration des jeunes d'origine immigrée » devrait donc, à mon sens, partir d'un paradoxe incontournable : le fait même de désigner un groupe social à « intégrer » est une façon de le montrer du doigt, ce qui est en soi un obstacle à son intégration.

MÊME L'HORREUR EST « CONDITIONNÉE SOCIALEMENT »

Beaucoup d'études sur la xénophobie, ou sur le racisme, reprennent à leur compte quelques postulats sur la « nature humaine ». Aux États-Unis, par exemple, à la suite des travaux de Robert Park à l'Université de Chicago, on a eu trop tendance à adopter sans examen la métaphore de « l'uniforme racial », qui serait un obstacle insurmontable à l'assimilation des Noirs. Des analyses parfois douteuses, transposant ce schéma dans le cadre français, tentent d'expliquer les « problèmes des jeunes d'origine maghrébine » par leur « uniforme arabe », c'est-à-dire par des caractéristiques physiques qui, à elles seules, réveilleraient le racisme français. La sociologie interactionniste s'appuyant, par exemple, sur les analyses d'Erving Goffman séparant les individus « discrédités » (qui ne peuvent masquer leur « handicap ») et les individus « discréditables » (qui le portent en eux, mais qui peuvent le soustraire au regard des autres) — peut rendre beaucoup de services pour analyser des situations concrètes. Cependant, il ne faudrait pas oublier que, comme le notait Max Weber dans ses analyses du racisme, même l'horreur est « conditionnée socialement »[9]. Cela signifie que nous devons nous interroger sur les procédés de construction de la « différence » ; comprendre pourquoi, dans tel pays, c'est le « Noir » qui suscite le rejet, pourquoi dans tel autre c'est « l'Arabe ».

Les explications qui mettent l'accent sur la distance (biologique ou culturelle) qui séparerait le groupe dominant et le groupe stigmatisé oublient de préciser que, selon la société considérée, les critères qui définissent cet écart à la norme sont très variables. En France, par exemple, il n'y a pas de xénophobie particulière envers la population noire, c'est la raison pour laquelle bon nombre d'écrivains Noir-Américains ont émigré à Paris après la Première Guerre mondiale. Par contre, l'intensité du nationalisme français a fait des « ennemis » de la France, les individus stigmatisés par excellence. Jusque dans les années 1950, toutes les enquêtes d'opinion montraient que les Allemands (les « Boches ») étaient les plus déconsidérés des étrangers vivant dans le pays (ceux auxquels aucun « vrai Français » n'aurait voulu donner sa fille). Avec la guerre d'Algérie, ce sont les « Maghrébins » qui ont pris la place des Allemands et qui l'occupent toujours.

Le point le plus important n'est donc pas la différence de nature physique ou de culture des individus stigmatisés, mais le processus symbolique par lequel chaque société nationale a construit historiquement ses critères de rejet des autres. Contre les définitions ontologiques du « groupe ethnique », il faut rappeler, en effet, avec Marcel Maget, que celui-ci est avant tout le produit d'une désignation, un « être perçu », une image, qu'elle soit revendiquée ou refusée. D'où l'importance du langage et le pouvoir propre dont disposent à ce niveau les « manieurs de mots », donc les fabricants d'image, que sont les intellectuels.

Revenons, à titre d'illustration, aux exemples mentionnés plus haut. L'invisibilité de la « deuxième génération » dans les périodes antérieures a reçu trois types d'explications. La première met l'accent sur les groupes d'immigrés. Les Italiens, « plus proches culturellement » auraient eu plus de facilité à s'intégrer que les « Beurs » d'aujourd'hui. La recherche historique a montré l'inanité de ces analyses. Les deux autres explications, plus crédibles, mettent l'accent sur les transformations de la société française. L'intégration serait plus difficile aujourd'hui, car les problèmes sociaux seraient plus aigus, plus visibles. Il est certain que les « grands ensembles » n'existaient pas avant la Seconde Guerre mondiale et qu'il y a là un facteur supplémentaire de désintégration sociale. Mais on ne peut tout de même pas nier la crise des années 1930 ! Je crois pour ma part, mais j'admets que la démonstration reste à faire, que la principale différence qui explique la visibilité des « jeunes d'origine immigrée » aujourd'hui tient au formidable développement du secteur étatique de « l'aide sociale ». Depuis l'assistante sociale jusqu'au sociologue, en passant par les multiples employés des organismes créés pour les besoins de la cause, il y a désormais des milliers de personnes qui examinent, diagnostiquent, étudient, et parfois résolvent les « problèmes des jeunes d'origine immigrée », alors que les précédentes générations se sont intégrées dans l'indifférence[10]. Ainsi, une « réalité » sociale qui était invisible jusqu'ici est devenue une évidence principalement parce qu'il y a maintenant des gens pour la désigner, des gens qui vivent même de cette désignation.

Il n'y a dans ce constat aucun jugement de valeur. Il s'agit simplement de distinguer des états de la société française, pour apprécier ce qui fait réellement la nouveauté de notre époque. Le fait que les souffrances qu'ont connues les précédentes générations d'immigrants dans leur effort d'intégration n'aient pas laissé de traces, ou si peu, ne signifie nullement que le silence est préférable au discours. Cela montre néanmoins que « l'intégration des immigrés » est un processus social largement indépendant des programmes politiques ; qu'elle s'effectue de toute façon à partir du moment où il n'y a pas de discriminations officielles à l'encontre de ces personnes. Ce qui veut dire que, s'il est parfaitement légitime d'envisager des programmes d'aide sociale pour telle ou telle catégorie professionnelle, une action explicitement destinée à un groupe défini par ses origines est contestable. Elle peut même aboutir à des résultats opposés à ceux escomptés en raison des mécanismes symboliques décrits plus haut. Désigner un groupe à aider, c'est désigner un groupe « à problèmes », c'est donc conforter la croyance en l'existence de ce groupe et faciliter la propagande des partis xénophobes. On peut d'ailleurs constater que si un petit nombre de jeunes d'« origine immigrée » revendique cette appartenance, pour qui pratique le travail « de terrain », il est évident que la majorité, notamment dans les milieux populaires, ne tient pas à mettre en relief, publiquement, des origines qui sont le plus souvent des obstacles à l'insertion professionnelle ou autre. À la différence des États-Unis, où les groupements communautaires gèrent directement des secteurs entiers de « l'aide sociale » et peuvent donc utiliser leur « origine ethnique » comme un tremplin pour l'intégration, en France, les individus sont confrontés pour l'essentiel à des organismes publics incitant fortement tous ceux qui en dépendent à se « couler dans le moule ». Le problème n'est pas de comparer les mérites (ou les tares) des systèmes respectifs, mais de constater qu'ils reflètent des traditions historiques différentes auxquelles les individus ne peuvent pas échapper par décret. Contester, dans le cas français, la pertinence d'une définition fondée sur le critère de l'« origine immigrée », ne signifie nullement, faut-il le préciser, un refus d'admettre la société « pluriculturelle » qui peut trouver, même dans la tradition « jacobine » française, de multiples canaux d'expression (associatifs notamment).

POSER AUTREMENT LES PROBLÈMES DE L'IMMIGRATION

Si l'on admet les hypothèses qui précèdent, on ne peut qu'être convaincu de la nécessité dans laquelle nous sommes de procéder à un bilan approfondi des recherches sur l'immigration qui permette d'appréhender correctement la nouvelle phase (stabilisation des dernières vagues migratoires) dans laquelle nous sommes entrés. Il est vraisemblable que, si l'on admet comme une évidence le fait qu'on puisse définir des personnes par le critère de leurs origines, nous verrons bientôt des chercheurs et des institutions demandant — avec toutes les apparences du « bon sens » — que ce critère se matérialise dans des dispositions juridiques, administratives, statistiques. Le fait que le mot « Beur » soit déjà inscrit dans le dictionnaire constitue un premier pas dans ce sens. Mais l'histoire montre que, lorsque le processus d'objectivation est en route, il est extrêmement difficile de faire machine arrière. Ce qui devrait nous amener aussi à dresser un « état des lieux » sans complaisance de la recherche sur l'immigration, c'est que vingt ans d'activités « en faveur » des immigrés n'ont apparemment résolu aucun des grands problèmes qu'ils rencontrent. Le chômage reste très fort dans cette partie de la population, et la xénophobie constitue toujours un fléau de notre vie politique et sociale. Les chercheurs ne sont bien sûr pas « responsables » de cette situation. Mais, avant de nous lancer dans des analyses générales pour expliquer cette dégradation, il me semble que nous serions plus crédibles si nous commencions par réfléchir aux lacunes de notre activité scientifique en ce domaine. L'un des grands drames de la recherche sur l'immigration tient au fait qu'elle a toujours été dépendante des enjeux politiques. On a eu ainsi tendance à confondre la défense de la cause et l'analyse de l'objet et à oublier les leçons de ce qui est aussi un aspect fondamental de l'histoire de France contemporaine. Beaucoup de sociologues ont ainsi contribué à construire l'image de l'immigré comme travailleur temporaire, appelé à retourner un jour « chez lui ». Le militantisme « pluriethnique » a multiplié les dénonciations contre le rôle intégrateur de l'État. Toutes ces problématiques ont conforté l'approche « substantialiste » de l'immigration, isolant arbitrairement une « communauté » (en général composée des immigrants les plus nouveaux et les plus démunis) et un seul critère de définition (l'origine nationale) au détriment des autres critères de définition des individus (le sexe, le groupe professionnel, le lieu géographique d'existence...). Autant de facteurs qui ont accentué l'image misérabiliste, sauvage, inassimilable, des immigrés. Insistons sur l'idée que cet éclairage n'est pas en lui-même inexact. Et il ne faudrait pas qu'un bilan critique masque tous les acquis des recherches sur l'immigration pendant ces dernières décennies. Mais ce type d'analyse ne donne à voir qu'un aspect de la réalité, laissant dans l'ombre la complexité des problèmes d'intégration.

Pour aborder les choses autrement, on pourrait peut-être partir de l'affirmation suivante : il n'y a pas de « problème des immigrés », il n'y a qu'un problème de l'immigration. Ce qui signifie que ce ne sont pas les individus en tant que tels qui nous préoccupent, mais un processus social, c'est-à-dire un ensemble de rapports sociaux. Dans cette perspective, la question de l'immigration concerne autant les Français « de souche » que les immigrés. Ces derniers ne peuvent donc être l'objet exclusif de nos recherches. Nous devons également étudier tous ceux (ils sont certainement aussi nombreux que les immigrés) qui « gèrent », directement ou indirectement, les « problèmes » de l'immigration. Nous devons maintenant faire l'histoire et la sociologie des sociologues, des employés des services sociaux, des fonctionnaires de police, des acteurs politiques... qui tous contribuent à cette réalité de tous les jours qu'est devenue l'immigration[11].

TROISIÈME PARTIE

L'étatisation de la société française

CHAPITRE X

L'identification des citoyens

Naissance de l'état civil républicain

Ce chapitre se situe dans le prolongement des recherches que j'ai entreprises depuis plusieurs années sur l'histoire de l'identification des étrangers ; recherches qui ont mis en valeur l'importance prise par les « identités de papier »[1] dans les stratégies policières de protection des frontières nationales. On tentera ici d'élargir la réflexion en montrant que la question de l'identification des citoyens a été au cœur des conflits qu'a suscités la mise en place de l'état civil républicain.

LES ENJEUX DU DÉCRET DU 20 SEPTEMBRE 1792

Le 20 septembre 1792, l'Assemblée législative adopte un décret qui réglemente l'état civil des citoyens. Cette décision est une conséquence directe de la Constitution du 3 septembre 1791 qui affirme : « Le pouvoir législatif établira pour tous les habitants, sans distinction, le mode par lequel les naissances, les mariages et les décès seront constatés ; et il désignera les officiers publics qui en recevront et conserveront les actes » (Titre II, art. 7). Il y a évidemment un lien logique entre cet article et ceux qui définissent les critères (de résidence, de filiation, d'âge, de statut, etc.) qu'il faut remplir pour être citoyen français (Titre II, art. 2) et citoyen actif (Titre III, chapitre 1er, Section II). Pour que ces dispositions puissent être mises en œuvre, il fallait bien, au préalable, se donner les moyens de connaître l'identité civile des personnes. Il est vrai que, depuis plusieurs siècles déjà, les registres de naissances, des mariages et des décès étaient utilisés dans ce but. En 1539, l'Ordonnance de Villers-Cotterêts prévoyait que dans tout le royaume seraient ouverts des registres pour consigner les naissances. L'Ordonnance de 1667 transforme déjà les registres paroissiaux en véritables registres d'état civil. Avec la rationalisation du droit, la preuve écrite a définitivement supplanté la preuve testimoniale dans les procès en justice. D'où l'importance accordée à des documents qui permettent aux individus de prouver leur identité, leur âge, leur ascendance, leur mariage, etc. Fruit de la longue expérience accumulée par les juristes en matière de lutte contre les falsifications, l'Ordonnance de 1667 contient de nombreuses dispositions techniques qui sont toujours en vigueur aujourd'hui. Il faut qu'ils soient tenus en deux exemplaires et que le double soit déposé chez le juge royal. Les feuillets, que celui-ci paraphe et cote, doivent être remplis par les curés, « sans laisser aucun blanc ». Les individus qui le souhaitent peuvent, moyennant le paiement d'une taxe, obtenir des extraits de ces actes[2]. Dans les décennies suivantes, d'autres mesures, comme l'introduction du papier timbré ou les restrictions apportées par le pouvoir royal à la liberté de changer de noms, constituent des armes supplémentaires pour permettre l'identification des individus. Néanmoins, sous l'Ancien Régime, l'état civil est miné par une contradiction liée à sa double nature, religieuse et civile. C'est indirectement que le pouvoir royal exerce son contrôle sur la tenue des registres. D'où l'écart que l'on constate entre les principes définis dans les ordonnances et la façon dont ils sont appliqués. Louis Henry observe que « dans l'état civil des XVIIe et XVIIIe siècles, une personne est définie par son nom et son prénom ; son âge est souvent indiqué, mais la date de naissance ne l'est que rarement : le lieu de naissance est mentionné irrégulièrement et il n'est pas toujours exact. La résidence, la profession sont indiquées de manière variable ». Il ajoute que le patronyme est « exposé à des variations de formes dues à la prononciation et à l'orthographe »[3]. Cette hétérogénéité est accentuée par le fait que pour la plupart des curés l'enregistrement civil n'est qu'un accessoire du rituel religieux. Dans la région d'Alençon par exemple, « les curés notaient une foule de choses qui constituaient une sorte de résumé de l'histoire locale, augmenté des passages ayant trait à l'histoire nationale »[4]. C'est aussi la nature religieuse de ces actes qui explique qu'ils ne concernent que les catholiques. Les Juifs n'ont pas d'état civil et les protestants en ont été privés depuis 1685. Pour régler les multiples problèmes engendrés par cette exclusion, un édit de 1787 autorise les non-catholiques à faire constater leur état civil par le juge ou le curé du lieu. Avant même la Révolution, la sécularisation de l'état civil est considérée par beaucoup comme une nécessité pour le bon fonctionnement de la société.

C'est sans doute ce qui explique qu'en 1792 la laïcisation de l'état civil n'est pas le véritable objet du débat. Tout le monde est d'accord avec le député Adam pour considérer que « dans un gouvernement où la Constitution garantit à tout homme d'exercer le culte auquel il est attaché, il ne peut y avoir différentes manières de constater les naissances, les mariages et les décès »[5]. Le point sur lequel se focalise la discussion, entre février et septembre 1792, est de savoir qui va remplacer les curés dans cette tâche. Les partisans du projet veulent faire de l'enregistrement civil un acte civique, c'est-à-dire éminemment politique. Ils estiment, par conséquent, que seuls les élus municipaux doivent être autorisés à tenir les registres. Dans son rapport introductif, Muraire plaide en ce sens en affirmant que toutes les institutions mises en place par la République ont pour but d'être plus utiles aux citoyens et de rapprocher les administrateurs des administrés. Or, « le citoyen naît dans le sein de sa municipalité ; c'est là qu'il croît et s'élève ; c'est là que dès l'âge de 18 ans, il vient faire à sa patrie le premier hommage de ses forces en s'inscrivant au rôle des gardes nationales » ; qu'il reçoit à 21 ans son baptême civique ; à 25 ans qu'il est déclaré apte à la représentation nationale. C'est pourquoi, ajoute-t-il, « tout ce qui tend à fixer, à constater, à rétablir son état politique est du ressort de la municipalité à laquelle il est attaché ; il est conséquemment que ce ressort s'étende aussi au droit de constater son état civil ». Dans cette perspective, c'est parce que la municipalité est le lieu naturel de l'exercice de la « citoyenneté »[6] qu'elle doit être aussi le lieu ou l'individu accède à l'état civil. De la même manière, s'il convient de choisir l'officier chargé de cette tâche au sein des élus municipaux, c'est parce que ceux-ci constituent la « magistrature populaire permanente » sur laquelle repose la confiance des citoyens. Au cours du débat, plusieurs orateurs demandent que la dimension civique du projet soit affirmée encore plus fortement par la loi. Pour Gohier, « les esclaves n'ont point d'état civil. L'homme libre seul a une cité, une patrie ; lui seul naît, vit et meurt en citoyen. Tous les actes relatifs à sa naissance, à son mariage et à son décès doivent donc annoncer ce grand caractère ». Pour rompre avec des « formalités juridiques » qui rappellent l'Ancien Régime, il faut créer, estime-t-il, « des formes vraiment civiques ». Il faut « que dans toutes les communes de l'Empire un monument simple, mais respectable pour tous les amis de la liberté [...] ; qu'un autel, formé d'une pierre sur laquelle sera gravée la Déclaration des droits de l'homme, soit élevé à la patrie. Que devant cet autel [...] se fassent toutes les publications, tous les actes qui intéressent l'état civil et politique des citoyens »[7]. L'instauration d'un rituel civique qu'on oppose au rituel religieux a pour but de montrer qu'en déclarant son état civil à l'officier municipal l'individu devient membre de la communauté civique, de même que le baptême marque l'entrée dans la communauté des chrétiens. C'est pourquoi le projet prévoit que le nouveau-né devra être « présenté » par ses parents à cette église laïque qu'est la « maison commune ». C'est à partir de ces principes qu'est abordée la question de l'identification des individus proprement dite. Certes, le projet de décret reprend la plupart des dispositions antérieures visant à empêcher les falsifications et prévoit de lourdes pénalités pour les faussaires, mais beaucoup estiment que c'est avant tout le nouveau rituel civique qui assurera l'identification des citoyens. Pour Gohier, il faut élever un autel à la patrie dans chaque commune, parce qu'il « est essentiel de prévenir les fraudes qu'entraînent ordinairement les opinions clandestines »[8]. La constatation de l'état civil doit devenir un acte « solennel et public pour prévenir toute clandestinité », affirme Muraire. Le terme « acte » est ici quasiment synonyme d'« action », bien plus que de « document écrit » et le mot « public » évoque le groupe des citoyens-spectateurs, qui peuvent, le cas échéant, témoigner de la vérité de l'acte. Dans cette perspective, on ne peut identifier efficacement les personnes qu'en réduisant la distance qui sépare l'acte-événement et l'acte-document. L'argument de la proximité est le leitmotiv de ceux qui demandent qu'on transfère l'état civil aux municipalités. Quand tout le monde se connaît, quand la distance à parcourir pour aller faire sa déclaration est réduite, comment pourrait-on tricher avec son identité[9] ?

Un certain nombre de députés vont néanmoins critiquer avec véhémence cette idée en mettant en avant l'incompétence des élus ruraux. C'est l'intervention de François de Neufchateau, le 17 mars, qui exprime le mieux ce point de vue : « Je demande s'il n'y a pas des départements entiers où dans les campagnes les officiers municipaux, si respectables et si dignes de la confiance publique, ne savent pas même écrire. Ceux qui ont appris à former des caractères ont si peu l'usage de l'écriture qu'ils sont pour la plupart fort embarrassés pour former un simple billet ; leurs idées sur ce genre d'occupations sont tellement circonscrites qu'ils ont même à craindre de ne pas entendre les termes qui leur prescrivent ce qu'ils ont à faire ; d'un autre côté, leur travail journalier leur laisse si peu de moments dont ils disposent, leurs fonctions municipales leur en enlèvent tant à d'autres égards que la plupart de leurs opérations ne se font pas ou se font trop tard et toujours mal. » Et de préciser qu'en dépit des multiples ordonnances royales, de la surveillance continuelle des évêques et procureurs généraux, les curés, bien qu'ils aient fait des études et qu'on leur ait donné des modèles, « n'étaient pas parvenus à comprendre l'objet de cette rédaction et à s'en acquitter sans reproche »[10]. Si ces critiques sont elles aussi justifiées par l'intérêt supérieur de la nation, elles privilégient non pas la confiance dans les vertus de l'acte civique, mais l'idée qu'une société ne peut pas fonctionner si les tâches administratives ne sont pas remplies correctement. C'est pourquoi ces opposants proposent que l'état civil soit confié aux juges de paix, aux notaires, voire aux instituteurs qu'on envisage de mettre en place. Mais les partisans du projet écartent toutes ces propositions. D'une part parce qu'ils estiment qu'elles dénatureraient le sens civique de l'acte civil et d'autre part parce qu'elles sous-estiment la « maturité du peuple ». Pour aider les élus ruraux dans leur tâche, on prévoit de leur « envoyer des instructions simples, des modèles clairs » ; si bien que l'officier d'état civil « n'aura que sa signature à mettre ». Les troubles que connaît le pays au cours de l'été 1792 (la fuite des curés réfractaires, qui achève de désorganiser l'état civil, l'insurrection du 10 août, qui marque l'entrée en scène des sans-culottes, l'invasion des armées étrangères) incitent les députés de l'Assemblée législative à accélérer la discussion, afin que le texte soit voté avant leur séparation (qui a lieu elle aussi le 20 septembre).

LA CONSTRUCTION DE L'ORDRE CIVIL ET SES DIFFICULTÉS

Des faux à foison

En 1820, une circulaire du Garde des Sceaux demande aux procureurs généraux de rédiger un rapport sur l'état des registres d'état civil à partir des procès verbaux établis par les procureurs. Ces documents constituent un excellent point d'observation pour voir dans quelle mesure, trente ans après, le décret de 1792 est entré dans les faits[11]. À la lecture de ces rapports, on ne peut qu'être frappé par l'ampleur des difficultés que suscite encore l'application de la loi. Nulle part les registres ne sont tenus correctement. Les quelques statistiques que fournissent les procureurs sont éloquentes. Dans l'arrondissement de Bellay, par exemple, sur 111 communes, six seulement ont des registres conformes à la loi ; dans l'arrondissement de Lyon, la proportion est de 9 sur 125. À Caen, on estime qu'il faudrait corriger 60 000 actes. Dans le département du Jura, un seul maire n'a pas commis d'erreurs dans la rédaction des actes. Les commentaires illustrent le profond découragement des procureurs généraux : « On ne peut que gémir sur ces défectuosités qui peuvent avoir, dont quelques-unes ont même nécessairement, les conséquences les plus funestes pour l'état des familles » (Limoges). « C'est de toutes les fonctions du parquet la plus dégoûtante et la plus pénible ; on se fatigue sans espoir de succès ; le maire, averti l'année précédente, retombe dans les mêmes contraventions ou bien il en commet d'autres qu'il avait précédemment omises » (Lyon). Ces lamentations ne font que prolonger les multiples critiques émises par les préfets depuis le début du siècle sur le sujet[12]. On peut regrouper toutes les infractions signalées en trois grands ensembles :

— Les erreurs dues à l'incompétence de ceux qui en ont la charge sont de loin les plus nombreuses. Elles touchent avant tout à la forme de l'acte. Les procureurs et les préfets soulignent l'extrême fréquence des ratures, des surcharges ou renvois non approuvés par l'officier d'état civil. De même, ils signalent de multiples registres qui n'ont été ni arrêtés ni clôturés en fin d'année. Le nom des mariés est parfois orthographié différemment dans les actes de publication des bans de mariage et sur les actes d'état civil. Une multitude de registres ne sont pas signés par les parties ; cette formalité est même parfois omise par l'officier d'état civil. Beaucoup d'actes sont incomplets. Dans certains cas, c'est l'heure à laquelle il a été rédigé qui fait défaut ; dans d'autres, ce sont des renseignements concernant l'état civil des parties et des pièces justificatives (acte de naissance ou consentement des parents pour des jeunes mariés) qui manquent. Sans compter les pratiques interdites par la loi : dans beaucoup d'endroits, par exemple, des mineurs et surtout des femmes sont admis comme témoins ; on trouve sur certains actes de naissance d'enfants naturels le nom du « prétendu père », alors que le Code civil interdit strictement la recherche de paternité pour préserver la « paix des ménages ».

— Une multitude d'actes illustre une autre forme de délit : les « arrangements ». Par divers procédés, les officiers d'état civil cherchent à donner une apparence de légalité à des agissements non conformes à la loi. C'est surtout la question de l'authenticité de la date de l'acte qui est ici en cause. Le procureur général d'Amiens dénonce un « abus très grave auquel les vérificateurs ne peuvent remédier. C'est celui des antidates. Il arrive trop souvent que diverses considérations font insérer les actes à une date autre que la véritable ». Plusieurs indices permettent aux magistrats de repérer ce genre de « fraude ». Il arrive souvent que tous les actes d'un registre soient signés par le même témoin ; ce qui indique qu'ils ont été paraphés après coup. Ailleurs, on signale des registres « où les signatures sont placées au milieu de l'acte, ce qui prouve que l'officier de l'état civil avait fait apposer les signatures avant la rédaction ». Dans l'arrondissement de Libourne, certains maires ne transcrivent les déclarations que sur un seul registre, renvoyant à plus tard la rédaction du double. Quand il arrive qu'un maire ou des témoins disparaissent dans l'intervalle, les remplaçants fabriquent de fausses signatures ou de nouveaux registres en changeant le nom du maire ou des témoins.

— Cet exemple nous amène au troisième type d'infractions, moins fréquentes que les autres, mais plus graves : les falsifications délibérées. On peut faire entrer dans cette catégorie la destruction des registres. Dans quelques départements, les locaux où ils étaient déposés sont incendiés (Ariège, Vendée notamment). En Corse, trente ans après qu'elle a été promulguée, beaucoup de maires n'appliquent pas encore la loi. Selon le préfet, les registres « manquent dans près des deux tiers des communes ». Une circulaire du ministère de l'Intérieur signale en 1807 que, dans beaucoup d'endroits, « les parents des nouveau-nés [...] négligent de faire la déclaration de leur naissance à l'officier de l'état civil. En comparant les registres de l'état civil avec les registres de baptême tenus par les prêtres desservants, on a trouvé une différence de plus de la moitié à l'avantage de ces derniers. Dans les mêmes départements, la déclaration des décès n'est pas faite plus ou moins exactement que celle des naissances »[13]. Les actes officiels eux-mêmes sont parfois falsifiés. Dans un rapport daté de l'an XIII, le Garde des Sceaux écrit que dans plusieurs départements de France on a constaté « des changements de noms de garçons en noms de filles [...], la falsification des dates des actes de naissance et de mariage » et on a même vu des noces célébrées « entre garçons sous des déguisements d'habits et de noms ». Le préfet de Lozère estime que sur 192 communes que compte le département, 96 000 individus sont concernés. En Ardèche, plus de 1500 actes ont été falsifiés. Des hommes se retrouvent ainsi mariés avec des femmes qu'ils n'ont jamais vues, d'autres avec leur tante, d'autres avec des femmes de 80 ou 90 ans[14].

L'hétérogénéité de la société française

Toutes nos sources montrent que, pendant plus de trente ans, c'est le clivage ville/campagne qui représente l'obstacle majeur à la mise en œuvre de la loi[15]. Au début des années 1820, tous les procureurs généraux se retrouvent pour constater avec leur collègue d'Agen que « dans les villes, la tenue des registres est généralement soignée » et que c'est surtout « dans les communes rurales (qu'on relève) des omissions et des contraventions à la loi ». Le discours optimiste et flatteur sur le « peuple » qui l'avait emporté lors du débat de 1792 fait place, dans les décennies suivantes, à des plaintes incessantes dénonçant l'incapacité des maires ruraux. On leur reproche d'abord leur illettrisme. « Dans presque toutes les communes rurales, écrit en 1820 le procureur général de Caen, les maires et les adjoints sont de petits propriétaires cultivateurs, des fermiers ou des artisans, qui ne savent que signer leur nom et non écrire ou qui écrivent illisiblement et sans orthographe et dont il est impossible de lire l'écriture ». De même en Mayenne, les registres sont signalés comme « illisibles et comme fourmillant de fautes grossières d'orthographe et de langage ». Dans le monde rural, les formalités juridiques que les maires doivent accomplir pour se conformer à la loi sont très éloignées de leurs préoccupations quotidiennes. Le procureur de Grenoble explique les incertitudes de l'état civil par le fait que « la plupart de ces maires, surtout dans les montagnes, sont des hommes à qui le temps est nécessaire pour faire subsister leur famille », c'est pourquoi « un maire champêtre quitte bien difficilement sa charrue pour recevoir ces actes ». De même à Caen, les maires paysans « font des absences pour aller aux foires et marchés et pour travailler en dehors de leurs communes. La rédaction des actes est remise à l'époque où le maire et l'adjoint seront de retour ; puis on néglige de faire ces actes ». Même chose pour la campagne orléanaise : « Cette écriture et cette rédaction, toute simple qu'elle est, est pour eux, par le défaut d'habitude et le contraste des occupations, plus fatigante que leurs travaux eux-mêmes. Ce n'est guère que le dimanche suivant qu'ils peuvent s'occuper de réparer ces omissions. » Ces négligences sont d'autant plus fréquentes que maintes formalités prévues par la loi paraissent superflues dans un univers où tout le monde se connaît et où, par conséquent, c'est le regard du groupe et la tradition qui servent d'instrument d'identification. Le procureur général de Douai rapporte que si dans de nombreuses communes du Nord le maire ne demandait pas, jusque-là, les extraits d'actes de naissance (pour lesquels il faut payer des droits de timbre), c'est « parce que les parties étaient nées dans la commune, qu'en conséquence nul doute n'existait sur leur âge qui était notoirement connu de tous les habitants ». Maintes irrégularités s'expliquent par des problèmes pratiques. Dans un contexte de pénurie, le souci d'économie est une hantise de tous les jours. Le procureur de Dijon note que, poussés par « le désir d'économiser du papier timbré », les officiers municipaux ne respectent pas les consignes officielles concernant la mise en page des actes. « Il arrive par là que dans certaines localités, les actes sont pressés les uns sur les autres, laissant à peine les intervalles nécessaires aux signatures ; les lignes extrêmement serrées et le corps de l'acte ne laissant que fort peu de marge et parfois pas du tout ; de manière que quand il s'y présente à faire une correction, il n'y a plus de moyen de l'opérer par un renvoi régulièrement approuvé et signé dans la marge. » Les élus ruraux ont beaucoup de mal à comprendre les principes abstraits qui sous-tendent la logique bureaucratique, ce qui les conduit à prendre au pied de la lettre les recommandations qui leur sont faites. Dans un canton de l'Aisne, ils se plaignent que la loi ne précise pas à quel moment il est possible de constater l'état civil. Ils souhaitent savoir s'ils peuvent le faire « pendant la nuit » et, dans l'affirmative, ils demandent « à quelle heure de la soirée, la nuit sera censée commencer ». Un représentant du peuple de la ville de Girod (dans l'Ain) demande s'il doit célébrer le mariage d'une sourde et muette, étant donné que la loi précise que les deux parties doivent faire leur déclaration « à haute voix ». Le préfet des Côtes-du-Nord, constatant que les registres tenus par le maire d'une petite commune ne sont jamais signés, écrit : « Je suis bien persuadé que ce fonctionnaire a cru qu'en écrivant son nom dans le certifié, c'était comme s'il apposait sa signature. » Ailleurs, un maire note dans un acte de naissance que « le sexe de l'enfant est légitime ». C'est parfois le désir de bien faire qui, paradoxalement, amène les maires à commettre des irrégularités. Dans le Haut-Rhin, les maires « craignant toujours d'omettre quelque formalité essentielle et lorsqu'ils n'ont pas une grande habitude de leurs fonctions, reçoivent les actes sur simples notes et les rédigent ou les font rédiger après coup hors de la présence des parties ». C'est pourquoi « les noms des témoins sont souvent grattés et remplacés par les noms des témoins banaux qui signent à la fin de l'année tous les actes, même ceux où ils n'ont pas figuré »[16]. Dans ces conditions, les modèles imprimés et les formulaires, qui devaient résoudre tous les problèmes, ne servent pas à grand-chose. D'abord parce qu'ils n'arrivent pas partout et qu'ils sont diffusés de façon très irrégulière, à cause des bouleversements incessants qui perturbent l'action de l'administration (dans le Calvados, en 1820, les maires continuent à utiliser des formules imprimées qui datent de 1792)[17]. Ensuite, la réalité quotidienne fait surgir une multitude de cas que le législateur n'avait pas prévus au départ et qui rendent le travail des maires de plus en plus complexe (22 modèles d'actes sont transmis dans chaque municipalité en l'An XI pour tenir compte des principales dispositions du Code civil concernant les enfants naturels, les différentes modalités de reconnaissance...). Tirant les enseignements des échecs antérieurs, l'administration napoléonienne demande avec insistance aux maires de ne plus suivre les formulaires au pied de la lettre. Comme le souligne la circulaire du 22 Fructidor an XII, « l'Administration générale en adoptant ces formules, n'a pas entendu en prescrire exactement la rédaction, de manière que l'emploi de toute autre fût interdit et pût compromettre la substance même des actes. Le Gouvernement a voulu éviter ces inconvénients en n'insérant point des formules spéciales dans le Code civil. Celles-ci ont principalement pour objet d'offrir des guides à une classe nombreuse de fonctionnaires qui n'ont pas tous un égal degré d'expériences. Elles devront tenir lieu de conseils et non de préceptes, d'exemples et non de dispositions strictement obligatoires ».

La deuxième fracture que révèlent les difficultés d'instauration de l'état civil est d'ordre religieux. Le transfert des registres paroissiaux au pouvoir civil provoque en certains endroits une vive résistance du clergé[18]. Dès l'an V, un rapport officiel souligne à propos de l'Ardèche que « les prêtres insermentés ont repris leurs anciennes cures. Ils y font leurs fonctions ; ils baptisent, marient et enterrent, tiennent registre de tout et font entendre au Peuple ignorant qu'ils n'ont pas besoin de s'adresser à l'officier public ». Si, dans de nombreux départements, l'influence des curés est signalée comme l'une des principales causes de non-déclaration à l'état civil, le Concordat permet une progressive réconciliation entre pouvoir civil et pouvoir religieux, à tel point que beaucoup de curés deviennent, de fait, les auxiliaires des maires en rédigeant les actes que ces derniers n'ont plus qu'à signer[19]. Plus que le clergé lui-même, ce sont les traditions religieuses, encore très ancrées dans les campagnes, qui constituent les obstacles les plus importants. Souvent les paysans ne déclarent pas les naissances à la mairie, parce qu'ils croient que « les notes de baptêmes tenues par les ecclésiastiques suffisent pour constater cet état ». Ailleurs, on signale des familles qui suivent « l'usage adopté dans l'église d'admettre des marraines dans les baptêmes et en conséquence ils (acceptent) des femmes pour témoins dans les actes de naissance ». Néanmoins, il est très important de souligner que l'héritage légué par l'Église catholique est aussi un facteur favorable à la mise en place de l'état civil. C'est grâce aux registres tenus par les curés avant la Révolution que le pouvoir civil a pu établir l'état des individus nés avant 1792, et la législation républicaine n'a fait que légaliser une conception de l'individu et de la famille élaborée par l'Église à partir du Moyen Âge. Le problème est beaucoup plus compliqué pour les citoyens qui ne sont pas catholiques. En ce qui concerne les protestants nés avant 1792, le plus souvent, les pouvoirs publics ne disposent pas de registres d'état civil. C'est ce qui explique, selon les préfets, qu'en dépit de la loi beaucoup d'entre eux continuent à échapper à toute forme d'enregistrement officiel. Mais c'est surtout à propos des Juifs que le problème est posé. Pour qu'ils puissent exercer, concrètement, les droits de citoyens que la République leur a reconnus, ils doivent eux aussi posséder un état civil. Comme tous les autres citoyens, ils sont donc concernés par la loi de 1792. Mais cette formalité juridique est d'abord et avant tout un acte de nomination grâce auquel l'État assigne aux individus une identité rigide et individuelle. La loi du 11 Germinal an XI a d'ailleurs imposé à l'ensemble des citoyens la fixité du nom propre[20]. Or, à la fin du XVIIIe siècle, une partie de la population juive, notamment dans l'est de la France, ignore le système patronymique en vigueur chez les chrétiens[21]. Par le décret du 20 juillet 1808, les pouvoirs publics veulent obliger les Juifs nés avant 1792 à déclarer leur identité civile, afin qu'ils n'échappent pas aux devoirs (notamment militaires) qui incombent désormais aux citoyens. C'est pourquoi, outre l'obligation d'adopter un nom et un prénom fixes, faite à ceux qui n'en avaient pas jusque-là, le décret impose à l'ensemble des Juifs de déclarer leur état civil au maire de leur commune, afin que celui-ci puisse le consigner dans un registre spécial. Le décret fixe un délai de trois mois pour accomplir cette formalité, sous peine de bannissement. Le fait d'ouvrir un registre spécifique à la population juive (alors qu'on aurait pu utiliser les registres existants) montre bien que ce décret s'inscrit dans le prolongement des mesures discriminatoires décidées au cours de cette période par Napoléon, dans un contexte marqué par un fort antisémitisme, notamment en Alsace-Lorraine. Mais cette décision constitue aussi une étape décisive dans le processus d'intégration des Juifs dans la communauté nationale puisque, grâce à ces registres, ils peuvent désormais s'insérer dans la vie civile. En dépit du relais que représentent les Consistoires (chargés de faire appliquer le décret dans la communauté juive), la mise en place de l'état civil donne lieu à de nombreuses incompréhensions et suscite de fortes oppositions. Des milliers d'individus sont brutalement confrontés à une logique de nomination et d'identification très éloignée de leurs propres traditions. En Alsace-Lorraine, dans les classes populaires, certains sont illettrés, beaucoup ne parlent que le dialecte. Une étude consacrée à l'ouverture du registre de Lunéville montre que les Juifs viennent à la mairie en groupe, par famille entière ou par corporation professionnelle, les ouvriers derrière leur patron. Découvrant leur nouveau nom, beaucoup (notamment chez les femmes) ne parviennent pas à l'orthographier, ni à signer. Robert Anchel estime qu'en Alsace, pendant longtemps, l'adoption des usages français ne sera qu'une concession à la règle officielle. Dans leurs relations quotidiennes, les Juifs conserveront leur dénomination ancienne[22]. Les archives montrent qu'un nombre non négligeable d'entre eux ne régulariseront que tardivement leur situation. C'est une nouvelle preuve qu'au début du XIXe siècle l'État parvient difficilement à toucher tous les individus qui sont concernés par ses décisions. Pour justifier le retard de leur demande, certains invoquent le fait qu'ils étaient absents du pays, pour cause de voyage ou de guerre (beaucoup étaient mobilisés sur le front espagnol). D'autres disent qu'ils étaient encore enfants en 1808 et que personne n'a songé à faire la déclaration pour eux (souvent parce qu'ils étaient orphelins). Une jeune femme explique que, placée dans une famille catholique, elle n'a « eu alors aucune relation avec ses coreligionnaires [...]. Et ne sachant ni lire ni écrire », elle n'a pas été informée. On remarque également que les demandes de régularisation sont faites, pour la plupart, au moment du mariage, ce qui indique le peu de contact de ces individus avec la vie civile[23].

Le troisième clivage décisif que révèle l'histoire de la mise en place de l'état civil est d'ordre régional. D'une manière générale, plus on s'écarte du centre parisien, plus les choses sont difficiles. Le problème le plus grave concerne la langue. Comme le souligne le procureur de Metz en 1821, « les cantons du département de la Moselle ou la langue allemande est habituellement en usage sont [...] ceux où les registres présentent les irrégularités les plus nombreuses ». Son collègue de Colmar ajoute que les nombreuses erreurs constatées dans la rédaction des actes « paraissent devoir être attribuées uniquement au peu d'usage qu'ont la plupart des maires de l'écriture et de la langue française »[24]. Le même problème se rencontre dans les Pyrénées. Les maires ruraux ne comprennent pas les consignes, parce que certains « n'entendent pas le français. Les registres d'une commune de l'arrondissement de Bagnères se trouvent écrits moitié en patois, moitié en français ». Et le procureur d'évoquer un récent procès en assises, où les « maires du pays basque appelés comme témoins ne savaient pas lire leurs procès-verbaux et [...] ne les comprenaient pas : on était obligé de leur traduire en idiome basque quoique ces actes fussent écrits en français et revêtus de leur signature ». Dans les régions isolées, la mise en place de l'état civil se heurte aussi à la force des traditions locales. En Corse, les rapports rédigés en 1820, tant par le préfet que par le procureur général, reflètent une anarchie complète, attribuée à « l'esprit de parti qui divise beaucoup de familles ». Trente ans après la loi de 1792, aucune commune ne possède de série régulière et complète des actes d'état civil. Ce qui oblige les pouvoirs publics à accepter quantité d'actes de notoriété qui ne reposent que sur les déclarations des individus. « Rien n'est donc certain pour le particulier qui a besoin d'y recourir et la fraude se joue impunément de l'Administration qui doit faire de ces actes la base de ses opérations. »

Le refus de la conscription

Pour conclure cette partie, il nous reste à examiner les raisons qui expliquent l'ampleur des falsifications délibérées constatées dans l'état civil tout au long de cette période. Nous avons déjà souligné que dans les campagnes beaucoup ne voient pas l'intérêt de déclarer leur état civil. Comme le dit le préfet du Loir-et-Cher : « Ils s'imaginent difficilement que pour assurer l'état de leurs enfants plus de formalités soient nécessaires que celles qui ont assuré leur état propre au moment de leur naissance. » C'est pourquoi l'article du Code civil qui laisse le soin aux particuliers de réclamer en justice la régularisation de leur état civil est jugé totalement irréaliste. « L'insouciance, l'imprévoyance, l'ignorance des moyens ou l'esprit d'un intérêt mal raisonné, les affaires, la nécessité d'un travail journalier, les soins domestiques ou l'absence, empêcheront une foule d'individus, je dis même la presque totalité, de réclamer l'exercice de la loi, à moins d'un besoin actuel et pressant. Or ce besoin est rare ou il n'est pas actuel ou direct et il s'ensuivra que peu de personnes voudront se donner la peine de faire constater leur état civil »[25]. S'ils ne voient pas quels sont les droits, les citoyens ont vite compris, en revanche, quels étaient les devoirs découlant de leur intégration dans la vie civile. De fait, jusqu'à la Restauration, le problème de la conscription constitue l'obstacle central à la mise en place de l'état civil. La nécessité d'identifier précisément tous les conscrits est une obsession qui revient constamment dans les enquêtes et les rapports officiels. Et c'est pour tenter d'y échapper qu'un nombre considérable de citoyens se livrent à des entreprises de falsifications. En 1820, le préfet de Corse, signale que sur 1 699 jeunes ayant participé au tirage, il en compte 687 dont la naissance n'a pas été constatée. D'où la multitude des actes de notoriété qui servent en fait à « prouver que l'on a dépassé l'âge ou qu'on ne l'a pas atteint ». En Ardèche, le Commissaire du gouvernement près du Tribunal criminel note dans son rapport du 26 Germinal an IX qu'« une multitude de jeunes gens qui ne voulaient pas servir aux Armées par dégoût ou autrement ont cherché dans des mariages supposés les moyens de se soustraire à la réquisition et à la conscription qui les attaquait ». En 1807, dans le même département, on signale les abus des actes de notoriété « qui reculent ou qui avancent au gré des déclarants la naissance de celui qui requiert cette mesure pour établir son état civil ». La partie sud des Hautes-Alpes est « infestée de faux actes de mariages ». Des ex-agents publics, « pour soustraire des jeunes gens à la conscription ou à la réquisition, les mariaient sans autres formalités, souvent avec des personnes qu'ils ne connaissaient pas » et faisaient disparaître les doubles[26]. Les préfets signalent aussi que fréquemment l'enregistrement des décès est négligé « à cause des déclarations faites à la Régie pour l'acquittement des droits de succession, auxquels les héritiers ou successeurs croient pouvoir se soustraire, en ne faisant pas enregistrer à la mairie le décès de leurs parents morts ».

ÉLÉMENTS POUR UNE SOCIO-HISTOIRE DE L'IDENTIFICATION

« *Agir à distance* »

Pour comprendre les raisons de toutes ces difficultés, il faut avoir à l'esprit l'ampleur de la rupture qu'a constituée le décret de 1792. Pour que la nouvelle citoyenneté républicaine devienne effective, il fallait que, dans l'ensemble du pays, des procédures d'identification individuelle totalement uniformes soient mises en œuvre. La législation sur l'état civil devait toucher la totalité des individus dispersés sur le territoire national et les inciter à se rendre dans un lieu nouveau (la Maison commune) pour accomplir des formalités désormais complètement détachées du rituel religieux. L'application de la loi supposait également la collaboration de près de 40 000 officiers d'état civil en grande partie disséminés dans les campagnes, compte tenu de la logique inhérente à la représentation municipale. Pour que le pouvoir central puisse ainsi « agir à distance » sur des dizaines de millions d'individus, encore fallait-il qu'il existe des liaisons susceptibles de mettre en rapport l'ensemble des citoyens. Max Weber a insisté sur le fait qu'« à côté des présuppositions fiscales, il existe pour l'administration bureaucratique des conditions essentiellement liées à la technique de communication. Sa précision exige les chemins de fer, le télégramme, le téléphone et elle est liée à ceux-ci de façon croissante »[27]. Mais, au début du XIXe siècle, cette « infrastructure communicationnelle » n'est pas encore en place. Avant l'ère du téléphone et de la radio, seule l'écriture permet de communiquer à distance. Or, dans les classes populaires, une partie considérable de la population ne maîtrise pas encore les règles élémentaires de la communication écrite ; ce qui, nous l'avons vu, constitue un obstacle majeur à la mise en œuvre de la loi dans le monde rural. De même, la difficulté des transports revient comme un leitmotiv dans les rapports officiels. Le préfet du Jura constatant qu'à la fin de l'hiver un grand nombre de maires n'ont pas encore retiré les registres de l'année nouvelle écrit : « Comment espérer que 728 maires souvent éloignés et n'ayant que des communications rares, dans une saison rigoureuse, se pourvoiront tous pour le premier janvier. » Cette tyrannie des distances est l'une des causes essentielles qui explique que le Code civil ait maintenu, en dépit de tous les inconvénients, l'enregistrement de l'état civil au niveau des municipalités, échelon le plus proche des citoyens. C'est aussi, en partie, pour ce motif que les doubles sont transférés au tribunal de première instance, qui siège à l'échelon de l'arrondissement, et non du département comme la préfecture. La difficulté des transports s'ajoute au défaut d'organisation pour expliquer les mauvaises liaisons au sein de l'administration. À Trévoux, par exemple, les administrateurs du district constatent que « les registres pour constater l'état civil des citoyens ne sont pas parvenus aux communes ». Quand on leur demande leur avis sur une circulaire récente, ils répondent : « Nous ne la connaissons pas. Elle ne nous est pas parvenue. » En bien des cas, la communication des actes d'état civil d'une commune à une autre est entravée à cause des imperfections du service postal. Le problème se pose surtout pour les personnes décédées loin de chez eux, dans un hôpital ou à l'armée. Une circulaire de 1812 précise que, dans ce cas, les actes mortuaires doivent être envoyés à la mairie de leur dernier domicile. Mais de nombreux maires refusent de recevoir les paquets car ils ne sont pas affranchis. Sous la Monarchie censitaire, le problème n'est toujours pas réglé. En 1825, une circulaire regrette que « faute d'un mode uniforme, ces registres sont le plus souvent mis à la poste ou confiés à des commissionnaires peu exacts qui les égarent ». Il est demandé aux maires de confier les paquets aux « piétons » de la préfecture. Mais en 1829, ceux-ci sont supprimés. Une vingtaine d'années plus tard, une autre circulaire constate que parfois « des envois sont faits par les maires tantôt aux présidents, tantôt aux greffiers des tribunaux. Ce mode est défectueux. Les maires, en effet, n'ont pas la franchise de correspondance à l'égard des destinataires ; il en résulte que les paquets qu'on leur adresse sont taxés, puis refusés et renvoyés à l'administration centrale des postes à Paris, d'où ils sont réexpédiés pour cause d'invalidité du contreseing aux maires expéditeurs »[28]. Avec la désorganisation de l'administration, liée aux troubles révolutionnaires, ce sont les imprimés, les modèles, les instructions qui font défaut, ou les matériaux qui sont défectueux. « Le papier fourni jusqu'à présent est en général de la plus mauvaise qualité ; d'une couleur grise, d'un grain très gros et inégal », écrit le préfet de Côte-d'Or en 1812, et il ajoute : « Dans l'usage, il se refuse aux impressions de la plume. » La monnaie constitue un autre moyen essentiel dont dispose l'État central pour « agir à distance ». Là aussi, les moyens font cruellement défaut au début du XIXe siècle. Constamment, les services du Trésor doivent délivrer à crédit le papier timbré destiné à la confection des registres. De multiples circulaires sont diffusées en vain pour obliger les communes à rembourser leurs dettes. Parfois, c'est la pénurie de papier timbré qui oblige les maires à contrevenir à la loi en rédigeant les actes sur papier libre. Les rectifications d'état civil par les juges de paix, les copies des tables décennales par les greffiers sont souvent interrompues, en tout cas retardées, parce que les services administratifs concernés ne peuvent faire face aux dépenses. Malgré tout, sous l'Empire, le dispositif administratif se met peu à peu en place. Les directives ministérielles sont transmises aux préfets, par voie de circulaire le plus souvent, et ceux-ci les diffusent auprès des maires en adoptant au besoin un Arrêté préfectoral inséré dans le recueil des actes administratifs. On prévoit que les textes officiels les plus importants seront « constamment affichés en placard et en gros caractères dans chacun des bureaux ou lieu où les déclarations relatives à l'état civil et dans tous les dépôts des registres ». Les sous-préfets, lors de leurs tournées, doivent vérifier que les affiches « sont permanentes ». À la fin de l'Empire la gestion de l'état civil commence, dans certains endroits au moins, à entrer dans la routine.

Disposer d'un personnel administratif discipliné

Le deuxième problème essentiel que rencontrent les gouvernants pour faire appliquer la législation sur l'état civil tient au fait que le corps des officiers municipaux chargés de son application n'est pas fiable. Le rapport concernant les falsifications des registres en Ardèche, cité plus haut, estime que « peut-être 20 000 fonctionnaires, officiers publics, citoyens sont coupables ». Une autre enquête précise que « l'Administration n'ose pas s'occuper spécialement de la recherche de ces délits pour les dénoncer aux cours de justice parce que ces recherches compromettraient un très grand nombre d'individus et feraient encombrer les prisons de citoyens et d'ex-fonctionnaires municipaux ». On estime que la répression est impossible car, en mettant en cause un nombre aussi important d'agents du service public, on risque de perturber gravement le fonctionnement de l'État. Les enquêtes concluent à la nécessité de rectifier les actes frauduleux, mais sans réprimer, en prenant le parti du « silence ou de l'oubli ». En fait, c'est la légitimité de l'État qui est en jeu dans ces affaires car, en de nombreux endroits, les intérêts de la « petite patrie » passent avant ceux de la grande. C'est sans doute en Corse que la situation est la plus grave dans les années qui suivent la chute de Napoléon. « Je ne puis expliquer, écrit le préfet en 1820, l'effronterie ouverte avec laquelle on se présentait devant le Conseil que par l'espèce de conviction où l'on est qu'un pareil manège est plutôt honorable que criminel parce qu'il s'agit de servir ou ses parents ou ses amis et qu'on prétend s'en faire un titre à l'estime publique »[29]. La confiance et la proximité entre le peuple et ses élus, ardemment désirée par les révolutionnaires de 1792, devient ainsi un obstacle majeur à la construction du lien civil. En Ardèche, non seulement beaucoup de maires sont complices des fraudeurs, mais la justice elle-même est contaminée. Le Commissaire délégué dans la région pour mettre fin aux abus écrit : « Il est une autorité indépendante sur laquelle je n'ai aucun pouvoir : les jurés. Plusieurs de ceux qui sont sur la liste des jurés ont commis des actes délictueux sur l'état civil pour dispenser leur fils, neveu, parent, ami de la conscription. » Quant à ceux qui n'ont pas participé aux fraudes, ils « obéissent à la voix publique » ; c'est pourquoi ils « croiront ne devoir punir un délit qui est devenu si commun ». Cette proximité sociale explique aussi qu'en Ardèche un grand nombre de maires éprouvent une « crainte bien fondée d'attirer sur eux la vengeance du peuple le plus irascible et le plus vindicatif que la France renferme ». Cela d'autant plus que, faute de liaisons, les fraudeurs sont insaisissables : « La peine de deux mois de détention ne les effraie pas » car, du fait qu'ils habitent « des montagnes presque inaccessibles, ils se mettent aisément à l'abri des poursuites ». Le pouvoir central n'est d'ailleurs pas davantage en mesure de sévir efficacement contre des maires qui ne sont pas encore vraiment salariés par l'État. En Mayenne, le préfet estime que si les « autorités protestent [...] à des fonctionnaires bénévoles, l'offre d'une démission se fait bientôt entendre ». À Bordeaux, un procureur trop zélé, qui avait pris des sanctions contre plusieurs maires ayant déposé trop tard leurs registres, doit faire machine arrière, car tous ont démissionné. « Comme chacun d'eux était à peu près le seul de la commune capable de remplir tant bien que mal les fonctions municipales, l'administration allait se trouver désorganisée si l'on n'eût pris un sage tempérament. »

Tirant les expériences de toutes ces difficultés, le Code civil rompt radicalement avec la logique qui avait prévalu en 1792, en définissant la constatation de l'état civil non plus comme un acte civique, mais comme une formalité purement administrative. Seuls les maires et leur adjoint sont considérés comme officiers d'état civil et, désormais, ceux-ci sont nommés par le pouvoir central au lieu d'être élus par le peuple. De plus, le Code civil transfère une partie des compétences du préfet vers le juge. Ainsi, c'est au tribunal de première instance que doivent être déposés les doubles des registres et non plus à la préfecture. C'est le procureur qui paraphe et cote les nouveaux registres. C'est encore lui qui dorénavant est chargé de légaliser la signature des officiers d'état civil[30]. Ce transfert de prérogatives vise d'abord les citoyens. Tirant les leçons de l'impuissance des préfets en matière de fraudes, les rédacteurs du Code civil abandonnent les pénalités que prévoyait la loi de 1792 en cas de non-déclaration, mais obligent les individus à se pourvoir devant le juge pour toute constatation postérieure au délai légal de trois jours. Mais la place faite au juge a surtout pour but de renforcer le contrôle exercé sur les maires qui sont désormais dépendants à la fois du préfet et du procureur. D'autres mesures vont dans le même sens, notamment l'importance attachée au problème de la signature des documents officiels. Si les maires peuvent déléguer à des employés le pouvoir de recevoir ou de rédiger des actes, on leur rappelle fréquemment qu'ils « doivent signer eux-mêmes et seuls les actes d'actes civils qu'ils délivrent ». Une circulaire de 1807 constate que dans beaucoup de villes « un Adjoint au Maire est chargé de l'état civil et il fait les actes en son nom, quoique le Maire soit présent. L'Adjoint ne peut remplir cette fonction qu'en vertu d'une délégation spéciale du Maire, parce que ce dernier est *seul* (souligné dans le texte) Administrateur et officier de l'état civil chargé du dépôt des registres. Par cette raison l'acte est vicieux ainsi que les expéditions ou extraits qu'on en délivre, s'il n'y est pas fait mention de la délégation faite par le maire ». On cherche ainsi à « responsabiliser » les maires, tout en leur inculquant le sens du devoir d'État. Les préfets critiquent de plus en plus souvent les fonctionnaires municipaux qui officient pour leur propre mariage, confondant ainsi leur personne privée et leur rôle public. Fréquemment, il est rappelé que « le maire ne peut être témoin ou officier de ses propres actes » ; car, en faisant cela, il « diminue par son fait les garanties dont la loi a voulu environner l'acte, puisqu'il diminue le nombre des personnes qui devraient y concourir. Il peut donc être soupçonné avec raison d'avoir voulu se créer un titre lui-même ». L'intensification du recours aux imprimés et aux modèles d'actes, en dépit de toutes les imperfections signalées plus haut, témoigne également des efforts accomplis par le pouvoir central pour intégrer davantage les échelons inférieurs de l'administration. C'est comme si, grâce à ces modèles couchés sur papier, on espérait pouvoir « tenir la main » des officiers municipaux, à distance. « Par là on s'assure — écrit le procureur général de Dijon — d'une plus fidèle exécution des formalités prescrites, puisque l'imprimé que l'officier public doit remplir de son écriture lui rappelle dans son contexte même les conditions dont l'accomplissement s'y trouve exprimé. D'un autre côté, l'acte devant nécessairement remplir le cadre déterminé par l'imprimé, l'écriture à la main devient moins confuse, plus lisible et les corrections peuvent s'opérer avec facilité et régularité. »

Toutes ces dispositions, qu'elles soient légales ou réglementaires, visent donc à créer un corps de fonctionnaires neutres, objectifs, bref détachés du corps social. Mais cet acte de chirurgie administrative nécessite que les maires soient dotés des outils adéquats. D'où l'effort considérable accompli par les rédacteurs du Code civil pour s'affranchir, comme l'écrit un préfet, de ces « preuves équivoques et dangereuses telles que la preuve testimoniale dont l'incertitude a toujours effrayé le législateur ». L'article 1317 du Code définit « l'acte authentique » comme « celui qui a été reçu par l'officier public ayant le droit d'instrumenter dans le lieu où l'acte a été rédigé et avec les solennités requises »[31]. Parallèlement, le Code pénal, rompant avec le flou des précédentes législations, consacre toute une section à la question du faux. Une procédure spéciale est mise en œuvre pour constater le « faux en écriture ». Le « faux en paroles », dont s'occupait beaucoup l'ancien droit, est renvoyé désormais à une autre section du Code (celle qui s'occupe des « faux témoignages »). Toutes ces innovations illustrent parfaitement la place assignée à l'écrit et à l'administration dans les procédures d'identification, même si de nombreuses dispositions du Code montrent que l'on continue à faire confiance au regard pour s'assurer de l'identité des personnes. Il faut toujours que l'enfant soit présenté au maire pour qu'il constate son existence de ses yeux et la présence de témoins est considérée comme une nécessité pour tous les actes[32].

Dans les décennies suivantes, la définition juridique du vrai et du faux va entrer en conflit avec l'autre grande parole autorisée en la matière : le discours médical. Dès 1829, Villermé adresse au ministre de l'Intérieur une étude sur la surmortalité des enfants pendant les mois d'hiver, qui met en cause la coutume de la présentation des nouveau-nés à la mairie[33]. Sous la monarchie de Juillet, les médecins se mobilisent contre cette pratique. Ils reprochent aux maires d'avoir interprété la loi dans un sens trop littéral, alors que le plus souvent ils ne vérifient pas le sexe de l'enfant et sont incapables de dire s'il a un, trois ou huit jours. Par ailleurs, selon les médecins, les officiers municipaux sont incompétents pour constater le sexe de l'enfant dans les cas douteux, en cas d'hermaphrodisme par exemple. Le docteur Loir, chef de file de ce courant moderniste, conclut son étude sur le sujet en affirmant que : « Les questions d'identité, de substitution de part, sont d'une haute importance, elles exigent des garanties que les actes de l'état civil dans le monde actuel ne donnent pas. »[34] Les pouvoirs publics restent sourds, pendant longtemps, aux arguments des médecins — la polémique durera plus de vingt ans[35] — parce qu'ils refusent que l'identification civile des personnes soit placée sous la dépendance d'un expert, fût-il médecin. Le ministère de la Justice estime qu'« autoriser un médecin ou tout autre délégué du Maire à constater les naissances, ce serait modifier profondément les règles qui régissent l'état civil et leur faire perdre une grande partie de leur efficacité ». Il convient de laisser « l'état civil dans les attributions exclusives des fonctionnaires publics auxquels la loi a si sagement confié la rédaction de ces actes et la constatation authentique des faits qu'ils contiennent ». Les médecins n'ont aucune compétence pour dire « l'authentique » car ils ne sont pas liés à la fonction publique[36]. La loi ne demande pas aux maires de dire le vrai sur l'identité « réelle », ou « naturelle », des individus (les litiges sur ce point sont renvoyés à la justice) ; elle leur demande simplement d'enregistrer les déclarations de ces derniers. Si le Code civil précise que le sexe de l'enfant doit être « énoncé » et non pas « vérifié » comme le stipulait le décret de 1792, ce n'est pas un hasard. Dans la discussion préparatoire au Code, le tribun Siméon évoque les abus commis par les officiers d'état civil pendant la Révolution : « On en a vu suspecter la légitimité qui leur était certifiée, nier ou révoquer en doute les mariages dont on leur disait qu'un enfant était né, en demander des preuves et changer en inquisition des fonctions simples qui se bornent à recueillir des déclarations. » C'est donc explicitement pour protéger les individus contre l'arbitraire et assurer la « paix des familles » que le Code civil définit l'identification civile comme l'enregistrement d'un acte et non comme la recherche d'une vérité concernant l'identité des individus[37]. Tout au long du XIXe siècle, les médecins tenteront de remettre en cause cette logique libérale[38]. À propos des hermaphrodites, en 1816, le Garde des Sceaux estimait que « c'est aux individus (que cela) concerne ou à leurs parents à choisir le sexe qui paraît leur convenir ». À la fin du siècle, l'un des fondateurs de la médecine légale, Lacassagne, demande à l'inverse une réforme de l'article 57 du Code civil pour imposer un examen médical à la puberté « qui statuera sur le sexe et l'inscription comme homme, femme ou neutre sur les registres d'état civil »[39].

L'enjeu des formes

Toutes ces dispositions convergent pour faire de l'acte écrit un lieu et un enjeu décisifs dans les procédures d'identification. L'affrontement des intérêts qui s'opposent pour la définition des états civils affecte la structure formelle des actes eux-mêmes. Pour faire admettre la légitimité de leur rôle en la matière, les experts médicaux demandent qu'on y inscrive des informations nouvelles[40]. Les conflits entre préfets et procureurs ont pour objet de savoir qui détiendra le pouvoir d'apposer, sur les registres, les marques officielles (signature, tampon) qui leur confèrent leur légalité. Mais c'est surtout la lutte constante entre faussaires et défenseurs de l'« authentique » qui explique ce travail sans fin sur les formes[41]. Comme nous l'avons vu, les techniques visant à empêcher les falsifications ont été inventées pour l'essentiel sous l'Ancien Régime. Aux XIXe et XXe siècles, elles sont simplement perfectionnées ; obligeant les officiers d'état civil à appliquer des consignes de plus en plus méticuleuses, concernant l'écriture (depuis 1824, l'empreinte du timbre ne peut être couverte ni d'écriture ni d'altération, on ne peut écrire sur le verso d'un timbre, etc.), la mise en page (il ne doit pas y avoir d'espace entre le texte et la signature, ni de blanc à la fin de la page, les renvois doivent être séparés les uns des autres et signés individuellement et non globalement)[42]. Pour identifier les personnes qui entrent dans la rédaction de l'acte, il faut aussi que tous les signes qu'il contient soient parfaitement lisibles. En conséquence, « les actes de l'état civil doivent être écrits en français qui est la seule langue officielle. Les patois de diverses régions en France sont donc proscrits, de même dans les provinces annexées, Nice et la Savoie, la langue italienne d'origine ne peut être légalement employée »[43]. Mais ces exigences touchent également la signature qui matérialise l'accord entre les parties. C'est au nom de cette lisibilité qu'en 1808 certains fonctionnaires veulent interdire aux Juifs de signer en hébreu. L'explication que donne le procureur de Colmar pour justifier cette mesure illustre parfaitement la fonction assignée désormais à la signature dans les actes officiels[44] : « La crainte des contrefaçons peut justifier jusqu'à un certain point l'usage des signatures les plus bizarres, mais il faut toujours qu'une signature remplisse son objet, qu'elle soit telle que l'officier public chargé de la légaliser et les témoins présents puissent avoir la certitude que les caractères plus ou moins lisibles dont elle se compose représentent en effet le nom du signataire. Or cette certitude n'existe pour aucun des intéressés quand la signature est faite en lettres hébraïques car celles-ci sont généralement inconnues aux officiers d'état civil des deux départements et à tous ceux des habitants qui ne professent pas la religion juive »[45].

Identification et identité nationale

Les formalités administratives liées à l'identification civile constituent en elles-mêmes de puissants facteurs d'assimilation nationale ; du fait même que leur « universalité » ne dépasse pas les limites du territoire sur lequel l'État exerce sa souveraineté. Nous avons vu que les difficultés rencontrées dans l'application des lois sur l'état civil s'expliquaient avant tout par l'extrême hétérogénéité de la société « française », notamment au niveau linguistique. L'obligation faite aux maires et aux citoyens de constater l'état civil en français a certainement contribué, mais nous manquons d'étude pour étayer cette conviction, à faire reculer les patois et les dialectes. Avec le décret de 1808 sur l'état civil des Juifs, les traditions religieuses sont remises en cause. Dans une circulaire adressée à tous les consistoires de France en mars 1810, le Consistoire central, chargé par Napoléon de la mise en œuvre de la législation nouvelle, signale qu'on applique encore « dans plusieurs Temples, la coutume de n'appeler l'Israélite qui doit assister à la lecture d'un chapitre de la Loi, [...] que par son prénom et celui de son père comme Jacob Bar Abraham [...]. Cette ancienne habitude est devenue actuellement abusive puisqu'elle est, dans le fond, contraire au vœu de la loi et tend à perpétuer un usage qu'elle a proscrit et qu'on ne peut se permettre sans en enfreindre les dispositions ». C'est pourquoi le Consistoire central ordonne « sous peine de destitution » que le chantre « n'appelle à l'avenir aucun de nos coreligionnaires à l'honneur d'assister à la lecture d'un chapitre de la Loi que par son nom de circoncision, suivi du nom de famille qu'il a adopté conformément au décret précité »[46].

La nouvelle logique identificatrice joue un rôle particulièrement important dans la structuration de l'identité nationale, parce qu'elle s'attaque également aux identités individuelles. C'est tout le problème des noms propres qui est posé[47]. La loi du 11 Germinal an XI, en imposant la fixité des patronymes dans le but de mieux identifier les individus, a établi des règles nationales pour le choix des prénoms et pour la transmission du nom. Aujourd'hui encore, d'un pays à l'autre ces règles sont très différentes, contribuant à faire du nom propre un élément important du « sentiment d'appartenance nationale ». Le contrôle du nom constitue aussi un puissant facteur d'assimilation nationale. L'étude consacrée à la mise en place de l'état civil des Juifs à Lunéville, en 1808, montre que le maire déforme involontairement leur nom en francisant l'orthographe (alors qu'aucun d'eux n'avait demandé un nom français) ; le *u* allemand devient *ou*, entre le *g* et le *i* se glisse un *u*, etc.[48] La même logique administrative explique la progressive disparition de certaines particularités linguistiques régionales. En Bretagne, un usage très ancien voulait que, dans les noms commençant par *Ker*, on remplace cette syllabe par un *K* barré. Mais ce symbole étant incompréhensible pour les employés de mairie des autres régions de France, de nombreux patronymes, parmi les émigrants surtout, furent mutilés dans les actes d'état civil : Kerandavelec devenant Kandavelec, etc.[49] N'oublions pas, pour finir, l'exaltation nationaliste des « beaux noms français ». Depuis le XIXe siècle, la stigmatisation des noms propres a été un élément essentiel des discours xénophobes et antisémites[50]. C'est pour y échapper que bien souvent les victimes ont souhaité faire franciser leur patronyme[51].

Aujourd'hui, les formalités de l'état civil, sur lesquelles repose toute la logique identificatrice moderne, font partie de la routine administrative[52]. Chacun de nous les accomplit machinalement, comme si elles relevaient de l'évidence. À tel point que nous avons du mal à imaginer qu'elles ont pu, un jour, être contestées. Étudier la genèse des pratiques dans lesquelles nous sommes pris permet de saisir à leur commencement les nécessités sociales sur lesquelles elles reposent. La progressive bureaucratisation de l'état civil, mise en relief dans ce chapitre, ne peut être interprétée comme une victoire de « l'État » au détriment des « individus », comme on le dit parfois[53]. Dans la perspective socio-historique retenue ici, le renforcement constant des exigences identificatrices s'explique par l'extension des chaînes d'interdépendance qui relient les hommes entre eux. Nous avons vu que ce sont surtout les secteurs de la société qui étaient encore très mal intégrés à la « vie civile » qui se sont opposés aux transformations révolutionnaires. Mais, très vite, le fait de ne pas avoir d'identité civile est devenu l'une des formes les plus extrêmes du malheur populaire, surtout dans les villes. Louis Chevalier rappelle qu'au XIXe siècle l'incertitude de l'état civil est une réalité de la condition familiale dans les classes populaires qui favorise les trafics d'enfants[54]. Mettre en relief, comme nous l'avons fait, les incompréhensions, les refus, les souffrances qu'a entraînés la construction étatique du lien civil, ce n'est donc ni le dénoncer ni en contester la nécessité. Max Weber disait déjà, à propos de la bureaucratie, que « notre vie quotidienne tout entière est tendue dans ses cadres », mais que l'« existence moderne deviendrait impossible » sans elle[55].

CHAPITRE XI

Représentation nationale et catégories sociales

L'exemple des réfugiés politiques

> *« J'attendais le coup de tampon me permettant d'exister encore un peu. »*
>
> CLAUDE VERNIER, *Tendre exil*, 1983.

Depuis quelques années, l'histoire sociale connaît, en France notamment, un important renouvellement de ses interrogations[1]. L'un des points communs de ces nouvelles directions de recherche tient au rejet des présupposés sur lesquels était fondée l'histoire économique et sociale quantitative mise en œuvre par la génération précédente, au profit d'une démarche qui s'interroge sur la construction des entités collectives (classes, groupes, communautés, etc.) que l'histoire sociale considérait auparavant comme allant de soi. En m'appuyant sur les recherches empiriques que j'ai effectuées ces dernières années sur l'histoire de l'immigration en France, je voudrais apporter une contribution à cette réflexion en centrant l'analyse sur les notions de « représentation » et de « catégorie » qui sont au cœur des problématiques actuelles.

PRÉSENTATION DU PROBLÈME

Pour une socio-histoire des relations de pouvoir

Les concepts et les outils d'analyse forgés dans les décennies d'après guerre par l'histoire économique et sociale quantitative ne m'ont pas paru adaptés pour aborder la question de l'immigration, parce qu'elle concevait le monde historique comme une juxtaposition d'instances (économie, société, civilisation) qui masquait le rôle joué par l'État dans la construction des rapports sociaux. Or ce n'est qu'en étudiant ce rôle que l'on pouvait comprendre les problèmes spécifiques des « immigrés », étant donné que ceux-ci sont d'abord des étrangers, c'est-à-dire des individus qui ne relèvent pas, juridiquement, de l'État du pays où ils se trouvent. Pour éclairer ce phénomène, ce n'est pas du côté de la sociologie durkheimienne qu'il fallait se tourner, mais du côté de Max Weber. En définissant la sociologie comme la discipline qui étudie les *activités* humaines, celui-ci fournit à l'historien les moyens de déconstruire les entités collectives « réifiées » comme l'État, la Nation, la Classe, etc., pour mettre au jour les pratiques sociales qui lient les individus désignés par ces entités collectives. Mais, au-delà, Weber nous donne les moyens de penser la recherche historique elle-même comme un ensemble de pratiques, ce qui autorise de concevoir l'histoire sociale non plus comme une dimension de la réalité historique, mais comme un domaine d'investigation centré sur l'étude des activités humaines, qu'elles soient économiques, politiques, religieuses... C'est ce qui m'a conduit, avec d'autres, à renoncer au terme, devenu trop vague et indéterminé, d'« histoire sociale » pour encourager le développement de la « socio-histoire » conçue comme une articulation des compétences professionnelles de l'historien et du sociologue[2]. L'indifférence dont ont continué à faire preuve les historiens français pour l'œuvre de Weber au cours des dix dernières années[3] explique que la critique de l'histoire économique et sociale quantitative ait privilégié d'autres voies ; notamment la micro-histoire et la sociologie historique des groupes sociaux. Il ne s'agit pas, naturellement, de nier la fécondité heuristique de ces approches, ni de vouloir les « dépasser » ; ce qui serait contradictoire avec la conception wébérienne (« perspectiviste ») de la connaissance, qui est défendue ici. S'il faut, néanmoins, évoquer les limites de ces approches, c'est simplement pour essayer de faire comprendre pourquoi elles ne m'ont pas permis de résoudre les problèmes *spécifiques* que pose la socio-histoire de l'immigration. La micro-histoire envisage le lien social au niveau strictement local, en partant des relations *directes* que les individus établissent entre eux, ignorant du même coup les formes de domination à distance, « objectivées » dans le droit, les papiers d'identité, etc., qui sont essentielles pour le problème qui nous occupe ici. La sociologie historique des groupes sociaux s'intéresse aux liaisons à distance puisque, comme l'a souligné Luc Boltanski dans un ouvrage qui a exercé une grande importance pour le développement de ce courant de recherches, elle cherche à montrer comment « les agents se regroupent, s'identifient à des représentations collectives, se dotent d'institutions et de porte-parole autorisés à les personnifier »[4]. Mais le problème des relations à distance est abordé ici, principalement, à l'aide du concept de « *représentation* ». On peut même dire que c'est en jouant sur la polysémie de ce concept que la sociologie historique des groupes a progressivement étendu son territoire, en généralisant les observations empiriques faites au départ sur les « cadres », à l'ensemble des « groupes d'intérêt » et des « catégories socioprofessionnelles »[5]. Par exemple, en partant de l'hypothèse qu'en dernière instance « représenter c'est mettre en équivalence des personnes », Alain Desrosières et Laurent Thévenot établissent un lien entre trois niveaux de « représentation » (statistique, politique et cognitif), ce qui les conduit à opérer un glissement des « groupes » aux « catégories » sociales, les deux termes étant considérés comme interchangeables[5]. Mais que faire, dans ces conditions, des entités sociales qui, à l'instar des « immigrés », sont le produit d'un travail juridico-bureaucratique de « catégorisation », bien qu'elles ne résultent pas d'un processus social de mobilisation et qu'elles ne disposent pas de porte-parole pour parler en leur nom ?

C'est pour répondre à cette question que, délaissant la problématique durkheimienne de la « représentation », je me suis progressivement tourné vers la sociologie wébérienne de la domination. On sait que Weber définit la politique comme une activité sociale de domination « organisée par un ou quelques hommes sur d'autres hommes ». Dans le monde moderne, avec le développement de l'État, ce sont les formes légales de domination qui se sont imposées. D'où l'importance que Weber accorde à la question du droit et le lien étroit qu'entretiennent sa sociologie politique et sa sociologie juridique. Il y a là, me semble-t-il, un point de départ intéressant pour l'élaboration d'un programme de recherche alliant l'histoire, la sociologie et le droit, susceptible d'éclairer le processus que Michel Foucault appelle « l'étatisation des relations de pouvoir » et qu'il définit en des termes qui permettent d'emblée de comprendre leur importance pour l'histoire des identités sociales. « Cette forme de pouvoir s'exerce sur la vie quotidienne immédiate, qui classe les individus en catégories, les désigne par leur individualité propre, les attache à leur identité, leur impose une loi de vérité qu'il leur faut reconnaître et que les autres doivent reconnaître entre eux. C'est une forme de pouvoir qui transforme les individus en "sujets" : sujet soumis à l'autre par le contrôle et la dépendance, et sujet attaché à sa propre identité par la conscience ou la connaissance de soi »[7].

À propos de « l'État »

Étant donné la place centrale qu'occupe le concept d'« étatisation » dans la problématique qu'on vient d'exposer, il est nécessaire de préciser dans quel sens est employé ici le terme « État », ce qui permettra, dans le même temps, de clarifier le concept de « représentation ». On sait que pour Max Weber l'État est « la communauté humaine qui, à l'intérieur d'un territoire déterminé, [...] revendique avec succès pour son propre compte *le monopole de la violence physique légitime* »[8]. Mais ce qu'on oublie souvent de préciser, c'est que cette définition constitue, en fait, une « traduction » sociologique du concept d'État, tel que les juristes l'ont progressivement élaboré depuis le XVIe siècle. Comme le montre l'ouvrage fondamental sur ce sujet d'Olivier

Beaud, c'est Bodin qui a fourni la première définition moderne de l'État en proposant un nouveau concept de souveraineté[9]. Alors que, dans le droit médiéval, celle-ci repose sur la notion de consentement entre le roi et les seigneurs, désormais la souveraineté désigne le pouvoir de commandement que détient le monarque sur ses sujets. Dès cette époque, c'est une relation de domination (commandement/obéissance) qui définit l'unité de l'État. À partir de Hobbes, apparaît une autre notion essentielle pour le droit public : le concept de « personnalité juridique ». Si la souveraineté désigne l'unité du pouvoir de commandement dont dispose le Roi, pour que le monarque soit en mesure d'exercer *effectivement* son pouvoir sur toute l'étendue du Royaume, il est nécessaire que celui-ci puisse être « délégué » à d'autres individus. C'est pourquoi une distinction est progressivement établie entre la personne physique du Roi et sa fonction, qui fait de lui une « personne représentative ». Grâce à cette « fiction », on peut alors appréhender l'État comme une « institution », c'est-à-dire un être collectif indépendant de l'existence physique des gouvernants. Le « contrat social », tel que l'envisage Hobbes, apparaît, d'un point de vue juridique, comme un acte d'attribution qui autorise le souverain à agir au nom de l'État. C'est ainsi que s'élabore la première définition politique du concept de « représentation ». Pour rappeler que ce terme, au départ, exprimait la souveraineté et l'unité de l'État, Carl Schmitt emploie un mot allemand issu du latin : *Repräsentation* (que je traduirai ici par *Représentation*)[10]. Alors que sous la monarchie, c'est la personne du Roi qui Représente l'État (ou la « nation »), la Révolution française transfère la souveraineté du monarque au « peuple ». Le concept moderne de « démocratie » tel que l'élabore Rousseau signifie que, désormais, la relation de domination (commandement/obéissance) ne lie plus le Roi et ses sujets, mais les citoyens entre eux. Dans le *Contrat social,* ceux-ci définissent, en effet, les lois auxquelles ils se soumettent. Le principe démocratique « pur » que défend Rousseau dans ce livre est fondé sur le concept d'identité (au double sens d'égalité et de similitude entre tous les citoyens) et sur l'exclusion de toute « représentation ». Rousseau considère que la volonté du peuple ne peut pas être « représentée ». Prônant un idéal de démocratie directe, comme dans la cité grecque, il estime que c'est le peuple rassemblé qui prend les décisions politiques. Mais c'est surtout Sieyès qui va exercer une influence déterminante dans la restructuration de l'État moderne. Au cours de la Révolution française, ses réflexions théoriques sur la notion de Constitution aboutissent à une combinaison inédite de la conception rousseauiste de la démocratie (la souveraineté du peuple) et de la conception libérale (l'élection comme mode privilégié de délégation de pouvoir). Sans entrer dans les détails, soulignons simplement que la théorie du peuple constituant élaborée par Sieyès obéit au principe démocratique, dans la mesure où elle définit le peuple comme l'autorité suprême habilitée à édicter la norme juridique fondamentale qu'est la Constitution. Le principe d'identité entre gouvernants et gouvernés, inhérent à la démocratie, signifie que les dirigeants de l'État ne peuvent plus légitimer le pouvoir de commandement qu'ils détiennent sur les autres, en invoquant des qualités « surnaturelles », inaccessibles au commun des mortels, comme le faisait le monarque de « droit divin ». Dans le système démocratique, aucune différence qualitative ne sépare les dominants et les dominés. Dans ces conditions, les procédures électorales sont légitimes si, et seulement si, elles ne mettent pas en péril le principe d'identité/égalité entre gouvernants et gouvernés. Ce qui justifie que le peuple soit Représenté par les élus qu'il a choisis, c'est que tous les citoyens-électeurs ont la possibilité de devenir eux-mêmes, un jour, des élus du peuple. Avec la naissance de l'État parlementaire, ce sont trois niveaux de « représentation » politique qui font leur apparition. Les parlementaires et le gouvernement sont les Représentants de la nation. Ils parlent et agissent au nom du peuple tout entier. Mais, pour faire appliquer les lois sans mettre en péril l'unité du pouvoir souverain, il faut que ce dernier « délègue » son autorité à une autre catégorie de « représentants » : les fonctionnaires, qui sont rendus « capables » d'agir au nom de l'État, grâce à un acte d'habilitation qu'on appelle, en droit, la « compétence ». Mais la démocratie parlementaire exige aussi la mise en place d'un « espace public », lieu où se développe la discussion collective quand elle ne peut plus se tenir sur la place publique comme au temps de la démocratie directe. C'est à ce niveau que l'on rencontre une troisième catégorie de « représentants » : les journalistes et les intellectuels qui parlent au nom de « l'opinion »[11].

Dans le cas français, c'est sous la monarchie de Juillet que l'État libéral atteint sa forme la plus développée. Fondé sur un idéal d'autogouvernement de la société, le modèle politique défendu par Guizot demande simplement à la Constitution d'empêcher les empiétements de l'État dans la vie sociale. La séparation entre l'État et la société civile coïncide avec la séparation entre espace public et espace privé. Le fait que les élus appartiennent au monde des « notables » explique, aux yeux de Guizot, qu'ils ne soient pas « tenus » par leur électorat ou un parti politique. Cette indépendance leur permet de ne prendre en considération que l'intérêt national quand ils exercent leur fonction Représentative. C'est parce que le Parlement est censé réunir les parcelles de la raison dispersées dans la nation que le régime libéral accorde une grande place à la publicité des débats et à la discussion collective, convaincu que, grâce à l'échange d'arguments contraires, on pourra aboutir à la décision juste. À la fin du XIXe siècle, cette logique politique s'effondre car une nouvelle fonction est assignée à l'État démocratique, celle de protéger les droits sociaux. La naissance des partis et des autres organisations qui prennent en charge les revendications de catégories spécifiques de la population provoque une interpénétration croissante entre l'État et la société civile. Un nouveau type de « représentants » fait alors son apparition que Carl Schmitt désigne à l'aide du vieux terme allemand *Vertreter* pour souligner qu'à la différence des Représentants du peuple ce sont des porte-parole qui défendent des intérêts « privés ». C'est le moment où se constituent les premiers groupes socioprofessionnels. Mais, dans le même temps, le développement considérable de la législation sociale entraîne une prolifération des catégories d'« ayant droit ». Pour comprendre l'importance de ce point, il faut souligner que tout processus de « catégorisation » se déroule simultanément sur deux plans. D'un côté, il s'agit d'une opération *taxinomique*, visant à créer une « classe » (ou une « catégorie »), en rangeant au sein d'un même ensemble des éléments ayant les mêmes propriétés. D'un autre côté, il s'agit d'une opération d'*identification* (ou d'individualisation), qui vise à isoler chacun des éléments appartenant à la classe considérée[12]. On peut comprendre à partir de là ce qui différencie les « groupes » et les « catégories ». Dans le premier cas, la mobilisation des acteurs aboutit à une « représentation » de l'ensemble social considéré sur la scène politique. L'identité collective résulte de l'identification subjective des membres du groupe aux porte-parole et aux symboles qui lui confèrent une unité. Les catégories sociales se constituent, quant à elles, grâce à un travail bureaucratique *d'assignation identitaire* qui nécessite une identification « objective » des individus appartenant aux entités abstraites définies par la loi. Les membres de ces catégories partagent une même identité collective dans la mesure où ils intériorisent la relation de pouvoir dans laquelle ils sont pris, c'est-à-dire la définition d'eux-mêmes donnée par ceux qui sont mandatés par l'autorité souveraine pour faire appliquer la loi. On peut faire l'hypothèse qu'un groupe social ne parvient à officialiser et à pérenniser son existence que si celle-ci est reconnue et « garantie » par l'État. Autrement dit, un groupe social est toujours le résultat d'un double processus de regroupement politique et de catégorisation juridico-administrative. Mais l'inverse n'est pas vrai. Les catégories sociales ne sont pas nécessairement consécutives à un processus de mobilisation politique des acteurs. Pour comprendre dans quelle logique représentative sont prises les catégories, il faut aller plus loin et clarifier la signification des « représentations » que l'on appelle souvent « cognitives ». Celles-ci peuvent prendre la forme d'« images », de « scènes » (au sens théâtral du terme) construites par certains individus. Mais il ne faut pas confondre la *construction* de ces images et leur *perception* sociale[13]. Distinction importante d'un point de vue sociologique, car elle permet de prendre en considération les rapports qu'entretiennent les producteurs d'images publiques et ceux qui n'ont pas d'autres ressources que de puiser dans le stock des représentations élaborées par les autres. La recherche peut ainsi être élargie au problème des *formes différenciées d'appropriation* des images unifiées et homogènes élaborées à l'échelon central.

Comme on le voit, le développement de l'État social a provoqué une extrême diversification des modalités et des formes de « représentation ». Chaque échelon de la représentation politique mentionné plus haut produit son propre lot d'images collectives, qui peuvent elles-mêmes engendrer des perceptions très différentes, en fonction du milieu social, des circonstances et du lieu dans lesquels s'effectue leur appropriation. En premier lieu, il faut mentionner les représentations symboliques construites par les porte-parole des groupes mobilisés (que ce soient ceux qui parlent au nom du Peuple souverain ou ceux qui défendent les intérêts spécifiques de tel ou tel groupe d'intérêt). Mais ces représentations collectives sont aussi produites par des individus qui passent leur temps à élaborer des images qui ne concernent pas directement leur propre milieu social. Il ne faut pas oublier que les porte-parole des groupes mobilisés construisent l'identité formelle du milieu dont ils défendent les intérêts, dans un contexte de luttes et d'affrontements politiques qui obéissent à la logique du « eux » et « nous ». Autrement dit, en même temps que ces groupes élaborent des images valorisantes d'eux-mêmes, ils construisent des images négatives des autres. Ceux qui n'ont pas accès à la Représentation politique (c'est le cas des étrangers, j'y reviendrai) sont dans l'incapacité de s'opposer à ces entreprises de dévalorisation. Celles-ci peuvent être relayées, ou au contraire combattues, par ceux qui apparaissent comme les porte-parole de l'opinion publique (intellectuels et journalistes), grands pourvoyeurs, eux aussi, de « représentations ». Enfin, il faut mentionner celles qui sont construites par la bureaucratie elle-même. Pour mener à bien leurs tâches de catégorisation et d'identification des « ayants droit », les fonctionnaires ont dû inventer toute une série d'instruments : registres, fichiers, tableaux statistiques, papiers d'identité, etc., qui constituent autant d'images de la réalité sociale.

Pour essayer de convaincre le lecteur que cette discussion quelque peu abstraite sur le concept de « représentation » était nécessaire, je voudrais, dans la suite de cet article, montrer son intérêt pour la recherche empirique sur l'immigration. Pour simplifier l'analyse, je me contenterai ici de développer l'exemple des « réfugiés politiques », en suivant une démarche comparatiste centrée sur la confrontation des deux moments décisifs pour l'histoire de la catégorie : la monarchie de Juillet et la deuxième moitié du XXe siècle (des années 1950 aux années 1990)[14].

LA PRÉHISTOIRE D'UNE CATÉGORIE SOCIALE : LES RÉFUGIÉS SOUS LA MONARCHIE DE JUILLET

La monarchie de Juillet constitue une période essentielle pour le problème traité dans cette étude, d'abord en raison du grand nombre des réfugiés accueillis en France au cours de cette période. Partout en Europe, les revendications démocratiques et nationales sont sévèrement réprimées. Après l'échec du soulèvement de Varsovie contre l'occupation russe, plus de dix mille Polonais, nobles et bourgeois, modérés et radicaux, quittent le pays, les deux tiers pour la France. Mais l'importance de cette période tient surtout au fait que, pour la première fois, la question des réfugiés fait l'objet d'un véritable débat parlementaire qui aboutit au vote de la loi du 24 avril 1832. Avant d'évoquer ce débat, il est nécessaire de rappeler brièvement comment la question des réfugiés avait été posée dans les siècles précédents.

Le droit d'asile pris dans l'étau de la souveraineté de l'État

Si le terme « réfugiés » peut être employé dans un sens extrêmement large pour désigner les individus ayant fui devant un danger (c'est la définition que donne encore aujourd'hui le *Robert)*, il suffit d'examiner l'histoire du mot pour comprendre d'emblée que leur sort a toujours été étroitement lié, depuis l'époque moderne, à celui de l'État. Ce n'est pas un hasard si le terme apparaît pour la première fois dans le *Dictionnaire de l'Académie française* en tant que substantif, en 1694 seulement, et ne s'applique qu'aux Huguenots pourchassés par le pouvoir royal en raison de leurs convictions religieuses. Comme on l'a vu plus haut, c'est à cette époque que la monarchie impose une définition de la souveraineté conçue comme lien d'allégeance des sujets à leur monarque. Dès le XVIe siècle, c'est le principal critère juridique que retient Bodin pour distinguer ceux qu'il désigne par le terme de « citoyens » (qu'on appelle aujourd'hui les « nationaux ») et les « aubains » (les « étrangers ») qui dépendent d'un autre prince. Cela entraîne, du point de vue qui nous occupe ici, une double conséquence. D'une part, étant donné que nous sommes dans une monarchie de « droit divin », toute dissidence religieuse est considérée comme une atteinte à la souveraineté de l'État, justifiant la répression des minorités religieuses. Mais, d'autre part, le droit d'accueillir et de protéger des individus pourchassés entre aussi dans la définition de la souveraineté de l'État, au détriment de l'Église qui détenait auparavant cette prérogative. C'est pourquoi le « Roi Très-Chrétien » accorde l'asile aux catholiques victimes des guerres de religion à travers l'Europe. Le droit d'asile est donc, dès cette époque, pris dans la logique de la souveraineté. Mais il est encore fondé sur un critère essentiellement religieux. Par ailleurs, la souveraineté monarchique reste prisonnière de la logique féodale qui définit l'allégeance comme une relation directe d'homme à homme. L'universalisation de la domination du souverain sur tous ses sujets ne signifie pas encore que la loi soit la même pour tous. Variant en fonction des privilèges, des avantages particuliers, que le Roi accorde à telle ou telle communauté, à tel ou tel individu, les statuts juridiques peuvent être extrêmement divers. Étant donné qu'il n'y a aucune uniformité de la condition des étrangers, les réfugiés ne bénéficient d'aucun « statut » d'ensemble.

La Révolution française constitue le second moment qu'il faut évoquer pour comprendre comment le problème des réfugiés va être posé sous la monarchie de Juillet. Pour l'histoire du droit d'asile, le point le plus important tient à la proclamation des deux principes fondamentaux, à bien des égards contradictoires, que sont les droits de l'homme et les droits du citoyen. La défense des droits de l'homme met fin aux discriminations religieuses et garantit les libertés individuelles. Ce qui entraîne une « laïcisation » de la définition des réfugiés. La Constitution montagnarde de 1793 présente pour la première fois le « droit d'asile » comme un devoir de l'État démocratique. Dans son article 120, elle affirme, en effet, que le peuple français « donne asile aux étrangers bannis de leur patrie pour la cause de la liberté. Il la refuse aux tyrans ». Mais cette solidarité entre tous ceux qui poursuivent le même combat politique se heurte au principe de la souveraineté du peuple qui exalte la solidarité de tous les citoyens par opposition aux « étrangers ». En 1793, l'engrenage de la guerre permet, pour la première fois, de tirer toutes les conséquences politiques de la logique démocratique de l'identité gouvernants/gouvernés sur laquelle repose la souveraineté du peuple. Comme le souligne l'un des membres du Comité de salut public, « quand nous avons la guerre avec une partie de l'Europe, aucun étranger ne peut aspirer à l'honneur de représenter le peuple français »[15]. Cette contradiction centrale entre les droits de l'homme et les droits du citoyen va marquer, comme nous allons le voir, toute l'histoire ultérieure du droit d'asile.

Les enjeux de la loi du 24 avril 1832

La façon dont est traitée la question des réfugiés sous la monarchie de Juillet illustre parfaitement le compromis politique que constitue le système libéral défendu alors par Guizot. Comme on l'a vu, le libéralisme repose sur l'idée de base que l'État ne doit pas s'immiscer dans les problèmes de la société civile[16]. Son rôle se limite à faire respecter l'ordre public et à remplir, le cas échéant, les devoirs de « bienfaisance » qui incombent aux pouvoirs publics à l'égard de ceux qui se trouvent momentanément dans la détresse. C'est cette double fonction qu'assure à l'époque le ministère de l'Intérieur. Ce contexte permet de comprendre la façon dont vont être accueillis les milliers de réfugiés polonais. Une grande partie d'entre eux arrivent en France sans ressources, par bandes entières, beaucoup sont armés. Dans un premier temps, ils sont considérés comme des militaires, pris en charge par le ministère de la Guerre qui assure leur subsistance et les regroupe dans des dépôts répartis sur l'ensemble du territoire. Mais ces mesures autoritaires ne pouvaient être que provisoires. Le gouvernement présente alors un projet de loi destiné à clarifier la relation que l'État doit établir avec ces réfugiés. L'objectif principal de cette loi correspond tout à fait à la conception que Guizot se fait de l'État. Il s'agit, avant tout, de préserver l'ordre public. Le projet qu'il défend à la Chambre prévoit donc la dissolution des dépôts, mais autorise le gouvernement à regrouper les réfugiés étrangers résidant en France dans des villes de son choix. De plus, le projet de loi prévoit la possibilité d'expulser les étrangers fauteurs de troubles. Le point essentiel du débat est de savoir s'il est légitime que l'État adopte une législation contraignante à l'égard des réfugiés. Guizot justifie cette idée en soulignant qu'en tant qu'étrangers les réfugiés n'ont pas les mêmes droits que les nationaux. Mais cet argument est vivement combattu à la fois par les partisans des « droits de l'homme », comme Lafayette, et par les nostalgiques de l'Ancien Régime qui défendent les principes « universels » de la charité chrétienne pour s'opposer à toute mesure discriminatoire visant les réfugiés étrangers. Comme on le voit, la notion de « souveraineté nationale » est alors contestée par les deux pôles opposés de la sphère politique : le pôle révolutionnaire (républicain) et le pôle aristocratique. Ces deux courants sont d'ailleurs renforcés par les réfugiés eux-mêmes, car ceux-ci ne sont pas encore complètement exclus de la vie politique nationale. Ils participent activement aux nombreux comités franco-polonais mis en place dès leur arrivée, éditent leurs propres journaux, et parviennent à faire prendre en compte leurs revendications spécifiques en adressant à la Chambre des pétitions qui sont souvent lues en séance par les députés[17].

Une indifférence générale pour les questions juridiques

Mais le débat sur les réfugiés illustre une autre conséquence majeure du libéralisme. C'est parce qu'il est opposé aux interventions de l'État dans la société civile que le gouvernement de Guizot n'envisage la question des réfugiés que sous son angle politique. La dimension juridique du problème est totalement ignorée. Ce n'est qu'après le vote de la loi de 1832 que certains députés commencent à s'interroger sur la législation en vigueur à ce sujet. On s'aperçoit alors que les ministres eux-mêmes l'ignorent. Comme le souligne Charles Comte, « les lois sur l'état des étrangers réfugiés ou non réfugiés présentent le plus grand désordre. Elles sont, je crois, au nombre de quatre-vingt ou cent. Toutes, ou du moins la plupart, ont été faites pour telle ou telle circonstance ». C'est pourquoi, ajoute-t-il, « il est urgent de faire une loi qui régularise l'état des étrangers, au moins des étrangers non réfugiés »[18]. Cette indifférence générale pour les aspects juridiques démontre que la question des étrangers, sous la monarchie de Juillet, est posée dans les mêmes termes que sous la Révolution française. Dans tous les textes constitutionnels élaborés après 1791, « le seul problème à résoudre, c'est l'appartenance non à un pays mais à une communauté politique ». Par conséquent, « il importe peu de déterminer qui est Français et qui est étranger, c'est la simple question de fait qui n'a plus aucune importance, même pour l'État »[19]. D'un point de vue sociologique, on peut expliquer cette hypertrophie du politique par le fait que, dans la perspective libérale, la Constitution a principalement pour but non pas de régenter la société civile, mais au contraire de la protéger contre les empiétements de l'État. Seuls les problèmes qui affectent directement « l'espace public » sont pris en considération. Or, il s'agit là de questions qui ne concernent que les citoyens. À une époque où la grande majorité du peuple est exclue de toute participation à la vie politique, la classe dirigeante a tendance à confondre les citoyens et les nationaux, en réduisant la « nation » au petit groupe des notables qui constituent la communauté civique. Certes, le Code civil définit la « qualité de Français » en combinant les critères du lieu de naissance et de la filiation. Mais il s'agit, précisément, d'une logique d'état civil. Le but est de fournir des précisions sur l'état des personnes afin de régler des problèmes pratiques (litiges de propriété, d'héritage, etc.). Mais, comme sous l'Ancien Régime, « on ne tente pas de définir l'aubain ou le Français, on constate un fait »[20]. C'est ce qui explique l'absence d'une véritable législation concernant les étrangers. La question de leur « intégration » dans la société française ne se pose pas pour un État qui se pense comme extérieur au monde social. C'est d'ailleurs pour la même raison que les étrangers ne subissent alors aucune forme de ségrégation particulière sur le marché du travail. Le gouvernement encourage même vivement les réfugiés polonais à se fondre dans la société française. En 1837, on estime que sur 6 130 réfugiés comptabilisés, plus de 4 000 sont occupés « dans toutes les branches des arts, sciences, commerce et industrie ». Beaucoup d'entre eux sont médecins, professeurs de langue, employés dans les chemins de fer et dans l'administration[21].

Une société encore peu « étatisée »

Si le projet de loi de 1832 est finalement adopté par le Parlement, il faut préciser que le gouvernement a accepté un amendement d'une très grande importance. Seuls les réfugiés qui bénéficient des subsides de l'État (c'est la partie la plus démunie, donc aussi la plus radicale sur le plan politique) seront soumis à l'assignation à résidence que définit cette loi. Les autres seront traités comme les Français, en vertu du principe, rappelé par un député, qu'« en entrant en France, ils n'ont pas aliéné leur liberté ». La première étape décisive dans l'histoire de la construction juridico-bureaucratique de la catégorie des « réfugiés » ne concerne donc que ceux d'entre eux qui sont *secourus* par l'État. Certes, cet amendement, qui atténue la dimension répressive de la loi, est le résultat des concessions que le gouvernement a dû faire à l'opposition. Mais il reflète aussi une autre fonction essentielle de l'État libéral : le devoir de « bienfaisance ». Nul ne conteste alors la nécessité de procurer des secours publics aux réfugiés sans ressources, parce que les principes traditionnels de la charité chrétienne et de la philanthropie déterminent toujours la « politique sociale » de l'État. Dans cette perspective, le réfugié apparaît surtout comme un individu démuni, frappé par le malheur, mais dont la condition d'exilé est temporaire. Le versement de secours publics a pour but de l'aider à survivre en attendant qu'il retourne dans son pays natal (à la faveur d'un changement de régime ou d'une mesure d'amnistie) ou qu'il se fonde dans la société française, dès qu'il aura réussi à retrouver une activité lui permettant de vivre. Néanmoins, le débat concernant les secours accordés aux réfugiés montre bien que le fonctionnement même du système parlementaire pousse les gouvernants à encourager les interventions de l'État dans la société civile, dès lors qu'il s'agit d'accorder une aide publique à certains individus. Les subsides alloués aux réfugiés proviennent de crédits qui sont votés, chaque année, par la Chambre. Le gouvernement est donc tenu de rendre des comptes sur leur utilisation, en montrant que les sommes ainsi distribuées sont bien affectées aux réfugiés. C'est pour remplir ces exigences que Guizot demande à l'administration, chargée d'appliquer la loi de 1832, de « bien s'assurer que les réfugiés auxquels elle donne secours ont été réellement contraints de quitter leur pays par suite des événements politiques sous peine de voir affluer les vagabonds, les repris de justice et tous les malheureux à la recherche de secours »[22]. Mais, en procédant ainsi, le gouvernement entre dans une logique de « catégorisation » qui débouche sur la longue discussion parlementaire visant à définir ce qu'on appelle un « réfugié »[23]. Dans les années suivantes, la volonté de réduire les dépenses affectées à ces secours pousse certains députés à proposer des distinctions de plus en plus fines au sein même des réfugiés. Le comte de Tracy propose ainsi d'établir une « catégorie des personnes qui, par l'âge, leur sexe, leur position, ne peuvent pas se procurer des ressources pour subvenir à leur propre subsistance ». Mais les temps ne sont pas encore mûrs pour la construction des « catégories sociales ». Le projet suscite l'hostilité des députés qui estiment que ce ne serait pas « ennoblir l'hospitalité que de créer des catégories parmi les réfugiés ». Le ministre de l'Intérieur lui-même rejette la proposition qu'il juge « aveugle car c'est un amendement de catégories »[24].

Mais on ne peut pas voir dans la politique des subsides une simple conséquence de la philosophie libérale. La séparation de l'État et de la société civile est défendue avec autant de force, parce qu'elle reflète aussi le contexte économique et social de cette époque. Il est frappant de constater que le problème de l'entrée des réfugiés polonais sur le territoire français ne fait l'objet d'aucune discussion au cours du débat de 1832. Il ne s'agit pas de dire si la France doit ou non accueillir ces réfugiés sur son territoire. C'est un point qui est d'autant mieux admis par tout le monde que la police n'a pas encore les moyens de contrôler les frontières. Pour comprendre comment se pose alors la question des réfugiés, il faut tenir compte du faible degré d'« étatisation » de la société française. Pour que la loi soit appliquée de façon uniforme sur l'ensemble du territoire national, l'administration doit disposer du personnel et des moyens matériels suffisants. Or ces deux conditions font encore largement défaut dans la première moitié du XIXe siècle. La structure pyramidale et centralisée de l'État français facilite, certes, la mise en œuvre des décisions politiques ; mais la faiblesse des moyens de communication et des effectifs de la fonction publique rend aléatoire l'application de la loi. L'administration ne peut la faire respecter que si elle est en mesure d'atteindre tous les individus qui sont placés sous son autorité. Ce qui suppose que ceux-ci aient été, au préalable, « saisis » par l'écriture, c'est-à-dire enregistrés. C'est pour pouvoir faire appliquer *pratiquement* la Constitution de 1791 que le pouvoir républicain a décidé, en 1792, de confier aux maires la tenue des registres d'état civil, auparavant sous la coupe de l'Église, car ces registres constituent alors la principale preuve écrite de l'identité des individus, sans laquelle leur participation à la vie politique et, au-delà, à la société civile aurait été impossible[25]. De la même manière, le gouvernement cherche à s'appuyer sur des documents écrits pour vérifier que les individus qui demandent des secours sont bien des réfugiés. Le Garde des Sceaux voit en eux des étrangers « sans passeport, sans relation avec aucun ambassadeur qui autorise leur présence sur notre territoire ». Mais on constate très vite que ce critère ne tient pas. Beaucoup d'étrangers non réfugiés n'ont pas de passeport et, inversement, un certain nombre d'exilés polonais en possèdent un délivré par l'ambassade de France à Varsovie. C'est une illustration de l'usage encore « irrationnel » que l'administration fait des « papiers d'identité ». Les fonctionnaires demandent aux réfugiés des extraits de naissance, des documents prouvant qu'ils ont telle ou telle « nationalité », qui indiquent la position sociale qu'ils occupaient dans leur pays d'origine. Mais, le plus souvent, ceux-ci sont dans l'incapacité de produire ces pièces, soit parce qu'ils viennent d'un pays où l'usage des documents écrits est encore moins répandu qu'en France, soit parce qu'ils ne parviennent pas à les obtenir. Confrontée à ces lacunes et à la multiplicité des faux documents, l'administration ne peut faire autrement que de s'appuyer sur la preuve testimoniale. Elle est contrainte de mobiliser les techniques traditionnelles d'identification fondées sur l'interconnaissance et le face-à-face. Il lui faut solliciter des témoins de « bonne moralité » pour attribuer les subsides. Localement, ce sont des commissions de notables qui cherchent à apprécier la valeur des explications avancées par les réfugiés en examinant leur aspect physique et la vraisemblance de leurs affirmations. Dans cette perspective, les secours, comme les passeports, constituent des moyens privilégiés pour *matérialiser* l'existence des individus qu'on ne parvient pas encore à saisir autrement. Les réfugiés ne sont pas des « ayants droit », mais des personnes qui sollicitent des faveurs. Ils n'entrent dans le champ de surveillance de l'État que dans les moments où ils se présentent *physiquement* devant ceux qui leur procurent des secours. Chaque mois le réfugié est ainsi obligé de se rendre à la mairie pour toucher son subside. De même, tout individu (français ou étranger) qui veut se déplacer d'un canton à un autre doit solliciter un passeport auprès du préfet ou du maire. À cette époque, le ministère de l'Intérieur s'occupe à la fois de la surveillance et de la bienfaisance, parce que les agents de l'État doivent avoir constamment « sous le regard » les individus qu'ils veulent surveiller ; la distribution régulière de subsides étant un moyen de faciliter cette mise en présence. C'est à partir de ces exigences que la catégorie de « réfugié » commence à acquérir un début d'existence matérielle. La mise en œuvre de la loi de 1832 entraîne le transfert de la gestion des réfugiés du ministère de la Guerre au ministère de l'Intérieur où est créé, en 1833, un « bureau des réfugiés étrangers » qui centralise les informations envoyées par les maires et les préfets. C'est au moment où le réfugié se rend à la mairie pour obtenir ses secours que le maire consigne, dans un registre, son nom, la date et le lieu de sa naissance, les raisons de sa venue en France, sa position sociale ; renseignements transmis au préfet, puis au ministre de l'Intérieur qui décide, en dernière instance, du montant des subsides à accorder. Grâce à cet enregistrement, sont confectionnés les premiers tableaux par « nationalité ». S'il est impossible d'élaborer une statistique générale de tous les réfugiés, grâce à la distribution de cette aide publique, l'État peut tenir une comptabilité des réfugiés *secourus*.

COMMENT « REPRÉSENTER » LA PERSÉCUTION DES ÉTRANGERS ?

La « protection sociale » et la nationalisation des sociétés européennes

Laissons à présent la monarchie de Juillet et reportons-nous un siècle et demi plus tard. Le droit d'asile est redevenu une préoccupation importante de la vie politique française dans les années 1980, au travers d'un débat qui s'est polarisé sur la question des « faux » réfugiés. Aujourd'hui, le problème des critères permettant de distinguer la vérité et l'erreur en matière d'asile occupe une place centrale dans la réflexion collective, parce que les réfugiés constituent, désormais, une véritable catégorie sociale, définie, sur le plan juridique, par la Convention internationale de Genève, adoptée le 28 juillet 1951. Celle-ci précise, dans son article 1, que le terme « réfugié » s'applique à toute personne étrangère, ayant quitté son pays, « craignant, avec raison, d'être persécutée du fait de sa race, de sa religion, de sa nationalité, de son appartenance à un certain groupe social ou de ses opinions politiques et qui ne peut, ou du fait de cette crainte, ne veut, se réclamer de la protection de ce pays ». La catégorie « réfugié » est donc définie à partir d'un critère universel : la persécution, relié au problème de l'absence de protection de l'État d'origine. Pour comprendre les raisons qui ont conduit à l'adoption de cette Convention, il faut s'arrêter un moment sur la question essentielle de la « protection d'État ». Cette notion ne commence à acquérir une véritable importance qu'à la fin du XIXe siècle, au moment où s'impose en Europe le « protectionnisme ». Dans le contexte de la Grande Dépression, qui provoque un développement brutal et important du chômage, l'État est amené à remplir une nouvelle fonction : protéger la sécurité matérielle des citoyens. L'épanouissement du suffrage « universel » sous la IIIe République, la création des partis, la démocratisation de la presse expliquent que, désormais, ce sont les intérêts « privés » de tous les milieux sociaux qui sont « représentés » sur la scène politique. Sous l'aiguillon de la crise économique, la misère des classes populaires acquiert une visibilité qu'elle n'avait jamais eue et devient un enjeu fondamental de la vie politique parlementaire, puisque ces classes, par leur poids numérique, constituent la principale composante de l'électorat. Pour le problème qui nous occupe ici, il est important de rappeler que si la monarchie de Juillet avait construit sa définition de la « citoyenneté » sur l'exclusion des classes populaires, la IIIe République bâtit la sienne sur l'exclusion des femmes et des mineurs. On ne peut parler de suffrage « universel » qu'à la condition d'admettre que le citoyen « représente » sa communauté familiale. Cette extension du droit de suffrage à l'ensemble des hommes majeurs permet d'instaurer une démocratie de chefs de famille qui fait de la relation domestique le lien unissant la « communauté civique » et la « communauté nationale ». Ce lien est insuffisant pour assurer une véritable « représentation » des intérêts spécifiques des femmes sur la scène politique. Néanmoins, il permet aux dirigeants politiques de mieux cerner ce qui différencie les droits des citoyens et ceux des nationaux. Les femmes et les mineurs sont de plus en plus nombreux à rejoindre les rangs du salariat. Ils sont donc concernés au premier chef par la question de la protection sociale, bien qu'ils ne possèdent pas les droits du citoyen. Dans une certaine mesure, les États ont toujours eu le devoir de porter secours aux pauvres vivant sur leur territoire. Mais, comme l'a montré Rogers Brubaker, c'est au XIXe siècle que s'impose l'idée que chaque État ne doit s'occuper que de « ses » pauvres[26]. Le critère de l'allégeance à l'État que Bodin avait dégagé dès le XVIe siècle, comme on l'a vu, pour différencier les « naturels » et les « aubains », sert désormais à distinguer ceux qui ont droit à la protection sociale de l'État et ceux qui n'y ont pas droit. La mise en œuvre du droit social constitute sans doute le facteur le plus puissant de la « nationalisation » des sociétés européennes à la fin du XIXe siècle. Au-delà des discriminations à l'encontre des étrangers, que contiennent toutes les grandes lois sociales adoptées à cette époque, c'est la protection du marché du travail national qui représente l'aspect le plus important du nouveau dispositif. Sans insister ici sur ce problème, je rappellerai simplement que, désormais, un étranger ne peut plus exercer une activité professionnelle s'il n'a pas obtenu, au préalable, une autorisation de séjour de la part du ministère de l'Intérieur. Et celle-ci n'est délivrée que dans le cas où l'individu en question ne risque pas d'entrer en concurrence avec les nationaux sur le marché du travail. L'adoption de ces nouvelles dispositions se fait dans un contexte d'intense mobilisation politique qui permet aux Représentants du peuple de définir et de fixer les symboles de la « communauté nationale » au nom de laquelle ils parlent, mais aussi d'élaborer les images négatives et dévalorisantes de ceux contre lesquels a été édifiée la logique de la protection sociale : les étrangers. Cette évolution peut être, malgré tout, conciliée avec les idéaux humanistes et démocratiques, parce que les étrangers sont eux aussi, pour la plupart, les ressortissants d'un État-nation qui protège leurs intérêts. D'où l'importance que prennent alors les conventions internationales sur l'immigration où les Représentants des différents peuples souverains défendent les droits de leurs propres ressortissants. L'importance accordée au problème de la « protection nationale » explique aussi, à mon avis, l'intérêt que la IIIe République porte à la nationalité, et non plus seulement à la citoyenneté. Comme l'illustre parfaitement le débat qui précède l'adoption de la première loi française sur la nationalité, en 1889, l'enjeu est de découvrir quelle est la qualité commune à l'ensemble des Français, pour définir le principe d'identité sur lequel peut être construite et justifiée l'unité du groupe. Cette loi, votée au terme de huit années de discussions parlementaires, constitue, sur le plan sociologique, l'aboutissement du processus d'institutionnalisation de ce groupe social que forme le « peuple souverain », grâce auquel, et au sein duquel, vont pouvoir émerger tous les autres groupes (même si certains d'entre eux se fondent au même moment).

Mais cette institutionnalisation du peuple ne pouvait devenir effective qu'au prix d'un développement considérable de la bureaucratie. Étant donné que c'est l'appartenance à l'État qui établit le critère fondamental permettant de mettre en œuvre la politique de protection sociale, l'identification de la nationalité des personnes devient un aspect décisif du travail juridico-bureaucratique de catégorisation. Comme on ne peut déterminer la nationalité d'une personne que par référence à son lieu de naissance et à ses origines parentales, c'est en fait toute *l'identité civile* des individus qui devient l'objet central des entreprises étatiques d'identification. Je n'insisterai pas ici sur cette « révolution identitaire », qui marque le début de la tyrannie des « papiers d'identité »[27]. Rappelons simplement qu'elle constitue l'aboutissement du processus de territorialisation de l'État commencé au XVIIIe siècle. En supprimant la législation sur les passeports intérieurs, la IIIe République met en pratique un principe fondamental de la démocratie : la liberté pour les citoyens et leurs familles de circuler à l'intérieur de leur pays. L'homogénéisation du territoire national pouvant être vue comme la traduction spatiale de l'homogénéisation culturelle du peuple souverain.

Mais, dans le même temps, le contrôle des frontières devient un enjeu majeur. Désormais, le passeport est accordé exclusivement par l'État dont dépend l'individu qui en fait la demande. Les services compétents (c'est-à-dire, dans le cas français, le ministère de l'Intérieur) ne le délivrent qu'après une enquête visant à vérifier l'identité de l'individu et à s'assurer qu'il ne figure pas dans les fichiers de la police. Une nouvelle division du travail entre les États s'est ainsi imposée. L'État d'origine établit les documents qui garantissent l'identité de ses ressortissants, mais ces documents (et notamment le passeport) ne sont plus suffisants pour séjourner dans un autre pays, car seules les autorités du pays d'accueil sont souveraines pour autoriser ou interdire l'accès des étrangers sur leur territoire.

Les enjeux de la Convention de Genève

Ces bouleversements permettent de comprendre pourquoi, aujourd'hui, le droit international définit avant tout le réfugié comme un individu qui ne peut plus bénéficier de la protection de son État d'origine. Au-delà des souffrances matérielles, physiques et morales que peuvent endurer les personnes victimes d'une oppression politique, le comble de la persécution c'est, désormais, de ne plus être intégré dans la relation de pouvoir qui définit le lien d'allégeance à l'État, car c'est l'État qui, dans le monde actuel, définit et garantit l'identité civile, c'est-à-dire l'existence sociale des personnes. C'est au lendemain de la Première Guerre mondiale que l'opinion publique commence à prendre conscience de l'ampleur du problème. La guerre et les troubles révolutionnaires ont obligé des dizaines de millions d'individus à quitter leur pays, sans parvenir à trouver un nouveau lieu d'accueil. La question ne pouvant être résolue, par définition, qu'au niveau international la SDN décide alors de créer le Haut Commissariat aux réfugiés (HCR) qui jouera, jusqu'à aujourd'hui, un rôle essentiel en faveur des réfugiés. Du fait que les réfugiés constituent un cas extrême de catégorie sociale, on peut envisager cet exemple comme une sorte d'idéal-type permettant d'éclairer les enjeux inhérents à toute catégorisation. Dans cette perspective, on évoquera, en premier lieu, l'histoire des négociations qui ont abouti à la définition de la catégorie juridique elle-même. Les réfugiés n'étant protégés par aucun État, ils ne peuvent être « représentés » au sein de ces organismes. C'est indirectement, grâce aux fonctionnaires rémunérés par ces institutions internationales et aussi grâce au rôle joué par les associations de défense des « droits de l'homme » (les Organisations non gouvernementales), que leurs intérêts ont été progressivement pris en compte. Mais des organismes comme la SDN, et aujourd'hui l'ONU, ne constituent nullement un État mondial. Autrement dit, ils ne disposent pas du pouvoir de commandement qui définit la souveraineté. Ils n'ont donc pas la possibilité d'imposer leurs vues aux États nationaux. Ce sont les Représentants des peuples souverains qui détiennent le sort des réfugiés entre leurs mains. Or, ceux-ci ne sont guère enclins à accepter des dispositions juridiques mettant en cause leur souveraineté. Toute l'histoire des négociations qui aboutiront à définir juridiquement la catégorie « réfugié » peut être vue comme une suite ininterrompue d'efforts déployés par les Représentants des différents États membres des organisations internationales pour empêcher la mise en question de leurs prérogatives. On peut en donner une première illustration en examinant les stratégies développées pour retarder le plus possible l'avènement d'une définition fondée sur le critère universel de la persécution politique, critère qui avait pourtant été clairement perçu dès la Révolution française. Dans l'entre-deux-guerres, les accords internationaux sur le sujet définissent des groupes d'ayants droit à partir du critère de l'origine nationale. Au fur et à mesure que les persécutions touchent de nouvelles populations, le nombre des catégories de réfugiés augmente. Après les Russes et les Arméniens, le statut est étendu à d'autres groupes du Moyen-Orient, puis, dans les années 1930, aux Allemands, aux Sudètes et aux Autrichiens. Mais, en raison des protestations du gouvernement mussolinien à la SDN, les antifascistes italiens ne bénéficieront pas de cette protection. Après la Seconde Guerre mondiale, les progrès de la conscience humanitaire et l'ampleur extraordinaire que prend alors le problème des réfugiés dans le monde créent les conditions permettant l'élaboration d'une définition universelle de la catégorie. Néanmoins, l'étude des négociations qui précèdent la signature de la Convention de Genève montre le rôle essentiel que continuent de jouer les intérêts nationaux[28]. On peut illustrer ce point en évoquant l'attitude de la France dans ces discussions. Comme les autres États, la France a des intérêts propres à faire valoir, qui tiennent à sa position géo-politique et à son histoire récente. C'est le pays d'Europe qui a accueilli le plus grand nombre de réfugiés dans l'entre-deux-guerres (ils sont environ 800 000 en 1939). Au lendemain de la guerre, tous ne sont pas encore intégrés dans la société française (en particulier les Espagnols qui ont franchi en masse la frontière en 1939 pour échapper au franquisme). C'est la raison pour laquelle la délégation française, présente à Genève, défend une définition restrictive de la catégorie « réfugié », à l'inverse de la Grande-Bretagne qui se montre alors d'autant plus « universaliste » qu'elle cherche à obtenir le soutien des organisations non gouvernementales, pour accroître son influence au sein du HCR et de l'ONU. Mais la position française ne peut pas être expliquée uniquement par des particularités nationales. En fait, le « point de vue français » apparaît comme le résultat de tout un processus visant à homogénéiser des intérêts au départ très divers. Ceux qui parlent au nom de la France sur la scène internationale effectuent un travail comparable à celui des porte-parole des groupes socioprofessionnels. Mais ces activités d'homogénéisation se déroulent, pourrait-on dire, au « deuxième degré », puisqu'elles ont pour but de fondre en un seul point de vue des opinions qui sont apparues sur la scène politique nationale et qui, elles-mêmes, constituaient déjà une homogénéisation des préoccupations de « la base ». La position française défendue à Genève est le résultat d'un double travail d'unification. Le premier est d'ordre politique. Il résulte du fonctionnement même de la démocratie. Le camp qui a gagné les élections devient le Représentant de la France tout entière. C'est pourquoi, même s'il ne peut rester indifférent aux diverses préoccupations qui traversent la société, le gouvernement défend, au nom de l'intérêt national, les intérêts de son propre camp politique. À Genève, l'une des grandes préoccupations de la délégation française est de limiter le plus possible le nombre et les droits des réfugiés, avant tout parce que nous sommes dans le contexte de la Guerre froide et que beaucoup des réfugiés qui vivent alors en France sont des militants actifs du Parti communiste. La position défensive de la France est, à l'évidence, liée à la volonté de réduire l'influence du PCF. L'autre manière d'homogénéiser des positions différentes pour les intégrer dans ce qui apparaîtra sur la scène diplomatique comme le « point de vue français » est d'ordre administratif. Avant la Convention de Genève, un grand nombre de réunions sont organisées entre les services pour préparer la négociation[29]. Chaque ministère fait ainsi valoir ses intérêts propres auprès des fonctionnaires du Quai d'Orsay qui parleront au nom de tous. Le ministre de l'Intérieur exige que la Convention inscrive noir sur blanc que les réfugiés ont des devoirs et ne doivent pas troubler l'ordre public. Le ministre du Travail souhaite que soit précisé le fait qu'ils sont soumis aux lois sur la protection du marché du travail appliquées aux étrangers. Le ministère des Affaires étrangères, qui a pour fonction de Représenter les intérêts de la France sur le plan international, est plus sensible aux aspects diplomatiques du problème, s'efforçant de modérer les ardeurs protectionnistes de ses collègues pour ne pas trop porter atteinte au « rayonnement de la France dans le monde ». Issue d'un compromis entre toutes ces préoccupations, la « position française » est elle-même intégrée dans le compromis que constitue la Convention de Genève. Les « intérêts de la France » sont pris en compte puisque le texte final mentionne les « devoirs » des réfugiés et limite la portée du texte aux victimes des événements antérieurs à 1951. Ces restrictions seront progressivement levées dans les années 1960-1970. Mais ce n'est pas parce que les peuples souverains ont renoncé à leurs prérogatives. C'est plutôt que l'intérêt national des pays développés les incite à se montrer plus ouverts à l'égard des étrangers ; la prospérité industrielle exigeant alors un recours massif à la main-d'œuvre immigrée.

L'assignation identitaire

On peut néanmoins penser que la raison essentielle qui explique l'universalisation de la catégorie des « réfugiés » tient au fait que la Convention de Genève a laissé aux États l'entière maîtrise des procédures administratives relatives à leur identification. Pour comprendre l'importance de ce point, il faut rappeler que dans l'entre-deux-guerres le statut de réfugié était accordé davantage à des groupes qu'à des individus. En vertu des accords passés entre le HCR et les États d'accueil, les Offices de réfugiés pouvaient eux-mêmes certifier l'origine russe, arménienne, allemande, etc., de leurs compatriotes ; ce qui était suffisant pour qu'ils bénéficient de la protection prévue par le droit international. Mais ces arrangements placent le ministère de l'Intérieur, chargé de mentionner sur la carte d'identité des réfugiés leur « origine nationale », devant des problèmes insolubles. Sous la monarchie de Juillet et jusqu'au début de la IIIe République, l'administration avait établi sa nomenclature des « nationalités » essentiellement en se fiant aux déclarations des individus eux-mêmes. On pouvait ainsi élaborer des tableaux comptabilisant les « Polonais » ou les « Italiens », à une époque où la Pologne et l'Italie ne constituaient pas des peuples souverains. À partir du recensement de 1876, l'administration française refuse de se fier au dire des individus concernés en matière de nationalité. Elle ne reconnaît plus les « Polonais », mais seulement les « sujets russes »,

« austro-hongrois », etc. En vertu du principe démocratique de l'identité gouvernants/gouvernés, chaque individu peut être considéré comme le « représentant » de son peuple souverain. De ce fait, l'administration ne peut plus qualifier de « Polonais » un « sujet de l'empire russe », car ce serait une façon d'affirmer que l'État français reconnaît l'existence d'un « peuple » polonais. Or, juridiquement, le droit de reconnaissance d'un nouvel État est un acte de souveraineté réservé aux Représentants du peuple. Les agents de l'administration, qui n'ont qu'une fonction d'exécution, ne peuvent donc pas utiliser des étiquettes nationales qui contredisent le principe de l'allégeance des individus à l'État. C'est en vertu de cette règle que, à la suite de la reconnaissance officielle de l'URSS par le gouvernement français en 1924, les réfugiés déchus par les Bolcheviks de leur nationalité perdent soudainement leur identité « russe » aux yeux de l'administration française pour acquérir une « origine russe »[30]. Quant aux réfugiés venus de contrées qui n'ont jamais été reconnues en tant qu'État souverain par la France, l'administration ne leur concède même pas leur appellation d'origine. Les réfugiés « ukrainiens » seront ainsi constamment considérés comme d'« origine russe » pendant l'entre-deux-guerres. Cette nouvelle logique administrative conduit à imposer aux individus une « origine » qui, bien souvent, va à l'encontre de leur propre volonté. En avril 1940, par exemple, la Fédération des émigrés d'Autriche s'oppose fermement à l'étiquette « asilés allemands » que la police française mentionne sur leur titre de séjour, en soulignant qu'ils ne sont devenus « ressortissants allemands » qu'à la suite de « la force brutale de l'annexion de leur patrie par Hitler ». Après la Seconde Guerre, la même logique d'assignation identitaire fonctionne à nouveau, au détriment des réfugiés qui ont fui la barbarie nazie. La catégorie « Juifs » que le gouvernement de Vichy avait créée pour faire appliquer les lois antisémites ayant été supprimée, ces réfugiés sont à nouveau considérés comme étant « d'origine allemande ». Les Juifs qui ont été déchus de leur nationalité en 1941 deviennent, officiellement, des « apatrides » et la mention : « ne pouvant justifier d'aucune nationalité ; d'origine allemande » doit figurer sur leurs cartes d'identité. Mais, au lendemain de la guerre, « l'origine allemande » est un stigmate qui condamne celui qui la porte à vivre au ban de la société. De plus, les individus d'« origine allemande » constituent une catégorie de réfugiés (les *Volksdeutsche*) que l'Organisation internationale des réfugiés (OIR) a exclue, sous la pression de l'URSS, de toute protection internationale. C'est pourquoi parmi ceux qui ont fui le nazisme, beaucoup refusent cette étiquette, provoquant les réactions outragées de la police française : « Sous prétexte qu'ils ont été eux-mêmes victimes du régime nazi ou qu'ils ont participé à la lutte contre le régime », écrit le directeur de la Sûreté aux préfets, « ils veulent supprimer de leur carte d'identité toute mention de leur origine allemande. Il ne vous échappera pas qu'une telle satisfaction ne peut être accordée aux intéressés, l'indication de l'origine ethnique d'un étranger étant un élément indissociable de son identité »[31].

C'est pour préserver les libertés individuelles et éviter que la bureaucratie puisse continuer à imposer de façon aussi arbitraire une origine nationale ou ethnique aux réfugiés que l'OIR décide, en 1948, d'accorder le statut non à des groupes particuliers, mais à des individus. En vertu de cette disposition, que la Convention de Genève reprend à son compte, l'attribution du statut de réfugié est entièrement subordonnée à une logique d'identification administrative destinée à s'assurer que le demandeur d'asile « craint avec raison » les persécutions. Pour aboutir à une définition universelle qui puisse s'appliquer dans le monde entier et englober des situations concrètes d'une infinie diversité, la Convention de Genève appréhende la catégorie juridique de « réfugié » à partir de critères extrêmement abstraits et généraux. La signification de la « persécution », pas plus que le sens du terme « menace » ne sont explicités dans ce texte. Mais, comme on l'a vu, pour qu'une catégorie juridique devienne une réalité sociale, il faut qu'existe une relation de nécessité entre le processus de catégorisation et le processus d'identification individuelle. L'exemple des réfugiés montre que plus la catégorie est abstraite et universelle, plus les procédures administratives d'identification prennent de l'importance, car ce sont elles qui donnent leur contenu social à la catégorie. C'est parce que l'identification individuelle des réfugiés est devenue un enjeu central que la Convention de Genève l'a confiée aux États. Au lendemain de la guerre, les fonctionnaires de l'OIR avaient accompli cette tâche uniquement parce que l'Europe était exsangue. Mais il ne pouvait s'agir là que d'une solution transitoire. Comme on l'a vu, la notion de souveraineté est intimement liée à la notion d'État. À défaut d'un État mondial, la Convention de Genève ne pouvait être mise en œuvre que par les États nationaux. C'est pourquoi celle-ci n'est entrée dans les faits qu'après avoir été ratifiée par chacun des signataires. Grâce à cette procédure, ces derniers ont obtenu la possibilité d'interpréter la Convention dans le sens le plus favorable à leurs intérêts[32]. Mais c'est surtout en confiant aux signataires le soin de définir à la fois la procédure et les règles qui conduisent à la reconnaissance des réfugiés que la Convention de Genève a donné aux États nationaux la possibilité de subordonner l'intérêt des réfugiés aux intérêts des « peuples souverains ». Le gouvernement français met à profit cette occasion pour créer, grâce à la loi du 25 juillet 1952, un organisme national, l'Office français de protection des réfugiés et des apatrides (OFPRA), dépendant du ministère des Affaires étrangères. Ce sont les fonctionnaires de cet Office qui doivent désormais décider quels sont ceux, parmi les demandeurs d'asile, qui appartiennent à la catégorie des « réfugiés » telle qu'elle a été définie par la Convention de Genève[33].

Si l'universalisation du critère de la « persécution » a rendu moins lancinante qu'avant la guerre la question de l'origine nationale des réfugiés, elle n'en reste pas moins une préoccupation essentielle. Bien qu'elle ne soit pas précisément définie dans le texte de la Convention, la notion de « persécution » renvoie à des violences de caractère politique. Les fonctionnaires de l'OFPRA sont donc amenés, lorsqu'ils examinent une demande, à qualifier la nature du régime en place dans le pays d'où provient le demandeur d'asile. D'autant plus que l'interprétation restrictive de la Convention adoptée par l'OFPRA a constamment poussé ses agents à ne prendre en compte que les formes de persécution directement orchestrées par les États. Si les problèmes politiques qui ont incité un demandeur d'asile à quitter son pays sont considérés, vus de Paris, comme de simples « troubles », des « mesures de police » ou même comme une « guerre civile » qui n'engage pas directement le pouvoir d'État, alors le statut de réfugié n'est pas accordé. C'est pour cette raison, par exemple, que les Algériens qui fuient la répression et le terrorisme dans leur pays ne peuvent pas, aujourd'hui, obtenir le statut de réfugié. Mais cette interprétation restrictive de la Convention de Genève n'a pas seulement permis à l'OFPRA d'exclure de la catégorie « réfugié » une fraction très importante des demandeurs d'asile. Elle a aussi accru la marge de manœuvre de l'Office en ce qui concerne l'attribution du statut. Tous les bouleversements consécutifs à l'application du principe démocratique de la « souveraineté du peuple », que nous avons rapidement rappelés plus haut, ont eu pour conséquence de concentrer entre les mains de l'État les instruments permettant d'identifier les individus, à la fois en tant que personnes et en tant que membres de telle ou telle « catégorie » sociale. Il est à cet égard très significatif que l'une des principales missions confiées à l'OFPRA soit de redonner aux réfugiés une identité civile. L'Office est habilité à leur délivrer, « après enquête s'il y a lieu », « les pièces nécessaires pour leur permettre soit d'exécuter les divers actes de la vie civile, soit de faire appliquer les dispositions de la législation interne ou des accords internationaux qui intéressent leur protection, notamment les pièces tenant lieu d'actes d'état civil ». C'est le directeur de l'OFPRA qui garantit, par sa signature, le caractère officiel des documents. Ceux-ci ont, par conséquent, une valeur « d'actes authentiques ». Comme on le voit, « protéger » les réfugiés, c'est d'abord leur attribuer l'identité civile que leur État ne garantit plus. Mais pour pouvoir « authentifier » l'identité d'une personne et certifier qu'elle appartient bien à la catégorie des réfugiés que définit le droit international, l'administration doit elle-même exiger du demandeur d'asile qu'il produise des éléments de preuves à l'appui de sa demande. En considérant que seuls les individus victimes de persécutions perpétrées par leur État d'origine méritaient le statut de réfugié, l'OFPRA a rendu pratiquement impossible la production de la preuve de persécution. Le plus souvent les réfugiés ont fui sans pouvoir prendre avec eux leurs « papiers d'identité ». Fréquemment, ils ont été obligés de fabriquer de « faux » papiers pour échapper à la répression. Par ailleurs, les États qui persécutent leurs ressortissants savent que ces pratiques sont condamnées par l'opinion publique internationale. C'est pourquoi les persécutions d'État se font rarement au grand jour. Si les victimes appartiennent à des milieux socialement privilégiés (dirigeants politiques, intellectuels, etc.), la répression peut ne pas passer inaperçue et émouvoir l'opinion publique dans les États démocratiques. Mais, si les victimes sont issues de milieux plus modestes, leur persécution risque fort de ne pas laisser de traces. Le demandeur d'asile ne pourrait apporter la preuve incontestable qu'il est un réfugié « authentique » que si son État d'origine certifiait par écrit sa persécution. Mais agir ainsi serait une façon, pour cet État, de « protéger » son ressortissant. De ce fait, celui-ci ne pourrait plus être considéré comme un « authentique » réfugié. Tel est le cercle à l'intérieur duquel est enfermée aujourd'hui la question du droit d'asile. La catégorie « réfugié » n'est pas une catégorie comme les autres, car les individus qui sont censés en faire partie ne peuvent produire les documents « officiels » qui prouveraient qu'ils sont bien des « ayants droit ». C'est la raison pour laquelle les membres de l'OFPRA et de la Commission des recours prennent leur décision en évaluant la vraisemblance du *récit* que les postulants leur font de leur persécution.

Mais ces fonctionnaires de l'État français sont juges et parties puisqu'ils ne peuvent, par définition, aller à l'encontre de « l'intérêt national ». Avec la montée du chômage et de la xénophobie, la question des réfugiés est redevenue, à partir des années 1980, un enjeu politique de première importance, incitant l'OFPRA à examiner avec de plus en plus de sévérité les récits présentés par les demandeurs d'asile. La facilité avec laquelle, en quelques années, l'État français est parvenu, tout en continuant à se réclamer de la Convention de Genève, à réduire le nombre des réfugiés statutaires, et cela alors même que les persécutions de tous n'ont cessé de s'accroître à travers le monde, confirme, si besoin était, que la maîtrise des procédures d'identification administrative constitue l'arme essentielle dont disposent les États pour préserver les intérêts du peuple souverain.

Pour que les réfugiés puissent se constituer en « groupe » social, il aurait fallu que leurs intérêts propres puissent être représentés sur la scène politique nationale. Mais la logique démocratique du peuple souverain rendait impossible la représentation des intérêts particuliers d'un ensemble d'individus qui demeurent avant tout des étrangers. Si les réfugiés constituent une *catégorie* sociale, c'est avant tout parce qu'ils n'ont pas contribué directement et collectivement au travail social qui a conduit à leur existence collective. Cela ne signifie nullement que leurs problèmes ne soient pas « représentés » sur la scène politique. Au contraire, comme on l'a vu, les réfugiés ont été au centre de l'actualité ces dernières années. Mais, étant donné qu'ils n'ont pas la possibilité de défendre eux-mêmes leurs intérêts propres, ils ne sont que des *objets* de la discussion politique et n'accèdent à la visibilité que dans les moments où leur présence sur le territoire français apparaît comme un « problème ». Ce sont les discussions publiques concernant ce « problème » qui *construisent* la façon dont le « sens commun » *perçoit* les réfugiés. En fonction de leurs opinions politiques, les citoyens oscillent entre une vision « administrative » (qui dénonce les « faux » réfugiés) et une vision « humaniste » (qui plaint les « pauvres » réfugiés) ; visions qui se rejoignent pour aboutir à une complète dépolitisation de la question du droit d'asile, alors même qu'il s'agit là de l'une des notions les plus politiques que la pensée européenne ait élaboré au cours de son histoire. Mais l'obligation de produire une image d'eux-mêmes qui coïncide avec la perception qu'en ont ceux qui les jugent incite les réfugiés, non pas à exposer leurs véritables souffrances, mais à construire des récits conformes à ce qu'ils croient qu'il faut raconter pour avoir l'air d'un « vrai » réfugié aux yeux des Français. On se rend compte très vite, quand on étudie ces récits, qu'ils accentuent les éléments sur lesquels reposent les images stéréotypées mentionnées plus haut. Ne pouvant pas prouver par des « papiers » qu'ils sont bien de « vrais » réfugiés, les demandeurs d'asile accentuent dans leurs écrits toutes les marques symboliques qui sont susceptibles de donner un caractère « officiel » à leur propos, en reprenant à leur compte les techniques dont se sert la bureaucratie pour « authentifier » les identités qu'elle contribue à construire (tampons, formules administratives, etc.). Dans le même temps, et contradictoirement, leurs récits accentuent la dimension « humaine » de leur expérience, en cherchant par tous les moyens à apitoyer leurs juges[34]. L'exemple des réfugiés illustre parfaitement la double logique d'assujettissement que Michel

Foucault plaçait au cœur de ses analyses sur « l'étatisation des relations de pouvoir ». Les demandeurs d'asile cherchent désespérément à se conformer aux normes de ceux qui les tiennent en leur pouvoir, dans le but d'obtenir un statut, c'est-à-dire, dans ce cas, la nouvelle identité civile et collective qui leur ouvre les portes d'une nouvelle existence. L'attribution, par l'OFPRA, de la carte de réfugié concrétise l'accession à ce monde nouveau. Celle-ci intègre un ensemble de signes (couleur, tampon...) qui en fait le symbole auquel s'identifient les réfugiés, car cette carte matérialise leur appartenance à la catégorie en donnant une forme à leur nouvelle identité collective.

CHAPITRE XII

État providence et « colonisation du monde vécu »

L'exemple de la loi de 1910 sur les Retraites ouvrières et paysannes

POSITION DU PROBLÈME

La question de l'émergence de l'État providence a attiré jusqu'ici davantage l'attention des sociologues et des philosophes que celle des historiens[1]. L'approche en termes de « conquêtes sociales »[2] que ces derniers ont privilégiée pendant longtemps est contestée au nom de problématiques philosophiques, comme celle développée par François Ewald, dans le sillage des travaux de Foucault, qui est centrée sur la réorganisation des pouvoirs et des savoirs provoquée par l'émergence du droit social. Les historiens désireux de comprendre la genèse de l'État providence ont beaucoup à apprendre de ces études. Néanmoins, pour l'histoire sociale (conçue ici comme un domaine de la recherche historique explicitement construit à partir des concepts et des méthodes de la sociologie), plus que la philosophie politique actuelle, ce sont les problématiques construites au XIXe siècle par les « pères fondateurs » de la sociologie qui représentent le point de départ le plus intéressant pour entreprendre une étude historique renouvelée de la question de l'État. De Comte à Durkheim et Weber, en passant par Marx, Tocqueville et Le Play, en effet, la sociologie naissante n'a cessé d'interroger la nature de la « modernité » issue de la double révolution du XIXe siècle : révolution industrielle (principalement en Angleterre) et révolution politique (en France). En cherchant à comprendre comment les pays européens sont passés d'une société faite d'une juxtaposition de communautés locales dominées par les liens directs entre individus, où la cohésion sociale reposait sur l'enracinement et sur la tradition, à une société nationale fondée sur la « solidarité organique » (Durkheim), c'est-à-dire sur des liens contractuels abstraits appuyés sur des règles de droit universelles, la sociologie naissante a progressivement construit un schéma explicatif de l'État contemporain d'une très grande richesse. L'historien d'aujourd'hui peut partir des concepts et des problématiques produits par cette réflexion sociologique, à condition de les transformer en outils adaptés à son travail empirique, c'est-à-dire en outils lui permettant de s'orienter efficacement dans la masse énorme des archives concernant l'histoire de l'État contemporain qui dorment encore dans les dépôts publics[3]. C'est ce que l'on essaiera de montrer ici, à partir de l'étude de la loi de 1910 sur les Retraites ouvrières et paysannes.

Celle-ci est particulièrement intéressante car elle constitue la première loi ayant mis directement à la charge de l'employeur et des salariés le financement d'une institution sociale (en 1910, elle concerne plus de 11 millions de salariés). C'est aussi la première loi qui instaure une scission entre le « salaire direct » (versé à l'assuré) et le « salaire indirect » (« épargne » en vue de la retraite, à partir de versements tripartites : salariés, patrons, État). Pour toutes ces raisons, la loi de 1910 peut être considérée comme le véritable point de départ de l'« État providence ». On commencera par présenter les principaux éléments du débat qui s'est déroulé au moment de la mise en place de la loi. On tentera ensuite de montrer que les questions posées alors abordaient des problèmes fondamentaux pour toute étude historique de l'État contemporain.

LES ENJEUX DE LA LOI SUR LES RETRAITES OUVRIÈRES ET PAYSANNES

De nombreux ouvrages ont souligné la lenteur avec laquelle les premières mesures sociales en faveur du monde ouvrier se sont imposées. Si le premier projet de loi favorable aux « assurances sociales » (contre les accidents du travail) fut déposé en 1880 par Martin Nadaud, il n'aboutit à une loi qu'en 1898. De la même manière, le premier projet de retraite ouvrière est déposé en 1890, mais n'est adopté qu'en 1910. Tant à la Chambre qu'au Sénat, les discussions concernant le projet de Retraites ouvrières et paysannes (désormais ROP) achoppent sur trois points : le principe de l'obligation, les techniques visant à concrétiser la loi (techniques financières de la rente et techniques administratives de mise en œuvre du texte législatif), le champ d'application (définition des ayants droit).

Les polémiques concernant l'obligation s'expliquent par l'ampleur du nombre des individus concernés par la loi : environ 11 millions de salariés. Du côté du patronat libéral, appliquée à une telle échelle, l'obligation signifie une intervention de l'État dans les affaires individuelles d'une ampleur jamais atteinte en France, en contradiction avec les idéaux de 1789. Par ailleurs, pour les libéraux, l'obligation constitue une atteinte intolérable à la liberté puisqu'elle oblige les salariés à épargner dans le sens voulu par l'État. Reprenant à leur compte les arguments que Thiers avait déjà utilisés en 1850 contre le projet de Caisse des vieux, les libéraux affirment qu'en imposant des cotisations obligatoires à la caisse de retraite on pénalise d'autres formes possibles d'économie sur le salaire (par exemple, l'épargne à la base du petit capital permettant de se mettre à son compte). Selon eux, le principe d'obligation finit par enfermer les individus dans un destin social, dans leur condition salariée, et par là contribue à la fabrication de classes immuables, à l'opposé des principes égalitaires de 1789. Le fait que la plénitude de la loi soit réservée aux salariés accentue ce sentiment. Comme le dit à la Chambre, Denys Cochin : « Messieurs, le tort de votre projet est de partager les citoyens en deux classes, de les séparer en deux camps, celui des salariés et celui des patrons. En réalité, les deux camps se pénètrent, les deux classes se confondent. » Argument relayé par J. Lefort dans son ouvrage sur le sujet : « La reconnaissance du droit à la retraite uniquement en faveur des salariés consacre implicitement la distinction des citoyens en classe »[4]. L'enquête faite par la CGT auprès de ses adhérents montre que la majorité d'entre eux sont également hostiles à l'obligation. Cette intervention de l'administration dans les choix individuels heurte bien sûr profondément la sensibilité « libertaire » des syndicalistes révolutionnaires. Mais, au-delà des principes, les syndicalistes considèrent eux aussi que l'obligation contribue à enchaîner l'ouvrier à sa condition salariée. C'est ce que souligne le député Charpentier, à la Chambre, le 30 mars 1910, en citant l'exemple des travailleurs à domicile : armuriers, petits fabricants de chaînes et de serrures, passementiers, encore très nombreux au début du XXe siècle dans la région lyonnaise. Ces travailleurs à façon, possédant un, deux ou quatre métiers dans le cadre d'ateliers de famille, « semblent être mis au nombre des assurés facultatifs de l'article 36 et même placés dans la catégorie de ceux qui, appelés à faire un versement, doivent bénéficier par l'effet de ce versement d'un versement corrélatif de leurs patrons. Mais ne doit-on pas les considérer comme devant rentrer dans le cadre des assurés obligatoires visés par l'article 1er ? En effet, la limite n'est pas tracée d'une façon certaine et elle ne pouvait l'être aisément dans la loi, entre le petit patron et l'artisan ou l'ouvrier ». Le député demande que le règlement administratif qui devra déterminer précisément les ayants droit de l'article 1er prenne en compte cette situation spécifique. Il conclut en affirmant que la société française tout entière a « un intérêt primordial à ce que ces ateliers de famille, très nombreux, ne disparaissent pas, parce que s'ils disparaissaient vous substitueriez le système de l'usine qui à tous les points de vue est beaucoup moins avantageux soit au point de vue matériel, soit au point de vue moral que l'atelier de famille »[5].

La question de l'obligation est intimement liée, on le voit, à celle de la définition des « ayants droit ». Comme le souligne un article d'Alphonse Merrheim, secrétaire de la fédération CGT de la métallurgie, l'une des causes de la suspicion syndicale vis-à-vis du projet gouvernemental tient au fait qu'après trente ans de discussions sur la « retraite ouvrière » les pouvoirs publics ne sont toujours pas en état de fournir des indications précises sur le nombre des intéressés. Pour les uns, ils sont environ un million, mais 2,2 millions pour les autres. A. Luquet, secrétaire de la Fédération des ouvriers coiffeurs, reprend un peu plus tard le même point de vue : « Sur quels chiffres, sur quelles statistiques, sur quel recensement, sur quelle table de mortalité se basent-ils pour fixer le nombre des parties prenantes ? En un mot entre combien d'ayants droit de 65 ans et plus sera partagé le gâteau de pâte maigre et sèche des retraites ouvrières ? »[6]. Une telle incertitude rend impossible toute prévision sur les coûts et sur les montants de la retraite que l'ouvrier est en droit d'espérer ; ce qui renforce les ouvriers dans leur sentiment que cette loi n'est que « de la poudre aux yeux » ou une machine de guerre servant les intérêts des patrons, qui pourront ainsi mettre la main sur l'épargne ouvrière grâce au principe de la capitalisation[7]. Lorsqu'on sait qu'il n'a pas fallu moins de six séances au Sénat rien que pour discuter de l'article 1er de la loi (centré sur la définition des ayants droit), on comprend que les interrogations ouvrières étaient pour le moins fondées.

Le troisième grand motif d'opposition à la loi concerne les modalités d'application. La raison principale de la grogne ouvrière tient dans le principe de la capitalisation retenu par le gouvernement, au détriment de la simple répartition souhaitée par les militants. Plusieurs dossiers d'archives témoignent de la mobilisation syndicale sur ce point dans toute la France. Au Mans, la CGT vote un ordre du jour le 12 février 1910 s'opposant à la loi et exigeant la retraite gratuite à tous les ouvriers français et étrangers. Le 14 février, dans le Cher, les militants s'opposent à la capitalisation et demandent un système fondé sur la répartition. Ils s'insurgent contre une loi qui accordera une retraite de six sous par jour pour les 5 % d'ouvriers qui atteindront 65 ans,

« alors qu'un député blackboulé s'en offre une de 10 francs par jour. Les militaires et les gendarmes surtout qui n'en foutent pas une datte (sic !) et ne travaillent que lorsque les ouvriers sont en grève ont à 45 ans une retraite qui varie de 700 à 1 100 francs sans avoir jamais versé un sou. Nous voulons qu'il en soit de même pour l'ouvrier »[8]. Ce qui est également critiqué dans la capitalisation, c'est la lourdeur de la « machine » administrative qu'un système ponctionnant les économies de 11 millions de salariés devra mettre en place. Dans l'article cité plus haut, Alphonse Merrheim estime que, du fait même de sa complexité, la loi risque d'échapper très vite au pouvoir législatif au profit de la bureaucratie qui règne dans l'ombre. Il cite à cet égard les propos d'un sénateur : « Toute la loi repose sur des règlements d'administration publique qui sont le salut des législations embarrassées. » Luquet renchérit en dénonçant par avance « la bureaucratie, la nouvelle armée de fonctionnaires que nécessitera la capitalisation ». De fait, c'est dans ce contexte d'émergence de « l'État providence » qu'est créé en 1906 le ministère du Travail (malgré l'hostilité des syndicalistes révolutionnaires), doté d'un cabinet avec trois grandes directions : le travail, les assurances et la prévoyance sociales et la mutualité. Ce ministère compte, en 1909, 400 personnes et 530 en 1913. Son budget passe de 16,5 millions de francs en 1911 à 20 millions en 1914, suite à l'adoption de la loi sur les retraites en 1910. Néanmoins, malgré ces efforts, les plaintes se multiplient de tous côtés. Le personnel et les moyens affectés à l'application de la loi sont jugés insuffisants. On ne parvient pas à dresser des listes fiables d'assurés. L'essentiel de la charge de travail est rejeté sur les préfectures. La diversité des organismes d'assurance multiplie les jeux d'écritures, renforce la lenteur des opérations provoquant le mécontentement des ayants droit qui trouve le système trop abstrait et incompréhensible[9].

Pour que l'État central puisse toucher ces millions de salariés, il ne suffit pas de multiplier le nombre des fonctionnaires. Il faut aussi mettre au point une technologie administrative capable d'assurer la médiation entre le pouvoir central et les assujettis. C'est l'enjeu de la carte et des timbres d'assurés. Suite à l'adoption par la Chambre de la loi du 5 avril 1910, l'administration édite un petit livret d'une cinquantaine de pages, intitulé « Notice à l'usage des assurés », qui offre une très bonne description du mécanisme inventé par les pouvoirs publics pour faire appliquer la loi. Ce document rappelle que celle-ci s'adresse à tous les salariés, artisans, patrons, fermiers, propriétaires, métayers et aux femmes ou veuves des assurés. Elle promet une pension au plus tôt à 55 ans et en général à 65 ans. La loi distingue deux grandes classes : les assurés obligatoires et les assurés facultatifs. Par ailleurs, les salariés qui bénéficiaient antérieurement d'une retraite conservent leur système spécifique : c'est le cas des fonctionnaires de l'État depuis la loi de 1853, des mineurs, des employés de chemins de fer et des inscrits maritimes. La notice informe également les salariés que, dans la seconde quinzaine d'avril 1911, chaque individu appartenant au régime de l'assurance obligatoire recevra par la mairie de sa commune un bulletin qu'il devra remplir avec ses nom, prénom, date de naissance, nationalité, profession, adresse, ainsi que la caisse de retraite qu'il a choisie. L'assuré devra fournir en plus un contrat de travail dûment enregistré, un extrait de son inscription sur la liste des électeurs ouvriers au conseil des prud'hommes, un certificat dûment légalisé de son patron. À défaut de ces pièces, le maire pourra délivrer un certificat, après enquête. Dans les huit jours, ces bulletins seront remis au maire qui dressera la liste des assurés de sa commune. Le livret prévient également l'assuré qu'en juin 1911 il recevra deux cartes ; « l'une est la carte d'identité reproduisant les indications du bulletin et qu'il devra conserver pendant toute sa carrière d'assuré. Cette carte est sa pièce d'identité. L'autre carte sera sa carte annuelle. La carte de l'assuré obligatoire est de couleur grise. Elle est divisée en cases destinées à recevoir les timbres représentant soit ensemble, soit séparément les versements de son patron et ses versements personnels. Les cartes sont portées au domicile de l'assuré. Celui-ci en recevant ses cartes en accuse réception sur un bordereau qui lui est présenté par le porteur. En cas d'absence de l'assuré, une note lui est laissée, l'invitant à retirer ses cartes à la mairie [...]. Les cartes annuelles sont échangées par les soins de la mairie : l'assuré recevra à son domicile sa nouvelle carte annuelle et rendra en échange la carte qu'il possède ». En conséquence, l'assuré doit signaler tout changement de domicile. Le document précise aussi que « c'est au moyen des timbres spéciaux, dits timbres-retraite que sont constatés les versements des assurés et la contribution des employeurs ». Pour les assurés obligatoires, il existe trois sortes de timbres : les timbres mixtes (couleur violette) qui représentent l'ensemble de la contribution patronale et de la cotisation ouvrière ; ils sont employés quand il y a prélèvement sur le salaire. Les timbres « assurés » (de couleur rouge) servent aux salariés qui souhaitent faire des versements personnels pour compléter leur carte ; les timbres « patrons » (de couleur verte) sont destinés aux seules contributions patronales. À cela s'ajoutent les timbres réservés aux assurés facultatifs, c'est-à-dire ceux qui ont une situation voisine du salariat : petits patrons petits propriétaires… Ces timbres sont en vente dans les bureaux de poste, dans les recettes des buralistes et les débits de tabac. À noter enfin que la plénitude de la loi ne s'applique qu'aux ouvriers de nationalité française. Pour les étrangers, « les contributions payées pour leur compte par les patrons ne leur sont acquises que si des traités spéciaux avec leur pays d'origine garantissent à nos nationaux des avantages équivalents. Dans le cas contraire, les contributions patronales sont affectées au fonds de réserve. En outre, les salariés étrangers n'ont droit aux allocations de l'État que dans les mêmes conditions où ils bénéficient des contributions patronales ». Les ouvriers naturalisés ne sont assimilés de ce point de vue aux ouvriers français que si la naturalisation a été obtenue avant l'âge de 50 ans[10].

Ce système des cartes et timbres d'assurés constitue un autre motif majeur d'opposition à la loi dans l'opinion publique. À la CGT notamment, la « mise en carte » est vue comme une atteinte à la dignité des ouvriers traités comme des « prostituées ». Des inquiétudes se font jour sur la possibilité d'utiliser cartes et timbres comme des fiches de renseignement permettant aux patrons de connaître l'étendue des périodes chômées, la régularité au travail de l'ouvrier… Dès les premières années d'application de la loi, la question des « papiers » devient l'élément central de la contestation. « Ce sont essentiellement la multiplication des timbres-retraite, la périodicité de leur apposition sur les cartes annuelles, le régime d'encaissement de certaines cotisations patronales et l'existence de la carte d'identité d'assuré qui soulèvent le plus de récriminations. » Ceux qui sont contre l'appellent la « loi des 36 timbres ». Ainsi, « de nombreux salariés souhaitent la suppression de la carte d'identité d'assuré qui rappelle les mauvais souvenirs laissés par le livret ouvrier, terreur des travailleurs des siècles précédents »[11]. À peine votée, la loi de 1910 est rectifiée par une nouvelle loi en décembre 1911. Un rapport préparatoire à cette dernière loi, effectué par la Chambre des députés au nom de la Commission d'assurance et de prévoyance sociale, met le doigt sur les difficultés posées par la loi de 1910 : « Il existe à l'heure actuelle 36 types de timbres-retraite répartis en trois séries, timbres-assurés, timbres-patrons, timbres mixtes présentant chacun 12 valeurs différentes. En outre, un timbre spécial constate le versement du propriétaire du métayer. Le nombre total de vignettes en usage est donc de 37. Il est bien certain que les assurés et les employeurs confondent ces diverses catégories de timbres qui sont peut-être nécessaires pour permettre l'exécution du texte actuel de la loi. On peut se demander s'il ne serait pas possible de réduire le nombre des timbres de manière à faciliter leur vente et leur collage ; on simplifierait ainsi le travail et les approvisionnements des préposés à la vente qui se plaignent d'être obligés d'acheter à l'avance trop de timbres divers et qui dans les petites localités n'ont pas tous ceux que les assurés peuvent se voir obligés de réclamer. En outre, d'après les descriptions du décret portant règlement d'administration publique du 25 mars 1911, les assurés facultatifs doivent opérer leurs versements en timbres-assurés ; s'ils les opèrent en timbres-patrons, ces timbres n'entrent pas en ligne de compte pour le calcul de la majoration du tiers. Or les petits patrons inscrits sur les listes comprennent difficilement qu'ils doivent utiliser le même timbre que les ouvriers. Ils sont enclins à acheter des timbres-patrons, ce qui provoque des confusions et des erreurs préjudiciables à la loi. » La Commission demande en conséquence une unification de la présentation des timbres. Elle propose aussi la suppression de la carte d'identité car « elle fait double emploi (avec la carte d'assuré) et elle sera probablement perdue à l'échéance ». La Commission juge également indispensable une simplification des mentions figurant sur les cartes annuelles. Elle se fait l'écho des protestations de nombreux maires face aux exigences de la Caisse nationale des retraites qui réclame dans les extraits les dates de naissance en lettres, qui impose que tous les prénoms de l'acte de naissance figurent sur la carte, dans le même ordre, avec la même orthographe. La Commission exige enfin une simplification du règlement de la Caisse[12].

L'hostilité pour la « mise en carte », mais aussi le sentiment que le « jeu n'en vaut pas la chandelle » (étant donné le taux élevé des cotisations, la modicité de la rente et l'âge tardif à partir duquel elle est versée) expliquent l'échec de la loi. Charles Gide constate à la fin de 1911 : « Parmi les centaines de milliers d'ouvriers, hommes et femmes occupés en ce moment aux vendanges, je crois pouvoir dire qu'il n'en est pas un seul qui ait son livret et que, par conséquent, pas un seul timbre rouge, vert, violet ou bleu n'a été apposé »[13]. En 1914, les deux tiers des cartes restent en souffrance et la proportion sera encore plus forte après la guerre.

DES QUESTIONS POUR LA RECHERCHE

Pour expliquer l'accouchement difficile de la loi sur les Retraites ouvrières et paysannes et plus généralement pour expliquer la lenteur de la mise en place de l'État providence en France, on a surtout insisté jusqu'ici sur l'antagonisme des intérêts de classes entre patrons et ouvriers. Un ouvrage de 1982 estime ainsi que le « heurt brutal entre classes sociales opposées explique à la fois la tendance révolutionnaire qui se perpétue au sein de la classe ouvrière française et la tardiveté avec laquelle les assurances sociales ont été instituées en 1930 »[14]. Cependant cette explication ne rend pas compte de l'hostilité que le mouvement ouvrier a lui-même manifesté, comme nous l'avons vu, vis-à-vis de la loi de 1910. L'un des grands mérites du livre pionnier d'Henri Hatzfeld sur le sujet est d'avoir souligné les points de vue contradictoires qui s'affrontent tant au sein du patronat (entre petite et grande entreprise notamment) qu'au sein du mouvement ouvrier (cf. la polémique entre Jaurès et Merrheim). Pourtant, Henri Hatzfeld tend lui aussi à considérer que les arguments avancés par les uns et les autres pour faire obstacle à la loi sont davantage des prétextes, masquant des intérêts de groupes ou de partis, que de véritables raisons. La défense des libertés individuelles, au nom de laquelle les patrons justifient leur opposition à la loi, cacherait mal l'égoïsme corporatiste d'un groupe cherchant à empêcher par tous les moyens le versement d'une contribution financière destinée à la retraite de leurs ouvriers. De même, l'hostilité de la CGT à la carte et aux timbres illustrerait « l'imagination des militants se donnant libre cours »[15]. La critique de la « bureaucratie » serait en quelque sorte une forme de mauvaise foi d'une organisation anarcho-syndicaliste hostile par principe à toute mesure gouvernementale, surtout quand elle est favorable aux ouvriers, car de nature à émousser la combativité révolutionnaire des troupes. Si cette explication n'est pas dénuée de tout fondement, il nous paraît cependant nécessaire d'envisager les arguments avancés de part et d'autre contre la loi, autrement que comme des « prétextes » en les prenant au sérieux. La loi de 1910 a pu susciter une unanimité dans la réprobation, à cause de la radicale nouveauté des techniques mises en œuvre par l'État pour interpeller les individus. Et c'est ce point qu'il faut approfondir.

La polémique autour de la définition des ayants droit peut être vue comme une contestation des prétentions de l'État à grouper les individus dans des catégories sociales inédites jusque-là. Dans le cadre des communautés traditionnelles et du « patronage », il n'y avait pas de définition générale de la « vieillesse ». L'individu était censé travailler jusqu'à l'épuisement de ses forces, mais il pouvait trouver dans son environnement une très grande diversité de tâches à accomplir adaptées à tous les âges de la vie. C'est l'extension du salariat et le triomphe des normes usinières qui provoquent une « normalisation » des activités et condamnent celles qui ne sont plus rentables. D'où l'importance attachée par Frédéric Le Play à la propriété ouvrière car le travail de la terre permet au vieillard inapte aux tâches industrielles de trouver par lui-même ses moyens de subsistance. Par ailleurs, en cas d'invalidité, la solidarité du groupe local qui assure, dans la société traditionnelle, la survie de l'individu. Au

XIXe siècle et jusqu'à la Seconde Guerre mondiale, on fait aux enfants un devoir impérieux de pourvoir à la subsistance de leurs parents lorsque ceux-ci ne peuvent plus travailler. De même, le « patronage » exercé par les notables impose à ces derniers des devoirs moraux, au premier rang desquels figure la charité. Les bureaux de bienfaisance sont alimentés par les quêtes faites lors des bals et des fêtes, lieux de rassemblement et de solidarité visible de tous les membres du groupe local. Pour bénéficier de cette aumône, il faut également être « du pays », c'est-à-dire enraciné dans la commune et faire état d'une identité fondée sur l'interconnaissance, au besoin prouvée par des témoins oculaires. Les principales lois d'assistance votées par la IIIe République à la fin du XIXe siècle relèvent encore de cette logique ancestrale. Le Congrès international de l'assistance publique de 1889 retient le principe de l'assistance obligatoire pour les collectivités publiques, mais stipule que celle-ci doit uniquement être accordée aux individus sans ressources et qu'elle est subordonnée à toute autre forme d'aide, notamment l'aide familiale. De plus, même si l'État accorde une participation financière, le Congrès insiste sur l'idée que l'assistance doit se faire dans le cadre territorial le plus proche de l'intéressé, ce qui permet de maintenir la logique des liens directs assisté/bienfaiteur. Dans ce cadre, il n'y a pas encore de critères généraux et abstraits pour définir les ayants droit. C'est au groupe local de définir nommément et temporairement les individus pouvant bénéficier de la solidarité collective. Ainsi la première grande loi française en matière d'assistance, celle du 15 juillet 1893 sur l'assistance médicale gratuite, exige-t-elle que chaque commune dresse une liste annuelle des indigents qui bénéficieront de la gratuité des soins à domicile. De même, la loi du 15 juillet 1905 sur l'assistance aux vieillards, infirmes et incurables (qui assimile encore, notons-le, la vieillesse à une incapacité physique) met en place des commissions spéciales chargées de se prononcer sur les demandes d'assistance. Dans la même période, la législation sur la mutualité, qui débouche sur la loi du 1er avril 1898, est fondée sur le principe facultatif et assure une très large indépendance des diverses sociétés mutuelles[16].

Replacée dans ce contexte, la loi de 1910 témoigne d'une nouveauté radicale. Elle repose en effet sur un principe universel (la loi est la même pour tous) qui rompt avec la diversité des critères d'attribution antérieurs. Mais du fait même qu'elle s'adresse à des millions d'individus abstraits, anonymes, la loi ne peut plus définir les ayants droit à partir des données empiriques traditionnelles sur les « indigents » ou les « invalides », données contingentes et en partie arbitraires. Illustrant cette évolution, Charles Gide justifie sa préférence pour la loi sur les retraites plutôt qu'à un système d'assurance-invalidité par le fait que « la vieillesse est déterminée par la preuve indiscutable fournie par l'acte de naissance, tandis que l'invalidité est déterminée par des constatations médicales souvent incertaines et où l'arbitraire et le favoritisme peuvent aisément se glisser ». Mais, en s'appuyant sur ces critères généraux, la loi fait fi de l'infinie diversité des individus et de l'inégalité biologique et sociologique du vieillissement. Cet argument classique chez les partisans de Le Play se retrouve dans le mouvement ouvrier. Dans l'intervention, à la Chambre, du député Charpentier citée ci-dessus, ce dernier montre l'injustice que représente cette date uniforme de 65 ans pour la retraite ouvrière qui pénalise certaines corporations, comme celle des verriers, beaucoup plus exposés à « l'usure au travail » que d'autres. Il demande par conséquent que l'âge de la retraite puisse être modulé en fonction de la profession. On voit pointer ici les débuts de la logique « corporatiste » au nom de laquelle chaque groupe professionnel tente de faire admettre au législateur la spécificité de sa situation afin d'en tirer avantage. Mais, à partir du moment où le droit s'immisce jusqu'à l'intérieur des communautés locales ou professionnelles, on ne peut échapper à la question de son influence dans la construction des catégories sociales. On sait qu'à la fin du XIXe siècle la société française est encore faiblement différenciée. La petite paysannerie et les travailleurs « indépendants » constituent toujours la fraction la plus importante des actifs. La lenteur de l'urbanisation, la place réduite occupée par la grande entreprise et le faible degré de « monétarisation » des échanges accentuent le phénomène. Du fait même que les prestations sont versées en monnaie, c'est le critère du salaire qui s'impose comme norme objective et universelle permettant de distinguer actifs et non-actifs. C'est pourquoi, comme cela a été montré à propos du chômage, le triomphe de la logique salariale est un préalable à toute législation sociale moderne[17]. Cette faible visibilité du salariat français est d'ailleurs l'une des raisons expliquant la difficulté des pouvoirs publics à identifier avec précision le nombre des ayants droit à la retraite en 1910. Dans ces conditions, il est légitime de se demander en quoi le droit social a pu participer à la construction des groupes sociaux qui se sont imposés au XXe siècle. Il semble bien, par exemple, qu'en officialisant une coupure rigide entre salariés et non-salariés la loi sur les retraites ait contribué au processus de séparation du monde ouvrier à la fois du « peuple » des petits patrons, des boutiquiers et des artisans dont il était très proche au moins jusqu'à la Commune[18] et du monde paysan sur lequel la grande industrie s'était massivement appuyée au XIXe siècle. Il est facile de comprendre, en effet, qu'en créant des « ayants droit » la législation fabrique des catégories d'individus qui se retrouvent pour défendre des intérêts communs (cf. le problème de la « revalorisation des retraites » consécutif à l'érosion monétaire qui se développe dès avant 1914). Par ailleurs, le système des timbres ou des « feuilles de maladie », à la longue, donne naissance à des pratiques communes à tous les ayants droit, qui confortent le sentiment d'appartenir à un même groupe. Le fait que, comme nous l'avons vu, dès les débuts de l'application de la loi, les petits patrons aient pu refuser d'utiliser des timbres de la même couleur que ceux de leurs ouvriers nous paraît significatif.

Avec le triomphe de la législation sociale, l'État s'immisce d'une autre façon dans les affaires de l'individu. Pour définir le groupe des ayants droit en s'appuyant sur des critères objectifs et généraux, il faut mobiliser tout un ensemble de savoirs concernant la société. On retrouve ici les observations de Michel Foucault affirmant qu'avec la naissance des institutions l'individu entre dans un « champ documentaire ». Il devient partie prenante d'un système d'enregistrement fait de statistiques, de colonnes et de tableaux[19]. La mise en place de la législation sociale à la fin du XIXe siècle constitue de ce point de vue un moment décisif. C'est dans cette période que se multiplient les enquêtes à l'initiative de l'Office, puis du ministère du Travail ou à l'initiative des commissions parlementaires. C'est à partir de ce moment-là également, que l'appareil statistique commence sa croissance infinie, d'abord dans le cadre de la Statistique générale de la France (SGF). Il convient donc, à mon sens, de replacer l'hostilité de la CGT à la loi de 1910 dans le cadre plus vaste d'une dénonciation du nouveau couple savoir/pouvoir. Il suffit pour s'en persuader de relire le roman de l'écrivain ouvrier Pierre Hamp, *L'Enquête*[20]. La critique qu'il développe des statistiques, des indices abstraits sur le « coût de la vie » ou sur le « pouvoir d'achat » négligeant la diversité des régions et des individus en chair et en os n'est pas sans rappeler, par un paradoxe qui n'est qu'apparent, les arguments ressassés par les partis conservateurs contre le côté « abstrait » des lois sociales de la République qui cultivent l'anonymat et ignorent la diversité des personnes, en accordant la même aide à tous alors que les besoins sont, par définition, changeants et variables. Mais le besoin de connaissances sur la société qu'implique la législation sociale ne se limite pas à des données statistiques d'ensemble. Plus fondamentalement, c'est l'identité même des individus qu'il faut maintenant cerner avec précision. Puisque désormais l'État accorde des avantages sociaux à des personnes qu'il ne connaît pas concrètement, il faut trouver des moyens formels et abstraits pour vérifier leur identité. Le fait même que le critère le plus général à partir duquel on définit la vieillesse soit l'état civil illustre la nouvelle importance accordée à l'identité juridique. Avec le triomphe des normes universelles inhérentes à la législation moderne, avec aussi les progrès des transports et la multiplication des déplacements, le recours aux témoins visuels et à la tradition ne suffit plus pour prouver l'identité d'un individu. Il faut des preuves matérielles indiscutables, « dûment légalisées » comme le souligne à plusieurs reprises le livret explicatif sur la ROP cité plus haut. Le passage d'un système identitaire reposant sur une perception directe de la physionomie et de l'histoire d'un individu à un système indirect, fondé sur les papiers d'identité, suppose implicitement une représentation et une codification de certains caractères physiques (la taille, les « signes particuliers »...) et de certains éléments biographiques (le lieu de naissance, le nom des parents...) censés « résumer » la personne. Ces nouvelles normes identitaires ont été des enjeux de luttes. L'usage de la photographie à des fins d'identification est l'une des premières batailles livrées par l'État pour mieux cerner l'identité des gens. Proposé par certains fonctionnaires dès le Second Empire, le recours à la photo pour identifier les condamnés suscite la réprobation au sein même du gouvernement, car le procédé est considéré comme contraire à la liberté individuelle. Cependant, l'efficacité des nouvelles techniques d'objectivation du signalement mises en œuvre par Alphonse Bertillon pour arrêter les criminels récidivistes (traitement logique des photographies d'identité, analyse des signes particuliers, constitution d'un fichier de « suspects ») assure le triomphe de la nouvelle logique identitaire dès la fin du XIXe siècle. Appliqué d'abord aux criminels, le « paradigme de l'indice » est étendu aux nomades et aux étrangers, puis touche l'ensemble des individus. Par la suite, chaque procédé nouveau d'identification issu des découvertes scientifiques (cf. les empreintes digitales de l'Anglais Galton), s'il suscite d'abord la même méfiance que la photo, finit par s'imposer « au nom de la loi », car celle-ci exige que tous les moyens soient mis en œuvre pour prouver la véritable identité des individus. Le témoignage de Jacques Valdour montre que, dès le début du siècle, le nouveau système est utilisé dans les grandes usines. Embauché comme mineur à Courrières entre 1910 et 1912, il note que la compagnie a inauguré l'identification anthropométrique à partir de 1905. Chaque ouvrier a désormais une fiche signalétique avec une photo et ses empreintes digitales. Ayant refusé de se soumettre à des pratiques réservées jusque-là aux « malfaiteurs », Valdour estime que ces innovations — inspirées, précise-t-il, de « l'idée socialiste qui considère tous les citoyens comme le bétail de l'État » — sont l'une des raisons qui accentuent la désaffection ouvrière pour le monde minier. Il ajoute que le gouvernement n'est parvenu à vaincre les résistances populaires à ce sujet qu'en profitant de la conjoncture favorable de la guerre 1914-1918. Pour pouvoir toucher leur pension, les réformés doivent en effet accepter de remplir des fiches militaires comprenant une photographie d'identité et des empreintes digitales[21]. Au lendemain de la guerre, la CGT n'en continue pas moins de s'opposer à ces nouveaux livrets militaires. À Marseille, des meetings à la Bourse du travail dénoncent ces innovations qui « assimilent le citoyen à un forçat »[22].

Ce n'est donc pas un hasard si le système de la carte et des timbres d'assurés est devenu dès 1911 le principal motif d'opposition à la loi. Celui-ci représente en effet la généralisation d'une mutation décisive dans le type de rapport individu/pouvoir caractéristique de l'État providence. Cette technologie matérialise les médiations grâce auxquelles se réalise désormais le lien entre le pouvoir central et l'individu. En citant abondamment la notice délivrée à tous les assurés après le vote de la loi de 1910, nous avons illustré la complexité du dispositif imaginé par les pouvoirs publics pour faire appliquer la décision du Parlement : cartes, bordereaux, timbres de couleurs diverses, etc. Avec l'État providence, le langage des objets remplace le dialogue des hommes. Nous sommes aujourd'hui familiarisés avec ce système symbolique et nous avons du mal à imaginer les difficultés qu'ont rencontrées les classes populaires du début du siècle pour en comprendre les significations (chaque timbre représente la fraction du salaire retenu en vue de la retraite future, chaque couleur symbolise un groupe particulier d'assurés). Partiellement consciente de cette difficulté, l'administration multiplie d'ailleurs, dans sa notice, les explications « concrètes ». On décrit par exemple le cheminement de l'argent versé par l'assuré : « Les sommes représentées par les timbres collés sur la carte sont transmises par la Préfecture à la Caisse d'assurance et portées au compte de l'assuré. » On indique par ailleurs des « moyens simples » permettant à l'assuré d'évaluer, quel que soit le moment, le niveau de la rente qu'il s'est acquise, etc. La place tenue par le pouvoir local (notamment la mairie) dans la mise en œuvre de la loi est une autre illustration du souci d'atténuer son côté abstrait[23]. Au-delà de l'anonymat qui préside à cet univers des « papiers », ces derniers prescrivent à l'individu, toujours au nom de l'État, toute une série de nouveaux gestes, de nouvelles habitudes, de nouvelles préoccupations, qui se glissent dans les interstices des emplois du temps quotidiens : il faut prendre garde de ne pas perdre sa carte (donc trouver un endroit où la ranger), de bien coller les timbres, etc. En même temps, des calculs nouveaux s'imposent. En cotisant tous les mois pour sa retraite, l'individu adapte sa conduite présente à de nouvelles représentations de l'avenir (par exemple, l'espoir de toucher un jour une pension incite à un travail plus régulier). Par tous ces moyens, l'État agit désormais sur l'individu de l'intérieur et lui impose, en douceur, des disciplines inédites. En dehors de tout jugement de valeur, il faut donc reconnaître que l'argument de la « liberté individuelle » avancé de tous côtés pour critiquer la loi de 1910 posait des questions essentielles pour l'avenir des sociétés occidentales. On peut donc estimer que l'opposition de la CGT à la carte et aux timbres d'assurés sociaux n'était en aucun cas comparable aux combats des générations précédentes contre le « livret ouvrier ». En effet, le livret symbolisait un rapport d'extériorité à l'État, une surveillance policière, dans les faits, fort peu efficace. Par contre, la « mise en carte » propre à l'État providence établit un lien « intériorisé » entre l'individu et le pouvoir central. Le fait que la gestion des « questions ouvrières » soit passée du ministère de l'Intérieur au ministère du Commerce, puis au ministère du Travail est, de ce point de vue, très significatif.

Ce ne sont là que quelques éléments pour une histoire sociale des rapports individus/État contemporain qui reste à faire. Celle-ci pourrait partir des remarques de Tocqueville, qui constatait déjà l'emprise croissante de l'État : « Les citoyens tombent à chaque instant sous le contrôle de l'administration publique ; ils sont entraînés insensiblement et comme à leur insu à lui sacrifier tous les jours quelques nouvelles parties de leur indépendance individuelle et ces mêmes hommes qui, de temps à autre, renversent un trône et foulent aux pieds des rois se plient de plus en plus sans résistance aux moindres volontés d'un commis »[24]. Cette histoire s'achèverait avec les problèmes actuels posés par ce que Jürgen Habermas appelle la « colonisation du monde vécu », consécutive aux intrusions sans cesse croissantes de la bureaucratie dans l'univers quotidien des gens[25].

Les péripéties qui accompagnent le vote de la loi de 1910 reflètent un autre problème fondamental pour l'histoire sociale de l'État : la rationalisation du travail bureaucratique. Tout le dispositif mis en place pour faire appliquer la loi témoigne du haut degré d'activité rationnelle déployée, à la fin du XIXe siècle déjà, par l'administration française. On y retrouve les principales caractéristiques du fonctionnement bureaucratique analysé par Max Weber : réglementation et rationalisation progressive des circuits par lesquels se transmet l'information, multiplication des règles codifiant le plus grand nombre possible d'activités, généralisation de l'usage des textes consignant des obligations, au détriment de la parole. À peine votée, nous avons vu que la loi de 1910 fait l'objet d'une nouvelle réflexion collective visant à « améliorer » son fonctionnement par la simplification des procédures, l'unification du système des timbres..., toutes choses qui finalement accentuent la tendance à la centralisation et à l'abstraction des pratiques légales (comme, par exemple, la progressive disparition des agents locaux qui étaient au départ chargés de l'échange des cartes au domicile même des assurés et qui transmettaient ainsi, oralement, informations et conseils aux usagers).

La critique que fait Merrheim des risques de bureaucratisation inhérents à la loi de 1910 pose également le problème de l'incessante extension du nombre des fonctionnaires chargés de faire fonctionner l'État providence. En effet, lorsqu'on parle de l'État, il ne faut jamais oublier qu'il s'agit d'un ensemble d'individus qui, eux aussi, mériteraient de susciter l'intérêt des historiens. De façon très schématique, en évoquant les ROP, nous avons souligné le rôle du Parlement, des commissions d'enquête, des employés du ministère du Travail, du Maire, des agents de la Préfecture, de la Perception, de la Poste, etc. Désormais, l'individu est pris dans une immense chaîne d'interdépendance que matérialisent finalement la carte et les timbres. Toutes ces tâches n'existent que parce qu'il y a des individus qui ont besoin de les remplir et d'autres qui font de leur contrôle leur raison d'être. Et je dépends d'eux comme ils dépendent de moi. Les employés de la Sécurité sociale vivent parce qu'il y a des ayants droit. À l'inverse, ces derniers subissent quelque part le pouvoir des agents ; pouvoir anonyme, inaccessible, au cœur des rages impuissantes de tant d'« assujettis »[26].

Le dernier point important d'une histoire sociale de l'État suggérée par la loi de 1910 tient dans la forme nationale prise par le droit social. L'histoire de l'État providence illustre en fait un double mouvement caractéristique. Tout d'abord, en définissant des lois générales, valables pour tous, l'État privilégie ce qu'il y a d'universel dans l'homme, et exclut les particularismes. C'est pourquoi, comme l'ont noté à la fois Tocqueville et Max Weber, il y a un rapport étroit entre le développement de la démocratie et l'extension de l'État moderne[27]. Mais ni l'un ni l'autre n'ont vraiment vu qu'il s'agit d'un universel « national ». Alors que dans la logique traditionnelle de l'assistance, c'est l'appartenance au groupe local qui justifiait l'aide sociale, toutes les grandes lois qui instaurent l'État providence sont construites sur une base nationale. Nous avons vu que la loi sur les retraites n'échappe pas à la règle, puisqu'elle subordonne la couverture des travailleurs étrangers à un traité de réciprocité avec le pays d'origine. Dès lors, l'interdépendance définie plus haut comme caractéristique de l'État providence s'étend au niveau international. La « question sociale » devient un enjeu des négociations d'État à État. La forme nationale de l'État providence pose de nombreux problèmes susceptibles d'enrichir nos connaissances historiques sur les nations contemporaines. Au-delà des différences, voire des antagonismes de classes, la logique de l'État providence n'a-t-elle pas contribué à cimenter une unité, voire une solidarité, entre les membres d'une même nation ? Les explications traditionnellement apportées pour rendre compte de l'émergence du groupe national dans les pays occidentaux sont insuffisantes. L'analyse, popularisée par André Siegfried, en termes de « tempérament national », venu du fond des âges, n'a pas de fondement scientifique. On peut estimer aussi que l'explication en termes d'« idéologie » inculquée par l'élite vers les classes populaires (notamment par l'intermédiaire des manuels scolaires) est pertinente, mais partielle. Par contre, si la thèse de la « colonisation du monde vécu » est juste, on comprend qu'avec le triomphe de l'État providence ce sont désormais les normes nationales qui pénètrent dans l'intimité de tous les foyers des « ayants droit ». On a maintenant un intérêt évident à être « national » (puisque c'est l'un des principaux critères définissant l'ayant droit). Mieux, les gestes quotidiens les plus insignifiants : remplir des formulaires ou coller des vignettes, contribuent à la construction des « identités nationales », développent les sentiments collectifs d'appartenance à partir des mêmes expériences vécues, confortent l'impression de faire partie du même monde. Tout cela s'ajoute aux autres formes de « nationalisation » des existences qu'entraîne l'institutionnalisation croissante du monde social (l'école, la caserne...). Peut-être est-ce à partir d'éléments de ce genre que les « manières d'être » (française, allemande, anglaise ou autres) et que le « sentiment national » se sont peu à peu consolidés au sein de chaque société ? En tout cas, c'est un problème que l'on ne peut plus aujourd'hui négliger.

CHAPITRE XIII

Surveiller les déplacements ou identifier les personnes ?

Contribution à l'histoire du passeport en France de la Iʳᵉ à la IIIᵉ République

Le passeport, en tant que document autorisant des individus à se déplacer, est une réalité qui, en France en tout cas, est aussi ancienne que l'État, puisqu'il était déjà en usage à l'époque de Louis XI[1]. Néanmoins, c'est seulement à partir de la Première Guerre mondiale que le passeport est devenu une « pièce certifiant l'identité, délivrée par la préfecture à un ressortissant pour lui permettre de se rendre à l'étranger », selon la définition qu'en donne le *Petit Robert*. Il y a un peu plus d'un siècle, *Littré* voyait dans le « passe-port » (notez le trait d'union) « la permission de passer en des lieux où autrement on ne pourrait aller » ; permission accordée « par l'autorité et garantissant la liberté et la sûreté de ceux qui voyagent ». Cette définition, qui met l'accent sur l'acte consistant à passer d'un endroit à un autre, suggère l'hypothèse qui me servira de fil conducteur dans ce chapitre. La Révolution française a imposé une nouvelle définition de l'État, fondée sur le principe de la « souveraineté du peuple ». Pour donner un contenu pratique à cette notion abstraite, les agents et les représentants de ce nouvel État avaient besoin d'instruments leur permettant d'acquérir, dans un premier temps, la maîtrise du territoire national, en tant qu'espace d'exercice de la souveraineté du peuple. D'où l'importance qu'ils accordent au passeport, principal moyen dont dispose l'administration à l'époque, pour maîtriser les déplacements des individus. Sous la IIIe République, c'est l'État-nation en tant que communauté de membres qui est privilégié[2]. Dès lors, comme le montre clairement la définition du *Robert*, le passeport doit remplir une nouvelle fonction : matérialiser l'appartenance des individus à cette communauté (la nation) en garantissant leur identité personnelle.

UN DISPOSITIF ADAPTÉ AU MONDE PRÉINDUSTRIEL

L'impossible suppression des passeports sous la Révolution française

Sans pouvoir insister ici sur la période antérieure à 1789, il faut néanmoins rappeler que, sous l'Ancien Régime, le passeport est un instrument privilégié, à la fois pour mettre en œuvre la politique économique mercantiliste (visant à empêcher l'émigration des artisans les plus qualifiés) et pour appliquer les dispositions répressives visant les vagabonds et les indigents (rapatriés de force dans leur paroisse d'origine qui leur doit secours et protection). Mais le passeport fait aussi office de « sauf-conduit » délivré aux voyageurs par la multitude des « autorités » (l'administration royale, les corporations, les communautés urbaines, etc.) qui cohabitent et se chevauchent à l'intérieur du Royaume. Considéré comme un symbole de l'arbitraire et de l'autoritarisme de l'Ancien Régime, dès le début de la Révolution, le passeport fait l'objet de nombreuses critiques, perceptibles dans les Cahiers de doléances. En écho à ces protestations, à l'Assemblée nationale, Peuchet réclame avec force sa suppression : « Il est un désordre de police d'autant plus odieux qu'il tient à tous les arts de la tyrannie et prive l'homme du premier, du plus juste de ses droits, celui de respirer l'air qui lui plaît sans demander la permission d'un maître qui peut la lui refuser : c'est celui des passeports [...]. Les passeports sont contraires à tous les principes de justice et de raison ; il n'y a que l'oubli des droits et l'inconséquence politique qui puissent les consacrer »[3]. Et l'orateur de rappeler que la déclaration des Droits de l'homme et du citoyen a consacré, comme un droit « naturel », la liberté pour chaque individu de se déplacer comme bon lui semble. En confirmant ce droit, la Constitution de septembre 1791 officialise la suppression des passeports. Néanmoins, ceux-ci sont rétablis quelques mois plus tard, par la loi adoptée à l'Assemblée le 1er février 1792 (promulguée le 28 mars de la même année). Plusieurs fois modifiée dans les années suivantes, la législation sur cette question se stabilise sous le premier Empire. Elle restera en vigueur jusqu'au milieu du XIXe siècle.

Pour comprendre pourquoi, en dépit des idéaux humanistes proclamés sous la Révolution, les divers gouvernements qui se sont succédé jusqu'au Second Empire n'ont jamais pu renoncer au passeport, je commencerai par examiner le Règlement de 1816 qui récapitule les principales dispositions alors en vigueur en la matière. Ce texte rappelle d'abord que tous les Français (de plus de 15 ans) désireux de se déplacer au-delà des limites de leur département, de même que tout étranger souhaitant voyager en France, doivent demander un passeport aux autorités compétentes. Plusieurs types de documents sont distingués, en fonction de la nature du déplacement considéré[4]. Les voyageurs français qui souhaitent se rendre dans un autre pays sont tenus de solliciter un passeport à « l'étranger » (en acquittant un droit de timbre de dix francs). Les autres citoyens doivent être munis d'un passeport à « l'intérieur » (timbre de deux francs). Ceux qui n'ont pas les moyens d'acquitter ces droits fiscaux peuvent obtenir un « passeport pour indigent ». Non seulement sa délivrance est gratuite, mais, le plus souvent, il donne droit à des « secours de route » que les pouvoirs publics accordent pour permettre au voyageur sans ressources de survivre pendant son déplacement. Le Règlement de 1816 prévoit des dispositions spéciales pour les étrangers. Ceux-ci doivent déposer leur passeport d'origine dès qu'ils arrivent à la frontière. En échange, les autorités françaises leur délivre un « passe » les autorisant à se rendre à leur lieu de destination. Tous ces passeports sont généralement valides pour une durée d'un an.

Une garantie contre les « étrangers »

Un tel dispositif ne peut se comprendre que si on le réinscrit dans son contexte. La législation du début du XIXe siècle sur les passeports est adaptée, en effet, aux nécessités d'une société encore largement immergée dans le monde rural, peu mobile et cloisonnée. On constate que les agents de l'État eux-mêmes raisonnent et agissent en s'appuyant sur des schèmes de perception élaborés dans le cadre des communautés locales au sein desquelles se déroule encore l'essentiel de la vie sociale à cette époque. Le premier argument que l'on peut avancer pour étayer cette hypothèse concerne la façon dont les fonctionnaires chargés de la mise en œuvre de la législation sur les passeports appréhendent la question des « étrangers ». L'importance accordée à cette catégorie de voyageurs apparaît bien dans le Règlement de 1816 puisque pas moins de 13 articles (sur 31) lui sont consacrés. On constate que toute la législation en vigueur dans la première moitié du XIXe siècle sur cette question est organisée autour de l'opposition entre passeports à « l'intérieur » et passeports à « l'extérieur ». C'est évidemment sur ce point que la Révolution a provoqué la rupture la plus radicale par rapport à la situation qui prévalait sous l'Ancien Régime. L'abolition des privilèges, l'adoption d'une Constitution fondée sur le principe de l'égalité de tous les citoyens devant la loi, la mise en place d'une administration centralisée et strictement hiérarchisée ont eu pour effet d'homogénéiser l'espace sur lequel l'État français exerce sa souveraineté. Ce fait est d'ailleurs souvent rappelé par les hauts fonctionnaires pour mettre en valeur les « progrès » de la gestion des passeports par comparaison avec l'Ancien Régime. Un rapport de 1835 souligne que grâce à l'unification de la législation, désormais, « au lieu de cette quantité de formules diverses de passeports aussi multipliées autrefois que le nombre de communes qui existe dans le Royaume, on n'en reconnaît plus que de deux sortes »[5]. Le clivage intérieur/extérieur acquiert une importance centrale à partir de 1792, parce que la France révolutionnaire doit aussi se protéger contre les menaces que font peser sur elle les puissances voisines. D'un côté, la fuite du Roi à

Varennes (21 juin 1791) et l'émigration d'une partie de la noblesse désireuse de prêter main-forte aux armées contre-révolutionnaires exigent l'adoption de mesures permettant d'interdire aux citoyens de quitter le Royaume. D'un autre côté, il faut pouvoir empêcher les étrangers appartenant aux nations ennemies de pénétrer librement sur le territoire national. C'est pour faire face à cette double exigence que la loi du 28 mars 1792 rend obligatoire le passeport pour tout Français souhaitant sortir du Royaume et pour tout étranger désireux de séjourner en France. Bien que la paix ait été rétablie en Europe après le Congrès de Vienne, les étrangers resteront soumis à des contraintes particulières en matière de passeport durant toute la première moitié du XIXe siècle[6]. Ces pratiques sont généralement justifiées par référence au Code civil. Comme le souligne le ministre de la Police générale, « la résidence en France d'un étranger n'est pas pour lui, comme pour le régnicole, la jouissance d'un droit acquis, c'est l'effet d'une simple tolérance ». C'est la raison pour laquelle, « un étranger ne peut être admis sur le territoire français qu'en vertu d'une autorisation de l'autorité supérieure accordée par un visa officiel »[7]. La représentation de l'étranger qui sous-tend ces propos est conforme à celle qui domine aujourd'hui. Néanmoins, au début du XIXe siècle, cette approche abstraite, juridique, est encore peu répandue, même au sein de l'administration. Comme le souligne un haut fonctionnaire du ministère de la Police générale, l'« étranger » est avant tout un individu qui « n'offre pas pour garantie une propriété, un domicile, une famille : c'est un inconnu dont les antécédents étant ignorés doit naturellement susciter la défiance jusqu'à ce que le titre à l'hospitalité qu'il réclame ait été soigneusement examiné »[8]. Cette définition montre parfaitement que le clivage national/étranger est envisagé comme une modalité de l'opposition familier/inconnu. D'où l'importance accordée aux critères (la propriété, le domicile, la famille) qui prouvent l'enracinement des individus dans un groupe local d'interconnaissance. Aux yeux de l'administration, ces critères garantissent que l'individu en question partage les intérêts de son groupe d'appartenance et qu'il ne peut dissimuler son identité puisqu'il demeure constamment placé sous le regard de ceux qu'il côtoie tous les jours. En ayant à l'esprit cette logique, on comprend mieux la cohérence de la législation sur les passeports. Comme l'illustre bien la citation précédente, c'est avant tout parce qu'un individu a quitté son espace d'interconnaissance que l'administration exige qu'il soit en possession de ce document. Lors du débat parlementaire qui précède l'adoption de la loi de 1792, le principal argument avancé par le rapporteur du projet de loi, Codet, ne concerne pas les menaces extérieures. Il évoque la multitude des départements, des districts, des municipalités qui réclament le rétablissement des passeports pour faire face à la recrudescence du brigandage et du vagabondage. Contre ceux qui voit dans le projet de loi un retour de l'Ancien Régime, il affirme que la « très grande majorité des citoyens » ne peut être hostile au retour du passeport, « car cette majorité ne voyage pas et a très grand intérêt à ce que ceux qui voyagent ne soient ni des fripons, ni des coquins ». Et il ajoute que les voyageurs honnêtes « n'auront aucune répugnance à porter avec eux, partout où ils passeront, une assurance qu'ils sont des citoyens avoués par la société et qui d'ailleurs par la sûreté qu'ils trouveront sur les grands chemins seront bien dédommagés de l'espèce de gêne qu'ils éprouveront »[9]. Cette intervention souligne d'emblée la double fonction que la loi assigne désormais au passeport : protéger les communautés locales contre la menace potentielle que font peser sur elles les voyageurs inconnus et, réciproquement, garantir la sécurité de ces derniers, puisque, par définition, leur déplacement les prive de la protection de leur groupe d'appartenance. Dans cette perspective, il est donc logique que le Règlement de 1816 dispense de passeport à la fois les frontaliers et les voyageurs qui ne franchissent pas les limites de leur département, puisque tous ces individus ne s'éloignent pas vraiment de leur espace d'interconnaissance (leur « pays » au sens local de ce terme). À l'inverse tout individu qui franchit les limites de cet espace devient un « inconnu », un « étranger ». C'est la raison pour laquelle on exige de lui un passeport.

De l'appartenance à la commune à l'appartenance à l'État

En obligeant tous les voyageurs à solliciter un passeport pour « l'intérieur », la police se donne les moyens non seulement de surveiller les individus réputés « dangereux » (criminels et militants révolutionnaires), mais aussi de résoudre un problème « social » qui hante les autorités depuis l'Ancien Régime : la migration des vagabonds vers les villes. Déjà au printemps 1790, des hordes de mendiants ont « envahi » la capitale, contraignant les pouvoirs publics à prendre des mesures selon lesquelles « tout indigent non domicilié à Paris depuis au moins un an recevra un passeport pour lui permettre de regagner sa patrie s'il est étranger, sa municipalité s'il est français et non domicilié à Paris depuis six mois »[10]. La législation adoptée au cours de la Révolution pour secourir les indigents a conforté un principe fondamental de l'Ancien Régime, à savoir que c'est la communauté *locale* (la commune ayant remplacé la paroisse) à laquelle appartient l'individu (l'endroit où se trouve son domicile) qui constitue le lieu où il doit trouver sa protection[11]. Si les passeports à l'intérieur et les passeports pour indigents demeurent en vigueur jusqu'au Second Empire, c'est parce que cette logique d'assistance locale reste un élément déterminant de la politique « sociale » de l'État jusqu'au début de la IIIe République. Certes, désormais la commune n'est plus qu'un élément de base dans les rouages de l'État-nation. Devoir qui incombe aux pouvoirs locaux, l'assistance aux indigents est aussi, désormais, une « affaire d'État ». Du coup, la question du rapatriement des mendiants vers leur lieu d'origine se dédouble selon que l'individu concerné est français ou non. S'il est étranger, l'administration se contente de le reconduire à la frontière pour que l'État dont il dépend le ramène vers son domicile originel. À partir de ce moment, la réflexion sur l'« étranger » (au sens de nonnational) s'éloigne des préoccupations politiques et militaires qui hantaient les acteurs de la Révolution, pour s'ouvrir sur des considérations économiques et sociales qui vont prendre une importance croissante dans les décennies suivantes. Comme l'a montré Rogers Brubaker à propos de l'Allemagne[12], au début du XIXe siècle, ce sont les polémiques entre les États germaniques pour savoir qui devait prendre en charge les indigents qui ont abouti aux premières définitions juridiques de ce qu'on appelle en allemand la

« *Staatsangehörigkeit* », la « nationalité » au sens d'appartenance à l'État. Loin de se limiter à l'Allemagne, ces problèmes deviennent l'un des enjeux importants des discussions diplomatiques dans toute l'Europe. La plupart des États signent des accords qui stipulent que chacun d'entre eux accepte d'accueillir ceux de ses « ressortissants » qui ont été expulsés d'un pays voisin. C'est pourquoi, à partir de la monarchie de Juillet, l'administration française demande aux ouvriers étrangers de présenter, en plus de leur passeport ou de leur livret[13], des « certificats d'origine » qui « assurent leur retour dans leur patrie ». Pour éviter d'avoir à secourir des pauvres qui ne lui « appartiennent » pas, l'État français n'autorise l'entrée des émigrants allemands qui souhaitent s'embarquer au Havre pour l'Amérique qu'à la condition qu'ils aient suffisamment d'argent pour traverser le pays. De même, le mariage d'un étranger et d'une Française n'est autorisé, sur le territoire national, que si le futur époux peut prouver qu'il gagne sa vie correctement. C'est dans le cadre de ces préoccupations nouvelles qu'au début de la monarchie de Juillet l'administration commence à employer le mot « nationalité »[14] pour désigner l'appartenance d'un individu à son État.

Le passeport : un moyen de suivre le voyageur « à la trace »

Dans la première moitié du XIXe siècle, le passeport est considéré comme un instrument irremplaçable par l'administration, pour des raisons qui sont aussi d'ordre technique. Pour pouvoir résoudre les multiples problèmes que pose le déplacement des individus sur l'ensemble du territoire national, les fonctionnaires mobilisent les ressources et les repères que leur fournit la société locale. Ils estiment que leur tâche primordiale est de « suivre des yeux » les voyageurs (les « tenir sous le regard » pour reprendre une expression qu'ils affectionnent). Tout le dispositif qui accompagne la législation sur les passeports est mis au service de cette ambition. En délivrant ce document, les représentants de l'État donnent la permission à un individu de se déplacer. Mais cette autorisation est matérialisée par un itinéraire qui fixe un point de départ (le lieu où a été délivré le passeport) et un point d'arrivée (l'endroit où veut se rendre le voyageur). Pour ceux d'entre eux qui, *a priori*, paraissent les plus menaçants, les autorités vont jusqu'à indiquer, comme sous l'Ancien Régime, tous les lieux intermédiaires par lesquels ils doivent impérativement passer. C'est le cas pour les indigents rapatriés dans leur commune d'origine, mais aussi pour tous ceux qui bénéficient de secours de route et même pour les voyageurs étrangers. Dès que ces derniers pénètrent sur le territoire français, les autorités leur délivrent un « passe » qui indique, ville par ville, le trajet qu'ils devront suivre jusqu'à ce qu'ils aient rejoint leur lieu de destination et obtenu l'autorisation de séjour délivrée par le ministre de la Police générale (ou de l'Intérieur). Les documents d'époque montrent bien le rôle que joue le passeport pour « maintenir sous le regard » les voyageurs. Si l'on examine, par exemple, le passeport gratuit délivré à un réfugié étranger (Manuel Garcia) par le préfet d'Indre-et-Loire, en 1841, conservé aux archives nationales, on voit que le verso constitue « la feuille de route » qui indique « l'itinéraire obligé » que ce réfugié devra suivre au cours de son déplacement de Tours à Soissons. Les tampons et les signatures des préfets prouvent qu'il a fait viser son passeport par les autorités dans chacune des villes qui figuraient sur son itinéraire. Chaque fois qu'un réfugié comme celui-ci quitte le département dont il a la charge, le préfet avertit son collègue du département voisin, de façon à assurer la continuité de la surveillance. C'est au nom de la même logique que le ministre de la Police générale conserve le passeport des étrangers séjournant en France (en échange d'un passeport français). Comme il le souligne lui-même, sans cela, il « serait difficile de retrouver la trace de leur passage dans l'intérieur ». Il faut avoir à l'esprit ce type de raisonnement si l'on veut comprendre pourquoi, à cette époque, le passeport remplit à la fois des fonctions d'assistance et de surveillance. Le passeport de Manuel Garcia reproduit la formule traditionnelle indiquant que le document est censé fournir à son titulaire la protection des autorités : « Nous (préfet d'Indre-et-Loire) invitons les autorités civiles et militaires à laisser passer et librement circuler (le sieur Garcia) et à lui donner aide et protection, en cas de besoin. » Mais, au nom de ce soutien, les autorités s'estiment en droit de limiter considérablement la liberté d'aller et venir. Les secours de route ne sont distribués aux indigents que dans les villes qui figurent sur leur trajet. De cette manière, l'administration peut garder le contact avec des individus rendus « suspects » en raison de leur pauvreté même. Toutes ces dispositions visent à favoriser les « mises en présence », les relations directes entre les représentants de l'État et ceux qui se déplacent. Cette gestion des itinéraires est d'autant plus importante à cette époque que l'accumulation des hommes dans les grandes villes est un enjeu de pouvoir décisif. Comme on le sait, le fait que Paris ait été tout au long du XIXe siècle à la fois la plus grande ville ouvrière d'Europe et le lieu où se concentrent les principaux rouages de l'État a joué un grand rôle dans la succession des « journées » révolutionnaires de 1830 jusqu'à la Commune. Canaliser les déplacements, c'est se donner la possibilité d'interdire l'accumulation de forces hostiles dans les lieux où se concentre le pouvoir. Comme le montrent abondamment les archives, jusque sous le Second Empire, en période de trouble ou de chômage dans la capitale, le premier « réflexe » du ministre de l'Intérieur consiste à écrire à ses préfets pour leur demander de ne plus délivrer de passeports pour Paris.

L'IDENTITÉ (MAL) SAISIE PAR L'ÉCRITURE

La tyrannie de l'apparence

Le passeport ne peut être un instrument efficace entre les mains de l'administration qu'à la condition de satisfaire à une fonction qui commande toutes les autres : permettre l'identification des individus qui le possèdent. Comme le rappelle une circulaire de 1818, tout passeport remis à un voyageur doit « constater l'identité de sa personne et ses droits à la protection de l'autorité publique ». En prolongeant le raisonnement esquissé plus haut, on peut définir le voyageur comme l'individu dont l'identité sociale ne peut être attestée par les membres de la communauté locale dont il est originaire.

C'est la raison pour laquelle, dans les sociétés où l'identité n'a pas encore été véritablement saisie par l'écriture, l'apparence joue un rôle essentiel dans les pratiques d'identification. Au XVIIIe siècle, pour la police, « le lexique vestimentaire est un moyen d'identification comme il l'est aussi pour les classes populaires »[15]. Il en va de même en ce qui concerne l'apparence physique. La façon de parler, de se comporter, les traits du visage sont considérés comme des signes permettant de déchiffrer la personnalité d'un inconnu. « L'art de connaître les hommes d'après les traits de leur physionomie », élaboré par Lavater, fait l'objet d'un véritable engouement en Europe aux XVIIIe et XIXe siècles[16]. De nombreux documents montrent que cette façon primaire d'identifier les inconnus est toujours en vigueur sous la Révolution française. Par exemple, le 25 Ventôse an II, Couthon affirme du haut de la tribune : « Dans les révolutions tous les bons citoyens doivent être physionomistes ; tous ceux qui ont aujourd'hui la mine patibulaire, les yeux hagards, un costume évidemment déguisé, sont de mauvais citoyens que tout vrai républicain a le droit d'arrêter sur-le-champ (*Applaudissements*) »[17]. L'une des fonctions essentielles du passeport est de rompre avec cette logique ancestrale d'identification pour lui substituer un dispositif permettant de fournir des indications plus fiables, plus « objectives », sur l'identité des voyageurs. Comme on le sait, la première vertu de l'écriture est de permettre la transmission d'un message en dehors de son contexte initial d'élaboration. En tant que document écrit, un passeport est donc un instrument qui permet d'établir une relation *à distance* entre un « émetteur » (l'autorité qui délivre le passeport) et un « récepteur » (l'autorité qui, à un autre moment et en un autre lieu, le contrôle). Pour que cette identification à distance soit efficace plusieurs conditions doivent être remplies. En premier lieu, l'autorité « émettrice » doit vérifier que les renseignements sur son identité fournis par celui qui sollicite un passeport sont vrais. En second lieu, l'autorité « réceptrice » doit s'assurer, d'une part, que celui qui lui présente un passeport est bien la personne à qui ce document a été délivré initialement et, d'autre part, que le document lui-même n'a pas été falsifié dans l'intervalle.

La codification du « signalement »

Ces remarques pourront paraître évidentes, voire triviales, pour le lecteur d'aujourd'hui. Mais lorsqu'on examine le débat parlementaire qui précède l'adoption de la loi du 28 mars 1792, on constate que le passage d'une logique d'identification fondée sur le face-à-face à une logique d'identification fondée sur l'écriture n'a pas été sans susciter troubles et interrogations. Les désaccords surgissent dès qu'il s'agit de préciser quels sont les éléments de l'identité individuelle qui doivent figurer sur le passeport. D'emblée cette question met les députés aux prises avec les deux dimensions de l'identité sociale. En premier lieu, il s'agit de fixer les caractéristiques de l'identité *civile* du voyageur. L'article 2 du projet de loi prévoit de mentionner sur le passeport le nom, l'âge, la profession, le domicile et la qualité de Français ou d'étranger. Les principales divergences apparaissent à propos d'un amendement qui propose des sanctions pénales pour les individus qui voyageront sous un faux nom, à l'instar de Louis XVI quelques mois plus tôt. Mais Vergniaud s'élève avec véhémence contre cette disposition en affirmant : « Il est inconcevable qu'on puisse flétrir d'un an de prison un homme qui aura changé de nom lorsqu'on n'a point d'autre délit à lui reprocher. C'est évidemment porter atteinte au droit sacré de l'humanité »[18]. Le deuxième problème qui surgit au cours du même débat concerne l'identité *physique* des voyageurs. Pour être certain que l'individu qui présente (à l'époque on dit : « représente ») son passeport à la demande des agents de l'État est bien le même que celui qui l'a reçu, les auteurs du projet de loi estiment qu'il faut fixer son « signalement » sur le document. Cette proposition est critiquée par un certain nombre de députés qui affirment qu'en raison de la faible instruction des maires et des gendarmes les indications les plus fantaisistes risquent d'être inscrites sur les passeports. « Il en résulterait qu'un particulier pourrait très bien être tracassé par une municipalité qui ne saurait pas distinguer l'exactitude des signalements. » Cette remarque montre combien les députés sont sensibles au côté arbitraire d'une démarche qui vise à saisir par l'écriture (donc à « figer », à « éterniser ») les éléments fluctuants, subjectifs, à partir desquels on perçoit l'apparence extérieure d'une personne[19].

Cette préoccupation réapparaît dans le débat lorsque la question de la « représentation » des passeports est abordée. Le député Ducastel s'insurge contre l'arbitraire des contrôles d'identité : « Alors ou bien les gendarmes nationaux n'arrêteront que tous ceux qu'ils voudront ou ils arrêteront tout le monde. Dans le dernier cas, c'est une inquisition épouvantable : dans le premier, c'est une inquisition arbitraire. Sur quelles personnes feront-ils tomber l'exécution de la loi ? Est-ce sur la physionomie (*Murmures*). Je dis : les arrêtera-t-on sur l'habit ou sur la physionomie ? Souvent un coquin a la figure d'un honnête homme et malheureusement l'honnête homme a quelquefois celle d'un coquin (*Murmures*) »[20]. Ducastel met parfaitement en valeur le « talon d'Achille » de la technologie des identités de papier telle qu'elle s'est développée jusqu'aujourd'hui. Puisque les éléments qui définissent l'identité légale d'une personne ne se *voient pas*, comment empêcher la police de se livrer au « délit de faciès » (en soupçonnant un individu sur sa simple apparence) sans imposer les contrôles d'identité à *tous* les citoyens (c'est la solution que propose Ducastel, mais qui ne sera pas retenue)[21] ? Pour le dire en termes plus sociologiques, cette question nous rappelle que, si la technologie des papiers d'identité a permis une immense économie du travail de surveillance policière, elle n'a pas supprimé le moment de l'interaction, du face-à-face, qui met aux prises l'individu soumis à ces entreprises identificatrices et le représentant de l'État qui est chargé de les appliquer.

L'une des solutions proposées en 1792 pour réduire cette part d'arbitraire consiste à jouer sur les aspects formels du passeport. Pour homogénéiser les informations concernant le signalement des voyageurs, l'Assemblée adopte un amendement qui précise que tous les passeports seront réalisés à partir d'une formule unique, élaborée par le pouvoir central et distribuée dans toutes les communes de France. Cette formule spécifie les renseignements qui doivent figurer dans la rubrique « signalement », de façon à interdire aux représentants des municipalités toute description fantaisiste. Par ailleurs, la proposition, avancée au cours du débat, d'établir des passeports sur « papier libre » est rejetée. L'obligation du timbre permettant non seulement de remplir les caisses de l'État, mais aussi d'éviter la multiplication des faux documents. Dans les décennies suivantes, et notamment sous le Premier Empire, plusieurs innovations améliorent ce dispositif formel. L'article 3 du Règlement de 1816 précise que « les passeports sont délivrés sur des formules imprimées : la feuille se compose de deux parties contenant chacune les mêmes annotations. On les sépare par une coupure ondulée, l'une est remise au porteur et constitue le passeport ; l'autre reste entre les mains de l'autorité comme souche pour y avoir recours au besoin ». L'article 5 ajoute que seule l'administration de l'Enregistrement est habilitée à confectionner lesdites formules, sur « papier uniforme à filigrane ». Les directeurs de l'Enregistrement conservent les formules des passeports pour l'étranger, mais ils transmettent les autres aux receveurs qui eux-mêmes les remettent aux percepteurs et aux maires en échange d'un récipissé.

Le passeport de Manuel Garcia, que j'ai pris comme exemple, donne une idée de la façon dont l'administration a concrétisé toutes ces obligations légales. On constate qu'il comporte des indications permettant d'identifier le document lui-même. Il est précisé dans la colonne de gauche qu'il s'agit d'un « passeport gratuit valable pour un an », qui a été établi à Tours par la préfecture d'Indre-et-Loire. Une case (qui n'a pas été remplie) a été prévue pour indiquer le numéro du registre où a été conservée la souche du passeport. Enfin les signatures et les tampons officiels sont là pour attester l'authenticité du document. Le passeport fournit aussi des éléments sur l'identité du voyageur. Les renseignements concernant son état civil sont peu nombreux et assez vagues. Le lieu et la date de naissance ne sont pas indiqués, pas plus que l'adresse de son domicile. Dans la rubrique « profession », les autorités ont mentionné le grade que ce réfugié carliste possédait dans l'armée espagnole, avant son exil. En revanche, le passeport de Manuel Garcia témoigne de l'importance accordée aux caractéristiques physiques des voyageurs. On retrouve ici les critères qui ont été fixés par la loi de 1792 pour « normaliser », sur l'ensemble du territoire national, la description du signalement ; depuis la taille, jusqu'aux « signes particuliers » en passant par les détails du visage, le teint, etc. Fait significatif, le passeport intègre *l'âge* du voyageur dans la rubrique signalement, alors qu'aujourd'hui nos papiers d'identité mentionnent *la date de naissance* telle qu'elle a été consignée dans les registres d'état civil.

LA CRISE DU DISPOSITIF ET LES ÉTAPES DE SON ABANDON

Jusqu'au début de la monarchie de Juillet, les plus hautes autorités de l'État paraissent convaincues que la législation sur les passeports adoptée en 1792 et « peaufinée » dans les décennies suivantes constitue un moyen efficace pour résoudre les problèmes que posent les déplacements des individus sur le territoire national. Dans la notice établie en 1835 pour faire le point sur cette question, l'un des principaux responsables du ministère de l'Intérieur souligne que, désormais, « le mode de surveillance des voyageurs est extrêmement simple et sur tous les points du territoire il est facile à la gendarmerie de s'assurer si ceux dont elle requiert l'exhibition des passeports sont en règle à cet égard ». Pour lui cette efficacité s'explique surtout par la mise en circulation d'une « formule unique qui, correctement libellée et contenant d'une manière toujours semblable toutes les indications nécessaires pour bien faire connaître la nationalité, l'identité et la position sociale du porteur », présente en outre l'avantage d'être, elle-même, « expédiée sous une formule uniforme parfaitement connue de tous les agents de l'autorité ». Grâce à ces innovations, le passeport offre, désormais, « par le seul aspect de sa forme, la garantie de sa validité »[22]. Cette vision enchantée du dispositif en vigueur dans les premières décennies du XIXe siècle ne doit pas être prise au pied de la lettre. Elle reflète surtout le regard émerveillé (et intéressé) d'un fonctionnaire découvrant les potentialités de l'imprimé en matière de contrôle social. À cette époque, en effet, les passeports restent largement dépendants des formes traditionnelles d'identification.

Les déficiences administratives

En premier lieu, l'administration n'a pas vraiment les moyens de vérifier l'identité civile des individus qui ne se trouvent pas dans la commune où ils sont nés. Nous avons vu plus haut qu'au début de la Révolution un certain nombre de députés estimaient que les citoyens étaient libres de changer leur nom « propre » à leur guise. Il est vrai que ce débat parlementaire sur les passeports se déroule quelques mois avant la « laïcisation » de l'état civil, établie par le décret du 20 septembre 1792 et confortée quelques années plus tard par la loi du 11 Germinal an XI qui impose la fixité des noms de famille. On ne saurait trop insister sur l'importance de ces mesures pour la socio-histoire de l'identification individuelle. Comme le souligne Paul Durand, les contestations concernant l'identité, fréquentes sous l'Ancien Régime, ont été de plus en plus rares à mesure que « l'usage des registres de l'état civil s'est généralisé chez tous les peuples civilisés en acquérant les caractères de régularité et d'exactitude qu'ils étaient loin de posséder autrefois ». Néanmoins, jusqu'au milieu du XIXe siècle, le faible développement des moyens de communication rend très difficile la vérification de l'identité d'un voyageur, étant donné que ces registres sont conservés dans la commune de naissance des individus[23]. Pour les étrangers, la tâche paraît insurmontable, non seulement en raison de la distance, mais aussi parce que, bien souvent, ils proviennent de pays où l'état civil, au sens où on l'entend aujourd'hui, n'existe pas encore. Même en France, où l'État est pourtant une réalité très ancienne, l'administration est loin de remplir de façon satisfaisante les missions qui lui sont assignées, surtout dans ses échelons inférieurs. Jusque sous le Second Empire, au moins, la tenue des registres d'état civil laisse à désirer[24]. De même, en dépit des consignes et des formules unifiées qu'il suffit de remplir, la réglementation sur les passeports est mal appliquée par les maires. Les préfets les suspectent de défendre les intérêts locaux contre les intérêts supérieurs de la nation. En 1827, par exemple, le sous-préfet de Boulogne écrit au ministre que les maires de son arrondissement, « par des calculs mal entendus, croiraient peut-être nuire aux intérêts de leurs villes s'ils exerçaient une surveillance plus active sur les individus signalés ». C'est la raison pour laquelle il propose que le soin de délivrer les passeports soit désormais confié exclusivement au commissariat de police. Mais, le plus souvent, c'est l'incurie des maires qui est mise en cause. Certains d'entre eux, surtout dans les communes rurales, attribuent systématiquement des passeports gratuits avec secours de route pour se débarrasser des individus inopportuns. D'autres négligent de transmettre les passeports des étrangers au ministère de l'Intérieur et se contentent de les viser eux-mêmes, « en sorte que l'arrivée de beaucoup d'étrangers en France reste ignorée de l'administration supérieure, qui se trouve ainsi privée de tout moyen de surveillance » (circulaire confidentielle de 1833). L'unification du dispositif est contrecarrée par le fait que les maires n'utilisent pas systématiquement les formules requises. Certains d'entre eux délivrent des « certificats de bonne conduite » à la place des passeports. D'autres rédigent, sur papier libre, des autorisations de circuler sur l'ensemble du territoire qui n'engagent qu'eux-mêmes.

Toutes ces failles dans le dispositif administratif expliquent le rôle essentiel que continue à jouer, dans la pratique, la logique du face-à-face. En l'absence de preuves écrites, seule l'interconnaissance peut permettre l'identification d'une personne. La loi précise que ce sont les maires qui doivent établir les passeports à l'intérieur (en dépit de tous les problèmes évoqués plus haut), parce que ceux-ci sont les représentants de l'État les plus proches des citoyens. À ce titre, ce sont eux qui ont le plus de chance de connaître directement l'individu qui sollicite un passeport. Le Règlement de 1816 prévoit d'ailleurs explicitement qu'en cas d'urgence, lorsque « le voyageur lui sera particulièrement connu », le maire pourra viser le passeport, même s'il ne remplit pas toutes les conditions de régularité. Constamment, dans la correspondance échangée avec les préfets, le ministère rappelle l'importance des « témoins domiciliés » pour établir l'identité d'un individu. Les maires ne doivent donner de passeport à des étrangers à la commune que « sur la garantie de deux citoyens domiciliés et bien famés ». La loi punit les officiers publics qui attribuent des passeports à « une personne qu'ils ne connaissent pas personnellement, sans avoir fait attester ses noms et qualités par deux citoyens à eux connus »[25]. La même logique permet de comprendre pourquoi c'est le ministre en personne qui doit viser les passeports des Français qui se déplacent hors de frontières ou des étrangers qui entrent en France. Étant donné que ces déplacements internationaux ne concernent, à l'époque, qu'un tout petit nombre d'individus appartenant à l'élite aristocratique et bourgeoise, le ministre a de bonnes chances de les connaître personnellement[26].

Si les pouvoirs publics accordent encore une telle importance à l'interconnaissance, c'est aussi parce que les fonctionnaires de cette époque restent profondément imprégnés par les habitudes ancestrales que nous avons décrites plus haut. Ils continuent à juger les inconnus qui se présentent à eux en fonction de leur apparence. Les « signes extérieurs de richesse » sont des éléments qui plaident en faveur du voyageur. Comme le note René Saint Aubin dans sa thèse, « le droit de circuler librement [...] n'appartient pas au même titre pour tout le monde ». Si le riche, « à l'apparence correcte », peut voyager « sans être appelé à justifier de son identité », il n'en va pas de même pour les pauvres qui devront « suivant l'expression bien connue "exhiber leurs papiers" »[27]. Aux frontières du Royaume, le ministre de l'Intérieur demande à la police de refouler les ouvriers « qui n'auraient pas de bagages », tout comme « les voyageurs qui venant d'une ville éloignée même des diligences, seraient dépourvus de tout bagage et présenteraient les signes de l'indigence »[28]. L'importance que les pouvoirs publics accordent encore à la physionomie des individus, en plein XIXe siècle, apparaît clairement dans cette circulaire datée du 23 octobre 1849 et destinée à identifier les criminels récidivistes. Le ministre conseille aux préfets de recueillir « avec le plus grand soin possible tous les signes particuliers qui affectent l'habitude du corps car à l'aide de ces signes, l'individu qui ne veut pas reconnaître comme lui étant applicable une condamnation antérieure, est matériellement obligé d'avouer [...]. Il faut aussi procéder à une description de la figure avec les indications de signes qui peuvent servir à constater son identité »[29].

Les chemins de fer et le libéralisme précipitent la crise des passeports

Tous ces éléments montrent le caractère instable et fragile du système de surveillance fondé sur les passeports. Deux facteurs, le développement industriel et la diffusion des valeurs libérales, vont précipiter la crise du dispositif à partir de la monarchie de Juillet. L'extension des chemins de fer est la plus spectaculaire illustration des transformations économiques qui affectent l'Europe au cours de cette période. Ce nouveau mode de transport provoque la multiplication et l'accélération des déplacements, à tel point qu'il rend totalement inefficace la surveillance directe des voyageurs que les pouvoirs publics s'efforçaient de maintenir. La pratique, décrite plus haut, consistant à envoyer le passeport des étrangers au ministre en obligeant ces derniers à attendre son visa est de moins en moins bien acceptée. Les protestations émanant des ambassades devenant de plus en plus nombreuses, le ministre de l'Intérieur procède, en 1836, à une enquête. On découvre alors qu'il faut quatre jours pour qu'un passeport envoyé de Rouen parvienne jusqu'à Paris ; neuf jours depuis Perpignan. Désormais, les voyageurs circulent plus vite que leurs papiers. Dès lors, comme le reconnaît le ministre de l'Intérieur lui-même, les formalités concernant les passeports « compromettent le succès d'un grand nombre d'opérations commerciales » et familiales. Et il ajoute, « le nombre considérable d'étrangers, d'Anglais surtout, qui viennent passer quelques jours seulement à Paris, depuis que la multiplicité et le prix peu élevé des moyens de communication rendent ce voyage si facile pour tous, oblige aujourd'hui à une exactitude qui n'était pas autrefois aussi impérieuse et qui dès lors n'est peut-être pas assez sentie »[30]. Les étrangers ne sont pas les seuls à se plaindre. Dans son journal, Flaubert donne un exemple des tracasseries que subissent les citoyens français qui voyagent en dehors du pays. Évoquant son retour d'Orient, il écrit : « On voulut vérifier l'exactitude de notre signalement sur notre passeport. Notre passeport nous avait été délivré au ministère des Affaires étrangères et ne notifiait aucun signalement. Grave difficulté. On fit prévenir le préfet qui arriva et nous interrogea minutieusement »[31]. Mais le développement économique mine ce système de surveillance par bien d'autres aspects. La « démocratisation » des usages de l'écriture et les progrès de la chimie entraînent la prolifération des faux documents. Déjà sous la Restauration, le ministère de la Justice avait appelé à la rescousse le Secrétaire perpétuel de l'Académie royale des sciences. « L'art des faussaires a fait depuis quelques années des progrès si effrayants que je crois devoir recourir aux lumières de l'Académie des Sciences pour trouver les moyens de prévenir les désordres qui en seraient les suites inévitables. » Et il ajoute que, si les faussaires essaient depuis longtemps de faire disparaître l'écriture des actes par des procédés chimiques, « ils le font maintenant avec une perfection déplorable ». Au début de la monarchie de Juillet, le problème n'est toujours pas réglé et l'on estime que la multiplication des faux documents provoque une diminution considérable des droits sur le timbre[32].

Dans le même temps, les idées libérales ne cessent de gagner du terrain. Les industriels vitupèrent les tracasseries administratives qui entravent la bonne marche des affaires. Les hommes politiques sont de plus en plus nombreux à estimer eux aussi que l'État doit intervenir le moins possible dans la vie quotidienne des individus. Sous la monarchie de Juillet, cette aspiration conjugue deux perspectives qu'il convient de distinguer. La première correspond au point de vue aristocratique qui s'insurge contre le fait que la loi puisse s'appliquer de la même manière à tout le monde. La meilleure illustration que l'on puisse en donner figure dans cette circulaire rédigée par le ministre de la Police générale, en 1818, et demandant aux préfets d'éviter les vexations inutiles lors de la vérification des passeports. « Que tous les voyageurs, et particulièrement les personnes d'un rang élevé ou qui occupent des places éminentes dans l'État, que les étrangers de distinction, soient traités avec les égards et les prévenances que la décence et nos mœurs recommandent également. Que dans les temps ordinaires un voyageur ne soit jamais forcé de se déplacer et de se rendre devant l'autorité. » Et le ministre ajoute : « Quelquefois des personnes d'un haut rang, pour voyager *incognito*, prennent un autre nom que le leur. Aucune enquête ne doit être faite à ce sujet, à moins qu'elle ne soit autorisée par une circonstance grave »[33]. L'autre visage du « libéralisme » est beaucoup plus proche de nos préoccupations actuelles, puisqu'il tient à ce qu'on pourrait appeler le respect de la vie privée. C'est au nom de ce principe que sont adoptées des mesures qui interdisent que les aspects stigmatisants du passé d'un individu puissent être rendus publics. La loi de 1832 supprimant la marque au fer rouge pour les criminels est une illustration de cette conception nouvelle[34]. Celle-ci nourrit aussi les critiques de plus en plus vives à l'égard des passeports.

Le désarroi des pouvoir publics est parfaitement mis en lumière dans le rapport adressé au ministre, en 1860, par le commissaire central de police des chemins de fer[35]. Pour essayer de s'adapter aux progrès des moyens de communication, le décret du 22 février 1855 a créé un nouveau service de police, spécialement consacré à la surveillance des chemins de fer. Dans son rapport, le commissaire central, responsable de ce nouveau service, dresse un premier bilan de son fonctionnement. Il souligne que, si les transports sont devenus plus rapides, « les malfaiteurs grâce aux chemins de fer peuvent aussi fuir plus vite ». C'est pourquoi, ajoute-t-il, il n'y a jamais eu « un intérêt aussi grand pour que les agents de l'autorité puissent finalement s'assurer de l'identité des voyageurs ». Néanmoins, il reconnaît que le système des passeports mis en place à partir de la Révolution française, s'il était efficace quand

« les voyageurs étaient peu nombreux », n'est plus adapté. « Pour favoriser les entreprises de chemins de fer et en accélérer le service, l'on a dû laisser aux voyageurs qui en font l'usage certaines facilités en ce qui concerne les formalités prescrites par les règlements en matière de passeports. » Les compagnies ferroviaires s'opposent aux contrôles d'identité en soulignant qu'il s'agit d'« une mesure gênante et vexatoire » qui est devenue « inutile et impraticable » depuis que les nouveaux moyens de communication (voies ferrées et télégraphes) « permettent aux gouvernements de communiquer rapidement ». La police n'ayant jamais pu obliger les voyageurs utilisant les chemins de fer à présenter leur passeport, du coup, cette pratique a été abandonnée pour ceux qui voyagent en voitures publiques. Dans ces conditions, la gendarmerie ne peut plus exiger des autres voyageurs qu'ils présentent un passeport et elle ne sévit plus contre ceux qui en manquent. Cette pratique semble d'autant plus désuète que les traités de libre-échange que la France est en train de signer avec ses voisins (Belgique et Angleterre notamment) dispensent les ressortissants de ces pays de passeports pour voyager en France. Le problème essentiel auquel est confronté la police est donc d'imaginer de nouvelles techniques d'identification qui soient adaptées aux « temps modernes ».

Une nouvelle ressource et ses limites : la photographie

Si les progrès de l'industrie ont réduit à l'impuissance le système de surveillance fondé sur les passeports, le développement des transports, le télégraphe, la diffusion des usages de l'écriture, toutes ces innovations pouvaient fort bien être mises au service de nouvelles stratégies d'identification et de contrôle des individus. C'est ce raisonnement qui conduit le commissaire central de la police des chemins de fer, dans le rapport cité plus haut, à proposer de modifier l'ancien passeport « en le simplifiant et le rendant plus complet, pour faciliter la tâche de ceux qui ont à l'examiner sans entraver la marche des "trains des compagnies" ». Il envisage de remplacer le passeport par une « carte de circulation qu'on pourra vérifier en même temps que les billets ». Il s'agirait d'un simple « certificat d'identité » délivré aux voyageurs par l'autorité. Cette carte, ajoute le commissaire, « ne remet pas en cause le droit de voyager qui est un droit naturel ». Elle se contente de le réglementer. Sur le plan technique, la principale innovation imaginée par le commissaire réside dans le recours à la photographie. « Il n'est pas douteux », écrit-il, « que la science photographique est arrivée à un point tel qu'elle peut répondre à tous les besoins. Il suffit de rappeler les portraits à un franc et les cartes de visite photographique ». Il estime que la photographie a déjà fait ses preuves en matière criminelle pour l'identification des individus dangereux. Constatant que « la banalité du signalement qui figure sur les passeports ne suffit plus », il propose d'ajouter à ces renseignements une photographie du voyageur. Pour que le nouveau système soit efficace, « les autorités judiciaires et administratives françaises feraient photographier naturellement toutes les personnes condamnées, accusées, prévenues, surveillées. Elles auraient en outre à leur disposition les photographies d'un grand nombre d'habitants de leurs départements et pourraient les communiquer suivant les circonstances aux autorités des autres parties de l'Empire »[36].

Le projet échafaudé par ce commissaire de police n'a jamais vu le jour, principalement parce qu'il restait prisonnier d'une conception traditionnelle de l'identité et de la surveillance. Il assigne à la photographie un rôle comparable à celui du signalement. Dans les deux cas, il s'agit de « reproduire » sur le passeport la physionomie de l'individu. L'accumulation des clichés sans principe de classement rend cette méthode d'identification très peu efficace, en dépit de son coût élevé. Par ailleurs, appliquée aux criminels, puis aux aliénés, puis aux militants de la Commune, la photographie d'identité est perçue par l'opinion comme une intolérable remise en cause des libertés individuelles qui ne saurait être imposée aux honnêtes citoyens. Il n'est pas possible, dans le cadre de cet article, d'exposer les raisons qui vont conduire les dirigeants de la IIIe République à rétablir l'usage du passeport à partir de la Première Guerre mondiale, ni d'étudier les nouvelles fonctions qui lui sont alors assignées[37]. Soulignons simplement que ce nouveau rôle est en rapport direct avec le projet politique que le pouvoir républicain commence à mettre en œuvre dans les dernières décennies du siècle. À partir de ce moment, étant donné que l'objectif majeur des gouvernants est de parvenir à intégrer les classes populaires au sein de l'État-nation, ce n'est plus l'État en tant que territoire qui focalise l'attention des pouvoirs publics, mais l'État en tant que « communauté de membres » (la nation). Dès lors, les pouvoirs publics se donnent pour objectif prioritaire de distinguer rigoureusement, au sein des classes populaires, les deux catégories qui sont exclues de la communauté nationale : les criminels (loi de 1885 sur la récidive) et les étrangers (loi de 1889 sur la nationalité française). Pour atteindre cet objectif, l'administration développe une nouvelle stratégie permettant de mieux cerner l'identité des individus. Le registre laisse la place au fichier central, le « signalement » et le « portrait » s'effacent devant les techniques de l'identification anthropométrique, fondées sur l'exploitation de « signes » identitaires le plus souvent indétectables à l'œil nu[38]. C'est seulement lorsque les fondements de cette nouvelle technologie auront été mis en place que le passeport moderne retrouvera son efficacité, comme moyen de garantir l'identité et l'appartenance nationale des individus qui s'aventurent hors des limites de cette « unité de survie » qu'est devenu l'État-nation[39].

CHAPITRE XIV

Les pratiques policières d'identification des migrants et leurs enjeux pour l'histoire des relations de pouvoir

Contribution à une réflexion en « longue durée »

La recherche historique sur les phénomènes migratoires s'est efforcée de réinscrire les faits observés dans une perspective de longue durée. Lorsqu'elle épouse cette logique, la réflexion collective a tendance à privilégier les points communs et à souligner la continuité des réalités observées à travers le temps. On comprend pourquoi les historiens qui ont emprunté cette voie ont surtout envisagé les migrations sous l'angle des déplacements des individus dans l'espace. Entre les migrations des peuplades de l'Antiquité et celles des travailleurs étrangers d'aujourd'hui, il y a en effet un point commun : elles illustrent un processus de mobilité spatiale entre un lieu d'origine et un lieu d'accueil. Mais il est tout à fait possible d'examiner la « longue durée » des phénomènes migratoires en mettant l'accent sur les discontinuités, les ruptures. Dans cette logique, le point de départ de la discussion collective ne réside plus dans ce qui unit les interlocuteurs, mais dans ce qui les sépare. Sur le plan heuristique, une telle démarche offre deux avantages considérables. Tout d'abord, des historiens qui partent du principe qu'ils ne se comprennent pas spontanément sont comme des interlocuteurs qui ont conscience qu'ils ne parlent pas tout à fait la même langue. Ils essaient de se faire entendre en explicitant les concepts qu'ils utilisent, leur problématique, leurs objectifs. Ensuite, le fait de privilégier les ruptures plutôt que les continuités amène le chercheur à concevoir l'étude en longue durée dans une perspective *comparatiste* (en opposant deux moments dans l'histoire de l'objet) et non plus comme un effort visant à éclairer la genèse d'un phénomène. Telle est la double démarche que je voudrais développer dans ce chapitre.

LES ENJEUX HISTORIQUES DE LA QUESTION MIGRATOIRE

Pour essayer de mieux faire comprendre les raisons pour lesquelles je me suis intéressé au problème des rapports police/migrants dans mes travaux récents, je commencerai par replacer cette réflexion dans le cadre des mutations de l'historiographie française sur la question migratoire depuis les années 1960. Au départ, la plupart des études sur ce thème se réclamaient de l'histoire sociale. Plus précisément, elles faisaient partie de cette branche très dynamique de l'histoire sociale qu'on appelle la démographie historique. Ces recherches concernaient surtout l'époque moderne (en débordant fréquemment sur le XIXe siècle) et appréhendaient les migrations comme une composante de l'histoire des populations. D'où l'accent mis sur les déplacements individuels (flux migratoires) et sur les questions démographiques[1]. À partir des années 1980, l'émergence d'une histoire de l'immigration a entraîné un déplacement du centre de gravité des recherches vers le XXe siècle (plus précisément vers la période 1870-1939, coïncidant avec l'histoire de la IIIe République). Sous l'impulsion notamment de Pierre Milza, Janine Ponty, Yves Lequin, Nancy Green et de leurs élèves, l'histoire de l'immigration est devenue un domaine à part entière de la recherche historique française[2]. L'une des raisons de ce dynamisme tient au fait que ce nouveau chantier d'études a vu se rejoindre deux courants de la recherche historique qui, auparavant, s'ignoraient ou même se combattaient : d'un côté, l'histoire politique et diplomatique (dont les chefs de file ont été, dans l'après-guerre, Pierre Renouvin et Jean-Baptiste Duroselle) et, de l'autre côté, l'histoire économique et sociale (impulsée par Ernest Labrousse). Cette rencontre a été facilitée par le fait que toute étude historique sur l'immigration quelque peu ambitieuse nécessite des investigations dans le domaine de l'histoire politique (pour étudier les rapports entre pays d'origine et pays d'accueil, rendre compte de l'action des gouvernements en faveur de « l'intégration » des immigrants, etc.) mais aussi dans le domaine de l'histoire économique et sociale (étude des problèmes de main-d'œuvre, de la vie quotidienne des immigrants, etc.). C'est pourquoi la plupart des travaux d'envergure sur le sujet publiés au cours des quinze dernières années ont combiné les dimensions économiques, sociales et politiques contribuant à faire de l'histoire de l'immigration une histoire « totale ».

Venu de l'histoire sociale, j'ai développé mes premiers travaux, centrés sur la Lorraine du fer, avec l'ambition de contribuer à l'enrichissement de cette histoire totale de l'immigration. Mais, en avançant dans la recherche empirique, je me suis heurté à des problèmes que ni l'histoire économique et sociale défendue par Ernest Labrousse ni l'histoire politique défendue par Pierre Renouvin, Jean-Baptiste Duroselle ou René Rémond ne permettaient de résoudre. Dans ma thèse, j'étais parti pour étudier un groupe d'individus appartenant à une « classe sociale » : les ouvriers sidérurgistes et les mineurs de la région de Longwy. J'ai découvert chemin faisant qu'à partir des années 1880 une ligne de démarcation de plus en plus rigoureuse s'était développée au sein de cette classe, opposant les ouvriers français et les ouvriers étrangers, à mesure que la notion juridique abstraite de « nationalité » était devenue une réalité concrète, s'immisçant de plus en plus dans la vie quotidienne d'un monde qui l'ignorait antérieurement[3]. Au sein de cette classe ouvrière, définie par des critères économiques, on voyait se développer des *catégories* sociales, définies par des critères juridico-administratifs. Ces constats m'ont convaincu que, lorsqu'on travaille sur l'histoire de l'immigration, on ne peut pas faire l'économie d'une réflexion sur le rôle qu'a joué le droit dans le bouleversement des rapports sociaux depuis la Révolution française. En effet, ce qu'on appelle dans le langage courant aujourd'hui un « immigré » n'est pas simplement un individu qui a quitté son lieu de naissance pour vivre ailleurs. À ce critère de la mobilité dans l'espace, il faut le plus souvent en ajouter un autre : « l'immigré » est un étranger, au sens juridique du terme, c'est-à-dire un individu qui ne possède pas la nationalité française. Cette réflexion sur le rôle social du droit m'a amené à la conclusion que le principal intérêt de l'histoire de l'immigration tient au fait qu'il s'agit d'un formidable lieu d'observation pour comprendre des problèmes qui sont au cœur du monde moderne tel qu'il a surgi à partir du XIXe siècle. Étant donné que l'immigrant d'aujourd'hui se caractérise à la fois par le critère de la mobilité et par le critère de la nationalité, il incarne la double révolution que le monde a connue depuis 1789 : la révolution industrielle (qui a permis une fantastique accélération de la mobilité des hommes dans l'espace) et la révolution politique (la Révolution française inaugure l'ère des États-nations, fondés sur le principe de la nationalité). Après avoir étudié cette modernité sous l'angle de l'histoire industrielle, dans une première phase de mes recherches, j'ai voulu ensuite explorer sa dimension nationale. Mais ni l'histoire économique et sociale ni l'histoire politique ne fournissaient les instruments permettant de comprendre en quoi la société française avait été affectée par l'émergence du fait national. En effet, ces deux courants de recherche reposaient, et reposent toujours, sur les mêmes présupposés (ce qui a facilité leur rapprochement à partir des années 1980). Dans les deux cas, le « politique » et le « social », « l'État » et la « société » sont vus comme deux instances séparées, extérieures l'une à l'autre ; les divergences portant essentiellement sur la place respective et l'importance de chacune de ces deux instances. Cette dichotomie est particulièrement préjudiciable à l'étude historique de la nationalité, parce que ce concept signifie, en droit, l'appartenance des individus à l'État (ce que les Allemands désignent par le terme beaucoup plus explicite de *Staatsangehörigkeit*). S'interroger sur l'histoire de la nationalité, c'est donc s'interroger sur l'histoire des rapports entre « l'étatique » et le « social », rapports que l'histoire sociale et l'histoire politique classiques ne peuvent pas analyser compte tenu de leurs présupposés communs. Une autre raison qui explique l'indifférence de l'historiographie française à l'égard de ces questions tient au fait que, pendant très longtemps, elle a dédaigné la sociologie. Même si les choses ont changé récemment, aujourd'hui encore, beaucoup d'historiens sociaux n'estiment pas nécessaire d'acquérir une formation de base dans cette discipline, car ils établissent une équivalence entre le « social » et le « sociologique ». Pour mettre un terme à cette confusion, il m'a semblé nécessaire de distinguer clairement l'histoire sociale (qui se définit par son objet : l'étude de la société) et la socio-histoire (qui, à l'instar de la démographie historique par exemple, se définit par le type de compétence qu'elle mobilise : à savoir la sociologie). C'est en me tournant vers cette dernière discipline que j'ai pu trouver les instruments adéquats pour avancer dans mon enquête. Comme l'a souligné Max Weber, puisque ce sont les pratiques de la vie quotidienne qui déterminent les rapports qui lient les hommes entre eux, il existe autant de groupements sociaux que de types d'activité. C'est pourquoi Weber distingue les groupements sociaux à caractère économique (comme les classes), religieux (comme l'Église), et politique (comme l'État, les partis, etc.). Max Weber ajoute que, dans le monde moderne, l'État constitue le principal groupement social à caractère politique, parce que l'activité qui lie ceux qui en font partie touche à la question du pouvoir suprême qu'on appelle la *souveraineté*. Ce concept désigne la relation de pouvoir (commandement/obéissance) au nom de laquelle le souverain impose sa loi à l'ensemble des sujets qui dépendent de lui. La fameuse définition wébérienne de l'État : « communauté humaine qui, dans les limites d'un territoire déterminé [...] revendique avec succès pour son propre compte le monopole de la violence physique légitime »[4] permet d'appréhender la question de la nationalité comme un fait social. Si, pour les juristes, ce concept désigne l'appartenance des individus à l'État, pour le socio-historien, la nationalité est le lien qui unit tous ceux qui exercent et/ou subissent le même pouvoir souverain (commandement/obéissance). Jusqu'ici, l'histoire sociale ne s'est guère intéressée à ce type d'interdépendance parce que ses partisans ont été obnubilés par la question de la « sociabilité » ; ce qui les a conduits à multiplier les études menées au niveau local et centrées sur l'analyse des interactions entre individus appartenant à un même groupe d'interconnaissance[5]. Ce qui caractérise la souveraineté, entendue comme relation de commandement/obéissance liant tous les individus appartenant à un même État, c'est qu'il s'agit d'un lien social *indirect* qui met en rapport une multitude d'individus vivant éloignés les uns des autres et qui ne se connaissent pas. C'est la raison pour laquelle ce type d'interdépendance ne peut fonctionner concrètement que grâce à des acteurs qui jouent le rôle d'intermédiaires (les « représentants » de l'État) et grâce à des moyens matériels et à des techniques qui permettent d'atteindre tous les individus concernés, en dépit de leur éloignement.

C'est dans le cadre de cette problématique que la question des pratiques policières d'identification des migrants a pris toute son importance dans ma recherche. Il ne s'agit pas pour moi d'un objet d'étude en soi, mais d'un exemple sans doute particulièrement significatif, en raison de son caractère extrême, pour comprendre comment les rapports de souveraineté liant entre eux les individus appartenant à un même État ont évolué au cours du temps. Ce qui m'intéresse surtout dans l'approche en longue durée, c'est de voir en quoi les pratiques policières d'identification des migrants sous l'Ancien Régime diffèrent de celles qui se sont imposées au XXe siècle.

DES RELATIONS DE POUVOIR DOMINÉES PAR LE FACE-À-FACE

En premier lieu, il faut reconnaître que les arguments ne manquent pas pour nourrir la thèse de la continuité des pratiques d'identification policière entre le XVIIIe siècle et aujourd'hui. Vincent Milliot montre que l'afflux des migrants à Paris dans les décennies qui précèdent la Révolution a décuplé les tâches de la police, ce qui a nécessité un début de rationalisation des pratiques de surveillance, à l'égard des nouveaux venus. On peut donc admettre l'idée que, « du strict point de vue de l'histoire de la police parisienne, la volonté de contrôler les formes diverses de la mobilité des populations apparaît dès le XVIIIe siècle comme un laboratoire pour la mise au point de principes et de pratiques destinés à être mieux formalisés par la suite »[6]. Il s'agit incontestablement d'un moment important pour « l'invention des formes modernes de la police ». De la même façon, dans l'ouvrage qu'ils ont consacré à l'histoire de la taxe imposée par l'État monarchique en 1697 sur les étrangers du Royaume de France, Jean-François Dubost et Peter Sahlins soulignent à juste titre que les juristes et les dirigeants de l'État s'appuient, dès cette époque, sur une définition de « l'étranger » assez proche de celle qui règne aujourd'hui : « Un étranger est désigné d'après la souveraineté sous laquelle est placé le territoire dont il est originaire »[7]. Même si le terme « nationalité » n'existe pas encore, la notion d'appartenance à l'État est bel et bien présente dans cette approche du problème. C'est elle qui est mobilisée par les juristes pour justifier la taxe de 1697. Les étrangers doivent l'acquitter parce qu'en échange ils bénéficient du privilège que constitue la protection accordée par le souverain. Pour les auteurs, l'importance de cette taxe tient au fait qu'il s'agit de la première tentative visant à saisir à l'échelle du royaume tout entier la population étrangère. Cette mesure constitue, selon eux, le point de départ d'une codification de ce que nous appelons aujourd'hui « la nationalité ». Enfin, ce dispositif innove au niveau des pratiques d'identification puisque les agents chargés de récupérer la taxe utilisent les registres paroissiaux et d'autres documents écrits pour vérifier l'identité et même l'origine « nationale » des personnes.

Toutes ces innovations confirment que le XVIIIe siècle constitue un moment important dans la genèse des pratiques administratives modernes de contrôle des migrants et des étrangers[8]. Néanmoins, ces mutations ne remettent pas en cause la structure des relations de pouvoir qui caractérise l'État monarchique par opposition à l'État-nation. Dans un État monarchique, le roi en personne détient le pouvoir de commandement. La relation de subordination est pensée, conformément aux principes du féodalisme, comme une relation directe d'homme à homme. Le roi exerce son pouvoir souverain en obtenant l'allégeance personnelle de ses sujets, selon la logique médiévale de l'hommage. L'une des manifestations les plus évidentes de ce caractère interpersonnel des relations de pouvoir est que la souveraineté de l'État ne s'exerce pas sur un territoire homogène et clairement délimité. Avant 1750, le royaume de France compte de nombreuses enclaves qui échappent au pouvoir d'État. De même, les frontières ne constituent pas encore des lignes de démarcation stricte entre différents espaces souverains[9]. Autre illustration du caractère personnel de la souveraineté, la loi n'est pas la même pour tous. Privilèges, exemptions, concessions se conjuguent pour conforter l'hétérogénéité juridique de la société d'Ancien Régime. Cette caractéristique apparaît nettement lorsqu'on examine le statut des « étrangers ». Jusqu'au XVIIIe siècle, le droit d'aubaine sert de critère pour les identifier. L'État monarchique s'est contenté de récupérer à son profit une pratique typiquement féodale. Au Moyen Âge, tout individu désireux de s'établir dans une seigneurie où il n'était pas né devait s'avouer l'homme du seigneur sur la terre duquel il voulait s'installer. En contrepartie, le seigneur lui imposait des taxes (chevage, formariage) et confisquait son héritage au moment de sa mort (droit d'aubaine). La persistance de cette logique féodale explique que, jusqu'au XVIIIe siècle, la notion d'« étranger » soit restée très fluctuante. Il existe des sujets « français » qui sont soumis au droit d'aubaine, notamment les bâtards. Inversement, certaines régions du royaume (notamment dans les zones frontalières) et des groupes entiers d'étrangers (comme Avignonnais et Écossais) en sont exemptés en raison de « privilèges » concédés par le roi. La taxe de 1697 ne met pas fin à cette logique. Car, c'est « l'exemption du droit d'aubaine qui est taxée, et non l'ascendance étrangère en tant que telle »[10]. La notion de « Français naturel » désigne un état de fait : être né dans le royaume ; elle n'a pas de caractère ethnique, ni linguistique. Cette taxe reflète la même logique que celle qui gouverne la naturalisation sous l'Ancien Régime. C'est une formalité destinée à remplir les caisses de l'État et qui permet aux individus qui ne sont pas nés dans le royaume d'obtenir le même statut que les Français « naturels ». Au XVIIIe siècle, les étrangers ne constituent donc pas une « catégorie sociale » faisant face à la catégorie des Français.

La mise en œuvre de la taxe de 1697 est significative non pas parce qu'elle inaugurerait le début du clivage moderne entre nationaux et étrangers, mais plutôt parce qu'elle illustre un moment de transition entre deux époques de l'État monarchique. Cet épisode s'inscrit dans le cadre des luttes menées par le pouvoir royal depuis plusieurs siècles pour imposer sa souveraineté sur l'ensemble de ses sujets. Les légistes peuvent justifier cette nouvelle taxe en invoquant le droit d'aubaine car les seigneurs ont été auparavant dépouillés de cette prérogative au profit du monarque[11]. Le fait que l'édit de 1697 annule les privilèges antérieurs accordés aux villes qui cherchaient à attirer les commerçants et artisans étrangers en les dispensant du droit d'aubaine est une autre illustration de l'emprise croissante que l'État royal exerce sur l'ensemble de ses sujets. C'est en partant de ce constat que Jean-François Dubost et Peter Sahlins peuvent affirmer : « Il se dégage de ces prétentions absolutistes à faire également peser la souveraineté royale sur l'ensemble des habitants du royaume, quelle que soit leur origine géographique, l'idée qu'il existe un statut général et uniforme dans tout le royaume définissant la qualité de sujet du roi »[12]. Ce processus d'homogénéisation juridique est incontestablement d'une grande importance historique car, sans lui, l'État-nation n'aurait pas pu s'imposer[13]. Néanmoins, ce processus ne modifie pas en lui-même la nature du pouvoir souverain qui reste fondé sur un lien d'allégeance personnelle au Roi.

Si les relations de personne à personne ont conservé une telle importance pour l'État monarchique jusqu'à la fin de l'Ancien Régime, ce n'est pas uniquement pour des raisons d'ordre politique. Dans les sociétés préindustrielles, en effet, les moyens dont disposent les dirigeants de l'État pour imposer leur pouvoir « à distance » sont encore très faibles. L'usage de l'écriture n'est pas répandu dans le peuple, la bureaucratie est embryonnaire et les transports mécaniques n'existent pas. Dans ces conditions, le pouvoir central ne peut obtenir l'obéissance de ses sujets que si les représentants des « corps intermédiaires » lui sont fidèles. Sur le plan social, ce sont les groupes de base (famille, paroisse, communauté urbaine, corps de métier...) qui fournissent aux individus les moyens de vivre et la sécurité tout en exerçant sur eux un contrôle social très rigoureux. Dès qu'il quitte son groupe d'appartenance, le voyageur, privé de ses soutiens habituels, est placé dans une situation d'insécurité. Dans le même temps, il apparaît lui-même comme une menace pour les autres car, dans un monde où l'identification des individus repose essentiellement sur l'interconnaissance et le « face-à-face », le simple fait de quitter sa localité suffit à faire d'un voyageur un « étranger » dont on suspecte les intentions. À la fin du XVIIe siècle, la définition juridique (et donc abstraite) de l'étranger heurte profondément le sens commun. Pour la plupart des gens, en effet, y compris ceux qui ont en charge la perception de la taxe, l'étranger est celui qu'on ne connaît pas. Tous ceux qui habitent un endroit autre que leur lieu de naissance courent le risque d'être traités comme des étrangers et d'être soumis à la taxe. À tel point que 40 % des décharges obtenues par ceux qui refusent d'acquitter cet impôt sont accordées à des personnes qui ont été considérées à tort comme des étrangers, parce qu'ils habitent dans une localité du royaume où elles ne sont pas nées[14].

La conclusion que l'on peut tirer de ces études est que le pouvoir monarchique s'intéresse aux étrangers et aux migrants pour des raisons différentes. Si les premiers peuvent permettre de renflouer les caisses du Royaume, les seconds risquent de créer du désordre. Sous l'Ancien Régime, en effet, les déplacements massifs de vagabonds et de mendiants chassés par la famine occasionnent des troubles et constituent une menace pour l'équilibre socio-économique des lieux où ils affluent. Mais il s'agit d'un problème qui préoccupe surtout les villes, lieux vers lesquels les migrants se dirigent de préférence car c'est là que sont concentrées les richesses. En conséquence, jusqu'au XVIIIe siècle, ce sont les « migrants » plus que les « étrangers » qui préoccupent la police[15]. Celle-ci n'est d'ailleurs pas encore structurée sur une base nationale. Il s'agit d'une institution urbaine, développée surtout à Paris en raison de la taille monstrueuse de la ville, eu égard aux normes de l'époque. On comprend que dans un tel contexte les pratiques policières d'identification aient pour premier objectif de canaliser les déplacements, afin d'empêcher le regroupement de vagabonds en un même lieu. Les pratiques policières d'identification ont aussi pour but de retrancher les « mauvais pauvres » du corps social en les renvoyant dans leur paroisse d'origine ou en les internant. Au XVIIIe siècle encore, les rapports entre la police et les migrants reflètent une relation de pouvoir fondée sur l'usage de la force, la contrainte physique, le « corps à corps ». Cette logique du face-à-face domine également les pratiques d'identification. Dans une société où la diversité des statuts, des pratiques culturelles, des traditions est extrême, les agents de la force publique mobilisent toutes les ressources de la « culture des apparences »[16] pour remplir leur tâche quotidienne de surveillance. Le costume, la façon de parler, les manières sont des signes qui donnent de précieuses indications sur l'identité des personnes. Certes, la police dispose déjà de documents écrits pour faciliter son travail. Mais les passeports sont des instruments mis au service de la surveillance directe. Ils servent à fixer des trajets, à imposer des lieux de résidence. Ce sont aussi des moyens destinés à rendre les voyages moins périlleux. L'autorité qui délivre un passeport garantit « personnellement » l'honnêteté de son titulaire et demande qu'on lui accorde le gîte et le couvert tout au long de son parcours. Le passeport est alors une « recommandation » écrite plus qu'une pièce d'identité. Il est réservé aux voyageurs appartenant aux classes privilégiées, mais la plupart des migrants en sont dépourvus.

POLICE ET MIGRANTS DANS L'ÉTAT-NATION OU LE TRIOMPHE DE L'IDENTIFICATION À DISTANCE

L'État-nation repose sur une conception de la souveraineté qui rompt avec les principes de l'État monarchique. Le rapport commandement/obéissance n'est plus fondé sur un lien d'allégeance personnelle au roi, mais sur la dépendance à l'égard d'une entité abstraite qu'on appelle le « peuple » ou la « nation ». Selon le modèle développé par Jean-Jacques Rousseau dans le *Contrat social*, par principe, tous les individus appartenant à un même peuple sont susceptibles de participer à l'exercice du pouvoir. Par rapport à l'État monarchique, la relation commandement/obéissance s'enrichit d'une dimension essentielle. Non seulement les individus qui appartiennent à un État souverain doivent se soumettre à ses lois, mais cette dépendance n'est légitime que dans la mesure où chacun participe (directement ou indirectement) à l'élaboration de la loi. L'État-nation se caractérise donc par le fait qu'il combine le principe de nationalité (appartenance à L'État) et le principe de citoyenneté (participation à la vie de l'État). Sur le plan sociologique, l'avènement de l'État-nation est d'une importance capitale car il marque l'émergence des groupes sociaux à caractère politique. La nouvelle conception de la souveraineté qui s'impose sous la Révolution française suppose l'existence d'un « peuple », d'une « communauté nationale » composée des millions de citoyens qui vivent sur le territoire contrôlé par l'État. La plupart d'entre eux ne se connaissent pas. Néanmoins, ils participent collectivement aux activités sociales relatives au pouvoir d'État. Mais un tel groupement politique ne peut fonctionner qu'en s'appuyant sur des liaisons indirectes (communication écrite) et sur des intermédiaires (les « représentants » de l'État que sont les élus du peuple et des fonctionnaires).

L'émergence de ce nouveau groupement politique qu'est le « peuple » va entraîner une redéfinition complète de ce qu'on appelle un « Français » par opposition à un « étranger »[17], du fait même que l'appartenance des individus à leur communauté nationale est désormais rigoureusement codifiée et institutionnalisée. Ces mutations rejaillissent sur les pratiques administratives d'identification. L'une des caractéristiques de tous les groupes sociaux fondés sur des liens indirects, c'est que les critères permettant d'identifier ses membres sont nécessairement abstraits. La première Constitution adoptée par le pouvoir révolutionnaire en 1791 définit le citoyen français à partir de critères généraux (notamment le sexe, le lieu et la date de naissance) qui ne peuvent être vérifiés que s'ils ont été auparavant enregistrés par écrit. L'identification à distance devient d'autant plus nécessaire que le développement de l'État-nation va de pair avec une accélération de la mobilité des individus. À partir du XIXe siècle, celle-ci va bien sûr être stimulée par tous les progrès techniques engendrés par l'industrialisation. Mais les bouleversements politiques jouent eux aussi un grand rôle dans l'intensification des déplacements. La mise en œuvre du principe de souveraineté du peuple entraîne la suppression des privilèges, des corps intermédiaires et l'épanouissement des libertés individuelles. L'espace légitime sur lequel les membres d'un même groupe national peuvent exercer leurs activités dépasse le cadre local pour s'étendre désormais à l'ensemble du territoire placé sous le contrôle de leur État.

Il faut avoir présent à l'esprit ce nouveau contexte historique pour comprendre les transformations qui vont affecter les pratiques policières d'identification des migrants. Première conséquence, la police, qui était une institution urbaine, devient un organe essentiel du pouvoir d'État. La nationalisation des activités policières va de pair avec l'émergence de nouvelles tâches d'identification. Désormais, en effet, la police doit être capable de différencier parmi les migrants, les nationaux et les étrangers. Mais comment faire pour identifier des individus de plus en plus mobiles, qui se distinguent de moins en moins par la spécificité de leur costume et de leurs manières ? Le problème est d'autant plus aigu que la suppression des groupes intermédiaires a transféré à la police d'État les fonctions de contrôle social autrefois assumées par les communautés de base. Lorsqu'ils évoluent au sein de leur groupe local d'interconnaissance, les individus sont facilement identifiables car la continuité dans l'espace (face-à-face) et dans le temps (mémoire du groupe local) constituent des repères très efficaces. Mais lorsque quelqu'un quitte son groupe d'appartenance pour s'installer ailleurs (c'est la définition la plus générale que l'on puisse donner du « migrant »), cette continuité spatio-temporelle est rompue. Dès lors, le problème majeur pour les autorités est de trouver des moyens permettant de *réidentifier* cette personne. Comment peut-on s'assurer qu'un individu est bien le même à deux moments différents du temps et en des lieux éloignés l'un de l'autre ? Il semble que les bouleversements provoqués par la Révolution française aient révélé aux élites l'importance du problème. Comme souvent, ce sont les philosophes qui l'ont exposé de la façon la plus rigoureuse. Fichte, l'un des premiers théoriciens de la nation allemande, affirme que, dans un monde qui a rompu avec les privilèges de la société d'ordres, les lois de l'État-nation ne seront appliquées que si chaque citoyen peut être identifié, en tant que personne particulière, en tout temps et en tout lieu. C'est la police qui, à ses yeux, doit assurer cette fonction nouvelle. En conséquence, il affirme que le premier principe d'un État bien gouverné, c'est qu'aucun individu ne puisse rester inconnu de l'administration. Pour atteindre cet objectif, Fichte estime que la police doit obliger chaque citoyen à porter constamment sur lui un passeport signé par l'autorité la plus proche et sur lequel son identité est décrite avec précision[18]. La lecture des débats parlementaires au cours de la période révolutionnaire montre qu'en France aussi cette question constitue un enjeu politique important. Après une phase euphorique où les députés ont décrété, au nom des libertés, la suppression des passeports et le droit des citoyens à changer de nom comme bon leur semble, toute une série de mesures sont adoptées qui marquent une brutale accélération du processus destiné à saisir par l'écriture les identités individuelles. Pour que les principes de la citoyenneté puissent être mis en œuvre concrètement, il fallait libérer les pratiques identificatrices de la tyrannie des apparences sensibles au profit d'un système d'identification à distance, médiatisé par des documents écrits. Il fallait que tous les individus aient été « saisis » par l'écriture et que leur identité ait été enregistrée, fixée par l'État. Cet enjeu sous-estimé de la Révolution française aboutit à l'adoption du décret du 20 septembre 1792 sur la laïcisation de l'état civil et à la loi du 11 Germinal an XI sur la fixité des noms propres[19]. Ce n'est pas un hasard si l'adoption de la Constitution de 1791 est suivie, quelques mois plus tard, par un décret qui transfert à l'État la tenue des registres paroissiaux. Grâce à l'état civil, tenu d'une manière rigoureusement homogène sur l'ensemble du territoire national, il existe désormais une trace écrite de nos petites existences, trace qui va devenir l'élément de base, et l'élément vital, du travail policier d'identification des personnes. La Révolution française met ainsi en pleine lumière un fait qui reste d'une brûlante actualité. Plus les individus sont libres de leurs mouvements, plus la vitesse des déplacements s'accélère et plus, en contrepartie, les moyens d'identification à distance mobilisés par l'État et ses agents doivent être performants.

Il faut préciser néanmoins que ces bouleversements identitaires ne se sont pas imposés du jour au lendemain. Le rêve fichtéen d'identification totale nécessitera près d'un siècle d'efforts policiers avant d'entrer dans la réalité. Pour l'histoire des relations police/migrants aussi, la période qui s'étend du Premier Empire aux années 1870 apparaît comme un moment de transition. Les principaux acquis de la Révolution française n'ayant pas été remis en cause, l'État napoléonien ne peut pas revenir aux formes de contraintes qui existaient avant 1789. Mais le caractère autoritaire du régime entraîne une extrême méfiance à l'égard de tous les individus mobiles. D'où une nouvelle législation sur les passeports qui illustre, me semble-t-il, les contradictions au milieu desquelles se débat la police de ce temps[18]. Pour pouvoir identifier correctement les individus à distance, il aurait fallu que l'usage de l'écriture soit répandu dans toutes les couches de la société, que les effectifs de l'administration soient conséquents, qu'elle dispose de moyens de transports fiables et rapides. Tous ces instruments se développent effectivement au XIXe siècle grâce à la révolution industrielle. Mais dans un premier temps ils ne font qu'aggraver les difficultés que rencontre la police pour remplir sa mission de surveillance. Le développement de l'industrie et des communications contribue à multiplier le nombre des migrants tout en accélérant leur mobilité. Mais, jusqu'au début de la IIIe République, les forces de l'ordre continuent à mobiliser les instruments d'identification de la période antérieure, en privilégiant la surveillance directe des individus. Les archives du ministère de l'Intérieur montrent que les préfets sont de plus en plus obsédés par la crainte de « perdre de vue » les gens qui se déplacent sur le territoire national. La consigne qu'ils répètent sans cesse à leurs subordonnés est de les « tenir sous le regard » pour éviter toute rupture dans l'espace-temps car cela nécessiterait un travail de réidentification qu'il est encore impossible de mener complètement à bien. Cette hantise est la principale raison qui explique le maintien de la loi sur les passeports intérieurs et sur les livrets ouvriers jusqu'à la fin du Second Empire. Ces documents sont les auxiliaires du regard policier. Souvent accompagnés d'une « feuille de route », ils indiquent au voyageur le trajet à suivre, lui impose des étapes au cours desquelles il doit faire viser son passeport par le maire ou le commissaire de police. Comme sous l'Ancien Régime, le passeport reste un moyen de canaliser les déplacements ; d'empêcher notamment la concentration des migrants dans les lieux névralgiques : les départements frontière et surtout Paris. Si la loi distingue clairement entre passeports intérieurs et passeports à l'étranger[20], les deux types de migrants sont soumis aux mêmes contraintes. Il n'y a pas de différence fondamentale entre les deux. Avec la signature des traités de libre-échange, en 1860, on constate même que les étrangers des pays voisins n'ont plus besoin de passeports pour venir en France alors que les Français qui passent d'un département à l'autre sont tenus d'en demander un. Mais l'apparition des chemins de fer précipite la crise de ce système de surveillance. La police ne peut plus espérer, désormais, suivre des yeux des individus qui se déplacent aussi vite. Sur le plan politique, l'opposition républicaine critique avec force une législation sur les passeports qui paraît archaïque et qui symbolise l'autoritarisme du pouvoir impérial.

L'instauration de la IIIe République est un tournant dans l'histoire des pratiques policières d'identification des migrants. En quelques décennies, en effet, on passe de l'âge de la surveillance à l'âge du contrôle[21]. Avec le triomphe des politiques protectionnistes, à partir des années 1880, le droit de la nationalité prend, partout en Europe, une importance décisive dans la vie économique et sociale. Une différenciation de plus en plus nette et rigoureuse est alors établie entre migrations « intérieures » et migrations « internationales ». La IIIe République affirme le droit pour tous ses citoyens de se déplacer librement sur l'ensemble du territoire national. En conséquence les passeports intérieurs sont définitivement supprimés. Mais, dans le même temps, les frontières séparant les territoires des États deviennent des barrières de plus en plus difficilement franchissables. L'une des dimensions essentielles de la souveraineté du peuple, c'est, en effet, le droit pour chaque communauté de citoyens d'interdire l'entrée de son territoire aux individus qui n'en font pas partie. Si cette dimension de la citoyenneté s'exacerbe à la fin du siècle, c'est en raison de l'importance prise par la question du marché du travail. L'utopie du « droit au travail », défendue par les révolutionnaires de 1848, se concrétise, à partir des années 1880, avec la législation républicaine qui donne aux citoyens français un droit de *priorité* sur le marché du travail par rapport aux étrangers. Ces bouleversements expliquent les changements de fond qui affectent les relations police/migrants. La question des déplacements intérieurs perd de son importance pour deux raisons. La première est d'ordre politique. Tant que la violence révolutionnaire jouait un rôle essentiel dans la vie du pays, l'une des fonctions principales de la police était de canaliser les déplacements pour empêcher la concentration des forces révolutionnaires dans la capitale. Mais, avec la pacification des mœurs politiques qu'illustre le triomphe de la démocratie électorale, la question des migrations intérieures n'est plus un enjeu vital pour les pouvoirs en place. La seconde raison est d'ordre économique et sociale. Jusque sous le Second Empire, la police jouait un rôle important dans la gestion des « pauvres ». Elle cherchait à éviter l'afflux des vagabonds et des mendiants dans les villes, les empêchait de « nuire » en les enfermant ou en les expulsant. La fin du XIXe siècle marque les débuts de la société salariale. Désormais la fonction économique essentielle de l'État, c'est de contribuer à créer des emplois pour éviter que les citoyens subissent les affres du chômage. Ce nouveau contexte aboutit à une différenciation de plus en plus nette entre le problème de la surveillance et le problème de l'identification des individus. D'un côté, la multiplication et l'accélération des déplacements individuels ne permettent plus à la police de « suivre des yeux » les migrants. D'un autre côté, étant donné que tous les droits nouveaux concédés par la IIIe République sont réservés aux citoyens français, la police doit non seulement s'assurer de l'identité « personnelle » des migrants, mais elle doit vérifier aussi leur « nationalité ». Pour satisfaire à ces exigences, la police va mobiliser les nouveaux moyens de communication que l'industrialisation met à la disposition de l'État et instaurer un système d'identification beaucoup plus efficace. Désormais, c'est le fichier et non plus le registre qui constitue l'outil de base. Les registres d'état civil suffisaient pour une société prénationale ou la mobilité était encore faible. Mais leur dissémination sur l'ensemble du territoire rend leur consultation malaisée pour la police. De plus, un nombre croissant de malfrats parviennent à falsifier les registres d'état civil, se donnant du même coup une nouvelle identité.

L'innovation majeure de la fin du XIXe siècle, c'est la mise en place d'un lieu *central* d'observation grâce auquel la police va pouvoir exercer un contrôle global sur l'ensemble de la société. Au cours des années 1880-1890, le « sommier judiciaire » de la Préfecture de Police qui centralisait, depuis 1833, les fiches des criminels condamnés par les tribunaux[22] est totalement restructuré, en s'appuyant sur les nouvelles techniques d'identification anthropométrique inventées par Alphonse Bertillon, le fondateur du service de l'identité judiciaire. Parallèlement, le fichier central est élargi pour inclure de nouvelles catégories de réprouvés ; principalement les étrangers « interdits de séjour ». Ces mutations, qui s'accompagnent d'un développement considérable des effectifs policiers voués à ces tâches identificatrices, sont très instructives pour qui veut comprendre comment un État démocratique exerce ses contraintes sur les personnes dont il a la charge. Contrairement à l'État policier imaginé par Fichte, les pouvoirs publics n'obligent pas les citoyens à avoir constamment sur eux un « passe » permettant de les réidentifier. Le contrôle policier s'exerce sur eux de façon *indirecte*. Le fichier central obéit en effet à une logique de *protection* de la communauté civique. Seuls les noms des individus qui apparaissent comme des dangers pour la société (criminels ou étrangers indésirables) y figurent. Les « honnêtes gens » ne sont pas « fichés » par l'État. Ils doivent néanmoins pouvoir prouver leur identité, pour que la police puisse vérifier qu'ils *n'appartiennent pas* aux catégories de réprouvés enregistrées dans le fichier central. La question de l'identité des personnes se différencie donc de plus en plus nettement de la question de leur déplacement d'un lieu à un autre. Néanmoins, ces deux dimensions continuent à se conjuguer dans le cas des voyages internationaux. Dans ce cas, en effet, le citoyen quitte l'espace sur lequel il est souverain. Il entre lui-même dans la catégorie des « étrangers » que les citoyens du pays dans lequel il veut se rendre peuvent refuser d'accueillir. Au cours des années 1880-1890, la mise en œuvre de la politique protectionniste, loin de se limiter à la question des droits de douane, vise aussi à entraver les déplacements d'un pays à un autre. Dès le début de la Première Guerre mondiale, les passeports sont rétablis et leur rôle est confirmé par le droit international au cours des années 1920. Mais ces documents obéissent désormais à une logique très différente de celle du XIXe siècle. L'attribution d'un passeport est un acte de souveraineté qui prouve que son titulaire est bien un ressortissant de l'État qui l'a délivré. Ce document n'est accordé qu'après une enquête de la police qui vérifie l'identité de la personne et s'assure qu'elle n'est pas répertoriée dans le fichier central. Le fait d'accueillir ou de refouler un étranger constitue un autre acte de souveraineté fondamental de l'État-nation. Pour qu'un individu puisse se rendre dans un autre État, le passeport ne suffit pas. Il faut que la police l'autorise à pénétrer sur le territoire national. Les migrants qui souhaitent s'établir dans le pays d'accueil doivent obtenir une « carte de séjour » dont la délivrance dépend d'une autorisation du ministère de l'Intérieur et du ministère du Travail. À la différence des citoyens, les étrangers sont tenus d'avoir toujours sur eux ce document qui atteste à la fois leur identité et leur droit de vivre sur un territoire qui n'est pas le « leur ». De même, bien qu'ils n'aient commis aucun délit et que leur présence en France soit légale, les migrants étrangers sont fichés par la police. Le binôme carte/fichier progressivement mis au point par les services centraux du ministère de l'Intérieur, à partir des années 1880, deviendra très vite un moyen essentiel pour faire appliquer la politique d'immigration. Cet instrument, dont l'ampleur et l'efficacité seront sans équivalent dans aucun autre pays du monde jusqu'en 1939, sera d'ailleurs massivement utilisé par Vichy (moyennant quelques réaménagements) pour instrumenter les persécutions antisémites.

Aujourd'hui encore, la surveillance directe des individus mobiles, déracinés, « sans domicile fixe », l'usage de la violence physique (répression, expulsion, emprisonnement) contre ceux qui contreviennent aux lois républicaines constituent des aspects importants du travail quotidien de la police. Néanmoins, lorsqu'on examine les choses en longue durée, on constate que le rapport police/migrants a connu des transformations considérables imputables à la révolution industrielle et à l'émergence de l'État-nation. Deux d'entre elles me paraissent essentielles. En premier lieu, la surveillance directe a perdu de son importance au profit d'une technologie bureaucratique d'identification à distance fondée sur l'état civil, le fichier central et la carte d'identité. En même temps qu'elles se bureaucratisaient, les pratiques policières de contrôle des migrants sont devenues plus « pacifiques », plus respectueuses des droits de la personne. Cela confirme les analyses des sociologues qui — de Max Weber à Pierre Bourdieu en passant par Norbert Elias — ont défini la modernité comme le passage d'un système de relations de pouvoir fondé sur la violence physique à un système privilégiant la violence symbolique (ou la « violence douce »). En second lieu, l'institutionnalisation des mouvements migratoires a entraîné une différenciation de plus en plus rigoureuse entre migrations intérieures et migrations internationales. En accordant aux citoyens le droit de se déplacer librement sur le territoire de leur État, la IIIe République a rendu secondaire dans les activités policières la surveillance des migrants intérieurs[23]. Mais, en contrepartie, un effort colossal a été accompli en vue de contrôler de façon de plus en plus rigoureuse l'immigration étrangère. Au cours des années 1880, l'invention de l'immigration légale crée du même coup l'immigration illégale. La chasse au « clandestin » est désormais ouverte. Pour l'historien, l'étude des pratiques policières d'identification des immigrés est riche d'enseignements car c'est un exemple extrême d'identification à distance. En effet, les termes d'« étranger », d'immigrant « légal » ou de « clandestin » renvoient à des catégories abstraites, fondées sur des critères juridiques. La police ne peut donc pas s'assurer que tel ou tel individu appartient à l'une de ces catégories en surveillant simplement ses faits et gestes, sa physionomie, etc. Elle doit contrôler les documents qui prouvent qu'il est en règle. Du coup, la question des « papiers d'identité » devient un enjeu décisif des relations conflictuelles entre police et migrants. À tel point que, de plus en plus, dans les préoccupations des forces de l'ordre, l'identification des cartes l'emporte sur l'identification des personnes. L'ingéniosité de ceux qui sont pris dans les filets de cette nouvelle forme d'inquisition les conduit à trouver mille astuces pour falsifier ces documents. Mais, de son côté, la police accumule un « savoir-faire » antifraude qui est mobilisé pour améliorer constamment l'efficacité des contrôles, dans l'espoir qu'un jour l'identité réelle et l'identité de papier puissent vraiment coïncider totalement. C'est ainsi qu'une multitude d'instruments identificateurs comme la signature, les tampons, le papier filigrané, la photographie, les empreintes digitales et génétiques, les couleurs, vont faire leur apparition pour permettre à la police d'améliorer ses performances. Derrière ces questions de forme, se cache évidemment toute l'histoire des luttes sociales ayant pour enjeu la question des assignations identitaires. Beau chantier d'étude en perspective...

ANNEXES

NOTES

AVERTISSEMENT

1. A. Thierry, *Lettres sur l'histoire de France*, Garnier Frères, 1866 (1re éd. 1827).

2. F. Braudel, *Écrits sur l'histoire*, Flammarion, 1969.

3. C. Seignobos, *Études de politique et d'histoire*, PUF, 1934.

4. L. Febvre, *Combats pour l'histoire*, A. Colin, 1953.

5. G. Noiriel, « La construction historique de la nation », *in* Y. Michaud (dir.), *Qu'est-ce que la société ?*, Université de tous les savoirs, vol. 3, Éditions Odile Jacob, 2000, pp. 739-748.

INTRODUCTION

1. D. Roche, « Avant-propos. De l'histoire sociale à l'histoire des cultures : le métier que je fais », in *Les Républicains des lettres. Gens de culture et Lumières au XVIIIe siècle*, Fayard, 1988, pp. 7-9.

2. L. Febvre, « De 1892 à 1933. Examen de conscience d'une histoire et d'un historien », Leçon d'ouverture au Collège de France, 13 décembre 1933, repris dans *Combats pour l'histoire*, A. Colin, Agora, 1992, p. 16 (1re éd. 1953).

3. M. Bloch, *L'Étrange Défaite*, Gallimard, Folio histoire, 1990, p. 57 (1re éd. 1946).

4. P. Lacombe, *De l'Histoire considérée comme science*, Hachette, 1894, p. XIV.

5. Notamment grâce à la transformation de la « société d'histoire de 1848 » en « société d'histoire du XIXe siècle ».

6. Sur ce déplacement et ses enjeux cf. G. Noiriel, *Les Origines républicaines de Vichy*, Hachette, 1999.

7. Cf. par exemple l'ouvrage collectif dirigé par Y. Lequin, *La Mosaïque France*, Bordas, 1988.

8. Cf. F. Lorcerie, *in* D. Martin (dir), *Cartes d'identité. Comment dit-on nous en politique ?*, Presses de la FNSP, 1994.

9. D. Schnapper, « La nation et l'étranger », *Philosophie politique*, 3, 1993.

10. Depuis de nombreuses années, Roger Chartier anime à l'EHESS un séminaire intitulé « Socio-histoire des pratiques culturelles ».

11. Il faudrait faire ici une distinction entre les historiens du XIXe siècle (où les liens entre la socio-histoire et l'histoire sociale sont réels) et ceux du XXe siècle. On a le sentiment que plus on se rapproche du « temps présent », moins la socio-histoire est prise en considération.

12. Sur le plan institutionnel, la socio-histoire est l'un des axes forts du DEA de sciences sociales et des recherches collectives menées au sein du laboratoire de Sciences sociales ENS-EHESS.

13. R. Rémond (dir.), *Pour une histoire politique*, Seuil, 1988, p. 381.

14. Cf. l'ouvrage de J. W. Scott, *Gender and the Politics of History*, Columbia University Press, 1988.

15. Cette question est un thème central des études publiées par les nombreuses revues qui ont vu le jour depuis une vingtaine d'années dans le domaine des « *cultural studies* ».

16. G. Noiriel, *Les Origines républicaines..., op. cit.*

17. G. Bachelard, *La Formation de l'esprit scientifique*, Vrin, 1938, p. 14.

18. L'hypertrophie de l'histoire-mémoire contribue à conforter le caractère national de l'historiographie française. Les intérêts des hommes politiques et de l'opinion sont, en effet, structurés sur une base nationale. Cela accentue notre manque de curiosité pour l'histoire des autres pays, comme l'a souligné à juste titre Catherine Coquery-Vidrovitch (« Plaidoyer pour l'histoire du monde dans l'université française », *Vingtième siècle*, janv.-mars 1999).

19. Cette perspective est, là aussi, très proche de celle qu'a défendue Michel Foucault avec la notion de problématisation. Son souci d'ouvrir un dialogue sur cette question avec les historiens n'a malheureusement rencontré aucun écho

chez les spécialistes de « l'histoire du temps présent ». Il faut se tourner vers les États-Unis pour trouver des éléments de discussion. Cf. l'intéressante mise au point de R. Castel, « La notion de problématisation comme mode de lecture de l'histoire », *in* G. Goldstein (ed.), *Foucault and the Writing of History*, Cambridge, Basil Blackwell, 1994.

20. *Le Monde*, 13 octobre 2000.

21. Cf. A. Sayad, *La Double Absence. Des illusions de l'émigré aux souffrances de l'immigré*, Seuil, 1999.

22. Cf. G. Noiriel, « Pour une approche subjectiviste du social », *Annales, ESC*, 6, nov.-déc. 1989 (ce titre a été choisi par la revue).

CHAPITRE I

1. R. Rémond (dir.), *Pour une histoire politique, op. cit*.

2. J. Le Goff, « Préface à la nouvelle édition », *La Nouvelle histoire*, Bruxelles, Éditions Complexe, 1988, p. 17.

3. Remarquons néanmoins que la sociologie politique est le parent pauvre de la famille pluridisciplinaire, surtout celle inspirée par l'œuvre de Pierre Bourdieu, en dépit de l'intérêt qu'elle porte à l'histoire et de la pertinence de ses questionnements ; cf. notamment M. Dobry, *Sociologie des crises politiques*, Presses de la FNSP, 1986 ; B. Lacroix, « Ordre politique et ordre social », *in* J. Leca et M. Grawitz (dir.), *Traité de science politique*, t. 1, PUF, 1985, pp. 469-565 ; M. Offerlé, « Illégitimité et légitimation du personnel politique ouvrier en France avant 1914 », *Annales ESC*, juillet 1984, et du même, « Le nombre des voix ; électeurs, partis et électorats socialistes à la fin du XIXe siècle en France », *Actes de la recherche en sciences sociales*, mars 1988 ; lire aussi, dans le même numéro, A. Garrigou, « Le secret de l'isoloir ».

4. R. Rémond, *op. cit*., p. 29.

5. *Ibid*., pp. 27 et 33.

6. « Histoire et sciences sociales, un tournant critique ? », *Annales ESC*, mars-avril 1988 ; voir aussi le cri d'alarme lancé par D. Roche, « Les historiens aujourd'hui, remarques pour un débat », *Vingtième siècle*, 12, oct.-déc. 1986. On trouvera des prolongements de ce débat dans R. Chartier, *Au Bord de la falaise*, Albin Michel, 1998, et G. Noiriel, *Sur la « crise » de l'histoire*, Belin, 1996.

7. Cf. G. Noiriel, « Pour une approche subjectiviste du social », art. cit.

8. A. Corvisart, *Sources et méthodes en histoire sociale*, SEDES, 1980, p. 29.

9. F. Furet, *L'Atelier de l'histoire*, Flammarion, 1982, p. 9.

10. M. Aymard, « Fernand Braudel », dans A. Burguière (dir.), *Dictionnaire des sciences historiques*, PUF, 1986.

11. L. Febvre, *Combats pour l'histoire, op. cit.*, p. 294.

12. Le mémoire de maîtrise, précédant l'agrégation, et qui constitue en général le premier contact de l'étudiant avec la recherche, inaugure ces dispositions à l'« empirisme ». Le plus souvent, en effet, le futur historien est mis directement en contact avec ses sources, sans formation théorique préalable. La règle implicite du milieu étant qu'on apprend son métier « sur le tas », par familiarisation avec l'univers sombre et poussiéreux des archives.

13. G. Bachelard, *La Formation de l'esprit scientifique, op. cit.*, p. 15.

14. M. Weber, *Le Savant et le politique*, Plon, 1959, p. 71 (1re éd. 1919).

15. Par référence à l'épistémologie de Thomas S. Kuhn, *La Structure des révolutions scientifiques*, Flammarion, 1983 (1re éd. 1962).

16. F. Furet, *op. cit.*, p. 42.

17. M. Lachiver, « Trente ans de démographie historique », *L'Année sociologique*, 1984.

18. Il doit sa formation à l'économie et aux statistiques d'Albert Aftalion ; cf. C. Charle, « Entretien avec Ernest Labrousse », *Actes de la recherche en sciences sociales*, avril-juin 1980.

19. M. Lachiver, *op. cit.* Il ne faut pas oublier cependant que l'histoire démographique et l'histoire économique ont bénéficié d'une période faste au niveau institutionnel. Une dynamique collective est plus facile à impulser quand on crée des postes que lorsqu'on en supprime !

20. E. Hobsbawm, « From social history to the history of society », *Daedalus*, hiver 1971.

21. L'exemple classique de ce courant est illustré par le livre de G. M. Trevelyan, *English Social History*, New York, Longman, Green and Co, 1941, qui définit l'histoire sociale comme « the History with the Politics Left Out ». C'est cette interprétation qui est surtout prise à partie aux États-Unis par ceux qui veulent réhabiliter la « vieille nouvelle histoire politique » ; cf. notamment G. Himmelfarb, *The New History*

and the Old, Cambridge (Mass.), Harvard University Press, 1987.

22. Cf. en Allemagne la *Vierteljahrschrift für sozial und wirtschafts Geschichte* ; en France, la *Revue d'histoire économique et sociale* et les nombreux centres de recherches universitaires du même nom. Le fameux « colloque de Saint-Cloud » consacré à l'histoire sociale reflétait cet éclectisme. La profession de foi de Labrousse faisant de « l'école historique française » « la plus anciennement et la plus profondément sociale de toutes les écoles historiques du monde » ne parvient pas à cacher l'absence de construction du champ de recherches. Sa définition se limite à des exemples (telle « l'histoire sociale de l'Antiquité ») et des comparaisons (« histoire sociale et démographie », etc.) ; cf. E. Labrousse, *Histoire sociale. Sources et méthodes*, PUF, 1967. Le colloque organisé vingt ans après sur le même thème par l'Institut d'histoire moderne et contemporaine montre que les choses ont peu changé à ce niveau.

23. G. Lefebvre, « Objet et méthode de l'histoire économique et sociale » (1940), repris dans *Réflexions sur l'histoire*, Maspero, 1978, p. 153.

24. O. Zunz, *Reliving the Past. The Words of Social History*, Chapell Hill, University of North Carolina Press, 1985, introduction.

25. C. Tilly, « The Old New Social History and the New Old Social History », *Review*, (Journal of the Fernand Braudel Center), hiver 1984.

26. F. Furet, *op. cit.*, p. 76.

27. R. Aron (dir.), *L'Historien entre l'ethnologue et le futurologue*, Mouton, 1971.

28. F. Furet, *op. cit.*, p. 83. Un tel point de vue rend totalement inexplicables les stratégies de mobilisation politique qui s'appuient sur les « sentiments d'appartenance » et les usages que les partis font de la « familiarité », au cœur du concept weberien d'« expérience vécue ».

29. Lucien Febvre expliquait le sous-titre des premières *Annales* (revue d'histoire économique et sociale) en disant que « l'histoire est sociale tout entière par définition », *Combats...*, *op. cit.*, p. 20.

30. E. Durkheim, *Les Règles de la méthode sociologique*, PUF, 1981, p. 3 (1re éd. 1895), et M. Mauss, « L'objet de la sociologie » in *Œuvres*, t. 3, Minuit, 1969, p. 142.

31. On se souvient, par exemple, de la fameuse apostrophe de Pierre Bourdieu : « L'opinion publique n'existe pas », *Les Temps Modernes*, janvier 1973.

32. R. A. Nisbet, *La Tradition sociologique*, PUF, 1984 (1re éd. 1966).

33. Paradoxalement, comme le souligne Nisbet, si la question des « classes » a très tôt préoccupé les sociologues allemands, ce n'est que très tardivement (à partir des années 1930) qu'elle a eu droit de cité dans la réflexion française.

34. La théorie wébérienne du pouvoir naît elle aussi d'une longue réflexion sur l'opposition communauté traditionnelle/société moderne. Le passage de l'une à l'autre est pensé sous le concept de « rationalisation », ce qui permet, entre autres, de proposer une typologie des formes de pouvoir et une problématique pour l'étude de l'État centrée sur la perspective de la « bureaucratisation » du monde social.

35. A. Touraine, *Production de la société*, Le Seuil, 1973. Il est significatif que dans l'ouvrage dirigé par R. Rémond, *Pour une histoire du politique, op. cit.*, aucun chapitre ne soit consacré à l'État.

36. C. Ginzburg, « Traces : racines d'un paradigme de l'indice », *Le Débat*, nov. 1980, repris dans *Mythes, emblèmes, traces. Morphologie et histoire*, Flammarion, 1989 (1re éd. 1986), pp. 139-180.

37. Cf., par exemple, M. Weber, *Essai sur la théorie de la science*, Plon, 1965, p. 345 (1re éd. 1922).

38. C. Seignobos, *La Méthode historique appliquée aux sciences sociales*, Alcan, 1901, p. 306. Le concept d'« arrangement », fort prisé par les courants de la sociologie interactionniste actuelle, est également présent dans cet ouvrage : « L'organisation collective consiste en arrangements permanents établis entre les hommes, soit par des coutumes ou conventions tacites, soit par des règles officielles ». *Ibid.*, p. 301.

39. *Ibid.*, p. 149. Il est évident que ces remarques s'inspirent des travaux de Georg Simmel et notamment de son article « Comment les formes se maintiennent ? », paru dans la revue de Durkheim, *L'Année sociologique*, 1896-1897 et repris dans G. Simmel, *Sociologie et épistémologie*, PUF, 1981, pp. 171-206.

40. C. Seignobos, *op. cit.*, p. 115.

41. Ce n'est pas le problème du « sur-moi » qui préoccupe Max Weber, mais le fait indéniable qu'on ne peut comprendre complètement un univers qui ne nous est pas familier,

c'est-à-dire dans lequel on n'a pas vécu. C'est pourquoi il prenait la défense des « historiens empiristes » qui cherchent à reconstituer une époque ou un événement jusque dans les moindres détails, car ce perfectionnisme, estime Weber, représente la seule solution qui nous reste pour atteindre une relative familiarité avec un monde à tout jamais perdu.

42. C. Seignobos, *op. cit.*, p. 4.

43. C. Ginzburg, *op. cit.*

44. C. Seignobos, *op. cit.*, p. 116.

45. A. Siegfried, « La France et les problèmes de l'immigration et de l'émigration », *Les Cahiers du musée social*, 1946.

46. A. Siegfried, *Tableau politique de la France de l'Ouest*, Armand Colin, 1964, p. 365 et p. 355 (1re éd. 1913).

47. *Ibid.*, p. XXVI. Cet ouvrage s'inscrit lui aussi complètement dans la problématique communauté/société mentionnée plus haut. « Plus difficile apparaît chaque jour le problème non résolu encore de l'autorité de la démocratie sans le secours de la hiérarchie d'autrefois qui se détraque et des vieilles morales qui s'affaiblissent », *ibid.*, p. 510.

48. A. Thomas, préface à M. Paon, *L'Immigration en France*, Genève, Payot, 1926, p. 12.

49. A. Mauco, *Mémoire sur l'assimilation des étrangers en France*, Paris, Institut international de coopération intellectuelle, 1937, p. 42 (dact.).

50. L. Chevalier (dir.), *Documents sur l'immigration*, Cahiers de l'INED, 1947, n° 2, p. 23.

51. Sur ce problème, cf. G. Noiriel, *Le Creuset français*, Le Seuil, 1988, p. 39.

52. Cf. notamment F. Furet et M. Ozouf, « Deux légitimations historiques de la société française au XVIIIe siècle : Mably et Boulainvilliers », *Annales ESC*, mai-juin 1979, et surtout M. Foucault, « *Il faut défendre la société* », Hautes études-Gallimard-Seuil, 1997 (Cours au Collège de France 1975-1976).

53. A. Thierry, *Dix ans d'études historiques*, Furne et Cie, 1851 (écrit entre 1817 et 1827), p. 241.

54. P. Nora, « Lavisse instituteur national », *in* P. Nora (dir.), *Les Lieux de mémoire*, Gallimard, 1984, t. 1, p. 247.

55. P. Vidal de la Blache, *Annales de géographie*, mai et juillet 1911.

56. P. Nora (dir.), *Essais d'égo-histoire*, Gallimard, 1987, p. 360. Paul Bois a expliqué par l'histoire ce que Siegfried rapportait à la « personnalité ethnique ». Pourtant, en dépit de ses mises en garde, l'histoire politique a généralisé indû-

ment des conclusions qui ne valaient que pour une zone rurale et une population enracinée de longue date ; ce qui a finalement conforté la problématique des « permanences » et des « tempéraments régionaux » ; cf. P. Bois, *Paysans de l'Ouest*, Flammarion, 1971 (1re éd. 1960).

57. R. Rémond *in* P. Nora (dir.), *Essais d'égo-histoire, op. cit.*, p. 300.

58. Dans ce cas, la quête des origines prend une forme bien différente, comme l'illustre par exemple l'œuvre de Georges Perec — dont les parents, juifs polonais émigrés en France, ont été tués par les nazis pendant la Seconde guerre mondiale — profondément marquée par la question de la mémoire et de l'identité.

59. M. Maget, « Problèmes d'ethnographie européenne », *in* J. Poirier (dir.), *Ethnologie générale*, Gallimard, 1968, p. 1249.

60. Ces accusations seront unanimement condamnées par le Sénat et l'honneur de Durkheim sera défendu par Painlevé lui-même ; cf. S. Lukes, *Émile Durkheim, His Life and Work : a Historical and Critical Study*, London, Penguin Book, 1973, p. 131 sq. Je rappelle que c'est au cours de la Grande Guerre que la France a ouvert les premiers « camps de concentration » (selon les termes mêmes employés à l'époque) pour les immigrés appartenant à des pays ennemis.

61. Pour une étude plus détaillée de cette question, cf. S. Beaud et G. Noiriel, « L'assimilation : un concept en panne », *Revue internationale d'action communautaire*, Québec, septembre 1989.

62. Cf. E. Durkheim, *Éducation et sociologie*, PUF, 1985 (1re éd. 1922). Dans le cadre de ce chapitre, on ne peut donner qu'un exemple sommaire montrant tout ce qui sépare cette approche de celle véhiculée par la philosophie politique. Pour cette dernière, il suffit d'analyser les discours (par exemple la Déclaration des droits de l'homme) pour comprendre la modernité. Pour l'histoire sociale, ce qui compte c'est le processus (qui peut échouer) de matérialisation des discours dans des mots nouveaux, des institutions, etc., et les modalités de leur appropriation par les générations successives. Dans cette perspective, on peut voir, par exemple, l'appareil statistique français comme une « objectivation » réussie de la Déclaration des droits de l'homme.

63. N. Elias, *La Civilisation des mœurs*, Calmann-Lévy, 1982 (1re éd. 1939), p. 279.

64. Ce qui n'interdit pas, bien sûr, de conserver une fidélité à la culture d'origine, de revendiquer une « identité » spéci-

fique (surtout à la troisième génération quand on ne parle plus la langue de la communauté dont on se réclame). Seul le processus d'intériorisation permet d'expliquer qu'un fils de harki, arrivé en France sans connaître un mot de français, a pu en 1987 être reçu major au concours littéraire d'une École normale supérieure, à la grande surprise des adeptes de la « distance culturelle ». C'est ce qui explique aussi que, contrairement à ce qui a été dit si souvent, les enfants d'immigrés ne réussissent pas plus mal à l'école que les autres petits Français venant des mêmes milieux socioprofessionnels qu'eux.

65. R. Kastoryano, « Compte rendu du *Creuset français* », *Vingtième siècle*, janvier-mars 1989.

66. La sociologie interactionniste américaine a montré avec la théorie de « l'étiquetage » *(labeling theory)* que le simple fait de désigner (montrer du doigt) des individus ou des communautés comme étant à « problèmes », même quand on prétend les « aider », contribuait à produire ces « problèmes », à cause de la stigmatisation qu'implique cet étiquetage. Comme l'avait déjà dit Marcel Maget, l'intellectuel peut être parfois un redoutable « imagier ».

67. R. Kastoryano, « Définition des frontières de l'identité : Turcs musulmans », *Revue française de science politique*, décembre 1987. L'auteur réussit le tour de force de présenter Durkheim et Weber comme des sociologues de l'ethnicité. Nous avons vu ce qu'il en était de Durkheim ; quant à Weber, il utilise constamment le terme « ethnique » avec des guillemets car, dit-il : « le concept de communauté "ethnique" se volatilise lorsqu'on tente de le conceptualiser avec précision » ; M. Weber, *Économie et société*, Plon, 1969 (1re éd. 1921), p. 423. Comprenne qui pourra !

68. Il s'agit, à mes yeux, d'un enjeu essentiel pour tous ceux qui sont préoccupés de combler le retard que la recherche sur l'immigration a accumulé au niveau scientifique. Sur ce retard, cf. les rapports de P. Vieille (dir.), *L'immigration à l'Université et dans la Recherche*, Rapport au ministre de l'Éducation nationale, *Babylone*, n° 6/7, mai 1989 ; F. Dubet, *Bilan sur la connaissance sociologique de l'immigration*, rapport au Fonds d'action sociale, novembre 1988 (dact.) ; P. Lorenzo, *Approche qualitative des recherches sur l'immigration en France*, rapport pour la Mission interministérielle de recherche-expérimentation (MIRE), avril 1989 (dact.).

CHAPITRE II

1. Ce constat vaut surtout pour l'histoire contemporaine car chez les « modernistes » l'histoire culturelle impulsée par Daniel Roche et Roger Chartier s'est explicitement définie comme une « socio-histoire » dès les années 1970.

2. M. Bloch, *Apologie pour l'histoire…*, *op. cit.*, p. 163.

3. G. Noiriel, *Sur la « crise »…*, *op. cit.*

4. Cf. notamment D. Milo et A. Boureau (dir.), *Alter-histoire. Essais d'histoire expérimentale*, Les Belles Lettres, 1991.

5. D. Peschanski, M. Pollak, H. Rousso (dir.), *Histoire politique et sciences sociales*, Bruxelles, Éd. Complexe, 1991. Cet ouvrage rassemble les contributions présentées au cours d'un séminaire interdisciplinaire organisé par l'Institut d'histoire du temps présent.

6. *Ibid.*, p. 15.

7. *Ibid.*, p. 16.

8. « Histoire et sciences sociales. Un tournant critique ? », *Annales ESC, 2*, mars-avril 1988, p. 292.

9. « Singulier le champ du temps présent l'est aussi parce qu'il focalise l'attention sur l'événement, la contingence, les accélérations de l'Histoire », D. Peschanski, M. Pollak, H. Rousso, *op. cit.*, p. 15.

10. La revue *Genèses. Sciences sociales et histoire*, que nous avons créée en 1991, réunit des historiens, des sociologues, des anthropologues et des politistes qui s'efforcent depuis dix ans de faire progresser l'histoire du passé/présent telle qu'elle est présentée ici.

11. B. Croce, *Théorie et histoire de l'historiographie*, Genève, Dalloz, 1968, p. 14 (1re éd. 1915).

12. M. Weber, in *Essais sur la théorie…*, *op. cit.*

13. D. Peschanski, M. Pollak, H. Rousso, *op. cit.*, p. 14.

14. Cf. notamment P. Ricœur, *Temps et récit*, Seuil, 1991, 3 vol.

15. D. Peschanski, M. Pollak, H. Rousso, *op. cit.*, p. 28.

16. G. Noiriel, *Sur la « crise »…*, *op. cit.*

17. P. Lacombe, *De l'Histoire…*, *op. cit.*, p. 9.

18. C. Seignobos, *La Méthode historique…*, *op. cit.*, p. 240.

19. L. Febvre, « Contre l'histoire diplomatique en soi », in *Combats pour l'histoire, op. cit.*, p. 62.

20. F. Braudel, « La longue durée », *Annales ESC*, 4, oct.-déc. 1958.

21. R. Aron (dir.), *L'Historien..., op. cit.*, p. 65.

22. M. Bloch, *L'Étrange Défaite, op. cit.*, p. 154.

23. *Ibidem.*

24. Cf. notamment H. Rousso, *Le Syndrome de Vichy*, Seuil, 1987.

25. L'histoire du mot « nationalité » permet ainsi de comprendre pourquoi ce thème a toujours été un enjeu politique de première importance en France. Cf. chapitre V.

26. Sur cette question, cf. R. Koselleck, *Le Futur passé. Contribution à la sémantique des temps historiques*, Éd. EHESS, 1990 (1re éd. 1979).

27. M. Bloch, *Les Caractères originaux de l'histoire rurale française*, A. Colin, 1988 (1re éd. 1931).

28. Dans sa préface, Pierre Toubert souligne que les nombreuses recherches développées dans le sillage de ce livre pionnier ont confirmé les hypothèses de Marc Bloch.

29. G. Noiriel, *Les Origines républicaines..., op. cit.*

30. M. Bloch, *Les Rois Thaumaturges*, A. Colin, 1961, p. 21 (1re éd. 1924).

31. M. Bloch, *L'Étrange Défaite, op. cit.*, pp. 187-188.

32. J.-B. Duroselle, préface à R. Schor, *L'Opinion française et les étrangers en France, 1919-1939*, Publications de la Sorbonne, 1985, pp. IX-X. Précisons que dans cette thèse Ralph Schor montre lui-même que la « théorie du corps étranger » fait partie des stéréotypes véhiculés depuis un siècle dans l'opinion publique.

33. M. Bloch, *L'Étrange Défaite, op. cit.*, p. 56.

CHAPITRE III

1. M. Tibon-Cornillot, « Le défi de l'immigration maghrébine », *Politique aujourd'hui*, févr.-mars 1984.

2. Dans le climat de xénophobie qui règne depuis les années 1980, développer la recherche en ce domaine correspond aussi à une exigence éthique ; cela d'autant plus que très souvent l'histoire est utilisée pour légitimer l'intolérance vis-à-vis des étrangers.

3. G. Noiriel, *Le Creuset français..., op. cit.*

4. F. Furet, *Penser la Révolution française*, Gallimard, 1979, p. 136 sq.

5. V. Karady, « Le problème de la légitimation dans l'organisation historique de l'ethnologie française », *Revue française de sociologie*, janv. 1982.

6. M. Mauss, « La Nation », 1920 (?), *in* M. Mauss, *Œuvres, op. cit.*, p. 596. Pour comprendre les prises de position de Durkheim, il faut se souvenir qu'il doit combattre sur deux fronts simultanément : fils d'un rabbin alsacien, il est lui-même confronté à l'antisémitisme des partisans de Drumont et Maurras qui associent continuellement Juifs et Allemands, ce qui oblige la communauté juive à une surenchère patriotique permanente. Durkheim est également contraint de lutter pour la défense de la sociologie contre ses détracteurs qui la présentent comme une science « germanique » et « anti-française ». Sur ce problème, voir notamment H. J. Joas, « Durkheim et le pragmatisme », *Revue française de sociologie*, oct.-déc. 1984 ; M. R. Marrus, *Les Juifs de France à l'époque de l'Affaire Dreyfus*, Calmann-Lévy, 1972 ; E. Durkheim, *Œuvres*, t. 1, Éditions de Minuit, 1975, p. 109 sq.

7. Paula Hyman note que « les rares travaux de recherche concernant la main-d'œuvre étrangère dans les années vingt, sans être franchement antisémites, recèlent des préjugés contre l'immigrant juif » ; *De Dreyfus à Vichy*, Fayard, 1985, p. 105.

8. M. Halbwachs, « Chicago expérience ethnique », *Annales d'histoire économique et sociale, 1932* ; du même auteur, voir « La nuptialité en France pendant et depuis la guerre », *Annales sociologiques*, 1935.

9. S. C. D'Héristal, *L'Invasion des barbares*, Heitz et Cie éditeurs, 1932, p. 10 sq.

10. Il ne s'agit pas, bien sûr, de juger, mais d'essayer de comprendre les raisons structurelles de l'impensable d'une époque. Le traumatisme des deux guerres mondiales auxquelles les savants français ont payé un lourd tribut, qui a affaibli la capacité de travail collective comme le notait Marcel Mauss, a sans doute réactivé la tendance à envisager le social à travers le national.

11. « La grande fin demeure l'ouverture sur le social », affirme Ernest Labrousse cité par Jean Bouvier dans la présentation du tome IV de *L'Histoire économique et sociale de la France*, PUF, 1979.

12. M. Halbwachs, *Morphologie sociale*, A. Colin, 1970, présentation de A. Girard.

13. Comme l'affirmait déjà Clermont-Tonnerre, « il faut refuser tout aux juifs comme Nation et accorder tout aux juifs comme individus » ; cité par P. Hyman, *op. cit.*, p. 15.

14. D. Schnapper, « Centralisme et fédéralisme culturels. Les émigrés italiens en France et aux États-Unis », *Annales ESC*, n° 5, 1974. La faiblesse des possibilités d'expression offertes aux communautés étrangères a eu pour effet de rendre peu nombreuses les archives écrites sur le sujet ; problème supplémentaire pour l'historien. Néanmoins, la série F 7 des Archives nationales et les séries M. des Archives départementales sont pleines de documents sur les aspects politiques de l'immigration ou sur les naturalisations qui attendent, pour la plupart, qu'on s'y intéresse.

15. J. Brun, *America, America. Trois siècles d'émigration aux États-Unis (1620-1920)*, Gallimard/Julliard, 1980, p. 14.

16. Dans l'entre-deux-guerres, il faut fournir la bagatelle de 17 pièces administratives et faire traduire en français tous les documents pour que le dossier soit pris en considération !

17. Cf. à ce sujet J.-C. Bonnet, *Les pouvoirs publics français et l'immigration dans l'entre-deux-guerres*, Lyon, Centre d'histoire économique et sociale, 1976, p. 166 (dact.).

18. À tel point que les Français d'origine étrangère souhaitant retrouver le souvenir de l'expérience immigrante font le voyage aux États-Unis. Cf., par exemple, G. Perec et R. Bober, *Récits d'Ellis Island, histoires d'errance et d'espoir*, Éditions du Sorbier, 1980.

19. Sur cette question, P. O'Brien et C. Keyder, « Les voies de passage vers la société industrielle en Grande-Bretagne et en France (1780-1914) », *Annales ESC*, n° 5, 1979.

20. A. O. Hirschman, *Bonheur privé, action publique*, Fayard, 1983, pp. 192-194 (1re éd. 1982).

21. À cet égard, on n'a pas assez insisté sur le fait que la plus grande partie du potentiel industriel français a été pendant longtemps situé dans des régions frontières facilitant le recours à la main-d'œuvre étrangère, d'origine essentiellement frontalière.

22. R. Trempé, *Les mineurs de Carmaux*, Éditions ouvrières, 1971. Pour d'autres cas régionaux, voir J.-M. Gaillard, *Un exemple français de « ville-usine », La Grand'Combe dans le Gard et sa compagnie des mines, 1836-1921*, thèse de 3e cycle, Université de Paris X, 1981, p. 168 (dact.) et O. Hardy-Hemery, *De la croissance à la désindustrialisation : un siècle dans le Valenciennois*, Presses de la FNSP, 1984.

23. F. Regourd, *La Vendée ouvrière, 1840-1940*, Les Sables-d'Olonne, Le Cercle d'Or, 1981.

24. S. Hoffman, *Sur la France*, Éditions du Seuil, 1975.

25. W. Oualid, « L'immigration ouvrière en France et ses causes », *Revue d'économie politique*, 1928. Sur ce sujet, voir aussi G. Cross, *Immigrant Workers in Industrial France*, Philadelphie, Temple Univ. Press, 1983.

26. Pour une analyse plus détaillée, voir G. Noiriel, *Les Ouvriers dans la société française*, Éditions du Seuil, 1986.

27. L'étude déjà ancienne réalisée par Alain Girard et Jean Stoetzel montre que, parmi les ouvriers italiens du bâtiment de la Région parisienne, près de la moitié de la deuxième génération s'est détournée de la classe ouvrière. En revanche, l'efficacité du paternalisme comme forme de reproduction sociale apparaît nettement puisque, dans les mines du Nord, les trois quarts des fils de mineurs polonais sont eux-mêmes ouvriers ou mineurs ; A. Girard et J. Stoetzel, *Français et immigrés, Paris*, INED, cahier n° 19, PUF, 1953. Parmi les Italiens de la deuxième et de la troisième génération de Strasbourg, Albert Ricklin comptabilise 50 % d'ouvriers, « Note sur l'évolution sociale des colonies d'ouvriers italiens », dans *Artisans et ouvriers d'Alsace*, Strasbourg, Librairie Istra, 1965, p. 429 sq. À propos des Italiens dans le sud-est de la France, on trouvera de nombreuses remarques sur la trajectoire sociale de la deuxième génération dans A. M. Faidutti-Rudolph, *L'immigration italienne dans le sud-est de la France*, thèse de doctorat d'État, Université de Nice, 1964 (dact.).

28. W. Oualid, *op. cit.*

29. G. Mauco, *Les Étrangers en France*, A. Colin, 1932.

30. Cf. A. Cordeiro et R. E. Verhaeren, *Les Travailleurs immigrés et la Sécurité sociale*, Presses Universitaires de Grenoble, 1976.

31. Cela a eu notamment pour effet de dissocier la question de l'immigration et la question urbaine, toutes deux très liées aux États-Unis.

32. Ce problème est développé par A. Baudant, *Pont-à-Mousson (1918-1939), Stratégies industrielles d'une dynastie lorraine*, Publications de la Sorbonne, 1980.

33. Cf. C. Meillassoux, *Femmes, greniers et capitaux*, Maspero, 1975, p. 164.

34. Z. Sternhell, *Maurice Barrès et le nationalisme français*, Éditions Complexe, réédition, 1985.

35. M. Perrot, « Les rapports entre ouvriers français et étrangers (1871-1893) », *Bulletin de la Société d'histoire moderne*, 12, 1960 ; J. Néré, *La Crise économique de 1882 et le mouvement boulangiste*, thèse d'État, Université de Paris, 1959 (dact.).

36. D. Montgomery, *Workers' Control in America*, Cambridge, Cambridge Univ. Press, 1979 ; en particulier le chapitre 4, « The "New Unionism" and the Transformation of Workers' Consciousness in America, 1909-1922 ».

37. La longue résistance des verriers, des mouleurs et autres ouvriers de métier est ainsi en maints endroits complètement liquidée après la guerre grâce à l'immigration. On s'étonne que Charles Tilly et Edward Shorter, qui insistent pourtant sur l'affaiblissement du mouvement ouvrier entre les deux guerres, aient pu ignorer tout au long de leur ouvrage la question de l'immigration. C. Tilly et E. Shorter, *Strikes in France, 1830-1968*, Cambridge, Cambridge Univ. Press, 1974.

38. Sur les casquetiers juifs, voir N. Green, *Les Travailleurs immigrés juifs à la Belle Époque*, Fayard, 1985. Le rapport entre la violence des luttes, la politisation et le fort degré d'immigration a été mis en valeur dans la Ruhr par E. Lucas, *Arbeiter Radicalismus ; zweiformen von Radicalismus in der deutschen Arbeiterbewegung*, 1976, Francfort, Verlag Roter Stern. Aux États-Unis, une étude portant sur la période 1930-1960 a pu isoler une corrélation positive entre taux d'immigration et propension à adopter un mode de gouvernement à la fois très politisé et conforme à l'idée que se font les Américains de la démocratie ; cf. D. Gordon, « Immigration and Urban Governmental Form in American Cities », *American Journal of Sociology*, 1968.

39. S. Bonnet, C. Santini, H. Barthelémy, « Appartenance politique et attitude religieuse dans l'émigration italienne en Lorraine sidérurgique », *Archives de Sociologie des religions*, 1962 ; S. Bonnet, *Sociologie politique et religieuse de la Lorraine*, A. Colin, 1972. Pour le Var, J. Girault, *L'Implantation du parti communiste français dans l'entre-deux-guerres*, Éditions sociales, 1977, p. 283 sq. À propos des comportements politiques de la deuxième génération aux États-Unis, C. S. Sabel, *Work and Politics*, Cambridge, Cambridge Univ. Press, 1982, et P. Friedlander, *The Emergence of U. A. W. Local, 1936-1939. A Study in Class and Culture*, Pittsburgh, Univ. of Pittsburgh Press, 1975.

40. H. Le Bras et E. Todd, *L'Invention de la France*, UGE, 10/18, 1981, p. 212. La « morale d'état civil » dont parlait Michel Foucault est un redoutable obstacle pour l'historien de l'immigration tributaire de sources qui n'enregistrent qu'une partie de la réalité et orientent ainsi le regard. On sait que le mot « immigration » est lui-même très ambigu puisqu'il désigne le point de vue du pays d'accueil. Par ailleurs, le simple acte juridique de naturalisation fait disparaître, magiquement, dans les recensements notamment, la différence d'origine. Le patronyme n'est pas non plus un indicateur très fiable, en particulier pour les femmes qui perdent leur nom par les vertus du mariage.

41. M. Halbwachs, *La Mémoire collective*, PUF, 1968 (1re éd. 1950). On peut rapprocher cette analyse de celle de J. Goody, *La Raison graphique*, Éditions de Minuit, 1979, trad. française, présentation de Jean Bazin et Alban Bensa.

42. M. Halbwachs, *op. cit.*, p. 33.

43. « Dans nos vieilles nations, surtout avant guerre, où tous les postes étaient occupés, où l'on n'avançait guère qu'à l'ancienneté, chacun devait prendre rang et attendre son tour, et les jeunes se trouvaient séparés des vieux par une masse dense, incompressible, dont l'épaisseur leur imposait le sentiment des étapes qu'ils devaient franchir, avant de rejoindre leurs aînés », M. Halbwachs, « La nuptialité en France pendant et depuis la guerre », *op. cit*.

44. Les communautés immigrées ont une autre « histoire vécue » à commémorer. Lorsqu'elle n'est pas complètement atomisée à cause de l'exil et de la pression nationaliste, elle peut conserver longtemps une grande vigueur, s'enraciner dans de nouveaux lieux, de nouvelles organisations. C'est le cas notamment pour les Polonais du Nord ; mais là aussi la transmission des valeurs correspondant aux événements qui ont marqué la première génération se fait difficilement pour la deuxième génération, dont l'histoire vécue est structurée par d'autres facteurs. J. Ponty, *Polonais méconnus. Histoire des travailleurs immigrés en France dans l'entre-deux-guerres*, Publications de la Sorbonne, 1988.

45. H. Le Bras et E. Todd, *op. cit*.

46. Une synthèse des recherches effectuées sur ce sujet en Lorraine figure dans G. Noiriel, *Longwy, immigrés et prolétaires, 1880-1980*, PUF, 1984. Les hypothèses formulées ont fait l'objet d'une nouvelle enquête dans le Pays-Haut, en collaboration avec l'Association pour l'étude du patrimoine du bassin de Longwy-Villerupt (APEP), financée par la Mission de

recherche expérimentale (MIRE). Cf. G. Noiriel (dir.), *Un siècle d'intégration des immigrés dans le Pays-haut lorrain. Approches socio-historiques*, Laboratoire de sciences sociales, École normale supérieure, 1992 (dact.).

47. Pour juger de cette « réussite », on ne peut se limiter à la partie de la population qui a fait souche en France (d'où les limites de « l'histoire orale »). Il faut prendre en compte l'ensemble des individus qui sont venus, même pour peu de temps, dans le pays. Les registres du personnel dans les archives d'entreprise sont le meilleur document dont nous disposions pour mesurer l'importance de cette population. Dans les mines de fer de Bouligny (Meuse), pour un effectif total qui n'a jamais dépassé 1 800 travailleurs, entre 1906 et 1945, 28 000 noms différents ont été répertoriés sur les registres ! Chiffre qui donne à réfléchir sur les « capacités d'intégration de la société française ». D'après M. D. Harbulot, *Bouligny, ses mines, ses cités*, Mémoire de Maîtrise, Nancy, 1977 (dact.).

48. C'est surtout à l'aide du corpus de lettres, rassemblé grâce à la coopération de la population locale, que nous avons pu mesurer toute la force des agressions symboliques dues à la xénophobie des années 1930, en particulier chez les femmes d'ouvriers confinées dans la sphère « privée » et n'ayant pas les possibilités d'intégration que fournissait l'usine ou la mine. Pour un excellent témoignage littéraire de la difficulté d'être arménien à Belleville dans l'entre-deux-guerres, voir C. Lépidis, *L'Arménien*, Éditions du Seuil, 1973.

49. Le terme de « normal » ne constitue pas, bien sûr, un jugement de valeur. Pour Erving Goffman, « le normal et le stigmatisé ne sont pas des personnes, mais des points de vue », E. Goffman, *Stigmates*, Minuit, 1975, p. 160 (1re éd. 1963).

50. « L'Affaire Manouchian », qui a été à la une de l'actualité en juillet 1985, a constitué un début de prise de conscience dans l'opinion publique sur le rôle de ces « oubliés de la Résistance » qu'ont été les combattants étrangers. Cependant, la manière dont le problème a été posé dans les médias est difficilement acceptable pour un historien, car celui-ci est une nouvelle fois convié à jouer les procureurs, à chercher des coupables, à dévoiler les secrets, au détriment d'une analyse réellement scientifique du phénomène. Depuis la publication de cette étude, un grand nombre d'ouvrages et d'articles ont été publiés sur l'histoire de l'immigration. Pour un aperçu d'ensemble sur ce domaine de recherches,

cf. M. C. Blanc-Chaléard, « Des logiques nationales aux logiques ethniques », *Le Mouvement social*, n° 188, juil-sept. 1999. Le lecteur pourra aussi consulter la bibliographie que nous avons publiée à la fin de l'ouvrage collectif, E. Guichard, G. Noiriel (dir.), *Construction des nationalités…*, *op. cit.*, pp. 371-389. L'état de la recherche sur le sujet est aujourd'hui actualisé sur le site Internet animé par E. Guichard et P. Rygiel : www.barthes.ens.fr/clio.

CHAPITRE IV

1. Outre les textes publiés, mentionnés à la fin de cet ouvrage, le présent chapitre intègre, en les développant, le contenu de plusieurs conférences que j'ai présentées sur la nation ; cf. G. Noiriel, « La question nationale et les sciences sociales », *Université d'été organisée par le réseau HINARME* (Histoire des nationalités, du racisme et des migrations en Europe), Saint-Pierre-les-Nemours, 7-11 septembre 1992 ; « Pour une socio-histoire de la nation », colloque *Construction sociale et symbolique de la nation*, Institut universitaire européen, Florence, 13-14 mai 1994 ; « Nationalism as Collective Action : the Case of France », colloque *Structure, Identity, Power. The Past and Future of Collective Action. Conference in honor of Charles Tilly*, Amsterdam, June 2-4, 1995.

2. E. J. Hobsbawm, *Nations et nationalisme depuis 1780*, Gallimard, 1990, p. 11 (1re éd. 1989).

3. P. Vilar, *La Catalogne dans l'Espagne moderne*, Flammarion, 1977, t. 1, introduction.

4. « Et encore quand nous parlons de *Français* dès le seuil d'une histoire dite "de France" et que nous continuons à en parler tout au long de cette histoire, avons-nous raison ? Ces Français, ne devrions-nous pas, à toutes les époques, nous soucier de dire qui ils étaient ; de préciser ce que nous nommons *Français* à une certaine date, et ce que nous excluons de la France, et quels étaient, sur les points importants qui nous retiennent, les sentiments des exclus, des Français séparés ? », L. Febvre, *Combats pour l'histoire, op. cit*.

5. D. Schnapper, *La France de l'intégration. Sociologie de la nation*, Gallimard, 1991, p. 26 ; *La Communauté des citoyens. Sur l'idée moderne de nation*, Gallimard, 1994. Dans sa thèse sur le conflit jurassien (en Suisse), Bernard Voutat confirme ce diagnostic et insiste sur « les incertitudes et les confu-

sions » du vocabulaire employé par les chercheurs et sur la nécessité de clarifier la terminologie et les concepts ; B. Voutat, *Espace national et identité collective. Pour une sociologie politique du conflit jurassien*, Le livre politique n° 19, Institut de science politique, Lausanne, 1992, p. 141.

6. M. Mauss, « La Nation », *op. cit.*

7. Abbé Sieyès, « *Qu'est-ce que le Tiers État ?* », 1789.

8. Cf. A.-M. Thiesse, *La Création des identités nationales*, Seuil, 1999.

9. Cette façon d'appréhender la nation comme un être collectif aura des conséquences dépassant de loin la question nationale. La réflexion sur la nation constitue un moment fondateur, une « matrice », qui marquera tout le discours politique contemporain. Ce discours repose tout entier, en effet, sur le présupposé que les entités collectives comme la « nation », l'« État », le « peuple », etc., sont des « personnes » qui pensent et qui agissent comme les êtres humains.

10. P. Ricœur, *Soi-même comme un autre*, Seuil, 1990.

11. J. Michelet, *Le Tableau de la France*, Olivier Orban, 1987 (1re éd. 1832).

12. *Ibid.*, p. 126.

13. *Ibid.*, p. 137.

14. E. Renan, *Qu'est-ce qu'une nation ?*, Presses Pocket, 1992, p. 120 (1re éd. 1882).

15. C'est ce qui pousse Renan à défendre les grands principes républicains, alors même qu'en politique intérieure il est encore un chaud partisan du retour de la monarchie.

16. *Ibid.*, p. 54.

17. Les contradictions de ce texte expliquent pourquoi, tout au long du XXe siècle, il pourra être mobilisé pour justifier les points de vue et les intérêts les plus opposés (revendiqué par les défenseurs des droits de l'homme, mais aussi par le lobby colonial, les groupes nationalistes et même par le maréchal Pétain sous Vichy).

18. J. Michelet, *Tableau, op. cit.*, p. 32 (c'est moi qui souligne).

19. E. Renan, « La guerre entre la France et l'Allemagne », repris dans *Qu'est-ce qu'une nation ?, op. cit.*, p. 98.

20. J. Michelet, *Tableau, op. cit.*, p. 136.

21. Cet ouvrage constitue le premier volume de la monumentale *Histoire de France* dirigée par Ernest Lavisse ; cf. P. Vidal de la Blache, *La France. Tableau géographique*, Hachette, 1908 (1re éd. 1903).

22. L'insistance sur la forme est d'autant plus grande que le « savoir voir » caractérise désormais la compétence du géographe spécialisé. Dans l'édition de 1908, l'ouvrage est illustré d'un grand nombre de photographies grâce auxquelles, écrit Vidal, le « plaisir de philosopher se mêle à celui de voir ». Et il ajoute : « Celui qui s'est mis en état de déchiffrer ces indices a la satisfaction de sentir un enchaînement et un travail progressif dans des cas où la nature serait muette ou insignifiante pour d'autres » (p. VI). Cette apologie de l'interprétation des traces est affirmée au moment même où A. Bertillon invente la « science du signalement », fondée sur l'interprétation des indices, pour identifier les criminels et les étrangers.

23. P. Vidal de la Blache, *op. cit.*, p. 6.

24. *Ibid.*, p. 1.

25. *Ibid.*, p. 39.

26. Si l'on excepte l'analyse sommaire qu'il consacre au développement du réseau routier.

27. *Ibid.*, p. 49.

28. *Ibid.*, p. 50. C'est moi qui souligne.

29. *Ibid.*, p. 351. Sur cet ouvrage, cf. aussi l'analyse de J. Y. Guiomar, « Le tableau de la géographie de la France », *in* P. Nora (dir.), *Les lieux de mémoire*, Gallimard, 1985, t. 3, vol. II.

30. Cela alors même que Vidal de la Blache a toujours été républicain et dreyfusard de la première heure.

31. L'ouvrage de P. Vidal de la Blache contient de très nombreuses références au « vieux fond ethnique » des « pays » de France.

32. Certes, Michelet disait qu'en matière de nationalité « la chaleur vient d'en bas ». Néanmoins, pour lui, les événements politiques étaient essentiels pour la formation de la « nationalité » française.

33. A. Siegfried, *Tableau politique de la France de l'Ouest sous la IIIe République, op. cit.*

34. *Ibid.*, p. 364.

35. A. Siegfried, *Les États-Unis*, A. Colin, 1928, p. 21 et p. 29. Ces préoccupations déboucheront sur divers ouvrages concernant la « psychologie des peuples » où Siegfried combine la géographie vidalienne avec les travaux de H. Taine et de E. Boutmy qui ont ouvert ce champ de réflexions à la fin du XIXe siècle. Sur les divers courants qui, en France et dans les pays de langue anglaise, ont tenté de développer ces problématiques, cf. P. Claret, *La notion de personnalité nationale.*

Essai d'analyse comparée des théories modernes françaises et anglo-saxonnes, Thèse de science politique, Bordeaux, 1993 (dact.). Sur cet aspect de l'œuvre de Siegfried, cf. aussi le chapitre qui lui est consacré dans P. Birnbaum, *La France aux Français. Histoire des haines nationalistes*, Seuil, 1993.

36. F. Braudel, *L'Identité de la France*, Arthaud-Flammarion, 1986, t. 1. L'auteur mobilise dans ce livre un demi-siècle de travaux historiques développés par le courant des *Annales*.

37. F. Braudel, *L'Identité de la France, op. cit.*, p. 17.

38. *Ibid.*, p. 112.

39. On dira ainsi que « le Danemark dit non à l'Europe » ou que la « Croatie lance un appel à l'Amérique », etc.

40. C'est la famille qui représente le meilleur exemple de cette forme de socialisation qu'il appelle « communalisation », par opposition à la « sociation », que Weber définit comme une activité sociale fondée sur une entente rationnelle, un compromis d'intérêt souvent institutionnalisé sous la forme d'un contrat juridique ou d'un règlement.

41. M. Mauss, « La Nation », *op. cit.* C'est peut-être parce qu'il était conscient de cette dérive qu'il laissera inachevé son travail sur la nation pour se concentrer sur l'étude des « civilisations » plus faciles à définir à l'aide de critères « universels ».

42. É. Durkheim, *Œuvres, op. cit.*, p. 148.

43. *Ibid.*, vol. 3, pp. 178-186.

44. Et pourtant Durkheim milite alors activement contre les préjugés nationalistes très répandus à cette époque en France. Dans un autre article, il affirme en effet que « l'amour-propre national réussira plus d'une fois à étouffer la voix de l'humaine solidarité », *ibid.*, vol. 3, p. 161.

45. Cf. W. Mommsen, *Max Weber et la politique allemande, 1880-1920*, PUF, 1985 (1re éd. 1959).

46. Sur tout cela, cf. M. Weber, *Économie et société, op. cit.*, p. 423 et *Economy and Society*, University of California Press, vol. 2, 1968 (1re éd. 1922), pp. 921-925.

47. Nous verrons néanmoins que la réflexion de Durkheim sur la « solidarité organique » ainsi que les analyses de Weber sur l'État sont du plus haut intérêt pour l'étude socio-historique de la nation.

48. En fait, la réflexion « de gauche » sur la nation avait débuté dès le début du siècle grâce aux militants de la Deuxième Internationale, comme Kautsky et Otto Bauer, qui tentent de combler les lacunes du marxisme sur le sujet.

Cf. O. Bauer, *La Question des nationalités et la social-démocratie*, Arcantière, 1987 (1re éd. 1907).

49. Cf. à ce sujet N. Laurin-Frenette, *Production de l'État et formes de la nation*, Montréal, Nouvelle optique, 1978, p. 60 sq. Cette perspective est relayée sur le plan « intérieur » par la caution apportée par beaucoup d'universitaires, après 1968, aux luttes régionalistes (autre façon de contribuer aux « luttes de libération nationale ») ; cf. l'analyse détaillée que développe B. Voutat sur ce sujet, *op. cit.*

50. Cf. notamment P. Bourdieu, « L'identité et la représentation. Éléments pour une réflexion critique sur l'idée de région », *Actes de la recherche en sciences sociales*, nov. 1980, n° 35 et, dans le même numéro, C. Bertho, « L'invention de la Bretagne. Genèse sociale d'un stéréotype ».

51. J.-L. Amselle, *Logiques métisses*, Payot, 1990.

52. B. Anderson, *Imagined Communities*, Verso, 1992 (1re éd. 1983) publié en français sous le titre : *L'Imaginaire national*, la Découverte, 1996.

53. Il est impossible ici de donner ne serait-ce qu'un aperçu équilibré de l'ensemble de ces recherches. Parmi les ouvrages qui ont joué un rôle essentiel ; citons celui de E. J. Hobsbawm et T. Ranger, *The Invention of Tradition*, Cambridge, Cambridge University Press, 1983 ; cf. aussi les recherches de l'historien hongrois Jenö Szücs sur la théorie politique médiévale ; « Sur le concept de nation. Réflexions sur la théorie politique médiévale », *Actes de la recherche en sciences sociales*, n° 64, sept. 1986 ; les travaux pionniers de Maurice Agulhon sur les représentations de la République (Marianne) et sur les monuments aux morts.

54. Cette définition risque de laisser penser que, pour l'auteur, les formes d'exclusion que subissent les étrangers sont le produit de leur « imagination ». On peut voir un symptôme de cette interprétation « idéaliste » du livre d'Anderson, dans le fait que le titre : « *Imagined communities* » a souvent été traduit par « communautés imaginaires » alors qu'il faut comprendre « communautés imagin*ées* ». En transformant la nation « imaginée » en nation « imaginaire », on est passé du domaine de la représentation à celui de la fiction !

55. « In the minds of each lives the image of their communion », *op. cit.*, p. 6.

56. « Or l'essence d'une nation est que tous les individus aient beaucoup de choses en commun, et aussi que tous aient oublié bien des choses », cité par B. Anderson, *op. cit.*, p. 6.

57. P. Nora, *Les Lieux de mémoire, op. cit.*, p. 653.

58. Citation extraite du document introductif présenté au colloque *Construction sociale et symbolique de la nation*, Institut Universitaire Européen, Florence, mai 1994, *op. cit*. Les organisateurs du colloque affirment aussi que c'est « seulement par les mythes, les symboles et les rituels que la nation devient perceptible pour ses membres et qu'elle existe au-dessus des actions individuelles ».

59. R. Aron, *Paix et guerre entre les nations*, Calmann-Lévy, 1962, p. 739.

60. C'est d'ailleurs par référence à ce débat sur la classe ouvrière que Luc Boltanski a proposé de substituer aux discussions sur les critères des analyses sur les formes de mobilisation collective.

61. Certains sont d'ailleurs passés allégrement d'une définition « objective » à une définition « subjective », en fonction du contexte politique. Ainsi, l'éminent juriste Georges Burdeau a-t-il commencé sa carrière sous Vichy en essayant de justifier les lois antisémites et xénophobes par le concept de la « nation-communauté », vue comme un « tout homogène et hiérarchisé » ; cf. G. Burdeau, *Cours de droit constitutionnel*, LGDJ, 1942, p. 229. Le même affirmera, après la Seconde Guerre mondiale, que la nation n'est qu'un « mythe » ; cf. G. Burdeau, article « nation », *Encyclopédie Universalis*.

62. L. Febvre, *La Terre et l'évolution humaine*, A. Michel, 1922, p. 323.

63. D. Potter, « The Historian's use of Nationalism and vice versa », *in* A. V. Riasanovsky, B. Riznick (eds), *Generalizations in Historical Writing*, 1963.

64. J'en ai donné quelques exemples dans G. Noiriel, « La question nationale comme objet de l'histoire sociale », *Genèses, sciences sociales et histoire*, mai 1991, pp. 72-94. Sur le rôle de ces acteurs un peu particuliers que sont les diplomates dans la construction sociale des nations, je me permets aussi de renvoyer à mon livre, G. Noiriel, *Réfugiés et sans-papiers…, op. cit.*, Hachette, 1998 (1re éd. 1991).

65. E. Gellner, *Nations et nationalisme*, Payot, 1989 (1re éd. 1983).

66. Cf. notamment M. Hroch, « Social and Territorial Characteristics in the Composition of the Leading Groups of National Movements », *in* A. Kappeler (ed), *The Formation of National Elites. Comparative Studies on Governments and Nondominants Ethnic Groups in Europe 1850-1940*, volume VI,

European Science Foundation, Darmouth, New York University Press, 1992, pp. 257-275.

67. E. J. Hobsbawm, *Nations et nationalisme, op. cit*.

68. À ce propos, cf. A. D. Smith, *The Ethnic Revival*, Cambridge University Press, 1981, et, du même auteur, *The Ethnic Origins of Nations*, Londres, Blackwell, 1986.

69. E. Weber, *La Fin des terroirs*, Fayard-Minuit, 1983 (1re éd. 1976).

70. E. J. Hobsbawm, *Nations…, op. cit*.

71. Le jugement de ces dernières est, en général, davantage motivé par leurs intérêts du moment que par le respect des grands principes. Les arguments historiques avancés par les Allemands pour justifier l'annexion de l'Alsace-Lorraine sont rejetés quand les Polonais les invoquent pour obtenir leur autonomie. De même, la France s'oppose au plébiscite et au « droit des peuples » quand ses intérêts sont en cause. C'est ainsi, par exemple, qu'en 1919 l'Autriche est amputée du Tyrol, alors même que 99 % de la population locale s'est prononcée contre cette solution.

72. Sur cette question, cf. J. Thoraval, « L'usage de la notion d'ethnicité dans l'univers culturel chinois », *Perspective chinoise*, 54, 1999.

73. M. Weber, *Le savant et le politique, op. cit*.

74. M. Mauss, *op. cit.*, p. 593. Cette définition est correcte pour les États-nations, comme la France, objet de toutes ses attentions. Si elle n'a pas eu beaucoup de succès chez ceux qui ont étudié les luttes d'indépendance nationale, c'est parce qu'elle semblait nier que ces groupes soient de « vraies nations » ; c'est pourquoi j'ai proposé ici de distinguer la nation en tant que groupe mobilisé en vue d'obtenir son indépendance politique et la nation en tant que communauté souveraine.

75. Ce n'est pas du côté de Max Weber qu'il faut se tourner, mais du côté d'Émile Durkheim. Le concept de « solidarité organique » qu'il a élaboré dans sa thèse sur la division du travail social est destiné, me semble-t-il, à traduire dans le langage de la sociologie la notion de citoyenneté.

76. Il faut ajouter les journalistes qui représentent « l'opinion publique ».

77. Pour une histoire comparée du passeport aux États-Unis, en Allemagne et en France, cf. J. Torpey, *The Invention of the Passport. Surveillance, Citizenship and the State*, Cambridge, Cambridge University Press, 2000.

78. C'est en vertu de ce principe que les *Volksdeutsche* (personnes « d'origine allemande » vivant dans d'autres pays que

l'Allemagne) ont été exclus, en tant que catégorie, de la protection accordée aux réfugiés après la Seconde Guerre mondiale.

79. La principale lacune d'Anderson est de ne pas voir que le droit est un instrument de liaison indirecte entre les hommes.

80. Sur ce point, cf. C. Calhoun, *Nationalism*, Buckingham, Open University Press, 1997.

81. En France, c'est seulement à la fin du XIXe siècle que l'on commence vraiment à pouvoir distinguer les Français et les étrangers dans les classes populaires. En Grande-Bretagne, l'*Alien Act* de 1905 illustre des mutations semblables. Partout elles sont accélérées et systématisées au moment de la guerre de 1914.

82. Dans tous les pays industrialisés, le développement de l'appareil statistique a joué un rôle essentiel dans ce processus de totalisation nationale ; cf. A. Desrosières, *La Politique des grands nombres. Histoire de la raison statistique*, La Découverte, 1993.

83. Ce point a été souligné, notamment, par N. Elias, *La Société des individus*, Fayard, 1991 (1re éd. 1987).

84. É. Durkheim, *Leçons de sociologie*, PUF, 1969, p. 13.

85. Michel Foucault définit ainsi l'assujettissement : « C'est une forme de pouvoir qui transforme les individus en sujets. Il y a deux sens au mot "sujet" : sujet soumis à l'autre par le contrôle et la dépendance et sujet attaché à sa propre identité par la conscience ou la connaissance de soi » ; M. Foucault, « Deux essais sur le sujet et le pouvoir » *in* H. Dreyfus, P. Rabinow, *Michel Foucault. Un parcours philosophique*, Gallimard, 1982, pp. 297-308. Pierre Bourdieu estime que l'efficacité symbolique de l'État bureaucratique tient au fait « qu'il s'incarne à la fois dans l'objectivité sous forme de structures et de mécanismes spécifiques et aussi dans la "subjectivité" ou, si l'on veut, dans les cerveaux sous forme de structures mentales, de catégories de perception et de pensée », P. Bourdieu, « Esprits d'État. Genèse et structure du champ bureaucratique », *Actes de la recherche en sciences sociales*, n° 96-97, mars 1993, p. 51.

86. N. Elias, *La Société…*, *op. cit.*, p. 270.

87. Sur le rôle joué par l'État dans la définition des nations modernes, cf. aussi D. Schnapper, *op. cit.*

88. Un ouvrier allemand et un ouvrier brésilien qui travaillent pour Volkswagen ne parlent pas la même langue, mais ils possèdent la même compétence professionnelle, ac-

complissent tous les jours les mêmes gestes, au profit des mêmes actionnaires.

89. Dans la perspective esquissée ici, la question de savoir si c'est à la « base » ou au « sommet » que se construisent les représentations nationales n'a guère de sens. Le problème fondamental n'est pas tant de voir à quel niveau elles s'élaborent que d'expliquer le processus d'*universalisation* grâce auquel une même « image » de la communauté nationale peut se diffuser sur un espace dépassant largement la sphère des interactions entre individus.

90. Cf. C. Calhoun, *op. cit*.

91. Le processus d'assimilation nationale est amplifié par les mesures prises pour faire participer les citoyens à la vie de la nation. Cela justifie aussi la mise en place d'une infrastructure administrative uniforme. Longtemps après le rattachement de cette région à la France (par le Traité des Pyrénées en 1659), les habitants du Roussillon continuent à parler le même dialecte des deux côtés de la frontière. Jusqu'au XIXe siècle, celle-ci est d'ailleurs encore très floue et mal délimitée. C'est seulement sous la IIIe République que le processus d'intégration et d'assimilation qui va transformer les Cerdans en Français de « souche » prend toute son ampleur ; cf. P. Sahlins, *Frontières et identités nationales. La France et l'Espagne dans les Pyrénées depuis le XVIIe siècle*, Belin, 1996 (1re éd. 1989).

92. Si, aujourd'hui encore, 7 millions d'emplois sont interdits aux étrangers non communautaires, c'est en application de cette stratégie de protection nationale inventée par la IIIe République.

93. Sur la façon dont cette question s'est posée dans l'histoire américaine, cf. C. Collomp, *Entre classe et nation. Mouvement ouvrier et immigration aux États-Unis*, Belin, 1998.

94. Cf. R. Brubaker, *Nationalism Reframed*, Cambridge, Cambridge University Press, 1997.

CHAPITRE V

1. L. Febvre, « Civilisation, évolution d'un mot et d'un groupe d'idées », Première semaine internationale de synthèse, *Civilisation, le mot et l'idée*, Renaissance du Livre, 1930, pp. 1-56, et du même : « Travail : évolution d'un mot et

d'une idée », *Journal de psychologie normale et pathologique*, 1948, pp. 19-28.

2. Cf. le recueil d'articles réunis dans R. Koselleck, *Le Futur passé*, Éd. EHESS, 1990 (1re éd. 1979).

3. *Ibid.*, pp. 104 et 106.

4. Cette recherche est fondée sur l'analyse du corpus rassemblé dans la banque de données « Frantex » qui comprend la plupart des grands textes de la littérature française publiés entre le XVIe et le XXe siècle (environ 3 300 œuvres). Les publications non littéraires, sans être absentes du corpus, sont sous-représentées. C'est pourquoi j'ai complété l'analyse de ces données par une étude du mot « nationalité » dans les dictionnaires, les textes juridiques et administratifs.

5. En effet, comme le souligne R. Koselleck, *Le Futur passé*, *op. cit.*, p. 109 : « Un mot devient un concept quand la totalité d'un ensemble de significations et d'expériences politiques et sociales dans lequel et pour lequel ce mot est utilisé entre dans ce seul mot. »

6. P. Rosanvallon, *Le Sacre du citoyen. Histoire du suffrage universel en France*, Gallimard, 1992, p. 19.

7. Il ne s'agit nullement ici de contester la légitimité de ce courant de recherche, mais de le ramener à ses justes proportions en montrant qu'il ne peut, pas plus qu'un autre, éclairer à lui seul toutes les dimensions du politique. En prétendant « comprendre le politique comme le lieu de travail de la société sur elle-même » (P. Rosanvallon, *op. cit.*, p. 20), l'histoire intellectuelle outrepasse à mon sens les limites de ce qu'elle peut apporter à la connaissance. Son indifférence au langage des acteurs met d'emblée en échec l'ambition totalisante explicitement affichée.

8. Une étude révélatrice de l'évolution des relations intellectuelles franco-allemandes consisterait à voir comment, selon les époques, les Français ont traduit ces mots, à partir des deux champs sémantiques qui, dans leur langue, ont toujours été très éloignés : l'un, valorisé, traduit *Volk* par « peuple », *Volkstum* par « culture populaire » et *Volkskunde* par « folklore » ; l'autre, dévalorisé, traduit ce terme par référence à l'« ethnie » : *Volkstum* renvoie alors au « caractère » ou au « groupe ethnique ».

9. Mme de Staël, *Corinne et l'Italie*, Londres, Peltier, 1807, p. 395.

10. Cf. par exemple R. Johannet, *Le Principe des nationalités*, Nouvelle Librairie nationale, 1918, p. 17 ; et aussi le compte rendu de la communication de M. Toledo sur l'his-

toire du mot « nationalité » au Centre International de Synthèse, *Bulletin international de synthèse*, décembre 1927, n° 4, pp. 9-10.

11. F. Jahn, *Recherches sur la nationalité ; l'esprit des peuples allemands et les institutions en harmonie avec leurs mœurs et leur caractère*, Bossanges Frères, 1825 (1re éd. 1810).

12. Sur ces questions, cf. les travaux de M. Espagne, M. Werner et leur équipe, notamment *Transferts. Relations interculturelles dans l'espace franco-allemand*, Éditions recherches sur les civilisations, 1988, et aussi H-J. Lüsebrink et R. Reichardt, « Histoire des concepts et transferts culturels, 1770-1815. Note sur une recherche », *Genèses, Sciences sociales et histoire*, 14, janvier 1994, pp. 27-41.

13. Je cite d'après la traduction française de 1825 qu'il faudrait certainement reprendre. Le traducteur P. Lortet, lui-même, écrit : « J'ai probablement été trop audacieux d'entreprendre cette traduction ; il fallait, pour bien la faire, plus de connaissances que je n'en ai de la langue allemande et sa littérature », Préface à F. Jahn, *op. cit.*, p. V. On sait la médiocrité des traductions de l'allemand en français à cette époque.

14. Préface, *op. cit.*, p. V.

15. P. Boiste, *Dictionnaire universel de la langue française*, Verdière, 1823. Le terme est présenté comme un « néologisme », au même titre que beaucoup d'autres, qui n'auront pas tous le même succès, loin s'en faut. On trouve ainsi le verbe « racer » : « produire un petit semblable à soi », construit à partir de « race ». L'auteur explique qu'il a délibérément voulu cultiver avec son dictionnaire « l'art de créer des mots nouveaux » et s'en prend vivement à ceux qui refusent la multiplication des néologismes dans la langue française.

16. On peut voir là une confirmation des analyses de Koselleck affirmant que les concepts sont non seulement un « reflet » des rapports sociaux, mais aussi constitutifs de ces rapports.

17. Cf. par exemple Augustin Thierry, *Dix ans d'études historiques, op. cit*.

18. J. Michelet, *Tableau..., op. cit.* ; *Le Peuple*, Hachette et Paulin, 1846 ; A. Thierry, *Considérations..., op. cit.* ; A. de Lamartine, *Souvenirs. Voyage d'Orient*, in *Œuvres complètes*, Firmin et Didot, 1849-1850, t. 9 (1re éd. 1835) ; V. Hugo, *Le Rhin. Lettre à un ami*, Ollendorf, 1906 (1re éd. 1842).

19. Il emploie une seule fois le mot « nationalité » dans sa correspondance ; cf. H. de Balzac, *Correspondance*, t. 1, 1832, p. 571 (écrits de l'année 1831).

20. F. Ozanam, *Essai sur la philosophie de Dante,* 1838, p. 108 ; E. Quinet, *Allemagne et Italie,* 1836, pp. 4-5.

21. Selon les auteurs (et parfois chez un même auteur, selon les chapitres), le terme renvoie à l'État-nation, au groupe ethnique, à la race, et même à la classe sociale (Sieyès lui-même affirme que « chaque ordre est une nation distincte »), abbé Sieyès, *Qu'est-ce que..., op. cit.*, p. 80.

22. A. de Lamartine, *Souvenirs..., op. cit.*, p. 277 ; P. Leroux, *De l'humanité,* Perrotin, p. 732 ; A. Thierry, *Considérations..., op. cit.*, p. 39 ; E. Quinet, *Allemagne..., op. cit.*, p. 46 ; J. Michelet, *Introduction à l'histoire universelle,* 1831, p. 460 ; P.-J. Proudhon, *Système des contradictions économiques*, t. 2, 1846, p. 39.

23. « On emploie généralement ce terme dans le sens de race. Ainsi lorsqu'on dit la nationalité arabe, la nationalité turque, on désigne par là l'ensemble des populations de race arabe ou de race turque » ; article « nationalité », *in* Garnier-Pagès (dir.), *Dictionnaire politique. Encyclopédie du langage et de la science politique*, Pagner, 1843 ; J.-B. Say, *Traité d'économie politique*, 1832 ; J.-C. Bailleul, *Dictionnaire critique du langage politique*, Benard et Charpentier, 1839.

24. Le succès rencontré par ce mot nouveau est d'autant plus remarquable que la radicalisation des luttes politiques, à partir de 1830, entraîne le déclin des substantifs en *-ité* au profit des mots en *-isme* (on passe par exemple de communauté à communisme). Cf. J. Dubois, *Vocabulaire politique et social en France, 1869-1872*, Larousse, 1963.

25. En 1690, le *Dictionnaire* de Furetière définissait déjà la race par référence aux « lignages » et à la monarchie capétienne ; sur l'histoire de ce mot, cf. notamment S. Bonnafous *et alii* (dir.), « Sans distinction de... race », *Mots*, décembre 1992.

26. J. Barbey d'Aurevilly, *Mémorandum quatrième,* in *Œuvres complètes*, Genève, Slatkine Reprints, 1979, t. 5, pp. 94-95 (1re éd. 1858).

27. F. Guizot, *Histoire de la civilisation en Europe*, Hachette, collection « Pluriel », 1985, pp. 182-183 (1re éd. 1828).

28. Il s'agit certainement des travaux de science naturelle de Buffon, prolongés par Lamarck et Cabanis, qui aboutissent à une définition de la race centrée sur les caractéristiques physiques ; cf. A. Thierry, *Dix ans d'études historiques, op. cit.*, p. 135. Dans ses *Considérations..., op. cit.*, l'auteur emploie surtout le terme « nationalité » quand il évoque les peuples du Moyen Âge et notamment les Francs.

29. J. Michelet, *Tableau…, op. cit.*, pp. 71, 126 et 138.

30. J. Barbey d'Aurevilly, *Memorandum Troisième,* in *Œuvres complètes*, Genève, Slatkine Reprints, 1979, p. 50 (1re éd. 1856).

31. J. Michelet, *Le Peuple, op. cit.*, p. 307.

32. J. Michelet, *ibid.*, p. 164.

33. G. Flaubert, *Par Champs et par grèves*, L. Conard, 1954, p. 281 (1re éd. 1848).

34. Selon lui, la France est formée de douze nationalités qui correspondent *grosso modo* aux anciennes provinces. P.-J. Proudhon, *Système…, op. cit.*, pp. 32, 44, 53. Dès le début de la monarchie de Juillet le thème de la « disparition des nationalités » était devenu un thème de prédilection pour les écrivains romantiques révolutionnaires (comme Lamartine) ; ce qui explique l'engouement de l'époque pour l'histoire, pour la sauvegarde des archives et des vestiges.

35. V. Hugo, *Correspondance, 1849-1866*, 1866, p. 25.

36. *Catéchisme républicain*, cité par J. Dubois, *op. cit.*, p. 351.

37. M. Deloche, *Du principe des nationalités*, cité par René Johannet, *op. cit.*, p. 143.

38. A. Cournot, *Traité de l'enchaînement des idées fondamentales dans les sciences et dans l'histoire,* in *Œuvres complètes*, Vrin, t. 3, 1982, p. 551 (1re éd. 1861).

39. Étant donné qu'elle ne peut s'appuyer sur le critère juridique de l'allégeance à l'État-nation pour différencier les « Polonais » des « Allemands » ou des « Italiens », l'administration établit ses classements nationaux en se référant aux déclarations des individus concernés et aux caractéristiques « ethnico-culturelles » (principalement la langue parlée).

40. A. de Tocqueville, *De la Démocratie en Amérique*, Garnier-Flammarion, 1981, t. 2, p. 82 (1re éd. 1840).

41. L. Febvre, « Civilisation », *op. cit.*

42. A. de Broglie, *Diplomatie et droit nouveau*, 1868, pp. 106-113. Il est évident que ce diagnostic s'explique en grande partie par la position politique de l'auteur. Président du Conseil sous Louis-Philippe, Albert de Broglie est, au début de la IIIe République, le chef du « gouvernement d'ordre moral », qui sera renversé par les républicains en 1877.

43. A. France, *Lorme du mail*, 1897, p. 187.

44. É. Zola, *Germinal, in* A. Lanoux, Henri Mitterand (dir.), *Rougon-Macquart*, Gallimard, 1964, t. 3, p. 1347 (1re éd 1885).

45. J. Michelet, *Tableau…, op. cit.*, p. 136.

46. Il est significatif que Michelet lui-même ait été contraint, en 1870, de rectifier ses analyses antérieures pour les conformer au nouveau principe identitaire. En 1870, il écrit : « Un certain petit fonds commun de langue ne fait rien quand il s'agit de nationalité. L'Alsacien qui avec un patois germanique ne comprend pas l'allemand qu'on parle à une lieue de lui, n'est point du tout allemand » ; cité par René Johannet, *op. cit.*, p. 231.

47. M. Barrès, *Mes Cahiers, 1907*, t. 5, 1906-1907, p. 85.

48. *Ibid., 1902*, t. 2, 1898-1902, pp. 201-202. Plus loin, il note : « Pour ma Lorraine : recherches sur la nationalité par Jahn », *ibid., 1904*, t. 3, 1902-1904, p. 107.

49. M. Barrès, *Mes Cahiers, 1912*, t. 9, 1911-1912, p. 171.

50. E. Renan, *Qu'est-ce qu'une nation ?, op. cit.*

51. *Répertoire de Législation*..., 1855, t. 32, p. 499.

52. G. Cogordan, *Droit des gens. La nationalité au point de vue des rapports internationaux*, Larose, 1879.

53. L'auteur montre cependant que, dans les années 1870, les liens reliant l'individu à son État sont encore lâches : « En pratique, il y a malheureusement beaucoup d'individus qui n'appartiennent à aucune nationalité. » Ils profitent des immunités accordées aux étrangers à titre de réciprocité. Au nom du principe de « politesse internationale », « ils vivent paisiblement dans le pays qui leur donne l'hospitalité, s'y enrichissent sans subir de charges. Souvent indigents, ils reçoivent des secours publics ». Ce sont ces incohérences que la nouvelle législation va s'employer à supprimer.

54. Dans des colonies comme l'Algérie, les indigènes sont dans une situation comparable puisqu'ils ont la nationalité française sans être citoyens.

55. M. Barrès, *Mes Cahiers, 1904, op. cit.*, t. 3, 1902-1904, p. 322.

56. Cf. E. Dreyfus et L. Le Sueur, *La Nationalité*, Pédone-Lauriel, 1890.

57. Cf. P. Lagarde, *La Nationalité française*, Dalloz, 1989, p. 3, et la communication de M. Tolédano, *Bulletin du Centre International de Synthèse, op. cit.*

58. La réorganisation du champ sémantique du terme « nationalité » à la fin du XIXe siècle a aussi pour effet de libérer un espace pour le lexique de l'« ethnicité » ; espace qui va être occupé par les sciences humaines naissantes.

CHAPITRE VI

1. D. Reid, « Industrial Paternalism : Discourse and Practice *in* XIXth Century French Mining and Metallurgy », *Comparative Studies in Society and History*, October 1985, p. 579.

2. Ce chapitre se limite à ce secteur car il a fourni les formes les plus « achevées » et les plus « théorisées » de paternalisme.

3. Ces conditions historiques pèsent encore aujourd'hui sur la manière dont les historiens réfléchissent à cette question, appréhendée souvent de façon passionnelle (dans la logique de la « dénonciation » ou de la « réhabilitation »).

4. F. Le Play, *La Réforme sociale en France*, E. Dentu, 1867, t. II, p. 413. M. Z. Brooke avait déjà noté que le terme anglais « *paternalism* » correspondait davantage au mot français de « patronage » qu'à celui de « paternalisme » ; cf. M. Z. Brooke, *Le Play Engineer and Social Scientist*, Londres, Longman, 1970, p. 29.

5. M. Perrot, « The Three Ages of Industrial Discipline in Nineteenth-Century in France », *in* J. Merriman (ed), *Consciousness and Class Experience in Nineteenth-Century Europe*, New York, Holmes and Meier, 1979, p. 154.

6. Le meilleur exemple de ce genre d'analyse reste L. Murard et P. Zylberman, *Le Petit Travailleur infatigable*, coll. « Recherches », CERFI, novembre 1976.

7. F. Ewald, *L'État providence*, Grasset, 1986, p. 130.

8. Y. Lamy, *Travail du fer, propriétés foncières, sociétés paysannes en Périgord (1789-1930)*, thèse de 3e cycle, Université de Paris X, 1984, éditée sous le titre *Hommes de fer en Périgord au XIXe siècle*, Lyon, La Manufacture, 1987.

9. Cette séparation tend à s'affaiblir avec la disparition de la sidérurgie au bois, mais jusqu'à la fin du Second Empire les ouvriers « externes » forment souvent plus des deux tiers du personnel ; cf. G. Hardach, Der *Soziale Status des Arbeiters in der Frühindustrialisierung (1800-1870)*, Berlin, Duncker und Humblot, 1969, pp. 26-27, et surtout D. Woronoff, *Histoire de l'industrie en France du XVIe siècle à nos jours*, Le Seuil, 1994.

10. G. Thuillier, *Aspects de l'économie nivernaise au XIXe siècle*, Mouton, 1966, p. 285 ; P. Lévêque, *Une Société provinciale : la Bourgogne sous la monarchie de Juillet*, Éd. EHESS-Jean Touzot, 1983, t. 1, p. 298.

11. A. Corbin, *Le Limousin, archaïsme et modernité (1845-1880)*, Marcel Rivière, 1975, t. 1, p. 309 ; H. Contamine, *Metz et la Moselle de 1814 à 1870*, Nancy, Société d'Imprimerie, 1932 ; Y. Lamy, *Travail du fer…, op. cit.*, p. 149 ; sur ces problèmes voir aussi D. Woronoff, *L'Industrie sidérurgique en France pendant la Révolution et l'Empire*, EHESS, 1984.

12. Et les accidents du travail d'autant moins nombreux qu'aucune loi ne vient les définir ni les enregistrer.

13. Cela notamment parce qu'il n'existe pas encore de réelle intégration technique des différentes installations, ni de définition juridique claire de « l'usine sidérurgique ».

14. La première phase d'urbanisation du Creusot (maisons de type villageois plus casernes) reflète cette dualité de la main-d'œuvre ; cf. P. Bourdelais, « L'industrialisation et ses mobilités (1836-1936) », *Annales ESC*, septembre-octobre 1984.

15. H. Contamine, *Metz…, op. cit.*, p. 136.

16. Cf. G. Thuillier, *Georges Dufaud et les débuts du grand capitalisme dans la métallurgie en Nivernais au XIXe siècle*, Paris, SEVPEN, 1959, p. 173 sq.

17. Même en Moselle, malgré le dynamisme des forges de Wendel, le nombre des petits propriétaires terriens augmente au XIXe siècle ; cf. H. Contamine, *Metz…, op. cit.*

18. B. Gille, « La formation du prolétariat ouvrier dans l'industrie sidérurgique française », *Revue d'histoire de la sidérurgie*, n° 4, 1963.

19. G. Thuillier, *Aspects…, op. cit.*, p. 243.

20. Pour Émile Martin, par exemple, la construction de « casernes » pour les ouvriers ne correspond pas d'abord à une préoccupation « disciplinaire », mais à la volonté de créer un « esprit de corps » au sein de son personnel ; cf. G. Thuillier, *Georges Dufaud, op. cit.*, p. 173.

21. Selon l'expression de S. Bonnet, *L'Homme du fer*, Nancy, Presses Universitaires, 1985-1986, 4 tomes.

22. Ce qui pourrait expliquer ce curieux phénomène observé sous le Second Empire d'une industrialisation sans extension numérique de la classe ouvrière.

23. Jusqu'à la fin du XIXe siècle, le règlement des établissements Peugeot stipule que « les ouvriers-paysans peuvent être autorisés à quitter l'atelier pendant deux heures afin de se rendre au plus vite dans leurs champs » ; le matin un retard au poste d'une demi-heure est toléré ; cf. G. Bugler, *Histoire du Valentigney au XIXe siècle*, Montbéliard, Les Presses de l'Est, 1970, p. 18

24. Y. Lequin, *Les Ouvriers de la Région lyonnaise (1848-1914)*, Lyon, PUL, 1977, t. 1, p. 156.

25. Que l'on songe, par exemple, au peu d'intérêt manifesté par Durkheim pour la méthodologie mise au point par Le Play, véritable précurseur, avec ses monographies ouvrières, de la « sociologie de terrain ».

26. É. Cheysson, *Œuvres choisies*, A. Rousseau, 1911, 2 vol.

27. L'exemple préféré de Le Play est la politique autoritaire en matière religieuse développée sous la Restauration et qui eut finalement pour effet de renforcer l'athéisme.

28. Cf. notamment R. Boyer, *La Théorie de la régulation : une analyse critique*, La Découverte, 1986.

29. La méthode mise en œuvre dans les monographies est exposée dans F. Le Play, *La Méthode sociale*, Tours, Marne et fils, 1879. Les monographies de l'École le-playsienne sont rassemblées dans *Les Ouvriers européens*, Tours, Marne et fils, 1877-1879, et dans *Les Ouvriers des deux mondes*, Tours, Marne et fils, 1857-1913.

30. Voir, par exemple, A. Lipietz, *Crise et inflation, pourquoi ?*, Maspero, 1979. La « redécouverte » actuelle de Le Play et de son École doit beaucoup aux travaux de B. Kalaora, A. Savoye et de F. Arnault ; cf. notamment A. Savoye, « Les continuateurs de Le Play au tournant du siècle », *Revue française de sociologie*, 1981, et B. Kalaora et A. Savoye, « La mutation du mouvement le-playsien », *Revue française de sociologie*, 1985, voir aussi F. Arnault, « Le Play en 1848 », *Le Mouvement social*, octobre-décembre 1985, et sa thèse *Frédéric Le Play : de la métallurgie à la science sociale*, Université de Nantes, 1985 (dact.).

31. Cf. G. Noiriel, *Les Ouvriers..., op. cit.*

32. Le déclin de la sidérurgie traditionnelle était déjà largement entamé sous le Second Empire, comme l'indique Maurice Lévy-Leboyer, qui estime qu'entre 1856 et 1871 les deux tiers des forges traditionnelles ont disparu ; M. Lévy-Leboyer et F. Bourguignon, *L'Économie française au XIXe siècle*, Économica, 1985, p. 57.

33. Pour D. Reid, la perte d'autonomie des mineurs est le facteur décisif de la grande grève de 1884 à Anzin ; cf. D. Reid, « Paternalism... », *op. cit.*

34. Sur l'émergence du délégué mineur, cf. D. Reid, « La sécurité minière faite règle. Les délégués à la sécurité dans le bassin d'Aubin, 1867-1914 », *in* L. Thévenot (dir.), *Conventions économiques*, PUF, 1986, pp. 73-89.

35. F. Ewald, *L'État providence, op. cit.*, p. 248.

36. Max Weber a très bien décrit cette douloureuse mutation au début de son ouvrage *L'Éthique protestante et l'esprit du capitalisme*, Plon, 1964 (1re éd. 1905).

37. D'après D. Reid, « Paternalism... », *op. cit.*

38. Ce qui signifie qu'il ne s'agit ni d'un « modèle » ni d'un « exemple », mais plutôt d'un « tableau de pensée » visant à dégager les traits pertinents de ce rapport social. Précisons aussi que la stratégie patronale décrite ici n'est nullement assimilable à un projet conscient et programmé.

39. Cf. notamment P. O'Brien et C. Keyder, « Les voies de passage vers la société industrielle en Grande-Bretagne et en France (1780-1914) », art. cit.

40. K. Polanyi, *La Grande Transformation. Aux origines politiques et économiques de notre temps*, Gallimard, 1983 (1re éd. 1944).

41. Entre 1872 et 1891, les services ont absorbé un effectif équivalent au chiffre de la main-d'œuvre sortie de l'agriculture, M. Lévy-Leboyer et F. Bourguignon, *L'Économie...*, *op. cit.*, p. 91. Précisons que les modèles économétriques qui composent la deuxième partie de leur ouvrage sont inconciliables avec la problématique de l'histoire sociale. Alors que de Marx à Polanyi, en passant par Weber, un axe central de réflexion a été de comprendre comment l'industrialisation était parvenue à arracher des millions d'individus à la condition et aux valeurs du monde paysan, la modélisation présentée ici part de l'*a priori* qu'étant donné la « misère » des campagnes au XIXe siècle « les réserves de main-d'œuvre n'ont jamais fait défaut dans les périodes de croissance rapide, lorsque de nouveaux secteurs d'activité se sont ouverts » (p. 299). Il nous semble que, dans l'industrie lourde tout au moins, la plupart des travaux publiés à ce jour prouvent plutôt le contraire.

42. Jean-Marie Mayeur estime que « ce fut une des chances de la République, et l'une des raisons de son enracinement, d'avoir ainsi offert de nombreux emplois à une couche sociale désireuse de s'élever », *Les Débuts de la Troisième République*, Seuil, 1973, p. 92.

43. G. Cross, *Immigrant Workers in Industrial France...*, *op. cit.*

44. P. N. Stearns, *Paths to Authority. The Middle Class and the Industrial Labor Force 1820-1848*, Urbana, University of Illinois Press, 1978, p. 170.

45. S. Bonnet note ainsi, à propos de la sidérurgie lorraine : « Qu'il s'agisse d'écoles, d'hôpitaux, de routes ou de gendar-

meries, les pouvoirs publics font difficilement face aux problèmes posés par l'extraordinaire afflux de population dans l'arrondissement de Briey [...]. Le patronat de la Meurthe-et-Moselle est amené à pallier les carences étatiques », *L'Homme du fer, op. cit.*, t. 1, p. 56.

46. Partout, à la suite des grèves, les patrons s'emploient à mettre au pas les cafetiers et les commerçants récalcitrants. Au Creusot, le règlement de 1905 interdit aux ouvriers de tenir un café ou un commerce ; cf. J.-P. Frey, *La Ville industrielle et ses urbanités. La distinction ouvriers-employés 1870-1930*, Bruxelles, Pierre Mardaga, 1986 ; la même évolution est observée à la fin du XIXe siècle dans la région de Denain, cf. P. Veitz, *Travail, société, politique dans une région ouvrière, le Valenciennois, 1830-1980*, thèse de 3e cycle, EHESS, 1982 (dact.).

47. Robert Pinot dit textuellement : « Il fallait alors [fin du XIXe siècle] remplacer pour l'ouvrier tous les appuis que sa vieillesse rencontrait jusqu'alors dans sa propre famille, dans son établissement dans des centres ruraux, dans la continuité des engagements et enfin dans l'accession facile au petit patronat », R. Pinot, *Les Œuvres sociales dans l'industrie métallurgique*, A. Colin, 1924, p. 25.

48. En 1908, aux Aciéries de Longwy, les « œuvres sociales » représentent 46,3 % des bénéfices ; en 1930, elles comptent pour près de 10 % du prix de revient des produits sidérurgiques ; sur tout cela cf. G. Noiriel, *Les Ouvriers sidérurgistes et les mineurs de fer dans le bassin de Longwy pendant l'entre-deux-guerres*, thèse de 3e cycle, Université de Paris VIII, 1982 (dact.), et pour une perspective à plus long terme G. Noiriel, *Longwy. Immigrés et Prolétaires, op. cit.*

49. Au Creusot, comme à Longwy et dans bien d'autres endroits, c'est après les grèves que sont mises en place les écoles ménagères ; celles de Schneider ont pour devise la maxime de François Coppée : « Savoir se contenter de peu ; voilà la sagesse et la vérité » ; cf. R. Parize, *Le Paternalisme et son influence politique au Creusot (1899-1939)*, thèse de 3e cycle, Université de Toulouse II, 1981, p. 157 (dact.). Voir aussi P. Galloro, *La Main-d'œuvre des usines sidérurgiques de Lorraine, 1880-1939. Étude des flux. Analyse des Forges de Jœuf*, thèse, Université de Metz, 1996 (dact.).

50. Le cas des mines est quelque peu différent puisque à défaut d'ouvriers français, même qualifiés, il faut enraciner la main-d'œuvre étrangère.

51. D'après R. Parize, *Le Paternalisme..., op. cit.*, p. 88.

52. La propreté est un élément dans la stratégie patronale visant à transformer la paysanne en femme d'ouvrier. C'est un moyen d'inculquer les normes de la discipline domestique dans les familles ouvrières.

53. Au Creusot, entre 1899 et 1912, les dirigeants de l'entreprise ont créé autant d'institutions sociales que pendant les soixante-trois années précédentes, organisant ainsi de nombreuses cérémonies destinées à reprendre symboliquement possession des lieux contestés pendant les grèves, cf. R. Parize, *Le Paternalisme…, op. cit.*

54. Ne serait-ce qu'en vertu de ce « point d'honneur social » dont parle Max Weber et qui pousse le groupe national à dévaloriser les nouveaux venus. Norbert Elias a montré comment la « sociabilité ouvrière » pouvait aussi servir à ces discriminations ; cf. M. Weber, *Économie et Société, op. cit.*, p. 419 ; N. Elias et J.-L. Scotson, *The Established and the Outsiders*, Londres, Franck and Co, 1965.

55. Cf. notamment N. Elias, *Qu'est-ce que la sociologie ?*, Pandora, 1981.

56. Dans ce cas, les stratégies de contrôle de la main-d'œuvre (hors de l'entreprise) sont donc bien différentes de celles du paternalisme ; il s'agit de s'appuyer sur les réseaux de pouvoir indépendants du patronat, mais qui de ce fait peuvent également être mis à profit par les ouvriers. Pour une analyse en très longue durée des formes de domination ouvrière, cf. R. Castel, *Les Métamorphoses de la question sociale*, Fayard, 1995.

CHAPITRE VII

1. D'après J. Brun, *America ! America !, op. cit.*

2. Au moins jusque dans les années 1930.

3. Cf. notamment G. Mauco, *Les Étrangers en France, op. cit.*, et H. Le Bras, *Les Trois France*, Odile Jacob, 1986, p. 201 sq. Ni les recensements de la SGF, ni l'Annuaire statistique annuel ne fournissent d'indications sur le taux d'immigrés dans la population urbaine avant 1939.

4. G. Mauco, *op. cit.*, p. 41.

5. H. Le Bras, *Les Trois France, op. cit.*

6. H. Le Bras et E. Todd, *L'Invention de la France, op. cit.*

7. Cf. J. Ponty, *Les Travailleurs polonais en France*, Thèse pour le doctorat d'État, Université de Paris I, 1985, 3 vol., repris dans *Polonais méconnus, op. cit.*

8. R. Blanchard, *La Flandre*, Lille, Danel, 1906.

9. G. Mauco, *op. cit.*, p. 159 ; A. Beltramone, *La Mobilité géographique d'une population*, Gauthiers-Villard, 1966, p. 154.

10. D'après G. Mauco, *Mémoire sur l'assimilation des étrangers en France, op. cit.*

11. P. Pierrard, *La Vie ouvrière à Lille sous le Second Empire*, Brionne, Gérard Montfort, 1965, p. 192.

12. G. Mauco, *Les Étrangers, op. cit.*, p. 344.

13. Sur Toulon, cf. M. Serre, « Problèmes démographiques d'hier et d'aujourd'hui ; note sur l'immigration italienne à Toulon et dans le Var », *Revue de géographie alpine, 1952* ; sur Marseille : A. Sportiello, *Les Pêcheurs du Vieux Port*, Marseille, Jeanne Laffite, 1981 ; sur Valence : A. Keuroghlian, *Les Arméniens dans la région Rhône-Alpes*, thèse pour le doctorat de 3e cycle, Université de Lyon, 1977 (dact.) ; sur le quartier du Marais à Paris : N. Green, *Les Travailleurs immigrés juifs à la Belle Époque, op. cit.*

14. Que l'on compare par exemple les deux « capitales » de la sidérurgie qu'ont été Pittsburgh pour les États-Unis et Longwy pour la France.

15. J. Ponty, *op. cit.*, p. 460.

16. J. Miège, « Le développement d'Ugine (Savoie), 1901-1933 », *Revue de géographie alpine*, 1934. Dans tous ces centres de l'industrie lourde, il faudrait ajouter les ouvriers-paysans recrutés dans les villages alentours qui continuent à être nombreux (80 % de l'effectif français à Ugine dans les années 1930).

17. J. Tomasi, « Le migrant dans l'entreprise », *Recherches régionales*, 1975.

18. Pour le Gers, voir notamment G. Marcel-Raymond, *L'Immigration italienne dans le sud-ouest de la France*, Dalloz, 1928.

19. H. Le Bras, *Les Trois France, op. cit.*, p. 205.

20. L'analyse marxiste, en mettant l'accent sur la contrainte économique que représente le fait de n'avoir que sa force de travail à négocier, contribue à la sous-estimation des effets propres au droit.

21. C'est moi qui souligne ; cf. E. François (dir.), *Immigration et société urbaine en Europe occidentale (XVIe siècle-XXe siècle)*, Éd. de la Recherche sur la civilisation, 1985, p. 7.

22. H. Le Bras, *op. cit.*, pp. 206-208 ; G. Dupeux (dir.), *Les Migrations internationales de la fin du XVIIIe siècle à nos jours*, Éd. du CNRS, 1980, introduction.

23. Cela par suite d'une conception du « tout » social semblable à la fusée Arianne, c'est-à-dire par « étages » qui se séparent l'un après l'autre.

24. Norbert Elias a remarqué que lorsqu'un mot nouveau fait brutalement son apparition dans le vocabulaire courant, c'est l'indice de l'émergence d'un problème social important ; cf. N. Elias, *La Civilisation des mœurs, op. cit.*

25. A. Bertillon, article « Migrations », *Dictionnaire des sciences médicales*, 1878.

26. Autonomisation des rythmes de travail soumis maintenant à la règle industrielle de la *continuité* et de la régularité, autonomisation de l'espace de travail (notamment par clôture de l'usine).

27. Cité par F. Lentacker, *La Frontière franco-belge*, thèse pour le doctorat d'État, Université de Lille, 1973, p. 377 (dact.).

28. Cité par J. Ray, *Les Marocains en France*, Lavergne, 1937.

29. Cité par J. Ponty, *op. cit.*, p. 130.

30. C. Hauser, *La Population italienne dans les vallées intra-alpines de Savoie, du rattachement à la Seconde Guerre mondiale*, thèse pour le doctorat de 3e cycle, Université de Paris, 1978, p. 135 (dact.).

31. J. Tomasi, *op. cit.*

32. Cf. J.-P. Burdy, *Le Soleil noir. Formation sociale et mémoire ouvrière dans un quartier de Saint-Étienne, 1840-1940*, thèse de doctorat d'histoire, Université de Lyon II, 1986 (dact.) ; voir aussi O. Hardy-Hemery, *De La Croissance à la désindustrialisation. Un siècle dans le Valenciennois, op. cit.*

33. G. Cross, *Immigrant Workers in Industrial France, op. cit.*

34. G. Noiriel, *Les Ouvriers…, op. cit.*

35. Comme l'a montré Karl Polanyi, *La Grande transformation, op. cit.*

36. Pour plus de détails sur ce point, cf. G. Noiriel, *Le Creuset français, op. cit.*

37. G. Rambert, *Marseille : La formation d'une grande cité moderne*, Marseille, SA du Sémaphore, 1934.

38. E. Hepp, *De La Condition légale des étrangers en France*, Nancy, Berger-Levrault, 1862, p. 4.

39. G. Mauco, *Les Étrangers…, op. cit.*, p. 278.

40. Le recrutement et l'installation d'un mineur polonais dans les mines du centre de la France est évalué par les chefs d'entreprise à plus de 5 600 francs, d'après D. Ducellier,

« L'immigration polonaise dans le bassin de Blanzy dans l'entre-deux-guerres », *Revue périodique de la Physiophilie*, Montceau-les-Mines, 1981-1982.

41. R. Trempé, « La main-d'œuvre étrangère aux mines de Carmaux entre les deux guerres », *Revue du Tarn*, 1971.

42. J. Ponty, *op. cit.*, p. 361.

43. Comme le note Judy Reardon, jusqu'à la fin du Second Empire, les papiers exigés des travailleurs étrangers (certificat de bonnes mœurs, permis de séjour, etc.) étaient variables d'un endroit à l'autre et selon les conjonctures. « L'avantage de règles si mal définies et même si capricieuses était qu'elles pouvaient être aménagées en fonction des circonstances. » Par ailleurs, l'aspect « légal » de ces documents est souvent approximatif. Pour Firmin Lentacker, les ouvriers belges qui se rendent dans le Nord sous le Second Empire n'ont souvent qu'un mot de leur bourgmestre : « Bon pour aller à Paris » ; cf. J. Reardon, *Belgian Workers in Roubaix in the 19th century*, Dissertation of philosophy, University of Maryland, 1977, p. 123 (dact.) ; F. Lentacker, *op. cit.*, p. 375.

44. Cf. J. Ponty, *op. cit.*, p. 63.

45. Sur ce problème, cf. notamment M. Piore, *Birds of passage and Promised Lands : Long Distance Migrants and Industrial Societies*, Cambridge, Cambridge University Press, 1979. Notons qu'en 1920, déjà, les chantiers de reconstruction du nord et de l'est de la France employaient autant d'immigrés clandestins que d'immigrés légaux.

46. Notamment par J.-C. Bonnet, *Les Pouvoirs publics et l'immigration dans l'entre-deux-guerres, op. cit*.

47. Cf. G. Cross, *op. cit*.

48. G. Mauco, *Les Étrangers…, op. cit.*, pp. 131 et 129.

49. J. Perrin, *La Main-d'œuvre étrangère dans les établissements du bâtiment et des travaux publics en France*, PUF, 1925, p. 125.

CHAPITRE VIII

1. Ce chapitre regroupe et homogénéise les deux études suivantes : « Communisme et immigration ; éléments pour une recherche », *Communismes*, 15-16, 1987, pp. 90-96, et « Immigration et tradition politique », *Pouvoirs*, 42, 1987, pp. 83-92.

2. Voir surtout M. Weber, *Essais sur la théorie de la science, op. cit.*

3. M. Bloch, *Apologie pour l'histoire, op. cit.*

4. Pour une vue d'ensemble sur les diverses interprétations du phénomène communiste en France, cf. S. Courtois et M. Lazar, *Histoire du parti communiste*, PUF, 2000 (rééd.).

5. R. Rémond, *Pour une histoire politique, op. cit.*, p. 38.

6. A. Siegfried, *Tableau..., op. cit.*

7. P. Bois, *Paysans de l'Ouest, op. cit.*

8. Dans ses études sur la « morphologie politique », Maurice Halbwachs insiste sur l'importance de l'enracinement d'une population pour la conservation de ses traditions ; cf. M. Halbwachs, *La Mémoire collective, op. cit.* ; M. Halbwachs, *Morphologie sociale, op. cit.*

9. H. Le Bras et E. Todd, *L'Invention de la France, op. cit.*, p. 212.

10. P. Bois, *Paysans de l'Ouest, op. cit.*, p. 360.

11. H. Le Bras et E. Todd, *L'Invention de la France, op. cit.*, p. 212.

12. En fait, l'ampleur de l'immigration est très variable selon les secteurs du marché du travail ouvrier. Pour plus de précisions sur cette question, cf. G. Noiriel, *Les Ouvriers dans la société française, op. cit.*

13. La notion de « tradition politique » doit donc être maniée avec beaucoup de précautions. On retrouve, à propos de l'histoire contemporaine, le constat que Moses Finley avait fait, il y a déjà longtemps, à propos de la Grèce ancienne : « Il est peu de notions que les historiens [...] soient moins préparés à examiner avec un suffisant esprit critique, enveloppés qu'ils sont par le chaleureux éclat que répand le mot "tradition" » ; M. Finley, *Mythe, mémoire, histoire*, Flammarion, 1981, p. 31.

14. A. O. Hirschman, *Défection et prise de parole*, Fayard, 1995 (1re éd. 1970).

15. Cf. notamment S. Kuhnle, « Emigration, Democratization and the Rise of the European Welfare States », dans *Mobilization, Center-Periphery Structures and Nation-Building*, Bergen, Per Torsvik, Universitetsforlaget, 1981.

16. E. Shorter et C. Tilly, *Strikes in France, 1830-1968, op. cit.*

17. Pour une analyse américaine de ce phénomène, cf. D. Montgomery, *Workers' Control in America, op. cit.*

18. N. Elias et J. L. Scotson, *Les Logiques de l'exclusion*, Fayard, 1997 (1re éd. 1965).

19. Cf. C. Dubar, G. Gayot, J. Hédoux, « Sociabilité minière et changement social à Sallaumines et à Noyelles-sous-Lens (1900-1980) », *Revue du Nord*, avril-juin 1982.

20. Voir notamment J. Girault (dir.), *L'Implantation du Parti communiste français, op. cit.*

21. C. S. Sabel, *Work and Politics, op. cit.*

22. S. Bonnet, *Sociologie politique et religieuse de la Lorraine, op. cit.*

23. J. Barou, « Genèse et évolution d'un village urbain : un groupe d'émigrés algériens dans un ensemble d'îlots du XVIe arrondissement de Marseille », *Ethnologie française, 1987.*

24. P. Martinencq, *Ouvriers des chantiers navals et mode de vie : La Seyne-sur-Mer et son marché de l'emploi (1830-1981)*, Thèse EHESS, 1982 (dact.).

25. S. Hugonnier, « Tempéraments politiques et géographie électorale dans deux grandes vallées intra-alpines des Alpes du Nord : Maurienne et Tarentaise », *Revue de géographie alpine, 1954.*

26. À propos des États-Unis, voir D. Gordon, « Immigration and Urban Governemental Form in American Cities », art. cit.

27. P. Willard, *Les Guesdistes*, Éditions Sociales, 1965.

28. R. Schor, *L'Opinion française et les étrangers, 1919-1939*, Publications de la Sorbonne, 1985.

29. Dans l'entre-deux-guerres, que ce soit en Lorraine, dans la Région parisienne ou dans le Midi, fascistes et antifascistes italiens se combattent pour des enjeux politiques proprement italiens ; à propos de ces luttes en Lorraine du fer, cf. G. Noiriel, *Longwy…, op. cit*. Pour la région parisienne, cf. P. Milza, « Le fascisme italien à Paris », *Revue d'Histoire moderne et contemporaine*, juillet 1983, et aussi, P. Milza, *Voyage en Ritalie*, Pion, 1993.

30. Les migrations massives venues de Belgique à la fin du XIXe siècle ont déplacé la frontière linguistique à tel point qu'Halluin est devenue une enclave flamande en territoire français, le flamand étant la langue du ghetto, encerclé par le « patois » parlé par les ouvriers français ; cf. M. Hastings, « Communisme et folklore ; étude d'un carnaval rouge », *Ethnologie française, 1986*, et, du même auteur, *Halluin-la-Rouge 1919-1939*, Presses Universitaires de Lille, 1991.

31. A. Sportiello, *Les Pêcheurs du Vieux Port, op. cit.*

32. D'après G. Cross, *Immigrant Workers in Industrial France, op. cit.*

33. On peut définir la « deuxième génération » non par le lieu de naissance, mais par le lieu de la première socialisation (correspondant le plus souvent à la scolarisation primaire). Cette enquête réalisée en collaboration avec Laurence Bertoïa a été publiée dans G. Noiriel (dir.), *Un siècle d'intégration dans le Pays-haut Lorrain, op. cit.*

34. Cf. S. Bonnet, *Sociologie politique..., op. cit.*

35. Pour les Polonais du Nord, voir J. Ponty, *les Travailleurs polonais en France*, Thèse d'État, Univ. de Paris I, 1985 (dact.) et, du même auteur, *Polonais méconnus, op. cit.* Pour les Italiens de La-Seyne-sur-Mer, voir P. Martinencq, *Ouvriers des chantiers navals et mode de vie..., op. cit.*

36. M. Hastings, « Communisme et folklore... », *op. cit.*

37. F. Carling, *And Yet We Are Human*, Londres, Chatto and Windus, 1962, cité par E. Goffman, *Stigmates, op. cit.*, p. 34.

38. C'est la raison pour laquelle, les élus d'origine ouvrière ont beaucoup de mal à faire admettre la légitimité de leur action politique. Sur cette question, cf. M. Offerlé, « Illégitimité... », *op. cit.* Ces contradictions ont été mises en valeur à propos du Parti communiste dans le beau livre de B. Pudal, *Prendre parti*, Presses de la FNSP, 1989.

CHAPITRE IX

1. É. Durkheim, *Le Suicide*, PUF, 1983, p. 108 (1re éd. 1897).

2. Sur l'histoire sociale du concept d'assimilation, cf. S. Beaud et G. Noiriel, « "L'assimilation", un concept en panne », *Revue internationale d'action communautaire*, avril 1989.

3. A. Finkielkraut, *La Défaite de la pensée*, Grasset, 1987.

4. É. Durkheim, *op. cit.*, p. 356.

5. Comme l'a bien vu en effet Norbert Elias, ce que l'on appelle le « sentiment national » propre à chaque peuple s'est formé à partir des valeurs du groupe social qui est parvenu à exercer son hégémonie sur l'ensemble de la société, en contrôlant les principaux rouages de l'État-nation ; N. Elias, *La Civilisation des mœurs, op. cit.*

6. Lettre conservée aux archives du haut comité consultatif de la population, cité par S. Beaud, *Les Démographes français et l'immigration (1918-1950)*, mémoire de DEA, ENS-EHESS, 1987 (dact.).

7. Pour une analyse des usages de « l'origine ethnique » dans la gestion étatique de l'immigration après la Seconde Guerre mondiale, cf. P. Weil, *La France et ses étrangers*, Gallimard, 1995 (1re éd. 1991).

8. D. Lapeyronnie, « Assimilation, mobilisation et action collective chez les jeunes de la seconde génération de l'immigration maghrébine », *Revue française de sociologie*, avril-juin 1987.

9. M. Weber, *Économie et société, op. cit.*, p. 412.

10. À la fin des années 1930 et au lendemain de la Seconde Guerre mondiale, on assiste aux premières tentatives visant à mettre en place une politique d'assimilation des immigrants, concernant surtout les Italiens, les Polonais, les Arméniens. Mais, à partir du milieu des années 1950, elle est progressivement abandonnée.

11. Après la parution de cet article, et sans que les protagonistes y fassent référence, le débat sur la catégorisation des origines a fait grand bruit. Notamment au sein de l'Institut national d'études démographiques. Hervé Le Bras, découvrant l'importance du problème, l'a traité d'une façon extrêmement polémique notamment dans l'ouvrage : *Le Démon des origines : démographie et extrême droite*, Éditions de l'Aube, 1998. Pour un point de vue radicalement opposé parmi les démographes, cf. M. Tribalat, *Faire France. Une grande enquête sur les immigrés et leurs enfants*, La Découverte, 1995.

CHAPITRE X

1. Après l'invention de la carte d'identité (pendant la Première Guerre mondiale), la lutte contre les falsifications devient l'un des principaux enjeux des stratégies d'identification ; d'où un travail incessant sur les formes (couleurs, signes identitaires, mise en page...). Sur ces problèmes, cf. G. Noiriel, *Le Creuset français..., op. cit.*, notamment pp. 87-90, et *Réfugiés et sans-papiers..., op. cit.*

2. Sur la constitution de l'état civil à l'époque moderne, cf. notamment J. et M. Dupâquier, *Histoire de la démographie*, Perrin, 1985.

3. L. Henry, « Variations des noms de famille et changements de prénom. Problèmes qui en découlent pour le couplage automatique des données », *Annales de démographie*

historique, 1972. Les travaux de démographie historique fournissent de nombreux renseignements sur les caractéristiques de l'état civil ancien ; mais la variabilité des éléments d'identification est vue le plus souvent comme un « défaut » et non comme un objet de recherche en soi. Cela s'explique par l'approche quantitative retenue, qui oblige à homogénéiser les données que l'on veut entrer dans l'ordinateur.

4. M. Bazeille, « Étude sur les registres paroissiaux antérieurs à l'établissement des registres d'état civil », *Bulletin historique et philologique*, 1909.

5. *Archives Parlementaires* (désormais AP), 19 juin 1792, t. 45, p. 379 (tous les volumes cités dans cet article font partie de la première série des AP).

6. Je mets ce terme entre guillemets pour signaler que les contemporains de la Révolution ne l'utilisent pratiquement jamais (tout comme « nationalité » qui est un mot du XIXe siècle). Sur les enjeux scientifiques inhérents au fait d'utiliser des mots inconnus des acteurs historiques ; cf. R. Koselleck, *Le Futur passé, op. cit.*, surtout le chapitre I : « Histoire des concepts et histoire sociale ».

7. AP, t. 45, 19 juin 1792, pp. 388-389. Sa proposition est renvoyée au comité d'Instruction publique pour être approfondie.

8. AP, t. 45, 26 juin 1792, p. 595.

9. Le décret donne 24 heures aux parents pour déclarer la naissance de leur enfant car, au-delà, on estime que « la preuve dépérit ». On pourrait donner beaucoup d'autres exemples du rôle que joue encore le « regard direct » dans la définition des identités. Fréquemment, les directives ministérielles demandent aux préfets que les décrets soient « publiés à son de caisse et affiché ». En juillet 1791, Andrieu s'oppose au projet de recensement de la population en disant : « Vous savez que dans une ville qui n'a pas une grande population, il ne peut pas arriver un étranger que toute la ville n'en soit instruite » ; AP, t. 28, 22/7/1791, p. 700.

10. AP, t. 40, 17 mars 1792, pp. 68-72.

11. AN BB1 212. Le Code civil a repris la plupart des dispositions de cette loi, sauf sur deux points essentiels. D'une part, seul le maire (qui n'est plus élu, mais désigné par le préfet) ou son adjoint peuvent constater l'état civil ; d'autre part, le double des registres est à présent conservé au tribunal de première instance et non plus à la préfecture.

12. Cet article s'appuie sur l'analyse de plusieurs dizaines de cartons concernant l'état civil, conservés aux Archives na-

tionales, notamment : AN F1 a 50 ; F2 I 124-128 ; F2 I 379-428 ; F6 I 20, F19 11012 ; F 20 105 ; F 80442 ; BB1 212 ; BB 30 1164-1175 ; BB 30 1606-1613.

13. AN F1 a 50. Dans toutes ces citations, j'ai rétabli l'orthographe actuelle des mots.

14. Sur tout cela, cf. F2 I 380 et F2 I 382.

15. Sur l'ampleur de ce divorce au XIXe siècle, cf. E. Weber, *La fin des terroirs, op. cit.*

16. Ces exemples sont tirés de AN F2 I 379, F2 I 381 et BB1 212.

17. Après l'adoption du décret de septembre 1792, des modèles d'actes sont envoyés dans toutes les municipalités. De nouveaux modèles sont diffusés en l'an VIII, puis en l'an XII, pour tenir compte des innovations du Code civil.

18. La sécularisation de l'état civil était devenue urgente en 1792 parce que, dès 1791, le clergé insermenté interdisait aux paroissiens d'accomplir les cérémonies religieuses devant les prêtres constitutionnels. Beaucoup de citoyens se trouvaient ainsi sans état civil. Sur ce contexte, cf. notamment P. Sagnac, *La Législation civile de la Révolution française. Essai d'histoire sociale (1789-1804)*, Hachette, 1898.

19. En 1816, un projet de loi propose de confier à nouveau la tenue des registres d'état civil aux curés. Dans les années suivantes, de nombreuses pétitions et vœux des conseils généraux poussent en ce sens. La révolution de 1830 marquera la fin de ces tentatives.

20. Cette loi établit la liste des prénoms autorisés et réglemente la procédure des changements de patronymes. Dès le 19 juin 1790, les noms nobles avaient été supprimés et, le 6 Fructidor an II, la Convention avait interdit aux individus de porter un autre nom que celui figurant sur leur acte de naissance. Sur tout cela, cf. A. Lefebvre-Teillard, *Le Nom. Droit et histoire*, PUF, 1990.

21. Sur 40 000 Juifs vivant alors en France, on estime que l'Alsace-Lorraine en compte 20 000 à 25 000. Les autres, notamment les Juifs « portugais » et « provençaux », ont adopté depuis longtemps l'usage du nom et du prénom. Sur la situation des Juifs au début du XIXe siècle, l'ouvrage fondamental reste celui de R. Anchel, *Napoléon et les Juifs. Essai sur les rapports de l'État français et du culte israélite de 1806 à 1815*, PUF, 1928.

22. R. Anchel, *op. cit.*, pp. 433-461.

23. Ces remarques valent surtout pour les classes populaires. Dans les milieux aisés, les changements de noms sont moti-

vés essentiellement par une volonté de francisation ou de différenciation par rapport à des homonymes. Olry Hayem Worms (banquier, adjoint au maire dans le Ve arrondissement de Paris) demande à s'appeler Olry Romilly Worms pour ne plus être confondu avec les nombreux autres Worms qui exercent la même activité que lui, ce qui nuit à ses affaires ; cf. AN F19 11012.

24. Il ajoute qu'un grand nombre d'actes nécessitent qu'une « interprétation (soit) donnée aux parties en langue allemande », mais que rares sont les maires qui l'indiquent.

25. AN F2 I 379.

26. AN F2 I 382. Les enquêtes officielles constatent aussi que les protestants prétextent l'absence de registres antérieurs à 1792 pour éviter la conscription imposée aux jeunes gens.

27. M. Weber, *Économie et société, op. cit.*, p. 230.

28. Sur tout cela, cf. notamment AN F1 a 50 ; la franchise postale sera accordée aux maires pour l'envoi des registres en 1844.

29. AN F2 I 379.

30. Cette immixtion de la justice dans les questions d'état civil provoque de très nombreux conflits entre les maires et les procureurs, mais aussi entre ces derniers et les préfets qui acceptent difficilement de voir réduire leurs prérogatives ; cf. par exemple AN F2 I 165.

31. E. Bonnier, *Traité théorique et pratique des preuves en droit civil et en droit criminel*, Plon-Maresq, 1888, pp. 399 et 462.

32. Au fur et à mesure que les techniques bureaucratiques d'identification se perfectionneront, le recours aux témoins « instrumentaires », pour les naissances, sera de plus en plus souvent dénoncé comme absurde et finalement supprimé en 1924 ; cf. E. Lévy, *Les Transcriptions et les témoins d'état civil*, Librairie de Droit Usuel, 1919.

33. AN F2 I 380.

34. J. N. Loir, « De l'exécution de l'article 55 du Code civil relatif à la constatation des naissances », *Revue de droit français et étranger*, 1846, t. 3.

35. Sous le Second Empire, la présentation des nouveau-nés est supprimée. Les naissances sont désormais attestées par un certificat des médecins de famille ou des médecins-vérificateurs mis en place dans les grandes villes pour identifier les nouveau-nés au domicile des parents. Au XXe siècle, ce

sont les médecins-accoucheurs ou les sages-femmes des maternités qui prendront le relais.

36. N'étant pas détachés du corps social, les médecins peuvent contribuer aux falsifications d'état civil par complaisance pour les familles dont ils tirent leurs ressources.

37. Cf. Locré, *op. cit.*, p. 15. C'est cette logique qui explique que toute recherche de paternité soit interdite. Sur la philosophie générale du Code civil, cf. F. Ewald (dir.), *Naissance du Code civil, An VIII-An XII, 1800-1804*, Flammarion, 1989.

38. Néanmoins, les principes du Code civil sont toujours en vigueur aujourd'hui en matière d'état civil ; cf. J. Carbonnier, *Droit civil*, PUF, 1955, t. 1, pp. 223-240.

39. A. Lacassagne, *Les Actes de l'État civil*, A. Storck, 1887, p. 91

40. « Nous croirions volontiers que les notations de certaines particularités de l'oreille sur les registres d'état civil, au moment de la naissance, suffiraient pour rendre impossibles les substitutions de personnes, même entre adultes », écrit Alphonse Bertillon, le « père » de l'identification anthropométrique, à la fin du siècle. Cité par C. Phéline, *L'Image accusatrice*, Les Cahiers de la photographie, 1985, p. 128.

41. Les pouvoirs publics cherchent aussi à faire en sorte que le public ne confonde pas les documents officiels et les écrits « profanes ». Un décret du 22 juillet 1791, motivé par le souci de « prévenir toute confusion entre les adresses des magistrats et celles de simples citoyens », décide « d'affecter une couleur au papier de toutes les affiches privées et à réserver exclusivement aux corps administratifs et judiciaires l'usage du papier blanc pour leurs affiches », AP, t. 28, p. 508.

42. Extrait du manuel de E. Mersier, *Traité théorique et pratique des actes d'état civil*, Marescq, 1892, qui ajoute que « l'usage est de donner à la marge le quart de la largeur de la page » (p. 18). Naturellement, les délinquants s'adaptent à ces innovations. En 1826, le Garde des Sceaux écrit que « l'art des faussaires a fait depuis quelques années des progrès si effrayants que je crois devoir recourir aux lumières de l'Académie des sciences pour trouver les moyens de prévenir les désordres qui en seraient par la suite inévitables » ; AN BB 1287.

43. E. Mersier, *op. cit.*, p. 16.

44. Sur l'invention de la signature comme instrument d'identification, cf. B. Fraenkel, *La Signature : genèse d'un signe*, Gallimard, 1992

45. AN BB1 212.

46. AN F19 11012. La collaboration du Consistoire central à la politique napoléonienne d'assimilation provoquera des tensions très vives et très durables au sein de la communauté. On pourrait montrer que la mise en place de l'état civil dans les colonies obéit à la même logique assimilatrice. En Algérie, après plusieurs tentatives qui se sont soldées par des échecs (1854 et 1873), la loi du 23 mars 1882 crée l'état civil algérien. L'administration commence par établir des « arbres généalogiques familiaux », impose des noms fixes et une carte d'identité pour chaque individu. Les patronymes qui sont proposés aux « indigènes » s'efforcent de respecter les « coutumes locales ». Les noms religieux, les qualificatifs du prophète, les noms ethniques et même les « surnoms qui donnent du relief » (comme Seba = lion) sont autorisés. Les registres sont établis sur deux colonnes en français et en arabe. Sur les premières tentatives d'état civil en Algérie, cf. AN F 80442 ; sur la mise en œuvre de la loi de 1882, E. Cornu, *Guide pratique pour la constitution de l'état civil des indigènes*, Alger, Librairie Adolphe Jourdan, 1889.

47. Sur les enjeux identitaires de l'état civil et du patronyme, cf. N. Lapierre, *Changer de nom*, Stock, 1995.

48. F. Job, « Les Juifs de Lunéville d'après l'inventaire de 1808 : état civil, alphabétisation, professions », *Archives juives*, 1974, vol. 10, n° 3, pp. 44-52. Au début du XIXe siècle, cette « francisation » a encore des connotations raciales. L'interdiction des mariages entre Blancs et Noirs qui avait disparu sous la Révolution réapparaît sous le Consulat ; cf. AN F2 I 382.

49. Cité par R. Lyon, *Jugements et ordonnances de rectification d'actes de l'état civil. Examen de quelques difficultés*, Jouve et Cie, 1921, p. 51.

50. En France, il semble que ce soit surtout, même dans les discours antisémites, les noms « étrangers » qui aient été stigmatisés ; cf. M. Catane, « L'élément français dans l'onomastique juive », *Revue d'études juives*, 1985, vol. 144, n° 4, p. 339. Pour l'Allemagne, cf. la belle étude de D. Bering, *Der Name als Stigma. Antisemitismus im Deutschen Alltag 1812-1933*, Stuttgart, Klett-Cotta, 1992, et, pour la situation particulière des femmes sur ce point, B. Hahn, *Unter falschem Namen*, Frankfurt, Suhrkamp, 1991.

51. Depuis 1986, on évalue à 7 500 par an le nombre des francisations des noms et prénoms parmi les étrangers devenus juridiquement français.

52. Dès la monarchie de Juillet, les récriminations sur ce thème se font plus rares ; mais c'est sous la IIIe République (avec les chemins de fer et les instituteurs) que la question est définitivement réglée.

53. C'est dans cette perspective qu'A. Lefebvre-Teillard appréhende l'histoire du nom, *Le Nom…*, *op. cit.*

54. L. Chevalier, *Classes laborieuses, classes dangereuses*, Hachette-Pluriel, 1978, p. 217.

55. M. Weber, *Économie et société, op. cit.*, p. 229. En ce sens, il est légitime d'affirmer que l'État national exerce sur les individus une sorte de « tyrannie » (au sens de « contrainte impérieuse » donné par le *Robert) ;* ce qui n'a rien à voir évidemment, ni avec la défense d'une « thèse » politique, ni avec la dénonciation d'une forme de pouvoir.

CHAPITRE XI

1. On en trouvera un riche aperçu dans les ouvrages dirigés par Bernard Lepetit (dir.), *Les Formes de l'expérience. Une autre histoire sociale*, Albin Michel, « L'évolution de l'humanité », 1995, et Jacques Revel (dir.), *Jeux d'échelles. La micro-analyse à l'expérience*, Hautes Études et Gallimard-Le Seuil, 1996.

2. Je résume ici à grands traits la problématique présentée dans G. Noiriel, *Le Creuset français…*, *op. cit.*

3. Cf. sur ce point H. Bruhns, « Max Weber en France et en Allemagne », *Revue européenne des sciences sociales*, 1995, n° 101, pp. 107-121.

4. L. Boltanski, *Les Cadres…*, *op. cit.*, p. 53.

5. M. Offerlé, *Sociologie des groupes d'intérêt*, Montchrestien, 1994 ; A. Desrosières et L. Thévenot, *Les Catégories socioprofessionnelles*, La Découverte, 1988.

6. *Ibid.*, p. 34.

7. M. Foucault, *in* H. Dreyfus et P. Rabinow, *Michel Foucault, un parcours philosophique*, Gallimard, 1984 (1re éd. 1982), pp. 302-303.

8. M. Weber, *Le Savant et le politique…*, *op. cit.*, pp. 112-113.

9. O. Beaud, *La Puissance de l'État*, PUF, 1994.

10. Les présupposés nationalistes qui affleurent dans l'œuvre de Carl Schmitt ne doivent pas nous faire oublier que sa réflexion sur l'État prolonge sur de nombreux points les ana-

lyses de Max Weber ; C. Schmitt, *Théorie de la Constitution*, PUF, 1993 (1re éd. 1928), notamment pp. 342-357.

11. J. Habermas, *L'Espace public : Archéologie de la publicité comme dimension constitutive de la société bourgeoise*, Genève, Payot, 1986.

12. Sur ce problème, cf. J.-Cl. Pariente, *Le Langage et l'individuel*, Armand Colin, 1973, et aussi P. Ricœur, *Soi-même...*, *op. cit*, pp. 39-54.

13. C'est pour clarifier ces deux significations que Wittgenstein, par exemple, emploie le mot *Darstellung* quand il veut mettre l'accent sur le lien entre l'objet et l'image et le mot *Vorstellung* quand il veut désigner le processus par lequel la conscience du sujet perçoit l'image. Cf. L. Wittgenstein, *Remarques philosophiques*, Gallimard, 1984 (1re éd. 1964), notamment la note du traducteur, p. 51.

14. La plus grande partie des matériaux empiriques utilisés ici sont tirés de mon livre, G. Noiriel, *Réfugiés et sans-papiers...*, *op. cit*.

15. Cité par Marguerite Vanel, *Évolution historique de la notion de Français d'origine du XVIe siècle au Code civil*, Ancienne Imprimerie de la Cour d'Appel, 1945, p. 121. Cette déclaration aboutit au décret du 26 Nivôse an II excluant les étrangers de la représentation nationale.

16. Sur ce débat, cf. notamment *Archives Parlementaires* (AP), 9 avril 1832, t. 76, p. 361 ; AP, 21 février 1832, t. 75, p. 460.

17. À propos de ces pétitions, cf. Archives du Quai d'Orsay, notamment cote MD Pol n° 31.

18. AP, 2 avril 1834, t. 88, p. 231.

19. M. Vanel, *Évolution historique...*, *op. cit.*, p. 9. La Constitution de 1793 souligne clairement qu'il n'est pas nécessaire d'être français pour être citoyen.

20. *Ibid.*, p. 8.

21. Cf. AP, 4 mars 1834, t. 87, p. 107 ; 18 mars 1837, t. 111, p. 377 et 1er juin 1838, t. 120, p. 689.

22. AP, 9 avril 1832, t. 76, p. 361.

23. Sur ce point, cf. C. Mondonico, *L'Asile sous la Monarchie de Juillet. Les réfugiés étrangers en France de 1830 à 1848*, thèse de doctorat d'histoire, EHESS, 1995 (dact.).

24. *Ibid.*, p. 279.

25. Cf. le chapitre X du présent ouvrage.

26. R. Brubaker, *Citoyenneté et nationalité en France et en Allemagne*, Belin, 1997 (1re éd. 1992).

27. Au total ces innovations de la fin du siècle aboutissent à économiser, dans des proportions considérables, le travail social de surveillance. Il n'est plus nécessaire, désormais, de suivre constamment des yeux les suspects. Il suffit de contrôler périodiquement les documents sur lesquels sont consignés les éléments essentiels de leur identité personnelle.

28. Sur les discussions diplomatiques qui précèdent la signature de la Convention de Genève, on consultera notamment les Archives du Quai d'Orsay, cotes NUOI n°s 294, 295, 296 et Y. Int n°s 605, 606, 607, 608.

29. Cf. à ce sujet les dossiers conservés à Fontainebleau, au Centre des archives contemporaine (CAC), cotes 770623 n° 169 et 810201 n° 1.

30. Sur l'histoire de l'émigration russe en Europe, cf. C. Klein-Gousseff, *Immigrés russes en France (1900-1950). Contribution à l'histoire politique et sociale des réfugiés*, thèse de doctorat d'histoire. Paris, EHESS, 1996 (dact.).

31. Sur cette question, cf. CAC cote 880502 n° 14.

32. Pour aboutir à un accord, les négociateurs n'avaient pas tranché la question de savoir si la Convention ne devait s'appliquer qu'à l'Europe ou si elle devait concerner tous les pays du monde. Le texte laisse à chaque État signataire la liberté de choisir entre ces deux possibilités au moment de la ratification du document.

33. La loi prévoit que les personnes qui ont vu leur demande rejetée par l'OFPRA ont la possibilité de faire appel auprès d'une « Commission des recours ».

34. Pour une analyse approfondie de ce problème, cf. G. Noiriel, *La Tyrannie, op. cit.*, notamment le chapitre « La persécution et l'art d'écrire ».

CHAPITRE XII

1. Cf. notamment H. Hatzfeld, *Du Paupérisme à la Sécurité sociale*, Armand Colin, 1971 ; P. Rosanvallon, *La Crise de l'État providence*, Seuil, 1981 ; F. Ewald, *L'État providence, op. cit.*, et surtout B. Dumons et G. Pollet, *L'État et les retraites*, Belin, 1994.

2. Par exemple E. Dolléans, *Histoire du mouvement ouvrier*, A. Colin, 1948, 2 tomes.

3. Notre projet se situe donc à mi-chemin de l'histoire « historisante » traditionnelle qui étudie tel ou tel domaine

pour lui-même, sans jamais nous dire pourquoi avoir choisi tel objet plutôt que tel autre, et l'histoire « philosophique », à laquelle Michel Foucault a donné ses lettres de noblesse, mais qui, à force de récuser la critique historienne au nom de la philosophie et la critique philosophique au nom de l'histoire, contribue elle-même aux « incompréhensions » si souvent dénoncées ; cf. par exemple A. Farge : « Un espace blanc sépare Foucault et les historiens », *Le Magazine littéraire*, mai 1984.

4. J. Lefort, *Les Caisses de retraite ouvrière*, 1906, 2 vol., t. 1, p. 322, et D. Cochin, Chambre des Députés, 25/6/1911 ; cités par H. Hatzfeld, *op. cit.*, pp. 88-89.

5. Débat cité dans Archives Nationales (AN), F 22436.

6. A. Luquet, « La Capitalisation et les retraites ouvrières », *Le Mouvement socialiste*, mars 1910.

7. A. Merrheim, « Les Retraites ouvrières et le projet de loi », *Le Mouvement socialiste*, janvier 1910.

8. AN F7 12535.

9. Cf. sur ce point, J. A. Tournerie, *Le Ministère du Travail*, Cujas, 1971, p. 355.

10. AN F22 4.

11. J. Tournerie, *op. cit.*, pp. 356-357.

12. AN F22 4.

13. C. Gide, *Revue d'économie politique*, novembre-décembre 1911, cité par H. Hatzfeld, *op. cit.*, p. 35.

14. P. A. Köhler et H. F. Zacher (dir.), *Un Siècle de Sécurité sociale (1881-1981). L'évolution en Allemagne, France, Grande-Bretagne, Autriche et Suisse*, Nantes, éd. du CRHES, 1982, p. 139.

15. H. Hatzfeld, *op. cit.*, p. 241.

16. Sur l'histoire du mutualisme, cf. Y. Saint-Jours, M. Dreyfus, O. Durand, *La Mutualité*, LGDJ, 1990.

17. R. Salais *et alii*, *L'Invention du chômage*, PUF, 1986, et C. Topalov, *Naissance du chômeur*, 1880-1910, Albin Michel, 1994.

18. Comme le montre par exemple P. Nord, « Le mouvement des petits commerçants et la politique en France de 1888 à 1914 », *Le Mouvement social*, janvier 1981.

19. M. Foucault, *Surveiller et punir*, Gallimard, 1975, p. 191 sq.

20. P. Hamp, *L'Enquête*, Gallimard, 1911.

21. J. Valdour, *Les Mineurs*, Giard et Rousseau, 1919.

22. AN F7 12975, compte rendu du commissaire de police.

23. La Commission mise en place pour réviser la loi de 1910 s'oppose à une demande visant, par souci de simplification, « la suppression de l'échange des cartes au domicile de l'assuré », car « l'intervention d'un agent rémunéré [...] paraît très utile pour renseigner et seconder les assurés » ; AN F22 4.

24. A de Tocqueville, *De la Démocratie en Amérique*, Garnier-Flammarion, 1981 (1re éd. 1835-1840), 2 vol., t. 2, p. 319.

25. J. Habermas, *Théorie de l'agir communicationnel*, Fayard, 1987 (1re éd. 1981), 2 vol., t. 1, p. 398 sq.

26. Lors de la dernière grève des employés de la Sécurité sociale de Marseille, une vieille personne attendant en vain sa pension depuis des semaines s'écrie : « Si la grève se poursuit, je me tue », *Le Monde*, 6/12/1988.

27. Par exemple, la carte d'identité remplace les particularismes physiques d'un individu par des symboles plus universels (sexe, date et lieu de naissance, nationalité, etc.). Quelle que soit l'origine « raciale » ou « ethnique » de l'individu, s'il est un « ayant droit », la bureaucratie d'État lui accordera la carte de son groupe d'appartenance, carte aux couleurs propres à ce groupe.

CHAPITRE XIII

1. Cf. M. d'Hartoy, *Histoire des passeports français*, H. Champion, 1937, et aussi D. Nordman, « Sauf-conduits et passeports en France, à la Renaissance », *in* J. Céard et J-C. Margolin (dir.), *Voyager à la Renaissance*, Maisonneuve et Larose, 1987.

2. La distinction entre « territoire » et « communauté de membres » (population) est au cœur de la définition juridique de l'État-nation ; cf. notamment H. Kelsen, *Théorie pure du droit*, Dalloz, 1962 (1re éd. 1960).

3. Cité par M. d'Hartoy, *op. cit.*, p. 39.

4. Les militaires et les fonctionnaires en service sont munis d'une « feuille de route » qui les dispense de la formalité du passeport. J'ai consulté les textes réglementaires évoqués ici aux archives départementales de Vendée (désormais ADV), série 4 M 371.

5. Archives Nationales (désormais AN), série F7 12186.

6. Sous le Premier Empire, le contrôle des départs hors de France s'explique surtout par le fait que l'administration veut

empêcher tout conscrit n'ayant pas accompli ses obligations militaires de quitter le pays, sauf à trouver un remplaçant. Notons au passage que la législation napoléonienne concernant les passeports introduit aussi une discrimination de type racial en précisant (article 40) : « Les Noirs et hommes de couleur étrangers ou naturalisés de l'un et de l'autre sexe ne pourront obtenir de passeport pour venir à Paris sans une autorisation spéciale du ministère de la Police Générale. »

7. AN F7 12186.

8. *Ibid*.

9. Archives Parlementaires (désormais AP), 1re série, t. 38, séance du 31/1/1792, p. 15.

10 Un an plus tard, la loi du 19 juillet 1791 tente à nouveau de résoudre le problème de « l'envahissement » des villes par les mendiants et les vagabonds. Les municipalités sont invitées à réaliser un recensement de tous les habitants et à tenir un registre de leurs déclarations, registre qui établit une distinction entre les gens « sans aveu » (qui n'ont pas de moyens de subsistance, ni une personne qui peut les garantir), les « suspects » (qui n'indiquent pas de précédent domicile) et les « malintentionnés » (qui ont fait une fausse déclaration). Sur ces problèmes, cf. notamment A. Forrest, *La Révolution française et les pauvres*, Perrin, 1986.

11. La loi du 15 octobre 1793 dispose que « le lieu naturel » où l'homme nécessiteux a droit aux secours publics est celui de sa naissance. « Pour acquérir le domicile de secours, il faut le séjour d'un an dans une commune et la justification doit résulter d'une inscription du greffe de la municipalité. La loi refuse le domicile de secours au domicilié non pourvu d'un passeport ou de documents de nature à établir qu'il n'est point un homme sans aveu » ; cf. A. Houzé de l'Aulnoit, *Les ouvriers belges à Lille. Étude sur les conditions d'admissibilité des indigents étrangers aux secours publics*, Lille, C. Danel, 1885.

12. R. Brubaker, *Citoyenneté et nationalité*..., *op. cit.*, notamment chapitre III.

13. Le règlement de 1816 dispense de passeport ceux qui ont des livrets ouvriers ou des lettres de compagnonnage.

14. En 1831, le ministre de l'Intérieur déclare, par exemple, que tous les États européens ont pris des mesures visant à « exiger des individus qui se présentent qu'ils justifient de leur nationalité et de l'autorisation qui leur a été accordée de s'absenter de leur patrie ». Comme le rappelle Danièle Lochak, en toute rigueur, il faudrait parler d'« étaticité » pour

désigner ce lien qui attache l'individu à son État qu'on appelle, en droit français, la nationalité. D. Lochak, *Étranger de quel droit ?*, PUF, 1985, p. 49.

15. D. Roche, *La Culture des apparences*, Seuil, p. 317 (1re éd. 1989).

16. Cf. J.-C. Lavater, *La Physiognomonie ou l'art de connaître les hommes d'après les traits de leur physionomie*, L'Âge d'homme, 1979 (1re éd. 1781-1803).

17. Cité par S. Wahnich, *L'Impossible citoyen. L'étranger dans le discours de la Révolution française*, Albin Michel, 1997, p. 41.

18. AP, 1re série, t. 38, séance du 1er février 1792, p. 62.

19. AP, *op. cit.*, séance du 31/1/1792, p. 21. Cette crainte de l'arbitraire est d'autant plus vive que certains députés demandent qu'on reproduise, sur les passeports, « les notes que les municipalités ont pu prendre sur les citoyens », de façon à fournir des renseignements sur leur moralité.

20. *Ibid.*, p. 39.

21. Sur les enjeux actuels de ce dilemme, cf. G. Noiriel, « Comment reconnaître un étranger ? », *Liber*, 15, septembre 1993.

22. AN F7 12186.

23. P. Durand, *L'Identité au point de vue judiciaire. Son histoire*, Imprimerie de la Revue judiciaire, 1910, p. 9.

24. Au début de la Restauration, l'affaire Coignard défraie la chronique. Ce fils de vigneron condamné aux galères s'échappe et prend un faux nom, en se faisant passer pour comte. Il sera reconnu par un forçat libéré. Ce genre de faits divers a nourri l'imagination des romanciers (comme Balzac ou Victor Hugo). Leur fascination pour les individus ayant changé d'identité n'est peut-être pas sans rapport avec les problèmes que rencontre alors la police pour identifier les criminels.

25. AN F7 12292. Ces témoignages peuvent évidemment être subjectifs ou intéressés. « On sait comment, le plus souvent, ont lieu les attestations d'identité, dans les cas où la loi les exige. Avant de se présenter au notaire ou à l'officier public devant qui elles doivent avoir lieu, les intéressés se précautionnent de témoins qu'ils racolent dans la rue, parmi les gens de bonne volonté, susceptibles d'être décidés par l'appât d'une somme modique » ; René Saint Aubin, *Des Faux Correctionnalisés*, Arthur Rousseau, 1906, p. 51.

26. Quand ce n'est pas le cas, les individus en question demandent à des personnages haut placés d'adresser au minis-

tre des lettres de recommandation ; celles-ci s'inscrivent dans cette logique du témoignage.

27. Saint Aubin, *op. cit.*, p. 26.

28. AN F7 12186.

29. ADV 4 M 371.

30. AN F7 12196.

31. Cité par J. Sagnes, *in* C. Phéline (dir.), *Identités. De Disderi au photomaton*, Centre National de la Photographie, 1985, p. 12.

32. Lettre datée du 8 février 1826 ; cf. AN, série BB 1287.

33. AN F7 12292.

34. Ce refus des discriminations visibles touche aussi les aspects formels des passeports. En 1834, une circulaire du ministère de l'Intérieur demande aux préfets de remettre aux « condamnés libérés, en état de surveillance légale [...] des passeports gratuits sans secours de route » et non plus des « feuilles de route d'une forme spéciale [...] pour éviter de mettre le public dans la confidence de leur conduite passée et leur ménager ainsi le moyen de se procurer du travail », ADV 4 M 371.

35. AN F7 12243.

36. Dès les débuts de la photographie, les promoteurs de cette nouvelle technique ont vu l'intérêt qu'elle pouvait présenter comme moyen d'identification. Dans le *Journal amusant*, le célèbre photographe Nadar évoque la possibilité d'une adjonction de la photo au passeport. Mais c'est seulement au début des années 1850 que le photographe Richebourg dépose au ministère de l'Intérieur les épreuves d'un portrait destiné à figurer sur le passeport. Sur tout ce passage, cf. C. Phéline (dir.), *op. cit*.

37. Sur cette « révolution identitaire », cf. G. Noiriel, *La tyrannie...*, *op. cit*.

38. Sur le rôle joué par Alphonse Bertillon dans ces innovations, cf. M. Kaluszynski, « Alphonse Bertillon et l'anthropométrie », in *Maintien de l'ordre et polices en France au XIXe siècle*, Créaphis, 1987. Pour une vue historique d'ensemble sur la diversité des formes d'exclusion en Europe, cf. A. Gueslin et D. Kalifa, *Les Exclus en Europe, 1830-1930*, Les Éditions de l'Atelier, 1999.

39. Cette expression est empruntée à Norbert Elias, *La Société des individus...*, *op. cit*. Sur les nouvelles formes de traitement politique et administratif de la mobilité au début de la IIIe République, cf. J.-F. Wagniart, *Le Vagabond à la fin du XIXe siècle*, Belin, 1999.

CHAPITRE XIV

1. La thèse d'Abel Chatelain, *Les Migrants temporaires en France de 1800 à 1914*, Université de Lille III, atelier de reproduction des thèses, 1977, est un bon exemple de ce type de démarche.

2. Pour une vue d'ensemble de ce domaine de recherche, on pourra consulter le numéro que le *Mouvement social* lui a consacré et notamment l'éditorial de M.-C. Blanc-Chaléard, « Des logiques nationales aux logiques ethniques ? », *Le Mouvement social*, n° 188, juil-sept. 1999.

3. G. Noiriel, *Longwy…, op. cit.*

4. M. Weber, *Le Savant et le Politique…, op. cit.*

5. L'engouement récent pour la « micro-histoire » a conforté cette tendance. La perspective que je défends ici s'inscrit, elle aussi, dans le mouvement actuel de retour vers les « individus » et les interactions. Mais elle s'écarte de la micro-histoire parce qu'elle ne partage pas le présupposé que seules les relations de face-à-face mériteraient d'être étudiées par l'historien. Ce présupposé repose à mes yeux sur une confusion entre l'échelle d'observation (la réalité prise pour objet de recherche) et la manière de l'étudier.

6. Cf. V. Milliot, « Migrants et "étrangers" sous l'œil de la police : la surveillance des lieux d'accueil parisiens au siècle des Lumières », *in* V. Milliot (dir.), *Police et migrants 1667-1945*, Presses Universitaires de Rennes (à paraître). À propos de la genèse de l'État moderne, cf. aussi P. Minard, *La Fortune du colbertisme. État et industrie dans la France des Lumières*, Fayard, 1998.

7. J.-F. Dubost et P. Sahlins, *Et si on faisait payer les étrangers ? Louis XIV, les immigrés et quelques autres*, Flammarion, 1999, p. 163.

8. Un autre aspect de cette conception « moderne » de la nationalité est illustré par le fait que, sous l'Ancien Régime déjà, les étrangers ne peuvent pas, en principe, exercer des charges publiques.

9. Cf. D. Nordman, *Frontières de France. De l'espace au territoire, XVIe-XVIIe siècle*, Fayard, 1998.

10. J.-F. Dubost et P. Sahlins, *Et si on faisait payer les étrangers ?, op. cit.*, p. 32.

11. C'est au cours de la même période que le pouvoir royal accapare le droit d'asile, prérogative qui depuis l'Antiquité appartenait à l'Église.

12. J.-F. Dubost et P. Sahlins, *Et si on faisait payer…, op. cit.*, p. 399.

13. En Allemagne, le processus de soumission de l'ensemble des sujets au pouvoir du souverain n'a pas pu aboutir avant le XIXe siècle ; ce qui a considérablement retardé l'édification de l'État-nation. Cf. R. Brubaker, *Citoyenneté et nationalité…, op. cit.*

14. D'après J.-F. Dubost et P. Sahlins, *Et si on faisait payer les étrangers ?, op. cit.*

15. Sur les enjeux sociaux des migrations vers Paris à cette époque, cf. D. Roche (dir.), *La Ville promise*, Fayard, 2000.

16. Cf. D. Roche, *La Culture des apparences…, op. cit.*, notamment p. 177 sq.

17. Il y a plus d'un demi-siècle, Lucien Febvre avait déjà attiré l'attention, sans grand succès il est vrai, sur les différentes significations que l'on pouvait donner au terme de « Français » selon les époques ; cf. Lucien Febvre, *Combats…, op. cit.*

18. J. G. Fichte, *Grundlage des Naturrechts nach Prinzipien der Wissenschaftslehre*, 1796, cité par Jane Caplan, « "This or That Particular Person" : Protocols of Identification in 19th Century-Europ », *in* Jane Caplan and John Torpey (eds), *Documenting Individual Identity. The Development of State Practices in the Modern World*, Princeton, Princeton University Press (forthcoming).

19. Cf. chapitre X.

20. Cf. chapitre XIII. Sur les passeports intérieurs, cf. H.-U. Seifert, « Aus der Franzosenzeit : die "Registres des passeports pour l'Intérieur" im Stadtarchiv Trier », *Landeskundliche Vierteljahrsblätter* 44, Heft 4, 1998, pp. 133-152.

21. L'étude des pratiques sociales d'identification au XIXe siècle aboutit à des conclusions très différentes de celles qu'a proposées Michel Foucault dans *Surveiller et punir*. C'est parce que le système traditionnel d'identification des personnes, fondé sur le regard, entre en crise à la fin du XVIIIe siècle qu'il existe une sorte d'obsession panoptique dans la police de l'époque. L'exacerbation de la surveillance ne marque donc pas, comme le croit Foucault, le début d'une ère nouvelle. La vraie coupure se produit à la fin du XIXe siècle lorsque triomphent les formes indirectes d'identification fondée sur la technologie des fichiers et des cartes d'identité.

22. Le Code d'instruction criminelle avait créé en 1808 un registre général des condamnés qui centralisait les notices de toutes les condamnations transmises par les tribunaux. En

1833, le registre est remplacé par un fichier central qui rassemble des bulletins individuels. Il est intéressant de noter que cette innovation est consécutive à la loi de 1832 supprimant le marquage au fer rouge des criminels. Respecter les « droits de l'homme », c'est refuser la stigmatisation des apparences en livrant à la bureaucratie le monopole du droit légitime d'identification des personnes.

23. Jusqu'au milieu du XIXe siècle, les procès-verbaux pour défaut de passeports étaient très fréquents, mobilisant une part importante de l'énergie policière.

ORIGINE DES TEXTES

« L'immigration en France, une histoire en friche », *Annales. Économies, Sociétés, Civilisations*, 41-4, 1986, pp. 751-769.

« Immigration et tradition politique », *Pouvoirs*, 42, 1987, pp. 83-92.

« Communisme et immigration ; éléments pour une recherche », *Communismes*, 15-16, 1987, pp. 90-96.

« Du patronage au paternalisme. La restructuration des formes de domination de la main-d'œuvre ouvrière dans l'industrie métallurgique française », *Le Mouvement social*, 144, juillet 1988, pp. 17-35.

« Une histoire sociale du politique est-elle possible ? », *Vingtième siècle. Revue d'histoire*, 24, octobre 1988, pp. 81-86.

« Les jeunes "d'origine immigrée" n'existent pas », *in* B. Lorreyte (dir.), *Les Politiques d'intégration des jeunes issus de l'immigration*, Paris, L'Harmattan, 1989, pp. 211-221.

« État providence et "colonisation du monde vécu" : l'exemple de la loi de 1910 sur les Retraites ouvrières et paysannes », *Prévenir*, 19, 2e semestre 1989, n° spécial « Mouvement ouvrier et santé », pp. 99-112.

« La question nationale comme objet de l'histoire sociale », *Genèses. Sciences sociales et histoire*, 4, mai 1991, pp. 72-94.

« L'identification des citoyens. Naissance de l'état civil républicain », *Genèses. Sciences sociales et histoire*, 13, octobre 1993, pp. 3-28.

« Les espaces de l'immigration ouvrière », in S. Magri et C. Topalov (dir.), *Les Villes ouvrières*, Paris, L'Harmattan, 1994, pp.171-185.

« "L'identité nationale" dans l'historiographie française. Note sur un problème », *in* J. Chevallier (dir.), *L'Identité politique*, Paris, PUF, 1994, pp. 294-305.

« Socio-histoire d'un concept. Les usages du mot "nationalité" au XIXe siècle », *Genèses. Sciences sociales et histoire*, 20, octobre 1995, pp. 4-23.

« Représentation nationale et catégories sociales. L'exemple des réfugiés politiques », *Genèses. Sciences sociales et histoire*, 26, avril 1997, pp. 25-54.

« Surveiller les déplacements ou identifier les personnes ? Contribution à l'histoire du passeport en France de la Ire à la IIIe République », *Genèses. Sciences sociales et histoire*, 30, mars 1998, pp. 77-100.

« Les pratiques policières d'identification des migrants et leurs enjeux pour l'histoire des relations de pouvoir. Contribution à une réflexion en "longue durée" » ; communication au colloque « Police et migrants 1667-1945 », Université d'Orléans, 28-29 octobre 1999.

« Le "passé/présent" : une approche différente de l'histoire du temps présent » ; communication au colloque sur « L'histoire du temps présent », Madrid, Casa Velazquez, 1er février 2000.

« La construction historique de la nation », in Y. Michaud (dir), *Qu'est-ce que la société ?*, Université de tous les savoirs, volume 3, Paris, Éditions Odile Jacob, 2000, pp. 739-748.

INDEX DES NOMS

DEUXIÈME PARTIE

LA RÉPUBLIQUE DES DIFFÉRENCES : LE NATIONAL ET L'ÉTRANGER

DU MÊME AUTEUR

VIVRE ET LUTTER À LONGWY (avec Benaceur Azzaoui), Paris, Éditions Maspero, collection « Débats Communistes », 1980.

LONGWY, IMMIGRÉS ET PROLÉTAIRES (1880-1980), Paris, Presses Universitaires de France, collection « Pratiques Théoriques », 1984.

LES OUVRIERS DANS LA SOCIÉTÉ FRANÇAISE (XIXe-XXe SIÈCLE), Paris, Seuil, collection « Points », 1986.

LE CREUSET FRANÇAIS. HISTOIRE DE L'IMMIGRATION (XIXe-XXe SIÈCLE), Paris, Seuil, collection « L'Univers Historique », 1988 (réédité en collection « Points-histoire », Paris, Seuil, 1992).

LA TYRANNIE DU NATIONAL. LE DROIT D'ASILE EN EUROPE (1793-1993), Paris, Calmann-Lévy, 1991. (Réédité en collection de poche sous le titre *Réfugiés et sans-papiers. La République et le droit d'asile (XIXe-XXe siècle)*, Paris, Hachette, collection « Pluriel », 1998.

POPULATION, IMMIGRATION ET IDENTITÉ NATIONALE EN FRANCE (XIXe-XXe SIÈCLE), Paris, Hachette, collection « Carré-Histoire », 1992.

IMMIGRANTS IN TWO DEMOCRACIES. FRENCH AND AMERICAN EXPERIENCE (ouvrage collectif dirigé en collaboration avec Donald L. Horowitz), New York, New York University Press, 1992.

SUR LA « CRISE » DE L'HISTOIRE, Paris, Belin, collection « Socio-Histoires », 1996 (réédité en collection « Folio Histoire », Paris, Gallimard, 2005).

CONSTRUCTION DES NATIONALITÉS ET IMMIGRATION DANS LA FRANCE CONTEMPORAINE (ouvrage collectif dirigé avec Éric Guichard), Paris, Presses de l'École Normale Supérieure, 1997.

QU'EST-CE QUE L'HISTOIRE CONTEMPORAINE ?, Paris, Hachette, collection « Carré-Histoire », 1998.

LES ORIGINES RÉPUBLICAINES DE VICHY, Paris, Hachette, 1999.

ÉTAT, NATION ET IMMIGRATION, Paris, Belin, collection « Socio-Histoires », 2001 (réédité en collection « Folio Histoire », Paris, Gallimard, 2005).

ATLAS DE L'IMMIGRATION, Paris, Éditions Autrement, 2002.

PENSER AVEC, PENSER CONTRE, Paris, Belin, collection « Socio-Histoires », 2003.

GENS D'ICI VENUS D'AILLEURS. LA FRANCE DE L'IMMIGRATION DE 1900 À NOS JOURS, Paris, Éditions du Chêne, 2004.

LES FILS MAUDITS DE LA RÉPUBLIQUE. L'AVENIR DES INTELLECTUELS FRANÇAIS, Paris, Fayard, coll. « Histoire de la pensée », 2005.

Composition Nord Compo.
Achevé d'imprimer par la
Société Nouvelle Firmin-Didot
à Mesnil-sur-l'Estrée, le 11 mars 2005.
Dépôt légal : mars 2005.
Numéro d'imprimeur : 72954.
ISBN 2-07-030670-4/Imprimé en France.

134196